Entwicklungspolitik

Band 2: Binnenwirtschaftliche Aspekte der Entwicklung

Von

Werner Lachmann, Ph. D.

o. Professor für Volkswirtschaftslehre, insbesondere Wirtschafts- und Entwicklungspolitik

Unter Mitarbeit von

Dipl.-Volkswirt Eckhard Schulz

R. Oldenbourg Verlag München Wien

Die Deutsche Bibliothek - CIP-Einheitsaufnahme

Lachmann, Werner:
Entwicklungspolitik / von Werner Lachmann. - München ; Wien : Oldenbourg

Bd. 2. Binnenwirtschaftliche Aspekte der Entwicklung / unter Mitarb. von Eckhard Schulz. - 1997
ISBN 3-486-22944-3

Rosenheimer Straße 145, D-81671 München
Telefon: (089) 45051-0, Internet: http://www.oldenbourg.de

Gedruckt auf säure- und chlorfreiem Papier
Gesamtherstellung: R. Oldenbourg Graphische Betriebe GmbH, München

ISBN 3-486-22944-3

Inhaltsverzeichnis

Inhaltsübersicht der Bände I, III, IV

Abbildungs- und Tabellenverzeichnis

Symbolverzeichnis

$\dot{X}$	Zeitableitung
∂	partielle Ableitung
*	Wachstumsrate
^	Gleichgewichtszustand
γ	Staatsquote
κ	Kapitalkoeffizient (Produktivität der Sachkapitalinvestitionen)
a	autonomer Konsum
A	Effizienzgrad der Arbeit
BEV	Bevölkerungszahl
C	Konsum, Konsumausgaben
EM	Existenzminimum
F	Fremdkapitalimporte
G	Staatsausgaben
GPA	Grenzprodukt der Arbeit
I	Investitionen, Investitionsausgaben
k	Kapitalintensität
k	Quote des Kapitalimports (k = F/BIP)
K	Kapital (Produktionsfaktoreinsatz)
L	Arbeit (Produktionsfaktoreinsatz)
M	Geldmenge
MRQ	Maximierung der Reinvestitionsquote
N	Stichprobenumfang
P	Preis, Preisniveau
PKE	Pro-Kopf-Einkomen
s	Sparquote
S	Ersparnis
SGP	Maximierung der sozialen Grenzproduktivität
u	Fehlerterm
V	Umlaufgeschwindigkeit
w	Lohnsatz
WR	Wachstumsrate
X	Realeinkommen
X*	Wachstumsrate
Y	Volkseinkommen

Abkürzungsverzeichnis

Abb.	Abbildung
ACDE	Annual Conference on Development Economics
BIP	Bruttoinlandsprodukt
BMZ	Bundesministerium für wirtschaftliche Zusammenarbeit und Entwicklung
BSP	Bruttosozialprodukt
c.p.	ceteris paribus (unter sonst gleichen Umständen)
ca.	Circa
CIRED	International Center for Research on the Environment and Development
DALY	Disability Adjusted Life Year
DSE	Deutsche Stiftung für Entwicklungspolitik
DSIE	Deutsche Stiftung für internationale Entwicklung
EL	Entwicklungland (Entwicklungsländer)
EVU	Energieversorgungsunternehmen
FDI	Foreign Direct Investment
GUS	Gemeinschaft unabhängiger Staaten
h	Stunde
HdevEc	Handbook of Development Economics
HDI	Human Development Index
HDR	Human Development Report (dt. Bericht über die menschliche Entwicklung)
HHI	Herfindahl-Hirschman-Index
IL	Industrieland (Industrieländer)
ILO	International Labour Office (dt. Internationale Arbeitsorganisation)
IMF	International Monetary Fund (dt: IWF)
IWF	Internationaler Währungsfonds (engl.: IMF)
Jh.	Jahrhundert
Kfz	Kraftfahrzeug

km	Kilometer
KMU	Kleine und mittlere Unternehmen
kWh	Kilo-Wattstunden
MCA	Monopoly Control Authority
MRFTA	Monopoly Regulation and Fair Trade Act
NGO	Non-Governmental Organization (NRO)
NRO	Nicht-Regierungsgebundene Organisation (NGO)
ODA	Official Development Aid
OPEC	Organization of Petroleum Exporting Countries
p.a.	pro anno
PKE	Pro-Kopf-Einkommen
ppm	part per million
rd.	rund
RE	Regenerative Energie
sog.	sogenannt(e)
Tab.	Tabelle
u.U.	unter Umständen
UNICEF	United Nations Children`s Fund
WB	Weltbank (World Bank)
WDR	World Development Report (dt. WEB)
WEB	Weltentwicklungsbericht (engl. WDR)
WHO	World Health Organization
WLR	World Labour Report
WPPA	World Population Plan of Action
WTO	World Trade Organization (Welthandels-Organisation)

Verzeichnis der verwendeten Fachzeitschriften und Lexika

AER	American Economic Review
BNL	Banca Nazionale del Lavoro, Quaterly Review
CanJDSt	Canadien Journal of Development Studies (Revenue canadienne d'études du développement)
CEP	Contemporary Economic Policy (Contemporary Policy Issues)
DPR	Development Policy Review
DSA	Development Southern Africa
EcInq	Economic Inquiry
EcPol	Economic Policy
EDCC	Economic Development and Cultural Change
EER	European Economic Review
EHR	Economic History Review
EJ	Economic Journal
EuJDevR	European Journal of Development Research
F&D	Finance and Development (F&E)
F&E	Finanzierung und Entwicklung (F&D)
HambJWG	Hamburger Jahrbuch für Wirtschafts- und Gesellschaftspolitik
HdevEc	Handbook of Development Economics
HOPE	History of Political Economy
ILR	International Labour Review
IMF-SP	International Monetary Fund Staff Papers
J Dev St	The Journal of Development Studies
JDevA	Journal of Developing Areas
JDevE	Journal of Development Economics
JDevSt	Journal of Development Studies
JEcD	Journal of Economic Development
JEH	Journal of Economic History
JEL	Journal of Economic Literature
JEPer	Journal of Economic Perspectives

JMCB	Journal of Money, Credit and Banking
JMonE	Journal of Monetary Economics
JPE	Journal of Political Economy
KonP	Konjunkturpolitik
OREP	Oxford Review of Economic Policy
PDR	Population and Development Review
QJE	Quarterly Journal of Economics
REStud	Review of Economic Studies
SEJ	Southern Economic Journal
WBER	World Bank Economic Review
WBRO	World Bank Research Observer
WD	World Development
WuW	Wirtschaft und Wettbewerb
ZWS	Zeitschrift für Wirtschafts- und Sozialwissenschaften

Aussenwirtschaft
Bulletin of the Oxford University Institute of Economics and Statistics
CEPAL Review
Econometrica
Economics & Politics
Energy Policy
Finanzarchiv
Internationales Asienforum
Journal of Modern African Studies
Kyklos
Aus Politik und Zeitgeschichte
The Manchester School of Economic and Social Studies
Science
World Competition

Vorwort

Nachdem in Band 1 die Grundlagen und in Band 3 die außenwirtschaftlichen Aspekte erörtert wurden, werden im vorliegenden Band nun die binnenländischen Problembereiche der Entwicklungsländer aufgegriffen. Zu Beginn befassen wir uns mit dem immer noch aktuellen Problem des Bevölkerungswachstums und daraus folgernd mit dem Arbeitsmarkt in EL. Die nächsten drei Kapitel behandeln das Problem von Kapitalangebot und -nachfrage sowie das der Finanzintermediation. Im Rahmen der wirtschaftlichen Entwicklung verliert die Landwirtschaft an Bedeutung, so daß der Komplex Landwirtschaft und Industrie behandelt werden muß. Entwicklung geschieht durch Menschen, die motiviert sind, wobei die Motivation nicht nur durch die Rahmenbedingungen beeinflußt werden. Deshalb müssen auch ethische Aspekte erwogen werden.

In der Lehrbuchliteratur noch nicht verarbeitet sind die Probleme der Wettbewerbspolitik und Sozialpolitik, die in diesem Band ausführlich erörtert werden. Neben den damit verbundenen Problembereichen der Bildung und Gesundheit muß auf die Möglichkeit der internen Generierung von Ressourcen eingegangen sowie die Auswirkungen auf Umwelt und Energie behandelt werden. Auch Aspekte der Stabilisierungspolitik sind, insbesondere nach den Reformbemühungen in vielen EL, zu analysieren.

Länger als erwartet hat die Fertigstellung dieses Bandes gedauert. Der Autor bittet um Verständnis. Die Ausarbeitung bestimmter Problembereiche, insbesondere der Wettbewerbspolitik und Sozialpolitik in der Dritten Welt, hat mehr Zeit beansprucht als eingeplant war. *"Was lange währt, wird endlich gut."* Der Verfasser hofft, daß diese Redewendung durch diesen Band bestätigt wird.

Wiederum verdanke ich die Fertigstellung des Buches meinen Mitarbeitern. Besonders Herrn Eckhard Schulz bin ich zu hohem Dank verpflichtet, der in schier unermeßlichem Einsatz dazu beitrug, die Fertigstellung dieses Bandes sicherzustellen. Seine kritischen Bemerkungen und sein wissenschaftlicher Forschungseifer haben die inhaltliche Qualität vieler Kapitel verbessert. Auch die

Tabellen, Abbildungen, Berechnungen und Regressionsanalysen sind von ihm erstellt worden. Insbesondere bei den Kapiteln 6 (Landwirtschaft und Industrie), 9 (Steuerstruktur), 11 (Bildungspolitik) sowie 12 (Gesundheitspolitik) hat er wesentlich mitgearbeitet.

In den Dank schließe ich auch Frau Birgit Eitel ein, die Kapitel 15 (Energiepolitik) konzipierte. Auch Herrn Dr. Reichel danke ich für einige wertvolle Hinweise bei der Durchsicht einer früheren Version. Mitgeholfen haben auch die folgenden Studenten, die durch Korrekturlesen, Mitwirkung bei der Erstellung der Verzeichnisse sowie kritisches Nachfragen manche Formulierungen verbessert und zur einer klareren Gedankenführung beigetragen haben: Frau Rosa-Maria Martins de Oliviera, Herr Rainer Neumann sowie Herr Günther Keller. Frau Elvira Hopfensberger hat in gewohnt zuverlässiger Weise an der Erstellung des Typoscripts mitgewirkt. Die redaktionelle Betreuung lag wiederum bei Herrn Eckhard Schulz.

Abschließend möchte ich meiner Familie danken, die in einem hohen Maße auf ein normales Familienleben verzichten mußte, weil der Vater am Buch arbeitete. Meiner Familie und meinen Eltern sei deshalb dieses Buch gewidmet. Für Hildegard und Hermann Lachmann sowie Doris, Dorothee, Sven, Judith, Regine und Esther.

Bernlohe, im April 1997

1 Das Problem des Bevölkerungswachstums

Vor ca. 12'000 Jahren soll die Weltbevölkerung 5 Mio. Personen betragen haben, weniger als die derzeitige Einwohnerzahl von Rio de Janeiro, Bangkok oder Kairo. Zu Beginn unserer Zeitrechnung wurde die Weltbevölkerung schon auf 250 Mio. Menschen geschätzt, dies entspricht der Bevölkerungszahl der USA im Jahre 1990. Als sich die Lebensbedingungen dann im 18. Jahrhundert allmählich verbesserten, stieg auch die Wachstumsrate der Weltbevölkerung an: von 0,3 % p.a. bis auf 1 % p.a. Mitte des 20. Jahrhunderts; 1970 erreichte sie einen Höhepunkt von 2,3 %. Von der Zeitenwende bis zum Beginn der industriellen Revolution (ca. 1750) verdreifachte sich die Weltbevölkerung auf 728 Mio., eine Größenordnung, die der Bevölkerung Indiens im Jahre 1983 entsprach. In den folgenden 200 Jahren (1750 - 1950) hat sich die Weltbevölkerung nochmals mehr als verdreifacht. Seit 1950 beobachten wir eine **Bevölkerungsexplosion**. 1970 lebten ca. 2,7 Mrd. Menschen, 1980 rd. 4,45 Mrd. Menschen, 1990 ca. 5,3 Mrd. Menschen und Mitte 1994 ca. 5,601 Mrd. Menschen auf diesem Globus; für das Jahr 2000 wird mit einer Weltbevölkerung von ca. 6,1 Mrd. Menschen gerechnet.

Tab. 1-1: Bevölkerungsentwicklung {1965 - 1994}

Weltbevölkerung									
Jahr	***1965***	***1973***	***1980***	***1989***	***1990***	***1991***	***1992***	***1993***	***1994***
Mrd.	3,281	3,895	4,428	5,2061	5,2839	5,3510	5,4382	5,5015	5,6013

[Quelle: Weltentwicklungsberichte 1992-1996]

Die Weltbevölkerung ist jedoch geographisch ungleich verteilt, wobei der Anteil der EL an ihr kontinuierlich zunimmt. 1950 lebten 70 % der Menschen in EL, 30 % in Europa, der ehemaligen Sowjetunion und Nordamerika. Nach Schätzungen des Population Reference-Bureaus wird für 2020 der Anteil der nichteuropäischen Dritten Welt an der Gesamtbevölkerung auf 85% geschätzt, so daß die Einwohner Gesamteuropas, der ehemaligen Sowjetunion und Nordamerikas knapp 15 % der Weltbevölkerung ausmachen werden.[1]

[1] Vgl. TODARO(1994), S. 184.

Abb. 1-1: Absolute und relative Entwicklung der Weltbevölkerung {1990 bzw. 2020}

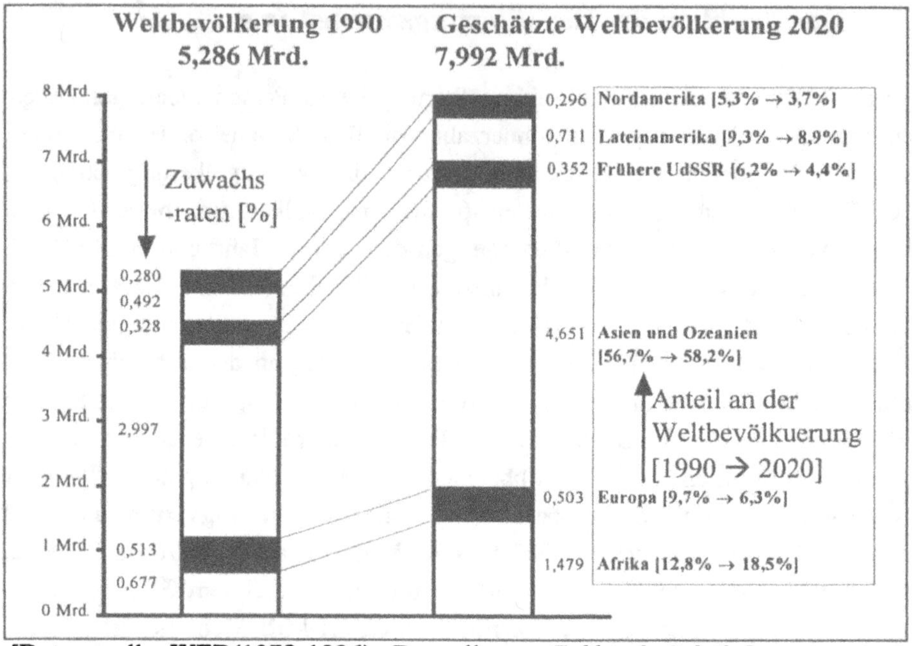

[Datenquelle: WEB(1979-1996), Darstellung: *Eckhard Schulz*]

Die angegebenen Prozentangaben geben den Anteil der Ländergruppe an der Weltbevölkerung in den Zeitpunkten 1990 und 2020 wieder. Bemerkenswert ist der relative Bedeutungszuwachs von Afrika sowie Asien und Ozeanien. Das **Bevölkerungswachstum** scheint jedoch den Zenit überschritten zu haben. In den siebziger Jahren beobachteten wir ein Wachstum der Weltbevölkerung von über 2 %, in den neunziger Jahren reduzierte sich das Wachstum auf 1,7 %; für den Zeitraum 1992-2020 wird mit einem durchschnittlichen jährlichen Wachstum von 1,5 % gerechnet. Die durchschnittlichen **Bevölkerungswachstumsraten** liegen in den einzelnen Ländern und Ländergruppen aber unterschiedlich hoch.

Das **Bevölkerungswachstum** fand im 20. Jahrhundert schwerpunktmäßig in Ländern mit niedrigem Einkommen statt, bei gleichzeitiger Entkoppelung von Bevölkerungswachstum und allgemeinem Wohlstand. Diese Entkoppelung ist das Ergebnis der verbesserten öffentlichen Gesundheitsvorsorge. Die Kombination von hoher Geburtenhäufigkeit und stark reduzierter Sterblichkeit hat zu diesem Bevölkerungsanstieg geführt.

Tab. 1-2: Bevölkerungswachstumsraten

Länder bzw. Ländergruppen	Durchschnittliches Bevölkerungswachstum p.a. (1980-1990) in %	Durchschnittliches Bevölkerungswachstum p.a. (1990-1994) in %
Länder mit niedrigem Einkommen	*2,1*	*1,8*
Länder mit niedrigem Einkommen (ohne China und Indien)	*2,7*	*2,5*
Länder mit mittlerem Einkommen	*1,8*	*1,5*
Länder mit hohem Einkommen	*0,6*	*0,7*
Gesamte Welt	*1,7*	*1,5*
Naher Osten und Nordafrika	*3,1*	*2,8*
Afrika südlich der Sahara	*3,0*	*2,7*
Südasien	*2,2*	*1,9*
Lateinamerika und Karibik	*2,0*	*1,8*
Ostasien und Pazifik	*1,6*	*1,4*
Europa und Zentralasien	*0,9*	*0,4*
Jordanien	3,7	6,0
Gambia	3,6	3,9
Elfenbeinküste	3,8	3,6
Togo	3,0	3,2
Niger	3,3	3,2
Saudi-Arabien	5,2	3,2
Vereinigte Arabische Emirate	4,7	2,9
El Salvador	1,3	2,1
Singapur	1,7	2,0
Sri Lanka	1,4	1,3
China	1,5	1,2
Jamaika	1,2	0,9
Deutschland	0,1	0,6
Portugal	0,1	0,0
Rumänien	0,4	-0,5
Bulgarien	-0,2	-0,8

[Quelle: Weltentwicklungsbericht 1996; Seite 228 f.]

In den meisten EL haben die Familien noch mindestens vier Kinder, wobei im ländlichen Raum die Kinderzahl pro Familie höher liegt. Die Eigendynamik der Bevölkerungsentwicklung hat dabei zur Folge, daß die Wachstumsraten in den EL noch mehrere Jahrzehnte hoch bleiben werden, selbst wenn Ehepaare weniger Kinder bekommen werden. Die große Zahl junger Menschen, die ins zeugungsfähige Alter kommen, wird über einen längeren Zeitraum zu einer absoluten jährlichen Zunahme der Weltbevölkerung von zwischen 80 bis 100 Mio. jährlich beitragen, d.h. jährlich wächst die Weltbevölkerung um mehr als die derzeitige Einwohnerzahl Deutschlands. Bleibt es bei der vorherrschenden Geburtenhäufigkeit, wird die Situation für einige Länder besorgniserregend: Kenias Bevölkerung wird von ca. 23,4 Mio. Einwohnern (1989) auf 47 Mio. Einwohner im Jahre 2025 anwachsen und die Bevölkerung der Elfenbeinküste im gleichen Zeitraum von 12,5 Mio. auf 34 Mio., wobei in diesem Land 1976 nur ca. 7 Mio. Einwohner lebten. Ein solch hohes Bevölkerungswachstum kann die Wohlfahrt eines Landes beeinträchtigen, wie folgende Überlegungen zeigen:

Das **Pro-Kopf-Einkommen** (PKE) stellt sich als Quotient des Bruttosozialprodukts (BSP) und der Bevölkerung (BEV) dar. In Wachstumsraten ausgedrückt erhalten wir dann die folgende Relation:

$$\boxed{\mathbf{WR(PKE) = WR(BSP) - WR(BEV)}}$$

Ein hohes Wachstum des Volkseinkommens kann somit durch eine hohe Bevölkerungswachstumsrate kompensiert werden, so daß sich trotz des hohen wirtschaftlichen Wachstums die Lebensverhältnisse im Durchschnitt nicht verbessern. Es ist nun zu fragen, welche Auswirkungen die Verbesserungen des Wohlstands auf die Bevölkerungswachstumsrate und welche Auswirkungen die hohe Bevölkerungswachstumsrate auf die Wohlfahrt der Länder hat. Zuvor soll eine dogmengeschichtlicher Überblick über den Zusammenhang von Wirtschaft, Wohlstand und Bevölkerungswachstum gegeben werden.[2]

1.1 Wirtschaft und Bevölkerung

Daß Wirtschaft und Bevölkerung aufeinander einwirken, wird allgemein anerkannt. Über diese Wechselwirkungen streiten Ökonomen seit mindestens 200 Jahren.[3] Schon sehr früh haben sich Philosophen mit dem Verhältnis von Bevöl-

---

[2] Zur Bevölkerungsproblematik gibt es eine umfangreiche Literatur. Der interessierte Leser sei auf folgende Übersichtsaufsätze verwiesen: SCHULTZ(1988), SCHUBNELL (1984), BIRDSALL(1988), BIRDSALL(1989), PERLMAN(1981), MOKYR(1983), KONDO(1986). Hingewiesen sei insbesondere auf den WEB(1984), der sich mit dem Bevölkerungsproblem beschäftigt; auch: TODARO(1994), S. 178-218.

[3] Vgl. zum folgenden: FISCHER(1990) sowie STARBATTY(1990).

kerung und Wirtschaft auseinandergesetzt und dabei unterschiedliche Maßnahmen zur Dämpfung oder Stimulierung empfohlen. *Die Argumentationen lassen sich in das folgende Ordnungsmuster gruppieren.*[4]

➊ **Optimistische Sicht** des Bevölkerungswachstums: Eine wachsende Bevölkerung ermöglicht eine tiefere Arbeitsteilung, welche die Produktivität des einzelnen und damit der Gesamtgesellschaft erhöht. Ebenfalls regt eine wachsende Bevölkerung den menschlichen Erfindungsgeist an und verbessert die wirtschaftliche Nutzung knapper Ressourcen durch eine Förderung des technischen Fortschritts.

➋ **Pessimistische Sicht** des Bevölkerungswachstums: Die Ressourcen unseres Planeten sind bekanntermaßen begrenzt. Natur- und Hungerkatastrophen wiesen auf mögliche Grenzen des übermäßigen Wachstums hin. Die begrenzenden Faktoren heißen insbesondere „Nahrungsmittelversorgung“ und „Umweltqualität“.[5]

➌ **Indifferente Sicht** zum Bevölkerungswachstum: Das generative Verhalten wird in Abhängigkeit von den gesellschaftlichen und ökonomischen Rahmendaten gesehen. Zunehmender Wohlstand wirkt als Bevölkerungswachstumsbremse. Damit löst sich das Bevölkerungsproblem von alleine.[6]

Beschränkt man sich auf die Zeit seit Beginn der modernen Wirtschaftswissenschaften, lassen sich folgende Phasen der Bewertung und der Sichtweise des Bevölkerungswachstums ausmachen:

- **vorklassische Phase**: *Merkantilismus*, *Physiokratie*; wegbereitend: SMITH,
- **klassische Phase**: Robert MALTHUS, David RICARDO; John Stuart MILL,
- **nachklassische Phase**: insbesondere William Stanley JEVONS,
- **Phase des Keynesianismus**: John Maynard KEYNES,
- **Konzept der individuellen Optimierung**: Vertreter der jüngeren historischen Schule wie z.B. Lujo BRENTANO und, in neuester Zeit, Gary S. BECKER.

Im Merkantilismus dienten neben der Wirtschaftsförderung auch die Bevölkerungsmaßnahmen dem Machtinteresse der Territorialfürsten. Die Weltwirtschaft

---

4 Nach STARBATTY(1990), S. 54 f.
5 Zu dem Problemfeld der entwicklungsinduzierten Umweltzerstörung bzw. Ressourcenerschöpfung sei insbesondere auf TODARO(1994), S.202 - 207 verwiesen.
6 Vgl. hierzu: JOHNSON(1994).

wurde als Konfliktfeld angesehen. Der Außenhandel wurde von Colbert sogar als „guerre d'argent" bezeichnet und FRIEDRICH DER GROSSE behauptet: „Le nombre des peuples fait la richesse des États"[7].

In der Vorklassik betonte man die Produktivität der Arbeitskraft und förderten im Rahmen von Peuplierungspolitiken das Bevölkerungswachstum. So lehnte z.B. COLBERT das Mönchtum auch deshalb ab, weil es im Widerspruch zu den Peuplierungsplänen stand. Adam SMITH zeigte, daß das Lohnniveau in einer wachsenden Volkswirtschaft von der Differenz der Wachstumsraten der Kapitalbildung und der Bevölkerung abhängt, wobei er betont, daß Armut die Bevölkerungsvermehrung günstig beeinflusse, Reichtum hingegen die Geburtenzahl senke.

In der Klassik malte man ein düsteres Bild der Auswirkungen des Bevölkerungswachstums. In RICARDOS Analyse stand nicht die Schaffung des Reichtums im Vordergrund, sondern dessen Verteilung. Diese Betonung von Verteilungsfragen läßt ihn gegenüber dem Bevölkerungswachstum eine ablehnende Haltung einnehmen. MALTHUS änderte dann die „Weltsicht der Ökonomen" durch seine beiden berühmten Essays, in welchen er die wirtschaftlichen Folgen des Bevölkerungswachstums plastisch nachzeichnete.[8] Schlußfolgernd setzte er sich gegen Armenunterstützung sowie gegen die Gewährung billiger Wohnungen ein, damit nicht als Konsequenz der spontanen Armenhilfe über eine höhere Kinderzahl noch größeres Elend in der Zukunft erwüchse. MALTHUS erwartete von den Bürgern aus gesamtgesellschaftlicher Einsicht Zurückhaltung im Sexualverhalten. Selten ist den Menschen ethisch soviel zugemutet worden wie in der Theorie von MALTHUS: Der Bürger soll aus freien Stücken das Kollektivgut optimale Bevölkerungsmenge anbieten.

John Stuart MILL entwickelte die **Lehre vom optimalen Bevölkerungswachstum**: Grundbesitzstreuung und sexuelle Enthaltsamkeit müssen zusammenkommen, um die Profitrate auf einem Niveau zu stabilisieren, welches eine ausreichende Kapitalakkumulation und damit der zukünftigen Bevölkerung einen befriedigenden Lebensstandard sichert. RICARDO lehnte umverteilende sozial-

[7] STARBATTY(1990), S. 55.
[8] Vgl. MALTHUS(1798) bzw. MALTHUS(1803).

politische Maßnahmen ab und sprach sich für eine Umverteilung durch Marktöffnung aus. Wenn England Nahrungsmittel billiger importiere, könnten Manufakturen Gewinne erzielen, welche Investitionen und damit den Lohnsatz steigen lassen. MALTHUS betonte bereits 1798 einen schon länger bekannten Tatbestand: die arithmetische Zunahme der Nahrungsmittelmenge und die geometrische Progression der Bevölkerungszahl. Durch diese Verknüpfung stellte er eine dramatische Zuspitzung der Bevölkerungsentwicklung dar.

Viele Ökonomen nach Malthus waren zwar meist noch malthusianisch geprägt; einige von ihnen vertraten aber die Auffassung, daß eine zunehmende Bevölkerung via Markterweiterung und technischen Fortschritt das Wohlstandsniveau erhöhe, wobei aber langfristig die Nahrungsmittelproduktion als limitierender Faktor gedeutet werden kann. JEVONS hatte schon in seinem vielbeachteten Buch über das Kohleproblem die Vorstellungen von Malthus verallgemeinert.[9] Er weist darauf hin, daß mit rapidem Wachstum der Kohleverbrauch steige. Damit stiegen die Gedinge-Kosten.[10] Die wirtschaftliche Überlebensfähigkeit Englands auf den Weltmärkten würde dadurch bedroht. Jevons kann somit als „Pionier einer Ökonomik erschöpfbarer Ressourcen" angesehen werden.

KEYNES sah das Bevölkerungsproblem unter dem Doppelaspekt von **Übervölkerung** und **Arbeitslosigkeit**. Eine abnehmende Bevölkerung senkt die aggregierte Nachfrage und führt zu Stagnation und hoher Arbeitslosigkeit. Eine steigende Bevölkerung löst zunächst das Problem der Arbeitslosigkeit durch Nachfrageausweitung, schafft aber zukünftige Probleme durch Überbevölkerung und Arbeitskräfteüberschuß. Keynes warnt, daß die Ankettung des einen Teufels (Bevölkerungswachstum) dazu führe, daß nur der andere (Arbeitslosigkeit) ein Wirkungsfeld erhalte - er aber noch schwerer beherrschbar sei.

Die jüngere historische Schule (Lujo BRENTANO et al.) unterstreicht, daß Kinderlosigkeit Folge modernen Lustgewinns sein könne und nicht eine moralische Beschränkung und Pflichtaufgabe (wie bei Malthus) sei. Zeit, Kraft, Nerven und

---

9 Vgl. JEVONS(1865) sowie JEVONS(1871).

10 Der Begriff „Gedinge" bezeichnet den Leistungslohn im Bergbau, der zwischen Bergleuten (Einmann-, Gruppen- oder Kameradschaftsgedinge) und Bergwerksbesitzern vor Ort ausgehandelt wurde und vergleichsweise differenziertere Regelungen umfaßt als Akkordlohnsysteme.

Einkommen, die durch "Kinderaufzucht" gebunden sind, werden frei für andere Verwendungen. Daher führt steigender Wohlstand zu einer Abnahme der Geburtenziffern. Mit zunehmendem Wohlstand steigt das Angebot an Gütern; ebenso steigen die Bedürfnisse der Menschen. Wer auf Kinder verzichtet, kann andere Bedürfnisse leichter befriedigen. Beckers Arbeit zur ökonomischen Theorie der Familie unterstreicht diesen alten Gedanken, den Brentano schon 1909 mit bestechender Klarheit formulierte.[11]

Mikroökonomische Analysen der **optimalen Kinderzahl** wurden von G. S. BECKER und Th. W. SCHULTZ durchgeführt. Kinder wurden als Investition (Schultz) oder als langlebige Konsumgüter (Becker) angesehen. Mit Hilfe eines Nutzen-Maximierungs-Ansatzes ermitteln sie die optimale Kinderzahl, wobei auch die Alternativkosten für die Kindererziehung bei steigender Berufstätigkeit der Frau berücksichtigt wurden. Freilich ist bei dieser Vorstellung zu bemängeln, daß die Nutzenfunktionen insbesondere deren Veränderungen bei Wertewandel ökonomisch nicht analysierbar sind. Die **Fertilität** wird von einer Vielzahl von Einflußgrößen bestimmt. Bei anderer Lebenseinstellung mag die Fertilität wieder ansteigen; z.T. unabhängig von der Entwicklung des Familieneinkommens. In diesen Studien sind die ökonomischen Faktoren der Anlaß und die demographischen die Konsequenz, obgleich die Sterberate in diese Art der Analyse nicht einbezogen wird.

Im traditionellen Sektor der EL gelten Kinder als wirtschaftliche Absicherung für das Alter (Versicherungsfunktion). Kinder werden dementsprechend als *Investitionsgut* verstanden. Bei steigendem wirtschaftlichem Wohlstand und zunehmender kollektiver Absicherung werden Kinder jedoch stärker als Kostenfaktor empfunden, da andere Formen der Erzielung von Familieneinkommen sowie zur Alterssicherung zur Anwendung kommen. Kinder werden dann als *Konsumgut* aufgefaßt. Sie sind kein „Aktivum“ mehr, sondern eine „Belastung“.

Aktuelle empirische Überprüfungen konnten den Zusammenhang zwischen Bevölkerung und Wirtschaft und zwischen Wirtschaft und Bevölkerung nicht erhellen. Es gibt Gesellschaften mit hohem Wirtschafts- und hohem Bevölke-

---

[11] Vgl. BRENTANO(1909).

rungswachstum als auch Nationen mit hohem Bevölkerungswachstum und niedrigem ökonomischen Wohlstand. Es gibt stagnierende Bevölkerungen, die keine ökonomische Entwicklung erleben und es gibt Volkswirtschaften, die bei Bevölkerungsstagnation einen hohen Wohlstand erreichen.

Im Bereich der **Demographie** ist vor Verallgemeinerungen zu warnen: „In demographic matters the unexpected sometimes happens".[12] Wegen der Vielschichtigkeit der demographischen und wirtschaftlichen Erfahrungen der IL lassen sich keine eindeutigen Schlußfolgerungen zum Problemkreis Bevölkerungswachstum und Wirtschaft ziehen. Bevölkerungen können sich an neue Gegebenheiten in ihren Verhaltensweisen anpassen. Größerer Wohlstand muß weder notwendigerweise mehr noch weniger Kinder hervorbringen.

Empirischer Befund: Es gibt keine eindeutigen Beziehungen zwischen ökonomischem Wachstum und Bevölkerungswachstumsraten, auch keine generelle Bestätigung der These, daß größere Bevölkerungsdichten einen höheren Wohlstand erreichen et vice versa. Mit diesen Erkenntnissen wollen wir nun kurz das Bevölkerungswachstum in IL und EL nachzeichnen und die Erfahrung der letzten Jahrhunderte vergleichen.

1.2 Bevölkerungswachstum in Entwicklungs- und Industrieländern - Ein Vergleich

Die von den Klassikern, insbesondere von MALTHUS und RICARDO, aber auch von SMITH und MILL entwickelte klassische Bevölkerungstheorie, die wir beim dogmengeschichtlichen Überblick schon erwähnten, soll nun kurz dargestellt werden. Gemäß den Modellannahmen wird jedem Arbeiter der **Subsistenzlohn** gezahlt. Jeder **Mehrwert**, die Differenz zwischen dem Produktionsergebnis des Arbeiters und seinem Lohneinkommen, das vollständig konsumiert wird, fällt dem Kapitaleigentümer zu. Bei beginnender Kapitalakkumulation und dadurch ermöglichten Realinvestitionen werden verstärkt Arbeitskräfte nachgefragt, so daß die Löhne das Subsistenzniveau überschreiten. Dies führt nach dem

[12] FISCHER(1990), S. 41. Viele der vorgebrachten Theorien (z.B. der Untergang des Römischen Reiches wegen fehlendem Bevölkerungswachstum) lassen sich wissenschaftlich nicht sicher belegen.

malthusianischen Bevölkerungsgesetz zu einem Anstieg der Bevölkerung. Zeitlich verzögert steigt das Angebot an Arbeitskräften, so daß der Lohnsatz langfristig auf das Subsistenzniveau zurückfällt. Als Folge des nun wieder gestiegenen Mehrwertes nimmt die Profitrate zu, die wiederum zu steigender Kapitalakkumulation Anlaß gibt.

Die Ernährung der zunehmenden Bevölkerung führt zur Inanspruchnahme von marginalen Böden, so daß die Grundrente steigt. Wegen steigender Nahrungsmittelpreise müssen auch die Löhne steigen, um das Existenzminimum der Arbeiter zu sichern. Wegen sinkender Grenzproduktivität von Kapital und Arbeit in der Industrie wird der Profitanteil abnehmen (Gesetz der fallenden Profitrate). Der Anreiz für weitere Investitionen wird immer geringer, bis die Profitrate einen Wert erreicht, der zusätzliche Investitionen als unrentabel erscheinen läßt. Schließlich wird die gesamte Produktion zur Bezahlung der Löhne verwendet. Die wirtschaftliche Entwicklung kommt zum Stillstand und die Weltbevölkerung erreicht ihren stationären Wert.

Diese pessimistische Erwartung von Malthus hat sich jedoch für die IL nicht bestätigt. Die klassische Bevölkerungstheorie weist nämlich einen systematischen Fehler auf: die Vernachlässigung des technischen Fortschritts. Die malthusianischen Annahmen, die Bevölkerung vermehre sich geometrisch und die Nahrungsmittelproduktion nur arithmetisch, haben sich empirisch im Laufe der Industrialisierung nicht mehr bewahrheitet. Dank des technischen Fortschritts konnte die Produktion von Nahrungsmitteln mit der Bevölkerungswachstumsrate im globalen Durchschnitt Schritt halten. Variationen der These von MALTHUS finden sich darin, daß andere Engpässe das Wirtschaftswachstum auf dieser Erde limitieren. Insbesondere ökologische Restriktionen werden in diesem Zusammenhang genannt.

Die eindrücklichen empirischen Befunde zur Bevölkerungsentwicklung legen eine eingehendere Analyse der Interdependenzen von Bevölkerungswachstum einerseits und Entwicklung des PKE andererseits nahe, wobei insbesondere die Anwendbarkeit der klassischen Bevölkerungstheorie für EL zu überprüfen ist. Die beobachteten Trends der Geburten- und Sterberaten während des Industrialisierungsprozesses der europäischen Staaten sollen zunächst als Referenzmodell dienen.

Das tatsächliche Bevölkerungswachstum eines Landes ergibt sich aus der *Rate des natürlichen Bevölkerungswachstums*, die ihrerseits von dem Verhältnis der *Sterbe-* und *Geburtenrate* abhängt, sowie aus dem *Aus- und Einwanderungssaldo* im Verhältnis zur *Gesamtbevölkerung.* Als typisches Grundmuster des mit der Industrialisierung verbundenen natürlichen Bevölkerungswachstums wurde die **Theorie vom demographischen Übergang** forumuliert, die in einem Fünf-Phasen-Schema dargestellt werden kann.[13]

Abb. 1-2: Phasenschema des demographischen Übergangs

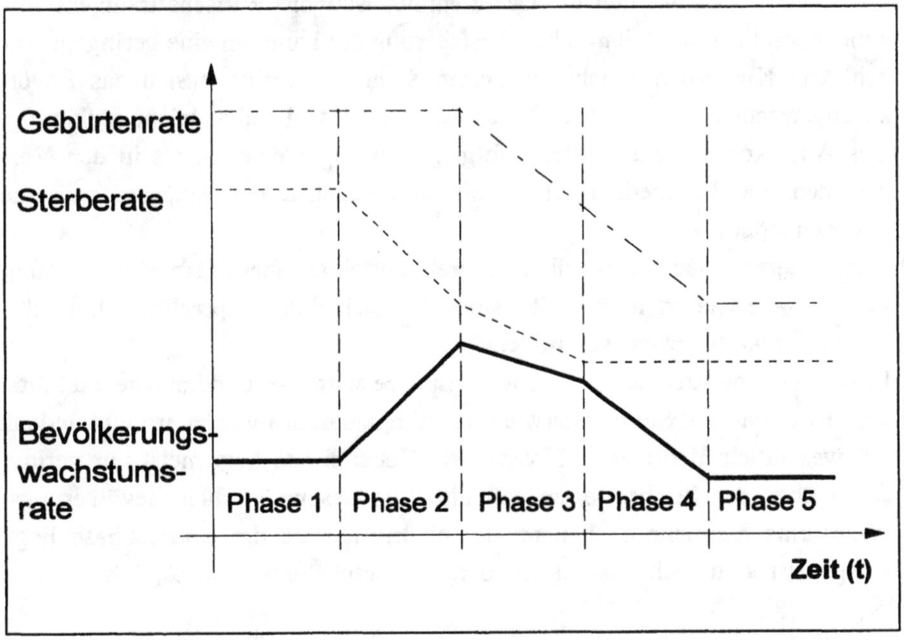

---

[13] Die Theorie des demographischen Übergangs ist umstritten. Mitte der 40er Jahre dieses Jahrhunderts erreichte sie eine hohe politische Bedeutung, die Theorie selbst ist älteren Datums. Zur US-amerikanischen Entwicklung vgl. SZRETER(1993).

Die einzelnen Phasen lassen sich wie folgt charakterisieren:[14]

❶ Vorindustrielle Gesellschaften weisen hohe Geburtenraten, verbunden mit nur geringfügig niedrigeren Sterberaten auf. Beide Raten können zwar kurzfristig stark schwanken, was zu temporär unterschiedlichem Bevölkerungswachstum führt; trendmäßig bleibt das Bevölkerungswachstum jedoch auf niedrigem Niveau.

❷ In der zweiten Phase sinkt die Sterberate (u.a. wegen verbesserter Ernährungs- und Hygiene-Bedingungen), während die Geburtenrate auf ihrem anhaltend hohen Niveau verharrt. Ein Anstieg der Bevölkerungswachstumsrate ist die Folge.

❸ In der Phase des Umschwungs setzt sich das Absinken der Sterberate weiter fort, allerdings sinkt nun die Geburtenrate, weil die Wirtschaftssubjekte erkennen, daß zur wirtschaftlichen Absicherung der Familien eine geringere Anzahl von Kindern ausreicht. In diesem Stadium stabilisiert sich das Bevölkerungswachstum auf hohem Niveau und wird schließlich leicht rückläufig. Das Absinken der Sterberaten erfolgt ggf. weniger deutlich als in den Vorperioden, da der medizinisch-technische Fortschritt nun langsam an seine Grenzen stößt.

❹ In der vierten Phase bleibt die Sterberate auf einem niedrigem Niveau stabil, während die Geburtenrate weiter sinkt. Folglich fällt entsprechend die natürliche Bevölkerungswachstumsrate.

❺ In der nachindustriellen Stabilisierungsphase wird die trendmäßige Stabilität der Geburten- und Sterberate (wie im Anfangsstadium) wieder erreicht, jedoch auf wesentlich niedrigerem Niveau. Die Geburtenrate liegt meist nur geringfügig über der Sterberate, so daß die Rate des natürlichen Bevölkerungswachstums nunmehr noch unter der niedrigen Rate der ersten Phase liegt. Langfristig sind auch sinkende Bevölkerungswachstumsraten möglich.

Die Veränderung der Bevölkerungsentwicklung der letzten 200 Jahre in den von der Industrialisierung erfaßten Gebieten wird durch dieses Schema relativ gut abgebildet. Man spricht von einer Transformationsphase, in der sich die Bevölkerungswachstumsrate wieder auf niedrigem Niveau einpendelt. Es findet folglich ein demographischer Übergang von hohen Sterbe- und Geburtenziffern zu niedri-

[14] Vgl. HEMMER(1988), S. 276 ff.

gen Sterbe- und Geburtenziffern statt. Zur Überprüfung, ob dieses „Bevölkerungsgesetz" auch für EL gilt, muß analysiert werden, ob in den EL die gleichen Voraussetzungen vorliegen, wie seinerzeit in den sich entwickelnden IL.

Der Rückgang der Sterbeziffern wird hauptsächlich auf den während der Industrialisierung erreichten höheren Lebensstandard, die Reformen des öffentlichen Gesundheitswesens, die sozialen Reformen und den medizinischen Fortschritt zurückgeführt. Obgleich kein monokausaler Bezug zwischen der Entwicklung der Sterbeziffern und der wirtschaftlichen Entwicklung angenommen wird, läßt sich zeigen, daß dadurch indirekt der Verlauf der Sterbeziffern zu einem bedeutenden Teil von der wirtschaftlichen Entwicklung abhängt. Soziale Reformen und medizinischer Fortschritt wären ohne vorausgehende Wohlfahrtssteigerungen in den europäischen Ländern kaum möglich gewesen.[15] Medizinischer Fortschritt steht den EL heute schon in hohem Maße zur Verfügung. Die Weltgemeinschaft bemüht sich, ungeachtet des erreichten wirtschaftlichen Fortschritts, um eine Senkung der **Sterberate**. Die vermutete Abhängigkeit der Bevölkerungsentwicklung vom PKE ist dadurch geringer geworden, so daß die EL unabhängig vom erreichten Entwicklungsniveau sinkende Sterberaten aufweisen.[16]

Die **Geburtenrate** in EL wird determiniert durch die bereits genannten sozialen und wirtschaftlichen Faktoren. Eine hohe Kinderzahl dient noch als Absicherung gegen die wirtschaftlichen Risiken des Alters. Zusätzlich ist aber die Reaktion der Geburtenhäufigkeit auf die Veränderung der Sterbeziffer zu beachten. Da die Ausfallquoten wegen der sinkenden Kinder- und Säuglingssterblichkeit geringer werden, können sich Familien mit einer geringeren Geburtenzahl begnügen. Der höhere Bildungsgrad bei steigendem wirtschaftlichem Wachstum führt ebenfalls zu einer Veränderung der Einstellung bei vielen Frauen, die ihre Entfaltungschancen nicht mehr durch eine große Kinderzahl begrenzt sehen möchten. Anhand indischer Daten hat PARIKH gezeigt, daß der Ausbildungsstand der

---

15 Vgl. HESSE/SAUTTER(1977), S. 22 ff.

16 Daß die ökonomische Situation eines Landes den Verlauf der Sterberate beeinflussen kann, wird am Beispiel Sri Lankas deutlich: so hat die Regierung 1974 wegen Zahlungsbilanz- und Budgetproblemen die Subventionen und Rationen an Grundnahrungsmitteln kürzen müssen. Die Sterberate stieg 1974 daraufhin sprunghaft von 7,7% auf 8,9%. Hierzu ausführlich: ISENMAN(1980), S. 241.

Frauen einen hohen negativen Einfluß auf die Geburtenziffer hat. Die hohe Bedeutung von Bildungschancen für die weibliche Bevölkerung in EL wird hierdurch deutlich. Die Studie zeigt, daß es außerdem notwendig ist, jungen Frauen Beschäftigungsperspektiven zu eröffnen. Eine Erhöhung des sozialen Status der Frau senkt ebenfalls die Geburtenrate.[17] Eine hohe Kinderzahl erschwert die soziale Mobilität. Schließlich ist noch auf die steigende Urbanisierung (Raumnot) hinzuweisen, die ebenfalls zum Rückgang der Geburtenrate beiträgt, da Wohnungen derart knapp werden, daß z.B. in Kairo die Zahl der Eheschließungen durch die Anzahl verfügbarer Wohnungen limitiert wird. Länderspezifische Unterschiede lassen sich auch am Einfluß des Urbanisierungsgrades auf die Bevölkerungsentwicklung zeigen: in Lateinamerika und Indien sinkt die Geburtenrate mit dem Grad der Urbanisierung, während sie in Afrika im urbanen Bereich höher liegt als im ruralen.

Die angeführten Gründe werden in allen EL eine angemessene Rolle spielen, wobei allerdings die Wandlungen der **Wertvorstellungen** je nach kulturellen und religiösen Vorstellungen schneller oder langsamer erfolgen. Interessanterweise haben auch einige arabische Staaten einen vergleichsweisen starken Rückgang der Bevölkerungswachstumsraten zu verzeichnen. Das rasche Absinken der Sterberate gibt Anlaß zur Vermutung, daß das Bevölkerungsproblem in EL gravierender sein wird als während der Industrialisierung in den heutigen IL. Zum Teil liegt dies u.a. auch daran, daß das „Auswanderungs-Ventil", das den heutigen IL in ihrer Wachstumsphase zur Verfügung stand, für heutige EL entfällt.

Bei einer empirischen Überprüfung der Beziehung zwischen PKE und der Bevölkerungswachstumsrate mit Daten des Weltentwicklungsberichts von 1984 fällt auf, daß bei einem PKE unter $ 1'500.- die WR der Bevölkerung über 2,5% liegt. Bei einem PKE von mehr als $ 5'000 liegen sie unter 1%, wobei nur Japan und die klassischen Einwanderungsländer Australien und Kanada sowie die OPEC-Staaten Kuwait, Libyen und Saudi Arabien WR über 1 % aufweisen. Im mittleren Einkommensbereich zwischen $ 1'500 und $ 5'000 pro Kopf variieren

[17] Vgl. PARIKH(1976) sowie SCHULZ(1973), wo die Ergebnisse einer Konferenz des National Bureau of Economic Research aus dem Jahre 1972 publiziert wurden. Diese Ergebnisse sind oftmals bestätigt worden. Hierzu exemplarisch: CASSEN(1976) sowie: SINGH(1994).

die WR zwischen 0,4% für Uruguay und 3,6% für Venezuela (jeweils für den Zeitraum 1970-1982). Diese Daten lassen anzweifeln, ob eine generelle Wiederholung des historischen Trends der IL für EL zu erwarten ist. Eher muß mit einem langanhaltenden Bevölkerungswachstum gerechnet werden. Die Bevölkerungsexplosion geht dabei zu mehr als 90% auf EL zurück; in dieser Ländergruppe werden typische Problemfelder sichtbar: Ernährungskrise, Armutskrise, Beschäftigungskrise, Energiekrise - nur eben keine Geburtenkrise.[18]

Bei Untersuchung neuerer Daten (z.B. aus dem Weltentwicklungsbericht 1996) ergibt sich keine derart eindeutige Klassifzierung wie noch für die Daten aus dem Jahre 1984. Das Bild hat sich zwischenzeitlich stark gewandelt: Viele Länder mit niedrigem, mittleren oder hohem PKE haben nun stärker voneinander abweichende Bevölkerungswachstumsraten. So hat z.B. Jamaika (0,9 %), China (1,2 %) und Sri Lanka (1,3 %) eine vergleichsweise niedrige Bevöllkerunswachstumsrate (für den Zeitraum 1990-94) während andere Länder mit niedrigem Einkommen ein relativ hohes Bevölkerungswachstum aufweisen: Gambia (3,6 %), Jordanien (6,0 %). Viele Länder mit einem PKE über 5000 $ haben für den gleichen Zeitraum Bevölkerungswachstumsraten von über 1%.[19]

Eine vergleichende Analyse des Zusammenhangs zwischen Bevölkerungswachstum und PKE-Einkommen für Daten der Beobachtungszeiträume 1980-90 sowie 1990-94 zeigt die folgende Graphik, wobei jeweils auf der Abszisse die durchschnittliche jährliche Bevölkerungswachstumsrate in Prozent und auf der Ordinate das Pro-Kopf-Einkommen (in $ von 1994) abgetragen wird. In die Regressionsanalyse wurden Daten aus 104 Ländern mit niedrigem und mittlerem Einkommen einbezogen. (Datenquelle: WEB 1996, Tab. 4, S. 228 f.)

---

[18] Man ist versucht, den langsamen "ökonomischen Einsichtsschritt zu niedrigen Geburtenraten" nach dem Abschreckungsprinzip zu beschleunigen. In Kenia ist in diesem Zusammenhang der Vorschlag gemacht worden, die Einkommensteuer nach der Kinderzahl zu staffeln. In China wird der Kindersegen durch einen Entzug von Einkommensvergünstigungen und durch Aufstiegshürden im Berufsleben geahndet. Berufliche und bildungsmäßige Chancen nachgeborener Kinder werden beschränkt. Für Afrika wurde der Bau kleiner kinderfeindlicher Wohnungen vorgeschlagen, und in Indien versuchte Indira Gandhi das Problem durch das drastische Instrument Zwangssterilisation zu lösen.

[19] Zu nennen sind hier: Oman (4,5 %), Saudi-Arabien (3,2 %), Singapur (2,0 %), Australien (1,1 %), Vereinigte Arabische Emirate (2,9 %) und Israel (3,7 %); Quelle: WEB(1996), Tab. 4, S.228 f.

Abb. 1-3: Zusammenhang zwischen Bevölkerungswachstumsrate und PKE {-I-}

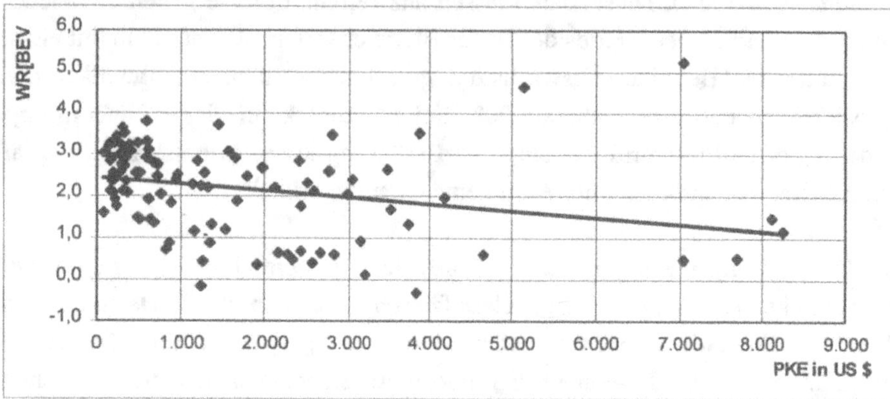

Regressionsgerade: WR^{BEV} [%] = PKE[$]•(-0,0002)+2,4334
Bestimmtheitsmaß: R^2 = 0,074; n=104; Zeitraum: **1980-1990**
[Regressionsanalyse: *Eckhard Schulz*]

Abb. 1-4: Zusammenhang zwischen Bevölkerungswachstumsrate und PKE {-II-}

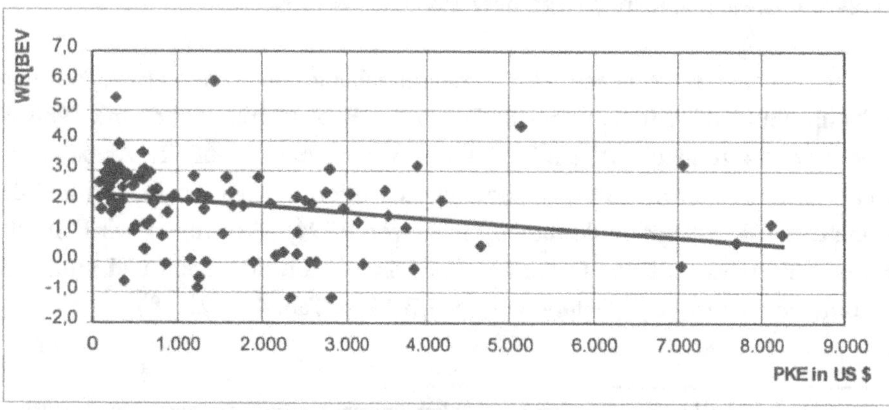

Regressionsgerade: WR^{BEV} [%] = PKE[$]•(-0,0002)+ 2,2644
Bestimmtheitsmaß: R^2 = 0,0834; n=104; Zeitraum: **1990-1994**
[Regressionsanalyse: *Eckhard Schulz*]

Die gegenwärtige demographische Entwicklung der EL bestätigt den in Abschnitt 1.1 theoretisch abgeleiteten Zusammenhang „Schema des demographischen Übergangs". Eine Betrachtung der empirischen Daten für den Zeitraum 1950-1993 zeigt den Zusammenhang zwischen Geburten- und der Sterberate im Zeitablauf.

Tab. 1-3: Geburten- und Sterberaten {ausgewählte Regionen}

Land bzw. Region	Geburtenrate (pro 1000)			Sterberate (pro 1000)			Bevölkerungs-wachstum [%]		
Jahr	**1960**	**1970**	**1993**	**1960**	**1970**	**1993**	**1960**	**1970**	**1993**
Länder mit hohem Einkommen	20	17	13	14	10	9	0,6	0,7	0,4
Länder mit mittlerem Einkommen (obere Kategorie)	40	33	24	13	10	7	2,7	2,3	1,7
Länder mit mittlerem Einkommen (untere Kategorie)	46	31	23	20	12	8	2,6	1,9	1,1
Länder mit niedrigem Einkommen (ohne China und Indien)	47	45	40	24	19	13	2,3	2,6	2,7
Indien	48	39	29	24	16	10	2,4	2,3	1,9
China	39	33	19	24	8	8	1,5	2,5	1.1
Brasilien	43	35	24	13	10	7	3	2,5	1,7
Mexiko	45	43	27	12	10	5	3,3	3,3	2,2
Kolumbien	47	36	24	17	9	6	3	2,7	1,8
Bolivien	46	46	35	22	20	10	2,4	2,6	2,5
Pakistan	49	48	40	23	19	9	2,6	2,9	3,1
Nepal	46	45	39	26	22	13	2	2,3	2,6
Bangladesh	47	48	35	22	21	11	2,5	2,7	2,4
Hong Kong	35	21	11	7	5	6	2,8	1,6	0,5
Thailand	44	38	19	15	10	6	2,9	2,8	1,3
Korea	43	30	16	14	10	6	2,9	2,0	1,0
Indonesien	44	40	24	23	18	8	2,1	2,2	1,6

[Quelle: WEB(1995), Tab. 26, S. 238 f. sowie WEB(1984), Tab. 20, S. 290 f.]

Relativ große Fortschritte bei der Reduzierung der Zuwachsraten haben die asiatischen Länder erreicht - insbesondere China. Die weltweite Abnahme der Bevölkerungswachstumsrate ist hauptsächlich auf die rückläufige Geburtenziffer Chinas zurückzuführen, auf das allein ein Drittel der Bevölkerung der Dritten Welt entfällt. Aber auch in anderen Ländern Ostasiens sind die Geburtenraten rückläufig. Die überwiegend zur mittleren Einkommensgruppe zählenden Volkswirtschaften befinden sich offenbar im **demographischen Übergang** zu einer niedrigeren Geburtenrate. In den lateinamerikanischen Ländern mit mittlerem Einkommen sind die Geburtenziffern stärker gefallen als die Sterbeziffern, so daß das Bevölkerungswachstum sich insgesamt verringerte. In Südasien reichte der Rückgang der Geburtenziffer kaum aus, um eine weitere Abnahme der Sterblichkeit auszugleichen.

1.3 Gibt es eine Bevölkerungsfalle ?

Die **Theorie der Bevölkerungsfalle** stellt eine Alternative zur klassischen Bevölkerungstheorie dar. Der Grundgedanke läßt sich wie folgt darstellen: Bleibt das PKE eines EL unter einer bestimmten kritischen Höhe, so wächst die Bevölkerung immer schneller als das Einkommen. Dadurch fällt das PKE des EL solange zurück, bis ein gesellschaftliches Gleichgewicht bei niedrigerem PKE errreicht wird.[20] Nur wenn das PKE einen kritischen Wert überschreitet, was mit Hilfe technischen Fortschritts oder massiver Kapitaltransfers (Entwicklungshilfe) ermöglicht wird, kann das EL ein PKE-Wachstum über einen längeren Zeitraum hinweg erreichen. Die Theorie der Bevölkerungsfalle setzt sich aus drei Bausteinen zusammen: dem klassischen Bevölkerungsgesetz, einer gesamtwirtschaftlichen Sparfunktion und einer Hypothese bzgl. der Abhängigkeit der Wachstumsrate des BSP vom erreichten Niveau des PKE.

Die Ersparnisse sollen mit steigendem PKE zunehmen:

$$\mathbf{S = s\,(PKE)} \qquad \text{mit } 0<s<1$$

[20] In der englischsprachigen Fachliteratur wird von einer "low level equilibrium trap" gesprochen. Entwickelt wurde diese Theorie von NELSON(1956); vgl. auch: NEHER(1971), S. 51 - 66.

Die Wachstumsrate der Bevölkerung steigt mit sinkender Tendenz bei steigendem PKE: **WR(BEV) = W_B = f (PKE)** mit f>0; f'>0; f''<0

Ebenso wird angenommen, daß das BSP mit zunehmendem PKE anfänglich mit steigender WR wächst und nach Erreichen eines Optimumwertes (PKEo) wieder absinkt: **WR(BSP) = W_Y = g (PKE)** mit: **g'>0 für alle PKE<PKEo**
bzw.: **g'<0 für alle PKE>PKEo**

Die Theorie der Bevölkerungsfalle unterstellt eine neoklassische Produktionsfunktion. Wegen fehlender Marktreife läßt sich jedoch eine Erhöhung der Kapitalintensität durch Vermehrung des Einsatzes des Faktors Kapital nicht erreichen. Bestimmte kapitalintensive Produktionsprozesse können in EL nicht durchgeführt werden, so daß man die Möglichkeiten des technischen Fortschritts nicht voll ausnutzen kann. *Unter diesen Annahmen kann die Bevölkerungsfalle mit folgender Abbildung veranschaulicht werden:*

Abb. 1-5: Bevölkerungsfalle

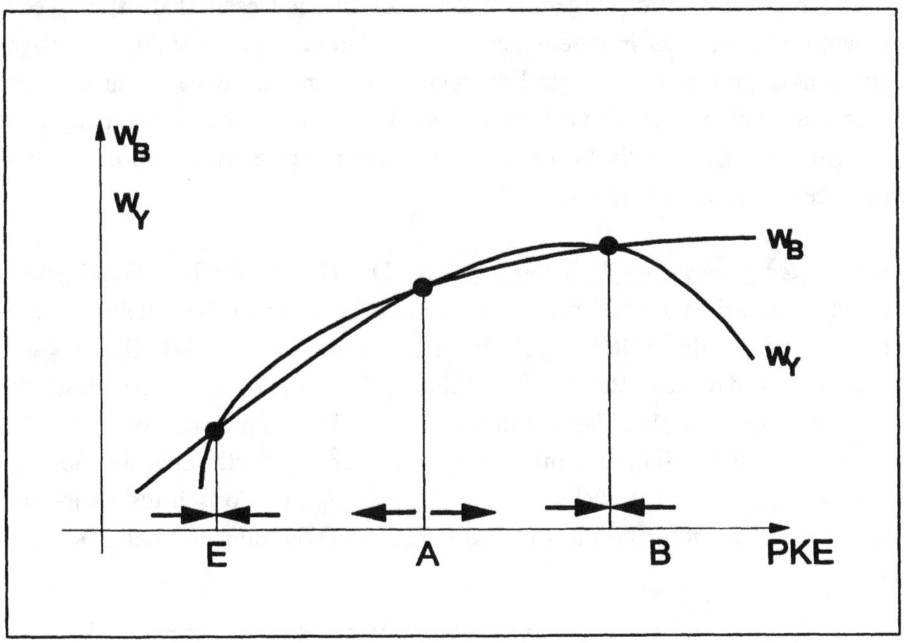

Die WR des PKE wird aus der Differenz des WR des BSP und der WR der Bevölkerung ermittelt. Ist die WR der Bevölkerung höher als die WR des BSP, sinkt das PKE. Ist umgekehrt die WR des BSP höher als die WR der Bevölkerung, steigt das PKE. Im Schaubild sind drei Gleichgewichtspunkte (d.h. konstantes PKE) A, B und E auszumachen. Wie aus den Pfeilen zu ersehen, sind nur zwei dieser Gleichgewichte stabil: das erste Gleichgewicht (E) und das dritte Gleichgewicht (B). Der mittlere Gleichgewichtspunkt (A) ist instabil. Für jedes PKE zwischen E und A ergibt sich aus der höheren WR der Bevölkerung, daß das PKE auf das alte Niveau absinkt. Nur wenn es möglich wäre, aufgrund großer Entwicklungsanstrengungen und massiver Kapitaltransfers (Entwicklungshilfe) die ökonomische Entwicklung zu forcieren, so daß das PKE den Punkt A überwindet, wird ein weiteres Wachstum des PKE bis hin zu Punkt B gewährleistet. Man spricht von der Notwendigkeit eines „big push". Bei jedem PKE, das diesen kritischen Wert nicht übersteigt, führt die hohe WR der Bevölkerung zum PKE-Ausgangsniveau zurück.

Aus dieser Theorie wurde folgendes Fazit gezogen: Die Gesellschaft ist entweder in einem niedrigen oder in einem hohen PKE gefangen. Andere stabile Gleichgewichtspunkte gibt es nicht. Eine Entwicklung in den EL könne demnach nicht graduell vonstatten gehen. Nur durch enorme Eigen- und Fremdanstrengungen ist es möglich, über die kritische PKE-Schwelle hinauszuwachsen, von der an erst ein stetiges Wachstum möglich wird.

Kritik an der Theorie der Bevölkerungsfalle: Die Theorie der Bevölkerungsfalle hat den technischen Fortschritt vernachlässigt. Wird er in die Analyse aufgenommen, kann die WR(BSP)-Kurve stets oberhalb der WR(BEV)-Kurve verlaufen, so daß der Bevölkerungsfallen-Effekt entfällt. Die neoklassische Wachstumstheorie erklärt das Wachstum des Volkseinkommens durch die WR von Arbeit und Kapital, die mit ihren jeweiligen Produktionselastizitäten gewichtet werden. Unter Berücksichtigung des technischen Fortschritts ergibt sich dann für die Wachstumsrate des PKE die folgende Wachstumsformel (Bd. 1, S. 61):

$$\boxed{\mathbf{WR(PKE) = y^* = (m-1) \bullet WR(A) + n \bullet WR(K) + q \bullet WR(T)}}$$

Aus der funktionalen Einkommensverteilung erhält man unter neoklassischen Annahmen für IL Werte für die Produktionselastizität des Faktors Arbeit von ca. 0,7 und des Faktors Kapital von 0,3.[21] Beträgt die WR der Bevölkerung WR(BEV) 2,2 % und die durchschnittliche WR der Investitionen ca. 3,6 %, erhalten wir, bei einem Wertgrenzprodukt der Arbeit von m = 0, aus der Wachstumsformel das folgende Ergebnis: $y^* = -2{,}2 + 0{,}3 \cdot 3{,}6 + q \cdot WR(T)$.

Somit wird bei einem technischen Fortschritt von 1,12 % p.a. ein stationäres PKE erreicht. Verwenden wir die realistischere Annahme, daß m > 0, dann läßt sich zeigen, daß eine verhältnismäßig geringe Rate des technischen Fortschritts ausreicht, um ein kontinuierliches Ansteigen des PKE zu erreichen. Die Einbeziehung des technischen Fortschritts erklärt, wieso es IL möglich war, sich der Bevölkerungsfalle zu entziehen.

Die Auswirkungen des technischen Fortschritts sind jedoch umstritten. Die Produktionsfunktion wird voraussichtlich weder konstante noch abnehmende Skalenerträge aufweisen.[22] Th. W. SCHULTZ zeigt die Bedeutung zunehmender Skalenerträge für die ökonomische Entwicklung, die das Ergebnis von Humankapitalinvestitionen sind. Sowohl in der Industrie als auch in der Landwirtschaft sind Massenproduktionen mit zunehmenden Skalenerträgen zu finden. Die unterstellten zunehmenden Skalenerträge können die abnehmenden Grenzerträge der Faktoren Arbeit und Kapital ausgleichen, so daß wir im relevanten Bereich zunehmende Durchschnittserträge erhalten. Fallende Skalenerträge und fallende Grenzerträge sind für EL eher untypisch.

Umstritten ist ebenfalls, daß es in den EL Grenzen bezüglich der Höhe der Kapitalintensität gibt. Der kapitalintensivere Sektor (Industrie) ist im Vormarsch und drängt den weniger kapitalintensiven Bereich (Landwirtschaft) zurück. Damit kommt es zu einem stetigen Anstieg der gesamtwirtschaftlichen Kapitalintensität. In den ärmsten EL ist in der Tat der Anteil der Landwirtschaft am BSP von 50 %

---

[21] Eine Übertragbarkeit dieser Ergebnisse auf EL muß jedoch sorgfältig überprüft werden. So ist es zweifelhaft, ob bei der hohen Arbeitslosigkeit in EL die Arbeit tatsächlich ihr Wertgrenzprodukt erwirtschaftet. Daher ist es strittig, ob nach der klassischen Produktionstheorie wirklich von Verteilungsparametern auf die Produktionselastizitäten geschlossen werden kann.

[22] Hingewiesen sei auf SCHULTZ(1988).

im Jahre 1960 auf 28 % im Jahre 1994 gesunken. Der Anteil der Industrie ist in den ärmsten EL von 1960 bis 1994 von 17 % auf 34 % angestiegen.[23] Empirische Überprüfungen zeigen, daß für viele EL die Hypothese der Bevölkerungsfalle falsifiziert werden kann. Nur für einige EL kann die These der Bevölkerungsfalle gelten. Es sei angemerkt, daß die geringe WR des PKE in einigen EL auf andere Ursachen wie Bürgerkriege usw. zurückzuführen ist. Einige Studien konnten unter Einbeziehung eines Fertilitätslags eine negative Korrelation ausmachen.[24]

1.4 Folgen des Bevölkerungswachstums

Bei der Beurteilung der Beziehungen zwischen Bevölkerungswachstum und PKE wurde bisher das PKE als unabhängige Variable und die WR der Bevölkerung als abhängige Variable interpretiert. Diese Annahme steht in der Tradition von MALTHUS und muß auch im Zusammenhang mit dem *„ehernen Lohngesetz"* gesehen werden. Die Geburtenziffer variierte in Abhängigkeit vom PKE; Sterbeziffern wurden nicht weiter untersucht. Das PKE kann aber auch zur Zielvariablen werden und die Geburtsziffer zum Aktionsparameter.

LEIBENSTEIN behauptet nun, das Ziel einer Familie sei die Zunahme des PKE und nicht das Erreichen einer großen Familienkinderzahl *(Critical Minimum Effort Principle)*. Er stellt fest, daß die Familie größere Ressourcen per Kind investieren möchte als in die quantitative Menge der Kinder. Diese Haltung müßte zu einer massiven Senkung der Geburtenziffern führen. In diesem Zusammenhang wird auf hohe soziale Vorteile hingewiesen, die durch ein geringeres Bevölkerungswachstum möglich werden. Genannt werden z.B. die hohen Bildungskosten, die durch eine geringere Kinderzahl eingespart werden können. Allerdings muß damit auch mit einer Abnahme der aggregierten Nachfrage sowie mit gravierenden Folgen für kollektive Sicherungssysteme gerechnet werden.

Einen anderen Weg ging KUZNETS, der einen Vorschlag Adam SMITHS aus Buch IV seiner „Wealth of Nations" aufgriff. Die unterstellte Kausalitätsrichtung wird umgedreht: Das **Bevölkerungswachstum** verursacht eine Zunahme des **PKE**. KUZNETS zeigt, daß Bevölkerungswachstum ökonomisches Wachstum

23 Quelle: WEB(1996), Tab. 12 Wirtschaftsstruktur / Produktion, S. 244 f.
24 Vgl. BARLOW(1994).

bewirkt. Die unabhängige Variable ist jetzt das Wachstum der Bevölkerung, die abhängige das PKE. In Analysen dieser Art wird auch die Sterberate einbezogen. KUZNETS betont die Bedeutung von Anpassungsverzögerungen. Er trennt in seiner Analyse zwischen Säuglings-, Kinder- und Jugendlichen-Sterbeziffern. Auch die Bestimmungsgründe für das langsame Anpassen der „Moral und Sitten" werden von ihm analysiert. Ebenso wird die Bedeutung der Infrastrukturveränderung für die demographische Entwicklung herausgearbeitet.[25]

In der demographischen Literatur wird bei makroökonomischen Ansätzen zwischen den Pessimisten (MALTHUS, NELSON), den Optimisten (SMITH, KUZNETS) und den Revisionisten (BIRDSALL) unterschieden.[26] Die Revisionisten lehnen jede Generalisierung bei der Analyse der Bevölkerungswachstumsraten ab, da die Effekte vom Zeitpunkt, dem untersuchten Land und den konkreten Umständen abhängig seien. Insbesondere untersuchen die Revisionisten den Eingriff des Staates auf das Bevölkerungswachstum unter Gesichtspunkten von **Externalitäten** und **Marktunvollkommenheiten**. Fehlende Informationen machen daher Familienprogramme notwendig.

Während die Ansätze der Pessimisten und Optimisten aggregierter Natur waren und die Korrelation zwischen den beobachteten Variablen erläutern wollten, haben die Revisionisten die mikroökonomischen Anpassungen stärker in ihre Analyse aufgenommen. Ihre empirischen Arbeiten werden oft in Form von Sektorstudien durchgeführt. So untersuchen sie die Auswirkungen der **Bevölkerungswachstumsrate** auf Entscheidungen der Individuen bezüglich Ersparnisbildung und Investitionstätigkeit und widerlegen die generelle neoklassische Behauptung, daß ein rasches Bevölkerungswachstum Ersparnisse und Investitionen senkt. Die Sparentscheidungen und Investitionsentscheidungen der Firmen sind demgegenüber nicht systematisch mit dem Bevölkerungswachstum verknüpft. Ebenso haben Regierungen die Möglichkeit, über wirtschaftspolitische Maßnahmen Einfluß auf die Sparquote zu nehmen, die sich meist unabhängig von den demographischen Bedingungen ermittelt.

---

25 Vgl. PERLMAN(1981).
26 Vgl. BIRDSALL(1988).

Ebenso wird dem Argument, daß ein hohes Bevölkerungswachstum Gesundheit und Bildung der Armen senkt, widersprochen. Gleichzeitig wird anerkannt, daß Kinder von großen Familien meist geringere Bildungsinvestitionen aufweisen und einen niedrigeren Gesundheitsstatus haben, sowohl in EL als auch in IL. Auch die **Einkommensverteilung** wird bei hohem Bevölkerungswachstum nicht zwingenderweise ungleicher. Empirische Beobachtungen unterstützen die Behauptung eines Teufelskreises zwischen Armut und Bevölkerungswachstum nicht, da es zu keiner erblichen Proletarisierung in EL kommt. Die revisionistische Analyse beruht also auf einer mikroökonomischen Fundierung der Bevölkerungsanalyse, wie sie insbesondere von G. S. BECKER vorgenommen wird.

Das Problem des hohen Bevölkerungswachstums wird heutzutage recht unterschiedlich bewertet, was auch durch die Disskussionen auf den Weltbevölkerungskonferenzen bestätigt wird. Das **Bevölkerungswachstum** kann nämlich von verschiedenen Seiten beleuchtet werden. Die westlichen IL betrachten das Bevölkerungsproblem von seiner globalen Perspektive und sehen die Bevölkerungsexplosion kritisch. EL nehmen eine nationale Wertung vor und fragen, ob bevölkerungspolitische Maßnahmen in ihrem nationalen Interesse liegen. Die Kontroverse wird dadurch erschwert, weil zur Bewertung des Bevölkerungswachstums unterschiedliche Kriterien herangezogen werden. Viele sehen die Familiengröße und -planung als ein ethisches oder religiöses Problem, andere betrachten diese Fragen nur im Zusammenhang mit der Gesundheit der Familie oder der Nation; wieder andere sehen sie allein als ökonomische Angelegenheit.

Die einen halten Kinder für ein Aktivum, eine Quelle der Freude in der Familie, ein Potential von Arbeit, Sicherheit und Erfindungsgabe, eine Basis militärischer Stärke und nationalen Prestiges. Für andere bedeutet eine hohe Fertilität vor allem: Verstärkung der Armut der Ärmsten, weitere Ausbeutung von Ressourcen, Verstärkung des Ernährungsproblems, Behinderung der ökonomischen Entwicklung, weitere Verstädterung. Erhöht nun eine steigende Bevölkerung das Potential eines Landes oder stellt sie ein Problem dar? Diese Frage kann nicht generell beantwortet werden, da sie von der **Bevölkerungsdichte** und den ökonomischen Möglichkeiten verschiedener Länder abhängt. Für Länder Südasiens ist eine weitere Zunahme der Bevölkerung ohne Zweifel eine Belastung; für Länder Afrikas muß das nicht gelten. Zur wirtschaftlichen Entwicklung gehört auch eine bestimmte Bevölkerungsdichte. SMITH argumentiert, daß eine bestimmte Bevölkerungsdichte notwendig für eine sinnvolle Arbeitsteilung und den damit erreichbaren Wohlstand ist. Die wichtig-sten Argumente für und gegen ein weiteres Bevölkerungswachstum werden abschließend gegenübergestellt:

Argumente gegen ein weiteres Bevölkerungswachstum in EL

❶ Hohe WR der Bevölkerung sind mit Armut und Einkommensungleichheiten verbunden und eine Ursache hoher Arbeitslosigkeit.

❷ Ein hohes Bevölkerungswachstum bedeutet eine - zumindest temporäre - Zunahme der Abhängigkeit vieler wirtschaftlich Inaktiver (z.B. Kinder) von wenigen wirtschaftlich Aktiven.

❸ Hohes Bevölkerungswachstum reduziert c.p. die Kapitalintensität, was eine Senkung der Produktivität beinhaltet. Die für die Versorgung der wachsenden Bevölkerung notwendigen Ressourcen könnten bei niedrigem Bevölkerungswachstum für Produktivitätssteigerungen eingesetzt werden. Hohe WR haben damit implizit negative Auswirkungen auf Ersparnisse und Steuerbasis.

❹ Oft wird argumentiert, daß ein hohes Bevölkerungswachstum eine der Hauptgründe für eine zu starke Beanspruchung knapper Ressourcen dieser Erde darstellt (abnehmende Grenzerträge). Dagegen wird eingewandt, daß auf der Erde noch viele Ressourcen von Mineralien, Öl und anderen Energieträgern unentdeckt sind, wodurch die "Grenzen des Wachstums" verschoben werden können.

❺ Das malthusianische Argument, daß eine höhere Bevölkerungswachstumsrate aus Nahrungsmittelgründen nicht erreicht werden kann, muß mit Vorsicht behandelt werden. Die Produktivitätsfortschritte moderner Landwirtschaft kommen auch EL zugute. Ein reduziertes Bevölkerungswachstum würde ihnen jedoch Zeit lassen, ihre eigenständige Ernährungsbasis auszubauen und Probleme der Nahrungsversorgung lösen zu helfen.[27]

---

[27] Viele EL haben ihre agrarischen Möglichkeiten noch nicht voll ausgenutzt: Die Nahrungsmittelproduktion kann durch Einsatz moderner Verfahren noch erheblich gesteigert werden. Interessant ist, daß EL mit hohen Bevölkerungsdichten im Durchschnitt eine bessere Nahrungsmittelversorgung hatten als Länder mit niedriger Bevölkerungsdichte. Während in Ägypten pro Hektar (ha) landwirtschaftlich nützlichen Bodens 19,19 Menschen leben sind in anderen EL noch große Möglichkeiten gegeben, wie in der Zentralafrikanischen Republik mit 0,07 Menschen auf einen ha potentiell nutzbaren Agrarlands. Auch die lateinamerikanischen Staaten haben hier noch große Möglichkeiten. In Argentinien betrug die Bevölkerungsdichte in 1989 0,37 Personen pro

Argumente für ein weiteres Bevölkerungswachstum

❶ Bevölkerungswachstum, so die Erfahrung der IL, bedeutet ein zunehmendes Versorgungsniveau und eine Verbesserung der Wohlfahrt. Die Sterbeziffern sanken in Europa aufgrund höherer ökonomischer Prosperität, so daß die Bevölkerungsexplosion gleichzeitig mit der Industrialisierung erfolgte. Erwähnt sei, daß die Bevölkerungswachstumsraten in Europa jedoch niedriger waren als in heutigen EL. Während des Zeitraums von 1750 bis 1930 ist die Bevölkerung Europas nie mehr als 1 % p.a. gestiegen, kein Land hat ein höheres Wachstum als 1,5 % erfahren. In den EL hat das Absinken der Sterbeziffern schon vor der ökonomischen Modernisierung begonnen. Aus diesem Grunde ist der Quotient von ökonomisch Abhängigen zu Unabhängigen selten so hoch gewesen wie in heutigen EL. Der Bevölkerungsdruck konnte in den IL außerdem durch die Migration nach Amerika und Ozeanien gesenkt werden, eine Option, die den EL nicht offensteht. Zu Beginn der europäischen industriellen Revolution gab es zudem noch unausgenutzte Ressourcen. Land stand in hohem Maße zur Verfügung, so daß ein höheres Bevölkerungswachstum verkraftet werden konnte.

❷ Ein hohes Bevölkerungswachstum ist eine Herausforderung, notwendige Talente zur Überwindung wirtschaftlicher Probleme hervorzubringen, und führt zu einer Stimulierung von Innovationen.

❸ Häufig wird auf die Möglichkeit zunehmender Skalenerträge verwiesen, was insbesondere für relativ dünn besiedelte Gebiete gilt. Dort könnte eine zunehmende Bevölkerung zur Verbesserung der sozialen Infrastruktur führen: höhere Bevölkerungsdichten erlauben ein dichteres Wegenetz und damit eine Verbesserung der Infrastruktur. Regionalpolitische Maßnahmen können zu einer Veränderung der räumlichen Konzentration beitragen.

❹ Das Argument des *„leeren Raums“* (d.h. Ausnutzung von bisher nicht genutzten Wohn- und Anbauflächen) gilt nur für spärlich besiedelte Gebiete mit ausreichend kultivierbarem Land. Das Hauptproblem liege nicht in der Bevölkerungswachstumsrate sondern in der ungleichen internationalen Verteilung des Wohlstandes. Bei stärkerer Umverteilung des Welteinkommens wären auch EL in der Lage, eine größere Bevölkerung mit einem ausreichenden Lebensstandard zu versorgen. Politiker sollten demzufolge die Vermögens-

ha landwirtschaftlicher Nutzfläche; in Brasilien betrug diese Zahl 0,25 und in Uruguay 0,24. Vgl. hierzu BONGAARTS(1996).

ungleichheit senken und nicht die Wachstumsrate der Bevölkerung. Für die Bevölkerungspolitik der EL ist dieses Argument jedoch nicht stichhaltig. Es ist nicht einsichtig, warum Politiken zur Verbesserung der Welteinkommensverteilung im Wettbewerb stehen sollen mit bevölkerungspolitischen Maßnahmen. Geberländer haben vielmehr Bedenken, EL zu unterstützen, die ihr Bevölkerungsproblem nicht gelöst haben, da die Entwicklungshilfe in ein bodenloses Loch zu fallen droht.

❺ Letztlich wird auf die nicht eindeutige statistische Korrelation zwischen PKE und Bevölkerungswachstumsrate verwiesen. Die Beziehungen zwischen ökonomischen und demographischen Variablen sind komplex, so daß eine monokausale Analyse nicht überzeugt.

Den Einfluß des Bevölkerungswachstums auf das wirtschaftliche Wachstum und umgekehrt hat kürzlich Kapuria-Foreman in einem simultanen Schätzungsansatz überprüft. [28] Unter Verwendung des Granger-Kausalitäts-Ansatzes ließ sich in einer Studie von 15 EL nicht nachweisen, daß ein hohes Bevölkerungswachstum zu einer Abnahme des PKE führt. Für Nepal, Indien, China, Guatemala, Peru, Türkei, Chile und Mexiko stellte er einen positiven Einfluß der Bevölkerungswachstumsrate auf das wirtschaftliche Wachstum fest.

Die demographische Transformation in den IL fand weitestgehend ohne staatliche Intervention statt. Kann daraus geschlossen werden, daß das Problem des hohen Bevölkerungswachstums in den EL auch ohne staatliche Hilfen zu lösen ist. Ist eine laissez-faire-Lösung möglich? Sozioökonomische Fortschritte können automatisch zu einer Senkung der Geburtenrate führen. Die Sterbeziffer wird sinken, Mädchen werden eine bessere Ausbildung erhalten, mehr Frauen werden Arbeit finden und einen höheren Status erreichen. Die Bevölkerung wird in verstärktem Maße in städtischen Bereichen leben und Kenntnisse über Familienplanung werden weit verbreitet sein. Dies wird zu abnehmenden Geburtenraten führen.

[28] Vgl. KAPURIA-FOREMAN(1995). Allerdings ließen sich für die Staaten Ghana, Sri Lanka, Bolivien, Philippinen, Syrien, Thailand und Argentinien weder negative noch positive Auswirkungen der Wachstumsrate der Bevölkerung auf das wirtschaftliche Wachstum ausmachen. Die Studie umfaßte in den 15 Ländern einen Zeitraum von 30 - 40 Jahren.

Reichen private Entscheidungen der Paare für das soziale Optimum aus?
Die Kosten für die Erziehung der Kinder trägt zu einem großen Teil die Allgemeinheit (Isolationsparadox). Wegen dieser externen Effekte ist es unwahrscheinlich, daß sich das soziale Optimum von selbst einstellt. Daher muß der Staat Maßnahmen zur Reduzierung der Geburtenziffern durchführen. Selbst bei Nichtbeachtung des Externalitätsarguments muß gefragt werden, ob Paare rationale Entscheidungen über die optimale Kinderzahl treffen können. In der Literatur wird von der „Nichtbeeinflußbarkeit der Leidenschaften" gesprochen, auf die insbesondere MALTHUS hinwies. Außerdem sei auf die Auswirkungen vieler Geburten auf die Gesundheit der Mütter hingewiesen, welche wiederum die Gesundheit der Kinder beeinflußt. Daher sind viele Maßnahmen der **Familienplanung** auch gesundheitspolitisch motiviert. Auf die Möglichkeiten einer staatlichen Bevölkerungspolitik soll nun kurz eingegangen werden.

1.5 Bevölkerungspolitische Maßnahmen und ihre Erfolgsaussichten

Ein Blick auf die Bevölkerungspyramide zeigt, daß in nächster Zeit nicht mit einem Abflachen des globalen Bevölkerungswachstums zu rechnen ist. Aufgrund der hohen Fruchtbarkeitsraten der Vergangenheit impliziert der heutige Bevölkerungsaufbau eine Wachstumsdynamik, die kaum gebremst werden kann. 33 % der Weltbevölkerung waren 1994 jünger als 15 Jahre. Schließt man China aus, waren 39,5 % der Einwohner in EL jünger als 15 Jahre. Für IL erhalten wir im Durchschnitt einen Anteil von 20 %, für Deutschland liegt er bei 16 %. Unabhängig von der Fertilität ist das weitere Bevölkerungswachstum also bereits durch Entscheidungen vor 20 bzw. 30 Jahren vorprogrammiert worden. Heute müssen aber die Weichen für die weitere Zukunft gestellt werden.

Da für die Beeinflussung der **Mortalität** (Sterberate) kein Spielraum vorhanden ist und die internationale **Migration** - von einigen Ausnahmeregionen abgesehen - eine relativ untergeordnete Rolle für EL spielt, bleibt die **Fertilität** (Geburtenrate) die bevölkerungspolitische Schlüsselvariable. Die Notwendigkeit der Geburtenbegrenzung steht seit jeher im Zentrum des entwicklungspolitischen Interesses. Schon bei der Colombo-Konferenz des Jahres 1950 wurde dieses Problem thematisiert. 1974 fand in Bukarest die erste Weltbevölkerungskonferenz der Vereinten Nationen statt, auf der die Vorstellungen von IL und EL „heftig aufeinander prallten". Verabschiedet wurde ein „*Weltbevölkerungsaktionsplan*".[29] In dieser Erklärung wird das grundlegende Recht der Eltern bestätigt, Zahl und Geburtszeitpunkt ihrer Kinder frei und selbständig zu bestimmen. Die Ausübung dieses Rechts sollte jedoch unter Berücksichtigung der Bedürfnisse der lebenden und zukünftigen Kinder erfolgen und darf nicht von der Verpflichtung der Ehepaare ablenken, sich bei ihrer Entscheidung auch an gesellschaftlichen Erfordernissen zu orientieren. Auf dieser Konferenz warfen die Verantwortlichen der EL den IL vor, den gegenwärtigen Nord-Süd-Gegensatz aufrechterhalten zu wollen, indem sie EL zu Wachstumsrestriktionen zwingen, um so die notwendigen Ressourcen für IL freizusetzen. Die Ergebnisse dieser Konferenz sind allerdings so allgemein gehalten, daß fast jede Bevölkerungspolitik im Einklang mit dem WPPA steht. Eine **Geburtenkontrolle** wurde damals von den EL strikt verworfen.

Die Weltbevölkerungskonferenz im August 1984 in Mexiko City führte ebenfalls zu keinen weiteren Vereinbarungen hinsichtlich der Bevölkerungspolitik. Auch diese Konferenz litt unter den unvereinbaren Gegensätzen zwischen EL und IL.

Die erreichten Konferenzergebnisse können mit 4 Thesen zusammengefasst werden:

❶ Das Bevölkerungswachstum wird nicht als Hauptgrund für die Armut in der Dritten Welt angesehen; vielmehr wird der wirtschaftliche Dualismus und die „ungerechte" Weltwirtschaftsordnung dafür als ursächlich bezeichnet.

❷ Das Bevölkerungsproblem darf nicht nur als ein „Zahlenproblem" angesehen werden; die Armut der EL ist nur die Kehrseite des Reichtums in den IL.

❸ Hohe Wachstumsraten der Bevölkerung erschweren jedoch die wirtschaftliche Entwicklung.

❹ Viele Probleme der EL sind das Ergebnis der Bevölkerungskonzentration, nicht des Bevölkerungswachstums.

Die letzte Weltbevölkerungskonferenz fand 1994 in Kairo statt. Auch auf dieser Konferenz wurden die Argumente kontrovers diskutiert. Eine vornehmlich von

---

[29] Bekannt unter der Bezeichnung: World Population Plan of Action (WPPA).

IL-Vertretern besetzte Delegierten-Gruppierung befürwortete weiterhin Maßnahmen der Bevölkerungspolitik, die von vielen EL-Vertretern jedoch als eine Waffe zur Kontrolle der Frauen und der Armen bezeichnet wurde. Die Konferenz in Kairo war deutlich von Frauenorganisationen der Entsendestaaten geprägt. Insbesondere die Nicht-Regierungsorganisationen (NRO) waren bei den Vorbereitungen involviert und hatten ein großes Mitspracherecht. Ferner bleibt jedes Land souverän in der Ausgestaltung seiner jeweiligen Bevölkerungspolitik. Unter diesen Konferenzbedingungen wurde es möglich, daß im Konsens ein Aktionsprogramm verabschiedet wurde, das innerhalb der nächsten 20 Jahre die Weltbevölkerung auf einer geschätzten Höhe von 7,8 Mrd. halten möchte.

Drei Maßnahmenblocks wurden als notwendig für die Reduzierung der Fertilität angesehen:

- verbesserter Zugang zu Kontrazeptiva,
- Reduzierung der Kindersterblichkeit,
- Verbesserung der Frauenrechte und ihres sozialen bzw. gesundheitlichen Status.

Erwartungsgemäß sprach sich der Vatikan gegen Geburtenkontrollen und Abtreibung aus und wurde dabei von lateinamerikanischen Staaten unterstützt. Die Forderung nach „Empowerment of Women“ führte zur Kritik von fundamentalistischen islamischen Regimen.

1974 wurde in Bukarest vom damaligen indischen Gesundheitsminister Karan SINGH der Slogan geprägt: „Entwicklung ist das beste Verhütungsmittel“. Die Kairoer Konferenz könnte man zusammenfassen mit der These: „Besserer sozialer Status und eine höhere Gesundheitsversorgung sind die besten Verhütungsmittel“. Der revisionistische Ansatz der Bevölkerungstheorie hat in Kairo seine Spuren hinterlassen: Größere Entwicklungschancen für Frauen führen zu einer geringeren Reproduktionsrate.

Welche grundsätzliche Möglichkeiten bieten sich zur Reduzierung der Geburtenrate an? Zwangssterilisationen sind, wie die Erfahrungen in Indien während der Jahre 1975 - 1977 zeigten, in einer Demokratie kaum durchführbar. Es kam zu dramatischen Unruhen; der Sturz der Regierung Indira Ghandi wird z.T. auf

Widerstände gegen die Zwangssterilisation zurückgeführt. In Singapur und anderen Ländern wurde mit Hilfe von Steuern und Zuschüssen eine Abnahme der Geburtenrate angestrebt: Familien bis zu zwei Kindern bekommen einen Zuschuß zum Einkommen, der Familien mit mehr als zwei Kindern verweigert wird. „Kinderfeindliche" Wohnungen sollen gebaut werden und die Emanzipation der Frau vorangetrieben werden, um die Gebärfreudigkeit zu reduzieren.

Allerdings sind einige EL über die Folgen eines geringeren Bevölkerungswachstums besorgt. Insbesondere die „asiatischen Tiger" fürchten die sozialpolitischen Auswirkungen einer überalterten Bevölkerung und den ökonomischen Zwang, benötigte, aber im Inland nicht verfügbaren Arbeitskräfte zu „importieren". Süd-Korea hat seine Ausgaben für Familienplanungsdienstleistungen reduziert; Thailand strebt eine Erhöhung der Reproduktionsrate von 1,7 auf 2,1 an. Singapur hat damit begonnen, Familien mit mehr als zwei Kindern Familienbeihilfen zu leisten. Familienprogramme sind nicht in allen Kulturen durchsetzbar. In den sechziger und siebziger Jahren lag das Schwergewicht der Überlegungen zur Eindämmung des Bevölkerungswachstums bei Familienprogrammen, deren Erfolge allerdings sehr begrenzt waren. Als Ursachen wurden Informationsdefizite und mangelnde Effizienz dieser Programme ausgemacht.

Als Informationsdefizite werden genannt:

- Geringe sexuelle Aufklärung bei ländlichen und armen städtischen Bevölkerungsschichten.
- Schwache Motivation zur Beschränkung der Fruchtbarkeit, insbesondere geringe Anwendung von Kontrazeptionsmitteln. Familien müssen weniger Kinder *wollen.* Die Notwendigkeit der Geburtenreduzierung muß den Familien einsichtig gemacht werden.

Familienprogramme leiden an mangelnder Effizienz aus folgenden Gründen:

- Kulturell-politische Gründe: Geburtenregelungen gelten als „politisch heißes Eisen". Viele EL wollen eine höhere Bevölkerungszahl, weil damit eine stärkere politische Macht erreicht werden soll. Ein Land ist umso stärker und (militärisch) mächtiger, je größer seine Bevölkerung ist. Ländliche Familien müssen eine hohe Kinderzahl haben, weil „freier Raum" besetzt und ausgenutzt werden soll.

- Technische Gründe: EL-Regierungen haben sich in der Familienplanung kaum engagiert, mit Ausnahme einiger asiatischer Staaten. Die zur Verfügung stehenden Geldmittel sind knapp. Die Kosten für Familienplanungsprogramme an den nationalen Budgets belaufen sich zwischen 0,01 % und 0,02 % des Staatsbudgets. Es gibt z.B. nur unzureichende Informationen über Kontrazeptiva da Aufklärungsprogramme kaum flächendeckend vorgenommen werden.
- Einseitige Ausrichtung der Familienprogramme: in den bestehenden Programmen wird darauf hingewiesen, daß eine Frau über Verhütungsmittel die Kinderzahl steuern kann. Es wird jedoch nicht gesagt, *warum* sie dies tun sollte.

Ohne nachhaltige Verbesserung der Lebensbedingungen lassen sich Möglichkeiten der Familienplanung nicht ausschöpfen. Da die Alterssicherung in den EL über eine hohe Kinderzahl angestrebt wird, könnte durch Einführung einer staatlichen Rentenversicherung die Geburtenhäufigkeit reduziert werden. Rentenversicherungen und niedrige Geburtenziffern stehen in einem empirisch überprüfbaren Verhältnis zueinander, so daß vorgeschlagen wurde, im Rahmen der Entwicklungshilfe Rentenversicherungen zu finanzieren, um die Bevölkerungswachstumsrate in der Dritten Welt zu senken.[30]

Neuere Erkenntnisse über den Bevölkerungswandel in den EL unterstreichen den engen Zusammenhang zwischen rückläufiger Fruchtbarkeit, allgemeinem sozioökonomischem Entwicklungsniveau und dem Beitrag, den Familienplanungsprogramme zur Verlangsamung des Bevölkerungswachstums leisten können. Unterschiede zwischen den Fruchtbarkeitsziffern weisen - sowohl im Ländervergleich als auch innerhalb der einzelnen Länder - einen weniger engen Zusammenhang des Bevölkerungswachstums mit dem PKE als mit der Lebenserwartung, den Lese- und Schreibkenntnissen der Frauen, ihren Berufschancen und den Einkommen der ärmeren Bevölkerungsgruppen auf. Neuere Studien zeigen immer noch, daß Bildungschancen der Frauen, eine Erhöhung ihres sozialen Status und ihrer wirtschaftlichen Möglichkeiten sowie eine bessere Gesundheitsvorsorge erfolgreicher sind zur Lösung des Bevölkerungswachstumsproblems als „reine" Bevölkerungsmaßnahmen.[31]

[30] Vgl. ENTWISLE/WINEGARDEN(1984).
[31] Vgl. PRITCHETT(1994).

Familienplanungsprogramme wurden hauptsächlich in Asien initiiert, z.B. in Indonesien, Thailand, Singapur, China, Indien und Pakistan. Auch im katholischen Lateinamerika wird mehr und mehr die Notwendigkeit der Familienplanung eingesehen.[32]

1.6 Fallbeispiel China

Die Volksrepublik China, nach Rußland und Kanada der drittgrößte Flächenstaat der Erde, ist der mit Abstand bevölkerungsreichste Staat dieser Welt mit rd. 1,19 Mrd. Menschen im Jahre 1994. Das PKE betrug 1994 lediglich 530 U$, die Bevölkerung stieg zwischen 1965 und 1988 im Durchschnitt um 1,5 % p.a. an, von 1980 bis 1994 um 1,2 % p.a., während das PKE um 7,8 % p.a. im Zeitraum von 1985 - 1994 wuchs. Die Landwirtschaft stellt 21 % (1994) des BSP. 19 % der Bevölkerung über 18 Jahre galten 1995 als Analphabeten.[33]

Das Ziel der chinesischen Bevölkerungspolitik war die Drei-Personen-Familie (Slogan: „1 + 1 = 1"). Die staatliche Familienplanungskommission setzte das nationale Bevölkerungsziel fest. Die angestrebte Anzahl von Geburten wurde dann administrativ auf die einzelnen Provinzen verteilt, die diese Zahlen wiederum auf kleinere Verwaltungseinheiten umrechneten. So wurde jeder Region die genaue Anzahl der erlaubten Geburten mitgeteilt. Die Verteilung der Geburtenquoten erfolgte bis zur Ebene kleinster Nachbarschaftseinheiten.[34]
Die Familienplanung selbst wurde in kleinen Einheiten von 10 oder 20 Personen (Nachbarschaften) durchgeführt, die sich ein- bis zweimal pro Jahr trafen und die Geburtenziele festlegte. Jede Frau benötigte zur Geburt die Erlaubnis dieser Gruppe. Die Erlaubnis zum ersten Kind wurde verhältnismäßig schnell erteilt, beim zweiten Kind wurde die Erlaubnis gegeben, wenn das Erstgeborene behindert war oder die Frau wieder geheiratet hatte. Ansonsten wurde den Paaren nach der ersten Geburt die Sterilisation nahe gelegt (ca. 40 % der sterilisierten Bevölkerung in dieser Welt besteht aus Chinesen). Im ländlichen Bereich wurde die

[32] Vgl. die Darstellung einiger Familienprogramme in HOGENDORN(1992); insbesondere Kapitel 8, S. 280 ff.

[33] Eine Darstellung der wirtschaftspolitischen Maßnahmen in China findet sich in: TODARO(1994), S. 216 ff.; sowie HOGENDORN(1992), S. 290 ff.

[34] Vgl. LI(1995).

Erlaubnis zur Geburt eines zweiten Kindes nur erteilt, wenn das erste Kind ein Mädchen war.

Als 1979 ersichtlich wurde, daß die freiwilligen Maßnahmen zur Senkung der Geburtenrate nicht den erwünschten Erfolg brachten, wurden verstärkt Zwangsmaßnahmen durchgesetzt. So gibt es „Baby-Strafen" für Paare, die mehr als zwei Kinder haben. Die Strafen bestehen z.T. in einer Reduzierung der Löhne um 5 - 10 % für die Geburt eines dritten Kindes; 20 % bei der Geburt des 5. Kindes usw. Denjenigen Paaren, die nur ein Kind haben, werden Lohnboni bzw. höhere Renten gewährt. Die Strafen werden oft für einen Zeitraum von 5 - 14 Jahren festgelegt. Eltern, die ein „unerlaubtes" Kind haben, werden an der Arbeitsstelle benachteiligt und erhalten keine monetären Boni. Familien mit nur einem Kind erhalten monatlich einen Gehaltszuschuß von 10 % des Durchschnittseinkommens, kostenlosen Unterricht bis zur Hochschulreife und freie medizinische Versorgung. Diese „Belohnungen" mußten bei der Geburt eines 2. Kindes oft zurückgezahlt werden. Familien mit nur einem Kind genießen Privilegien bei der Einstellung. Sie erhalten ein „glory-certificate", das immerhin ein Fünftel der chinesischen Familien besitzen, was eine monatliche Lohner-höhung von 5 - 8 % bringt (bis zum 14. Lebensjahr des jeweiligen Kindes). Ferner ist damit eine bessere Wohnung verbunden. In urbanen Gegenden erhalten Familien mit nur einem Kind zusätzliche Lebensmittelgutscheine.

Chinesische Haushalte wurden in zwei verschiedenen Klassen eingeteilt, entweder als „landwirtschaftlicher Haushalt" oder als „Arbeiter-Haushalt". Nur Arbeiter-Haushalte hatten garantierte Lebensmittelzuteilungen, monetäre Einkünfte, medizinische Dienstleistungen oder eine gesicherte Altersversorgung. Sie standen in einer stärkeren Abhängigkeit von der Bürokratie, so daß bei ihnen die Geburtenhäufigkeit zwangsweise abnahm. Für landwirtschaftliche Haushalte ergaben sich geringere Sanktionsmöglichkeiten, so daß die bevölkerungspolitischen Ziele auf dem Lande weniger erreicht wurden.

Etwa ab dem Jahre 1987 wurde deutlich, daß die Ein-Kind-Kampagne in ruralen Gegenden kaum wirksam war. Die Familien zahlten die Strafe, weil die Geburt eines Jungen als höherwertig angesehen wurde. 1988 wurden die Strafen drastisch (um 100 %) erhöht. Eine Strafe für die Geburt eines zweiten Kindes kann bis zu $

1'000 betragen. In den städtischen Gebieten ist durch diese Kontroll- und Zwangspolitik die Wachstumsrate gesunken, im ländlichen Bereich sind die Auswirkungen nicht so stark. Die chinesischen Erfahrungen, die zu einer gewaltigen Reduzierung der Bevölkerungswachstumsrate führten, können wegen des autoritären politischen Systems nicht auf andere Länder übertragen werden. Die chinesische Führung war dennoch überrascht, daß die Bevölkerung in einem weitaus stärkerem Maße angestiegen war als erhofft.

Die chinesischen Maßnahmen zur Geburtenkontrolle sind kürzlich als ineffizient und widersprüchlich bezeichnet worden. So wurde im Rahmen der Bevölkerungspolitik Ackerland in Abhängigkeit von der Familiengröße für kurze Zeiträume den Bauern zur Verfügung gestellt. Dies gab Anreiz zu weiteren Geburten.[35] Langfristige Pachtverträge von z.B. 30 Jahren Laufzeit hätte die Notwendigkeit höherer Geburtenraten gesenkt. Statt in Kinder hätte die bäuerliche Familie in Grund und Boden investiert. Bessere institutionelle Regelungen hätten demzufolge zur freiwilligen und evtl. höheren Absenkung der Geburtenrate beigetragen.[36] Genannt werden auch die demographischen Ungleichgewichte, die durch die Bevorzugung männlicher Säuglinge hervorgerufen werden. So hat sich die Geschlechterverteilung mittlerweile auf 133 männliche zu 100 weiblichen Kleinkindern verschoben.

Eine langfristig anhaltende Reduzierung der Geburtenziffer wird nicht nur durch staatlichen Druck allein erreicht. Staatliche Anreize können jedoch, wie das Beispiel Chinas zeigt, zu einer Veränderung der Einstellung der Bevölkerung (insbesondere der Frauen) zur Bevölkerungsplanung führen. Die starke Reduzierung der Geburtenziffern in China in den 70er Jahren ist weitgehend auf diese mentale Änderung zurückzuführen. Ohne Einstellungsveränderungen wird eine langfristige Reduzierung der Bevölkerungswachstumsraten kaum erreichbar sein.[37]

[35] Dieses Problem wurde auch für Nigeria ausgemacht. Vgl. RENNE(1995).
[36] Vgl. JOHNSON(1994).
[37] Vgl. hierzu auch SCOTESE/WANG(1995).

2 Der Arbeitsmarkt in Entwicklungsländern

Die meisten Menschen in der Dritten Welt sind zur Sicherung ihres Lebensunterhalts auf den Einsatz ihrer Arbeitskraft angewiesen. Dieser Einsatz kann im informellen Sektor (in selbständiger Tätigkeit oder als Arbeitnehmertätigkeit in vergleichsweise unsicheren Beschäftigungsverhältnissen) oder im formellen Sektor erfolgen, in dem die Arbeitsplätze rationiert sind; die dort Beschäftigten gehören in einigen EL bereits der Mittelklasse an. Die Einkommen liegen im formellen Sektor erheblich über denen des informellen Sektors.

Die Überwindung von Arbeitslosigkeit und Unterbeschäftigung sowie die Erhöhung der Arbeitsproduktivität sind wesentlich für die Überwindung der Armut.[38] Daher muß die Funktionsweise der Arbeitsmärkte in EL analysiert werden. Bei der menschlichen Arbeitskraft ist zwischen der Quantität der Arbeit und ihrer Qualität zu unterscheiden. Bei der reinen Quantität der Arbeit analysieren wir (Unter-)Beschäftigung bzw. Arbeitslosigkeit, beim Aspekt der Qualität die Ausbildung bzw. das Humankapital, das durch Bildungsinvestitionen gefördert wird (Kap.11). Die Qualität der Arbeit wird auch durch den Gesundheitszustand der Bevölkerung beeinflußt (Kap. 12). Zuerst wollen wir uns mit dem reinen Beschäftigungsproblem der EL auseinandersetzen.

2.1 Arbeitslosigkeit und Unterbeschäftigung als Problem

Nach Auffassung der Internationalen Arbeitsorganisation (ILO) gehört Arbeit zu den menschlichen Grundbedürfnissen. Ohne Arbeit nehmen Menschen schweren Schaden an ihrer Persönlichkeitsstruktur, da die Beschäftigung für das Selbstwertgefühl von großer Bedeutung ist. Der Anteil der arbeitslosen **Erwerbsbevölkerung** in EL, ist nicht unerheblich. Die in IL entwickelten Konzepte zur Messung der **Arbeitslosigkeit** sind jedoch nicht ohne weiteres auf EL übertrag-bar. In IL finden wir Sozialleistungen der Arbeitgeber vor, wie etwa die Lohnfortzahlungen im Krankheitsfall sowie Arbeitsbedingungen, deren konkrete Ausfor-mung der Arbeitsgesetzgebung sowie der Tarifautonomie unterliegt und welche mit den Bedingungen in EL nicht vergleichbar sind. Ein System der sozialen Absicherung

[38] Vgl. auch die Ausführungen im WEB(1995): „Arbeitnehmer im weltweiten Integrationsprozeß".

bewahrt Arbeitslose in IL zusätzlich vor extremer Armut. Die Erwerbsbevölkerung ist zudem leicht in Arbeitslose und Beschäftigte aufteilbar. In EL hingegen ist der Anteil der abhängig Beschäftigten an der Erwerbsbevölkerung geringer als in den IL. Der überwiegende Teil der Menschen dort ist selbständig; die soziale Absicherung ist vergleichsweise unterentwickelt. Die Armen können sich Arbeitslosigkeit nicht leisten - sie müssen jede sich bietende Tätigkeit annehmen.

In Chile stehen beispielsweise ca. 69 % der Bevölkerung in einem formalen Beschäftigungsverhältnis. Die Arbeitslosenquote kann dort eine Maßzahl für die Unterausnutzung des Arbeitskräftereservoirs darstellen. In vielen EL ist dieses Konzept dagegen unbrauchbar. Nur ein geringer Anteil der Bevölkerung steht in einem *formalen* Beschäftigungsverhältnis (z.B. Indien: 14,6 %, Togo 10,8 %, Thailand: 26,9 %; hierzu: Tab. 2-1); der überwiegende Anteil ist im *informellen* Sektor tätig. Die Struktur der Beschäftigten ist in den einzelnen Ländern und Wirtschaftssektoren unterschiedlich. Im Dienstleistungsbereich ist z.T. der Anteil der Lohnabhängigen hoch, sehr gering ist er in der Landwirtschaft. *Einen Überblick über die Verteilung der lohnabhängig bzw. freiberuflich Tätigen in gibt die folgende Tabelle:*

Tab. 2-1: Struktur der Beschäftigten {ausgewählte Länder}

Land (Jahr)	Landwirtschaft		Industrie		Dienstleistungen	
	LA [%]	FB [%]	LA [%]	FB [%]	LA [%]	FB [%]
China (1993)	1,0	60,0	4,0	14,0	11,0	10,0
Korea (1991)	1,2	15,5	30,5	5,1	29,0	18,7
Thailand (1989)	6,6	59,7	8,7	3,2	11,6	10,2
Indien (1991)	1,5	61,7	3,7	10,5	9,4	13,2
Pakistan (1992)	4,5	42,9	13,8	6,1	16,2	16,5
Indonesien (1993)	6,5	43,9	10,0	5,8	14,3	19,5
Argentinien (1980)	6,4	5,7	23,6	7,9	41,6	14,9
Brasilien (1988)	9,4	14,8	19,4	4,0	37,3	15,1
Bolivien (1991)	0,5	0,7	15,2	9,6	34,1	39,9
Ghana (1984)	3,2	57,8	3,2	9,6	9,7	16,5
Kamerun (1982)	2,5	74,2	2,6	4,2	10,3	6,3
Nigeria (1986)	1,1	43,9	1,4	5,2	17	31,4
Sambia (1980)	22,5	29,8	11,9	1,6	24,2	10,0
Togo (1981)	0,7	65,8	1,9	7,3	8,2	16,1

[Quelle: WEB(1995) S. 173 f.]; LA =Lohnabhängige; FB =Freiberufler]

Von der ILO sind verschiedene Konzepte zur Erfassung der ***Arbeitslosigkeit*** *entwickelt worden:*

❶ **Offene Arbeitslosigkeit:** Sie liegt vor, wenn Arbeit suchende Personen keine Beschäftigung finden. Sie kann - wenn entsprechende statistische Einrichtungen in EL vorzufinden sind - relativ zuverlässig bestimmt werden. Die Arbeitslosenquote auf dem Lande ist tendenziell höher als in den Städten, bei Jugendlichen wesentlicher höher als bei älteren Arbeitnehmern, bei Frauen höher als bei Männern. Schließlich sind Personen mit einem höheren Bildungsniveau ebenfalls stärker von der offenen Arbeitslosigkeit betroffen: Akademiker, die durch ihren Familienverband abgesichert sind, können es sich durchaus leisten, längere Zeit nach einer geeigneten Arbeitsstelle Ausschau zu halten als Personen mit niedrigerem Ausbildungsniveau.

❷ **Versteckte Arbeitslosigkeit:** Sie ist gegeben, wenn arbeitslose Personen die Suche nach einem Arbeitsplatz aufgegeben haben, weil sie keine Hoffnung mehr haben, eine Beschäftigung zu finden. Zuverlässige Schätzungen liegen jedoch kaum vor. Bei der Schaffung neuer Arbeitsplätze in einer Region steigt aus diesem Grund oft die Zahl der Arbeitslosen an. Sind allerdings zu wenige Arbeitsplätze vorhanden, so geben die Arbeitsuchenden die Suche nach Arbeitsplätzen auf (*discouraged worker effect*), so daß die offizielle Arbeitslosenquote sinken kann.

❸ **Offene Unterbeschäftigung:** Wenn Personen unfreiwillig weniger arbeiten als es der normalen Arbeitszeitregelung entspricht (z.B. 5 von 8 Stunden pro Tag), so gelten sie als offen unterbeschäftigt. Schätzungen hierfür liegen kaum vor. Man könnte ihre Anzahl näherungsweise anhand von Kurzarbeiterstatistiken ermitteln.

❹ **Versteckte Unterbeschäftigung:** Sie liegt dann vor, wenn Beschäftigte entweder bei normaler Arbeitszeit anomal niedrige **Arbeitseinkommen** erzielen oder wenn sie Tätigkeiten ausüben, in denen ihre Fähigkeiten und Kenntnisse nicht voll genutzt werden. Sie bilden die zahlenmäßig stärkste Gruppe mit Beschäftigungsproblemen in EL. Da es in EL nur unzureichende Systeme der **Arbeitslosenunterstützung** gibt, müssen die Arbeitsuchenden jede Beschäftigungsmöglichkeit nutzen, um ihre Familien durch Arbeitseinkommen zu versorgen. Sie können nicht lange nach einem bildungsadäquaten Arbeitsplatz suchen. Während offene Arbeitslosigkeit vornehmlich in den städtischen Gebieten zu finden ist, findet man die versteckte Unterbeschäftigung hauptsächlich auf dem Lande.

Der **Grad der versteckten Unterbeschäftigung** wird auf dem Land oft nach dem *"labour surplus-approach"* festgestellt. Man errechnet aus der *tatsächlichen Produktion* (bei vorgegebener Technologie und Kapitalausstattung) den *notwendigen Arbeitskräftebedarf* und stellt ihn der Höhe der *tatsächlichen Beschäftigung* gegenüber. Die Differenz dient als Maßstab für die versteckte Unterbeschäftigung. So konnte z.B. für Peru ermittelt werden, daß im Jahre 1965 nur ca. 47% der Beschäftigten tatsächlich beschäftigt waren. Peru hätte also auf die Hälfte seiner Arbeitskräfte verzichten können, ohne Einbußen bei der Produktion zu erleiden.

SQUIRE schätzt, daß 39% der Bevölkerung in Afrika versteckt unterbeschäftigt waren, 26% in Asien und 20% in Lateinamerika. Für Tansania ermittelte er eine offene Unterbeschäftigung von 5%, die als Kurzarbeiter in städtischen Gebieten ermittelt wurden. In Chile wurden 1960 in der Metropole 28% der Beschäftigten als unterbeschäftigt angesehen, weil sie länger arbeiten wollten; die Zahlen für Kolumbien (2 %) bezeichnet Personen, die weniger als 32 h wöchentlich arbeiten und länger arbeiten wollen.[39] Das Problem der Frühpensionierung existiert auch in der Dritten Welt - allerdings in anderer Qualität als in IL. Im öffentlichen Dienst werden die dort beschäftigten Menschen oft schon nach wenigen Dienstjahren pensioniert. Oft dient diese Pensionierung dazu, jüngeren Beschäftigten eine Aufstiegsmöglichkeit zu geben.

Das Verhältnis von Erwerbstätigen in geregelten Beschäftigungsverhältnissen zu denjenigen Erwerbstätigen, die im informellen Sektor Beschäftigung finden oder im formellen Sektor selbständige Tätigkeiten ausüben wird durch die **Quote der abhängig Beschäftigten** reflektiert.

(Siehe: Tab. 2-2.)

[39] Vgl. SQUIRE(1981).

Tab. 2-2: Quote der abhängig Beschäftigten {in aufsteigender PKE-Reihenfolge}

Land, Berichtsjahr	Quote der abhängig Beschäftigten	PKE in US-$ (1994)
Malawi, 1987	14,1	170
Bangladesh, 1989	9,6	220
Nigeria, 1986	19,5	280
Indien, 1981	14,6	320
Togo, 1991	10,8	320
Zentralafrik. Rep., 88	8,7	370
Pakistan, 1992	34,5	430
China, 1993	16	530
Sri Lanka, 1986	58,5	640
Ägypten, 1989	49,1	720
Indonesien, 1993	30,8	880
Philippinen, 1991	45,5	950
Guatemala, 1989	48,6	1200
Tunesien, 1989	65,9	1790
Venezuela, 1991	61,8	2760
Botsuana, 1981	45,6	2800
Brasilien, 1988	66,1	2970
Malaysia, 1988	61,8	3480
Chile, 1991	69	3520
Mexiko, 1990	68,1	4180
Argentinien, 1980	71,6	8110
Korea, Rep., 1991	60,7	8260
Spanien, 1991	74,7	13440
Großbritannien, 1990	86,2	18340
Hongkong, 1991	88,2	21650
Singapur, 1991	86,7	22500
Schweden, 1991	91,1	23530
Verein. Staaten, 1991	91,3	25880
Schweiz, 1980	90,3	37930

[Quelle: WEB (1995), S. 173 f., WEB(1996), S. 218 ff.; Berechnungen: *Eckhard Schulz*]

Vergleicht man Länder mit unterschiedlichem PKE, so wird erkennbar, daß Länder mit höherem Einkommen c.p. einen größeren Anteil von abhängig Beschäftigten aufweisen als Länder mit einem niedrigeren Entwicklungsstand.

Analoge Schlußfolgerungen lassen sich auch aus einer Betrachtung der Selbständigen-Quote ziehen.[40]

Tab. 2-3: Quote der Selbständigen {in absteigender Reihenfolge}

Land, Berichtsjahr	**Selbständige**	**Gesamtzahl der Erwerbstätigen**	**Quote der Selbständigen**
Philippinen, 1993	9.819.000	26.822.000	37%
Mexiko, 1993	10.129.526	33.651.812	30%
Paraguay, 1993	167.480	600.152	28%
Korea, Republik, 1993	5.452.000	19.754.000	28%
Chile, 1993	1.350.970	5.219.300	26%
Ägypten, 1990	3.851.000	15.707.800	25%
Marokko, 1991	754.026	4.095.393	18%
Namibia, 1991	87.953	493.580	18%
Spanien, 1993	2.621.700	15.318.800	17%
Schweden, 1993	409.000	4.320.000	9%
Deutschland, 1992 (*)	2.570.000	30.949.000	8%
Botsuana, 1991	28.639	441.203	6%

(*) Deutschland: Gebiet vor dem 3.10.1990

[Quelle: ILO(1994), Tabelle 2A, S. 34 - 83; *Berechnungen: Eckhard Schulz*]

Eine Regressionsanalyse bestätigt den Zusammenhang zwischen dem Entwicklungsstand (mit dem Indikator PKE gemessen) und dem Grad der Formalisierung von Beschäftigungsverhältnissen (mit der Quote der abhängig Beschäftigten (QAB) gemessen).[41]

---

[40] Wie z.B. im Falle von Mexiko deutlich wird, ergänzen sich die beiden Quoten nicht exakt zu 100 %. Die Abweichungen gehen nicht nur auf Rundungsfehler sowie die unterschiedlichen Datenquellen bzw. Berichtsjahre zurück; zudem sind aufgrund von Erfassungs- bzw. Zuordnungsproblemen etliche Arbeitskräfte in den Statistiken nicht als „Selbständige" oder „abhängig Beschäftigte" sondern als „unbezahlte Arbeitskräfte innerhalb der Familie" bzw. „unklassifizierbar" ausgewiesen.
In einigen Ländern ergibt sich daher ein recht non-valides Bild: z.B. in Botsuana verteilte sich die erwerbstätige Bevölkerung von insgesamt 441'203 Personen (=100%) in vier Teilgruppen auf:
(a) Selbständige und Freiberufler: 28'639 (=6,5 %),
(b) Abhängig Beschäftigte: 275'928 (=62,5 %),
(c) unbezahlte Arbeitskräfte innerhalb der Familie: 75'371 (= 17,1 %) und
(d) „unklassifizierbar": 61'265 (= 13,9 %); d.h. 31 % der Erwerbsbevölkerung in diesem Lande sind durch die beiden oben dargestellten Quoten überhaupt nicht erfaßt. (Diese Angaben beziehen sich auf das Jahr 1991.)
Zu den Daten: vgl. ILO(1994), S. 34.

[41] Aus der Regressionsanalyse ergeben sich folgende Funktionsterme:

Der Anteil der abhängig Beschäftigten ist mit dem PKE positiv korreliert. Bei einer abschnittsweisen Korrelationsanalyse kann im Bereich niedriger PKE eine sehr hohe positive Korrelation, im Bereich höherer Einkommen eine niedrigere aber noch immer positive Korrelation feststellen.[42]

Abb. 2-1: Regressionsanalyse: Quote der abhängig Beschäftigten und PKE

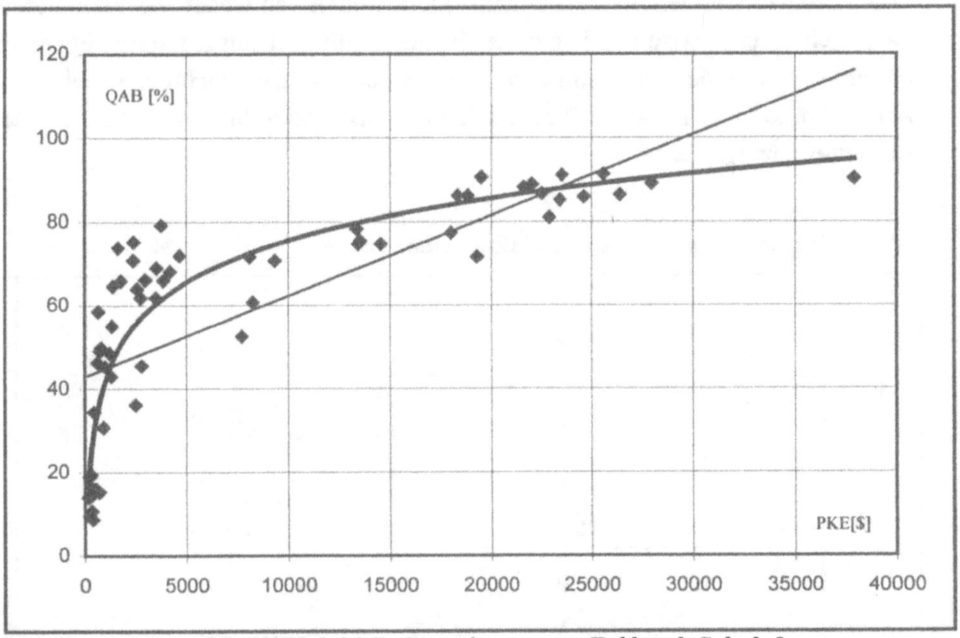

[Quelle: WEB(1995), WEB(1996); Berechnungen: *Eckhard Schulz*]

Soweit es den modernen Sektor betrifft, werden als Determinanten der hohen Unterbeschäftigung in EL die folgenden Begründungen angegeben:[43]

---

42 Lineare Regression: $y = 0{,}0019x + 42{,}992$ $R^2 = 0{,}5556$
Logarithmische Regression: $y = 14{,}459\lg(x) - 57{,}624$ $R^2 = 0{,}8201$
N=60 ausgewählte Länder.
Einschränkend ist anzumerken, daß die Qualität der o.g. Daten unbefriedigend ist; die Schätzmethoden sind in den einzelnen Ländern zu unterschiedlich, ferner weichen auch die Beobachtungszeiträume oft voneinander ab. Deshalb sollten die empirischen Befunde nicht überbewertet werden. Dennoch läßt sich schlußfolgern, daß die Arbeitsmärkte in den EL nicht optimal funktionieren und daß ca. 40% der Erwerbsbevölkerung in den EL arbeitslos bzw. unterbeschäftigt sind.

43 Vgl. HESSE/SAUTTER(1977), S. 143 ff.

- Limitationalität der Produktionsfunktion,
- begrenzte Möglichkeit der Faktorsubstitution,
- Wirkungen des technischen Fortschritts,
- Verhalten der Unternehmer in der Dritten Welt und
- verzerrte Faktorpreisverhältnisse.

Produktionsfunktionen in der Dritten Welt werden entweder als limitational dargestellt oder es wird von begrenzter Faktorsubstitution ausgegangen. In beiden Fällen sind mit dem vorhandenen Kapitalstock die zur Verfügung stehenden Arbeitskräfte nicht zu beschäftigen. Mit Hilfe eines vereinfachenden Schaubildes kann dies gezeigt werden:

Abb. 2-2: Limitationalität der Produktionsfunktionen

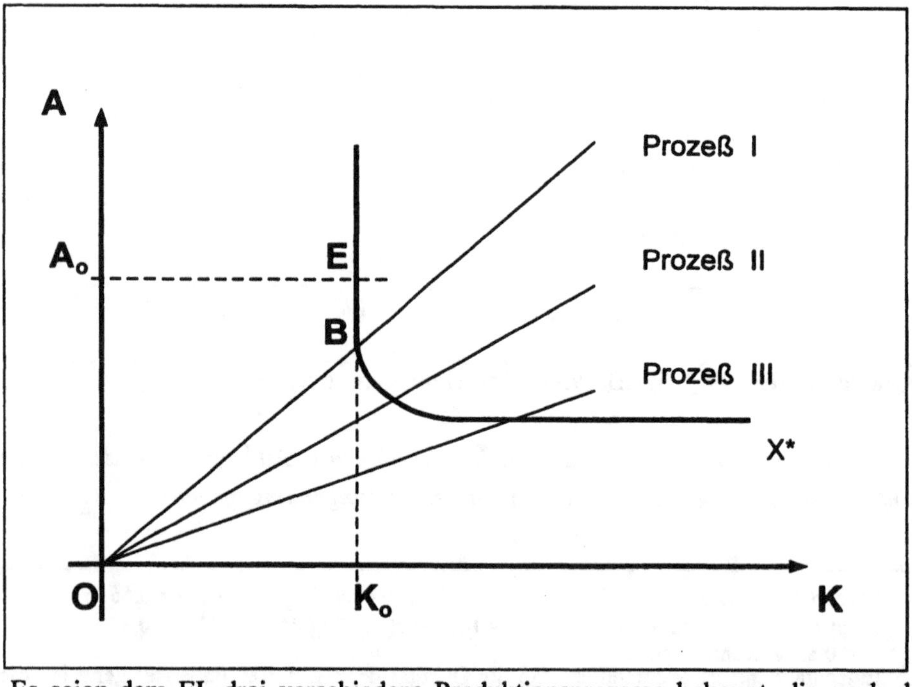

Es seien dem EL drei verschiedene Produktionsprozesse bekannt, die nach der Arbeitsintensität bzw. Kapitalintensität geordnet werden. Prozeß I ist der arbeitsintensivste Prozeß, der Prozeß III sei der kapitalintensivste. Der Fahrstrahl OB gibt dann die Kombinationsmöglichkeiten der beiden Produktionsfaktoren Arbeit und Kapital für den Produktionsprozeß I an. Sei nun die Ausstattung des EL an Kapital durch K_0 und die an Arbeit durch A_0 vorgegeben, so kann mit dem vorhandenen Kapitalbestand nur das Produktions*niveau* X* erreicht werden, sofern Prozeß I zur Anwendung kommt. Die Strecke EB gibt dann die Höhe der **technologischen Arbeitslosigkeit** wieder. Würden die kapitalintensiveren Prozesse (II oder III) gewählt, so würde sich die Arbeitslosigkeit im EL noch weiter erhöhen. Fehlendes Kapital und fehlende Substitutionsmöglichkeiten der Produktionsfaktoren sind für die hohe Arbeitslosigkeit verantwortlich. Dem EL ist kein Prozeß bekannt, der bei einem gegebenen Kapitalstock arbeitsintensiver ist, so daß die vorhandenen Arbeitskräfte voll in den Produktionsprozeß integriert werden könnten.

Zwei Erklärungsursachen werden für die begrenzte Substitution der Produktionsfaktoren genannt: EL sind gezwungen, ihre Kapitalgüter bei den IL zu kaufen, welche kapitalintensive Techniken bevorzugen. Die älteren, arbeitsintensiven Produktionsprozesse in den IL sind in Vergessenheit geraten. Sie können für EL nicht noch einmal entwickelt werden. Die hohe **strukturelle Arbeitslosigkeit** erklärt sich aus dem fehlenden Realkapitalstock. Es gibt jedoch Bemühungen, die Technologie des letzten Jahrhunderts der IL für EL wieder verfügbar zu machen: so gründete SCHUMACHER die "intermediate technology development group", welche genau dieses Ziel verfolgt.[44]

Ein humankapitaltheoretischer Grund dient ebenfalls zur Erklärung der begrenzten Faktorsubstitution. Im einfachen Isoquanten-Diagramm wird der Faktor Arbeit als homogen angenommen werden. In Wirklichkeit muß zwischen Arbeitern verschiedener Ausbildungsniveaus unterschieden werden. Bei kapitalintensiven Produktionsverfahren werden gut ausgebildete Spezialisten und ungelernte Arbeiter benötigt. Eine arbeitsintensive Produktionsweise erfordert eine hohe Zahl ausgebildeter Arbeitskräfte, die in EL nicht ausreichend vorhanden sind. Wegen fehlender Facharbeiter in EL werden daher kapitalintensive Technologien vorgezogen.

---

[44] Vgl. SCHUMACHER(1977).

Die bisherigen Überlegungen waren statischer Natur. Produktionsbedingungen ändern sich aber insbesondere aufgrund des technischen Fortschritts. Der aus IL stammende technische Fortschritt ist arbeitssparend, was die Möglichkeiten der EL, das Arbeitslosigkeitsproblem durch arbeitsintensive Produktionsprozesse zu lösen, weiter einengt. Im einfachen Isoquantenschema sei dies wie folgt dargestellt.

Abb. 2-3: Wirkungen des technischen Fortschritts

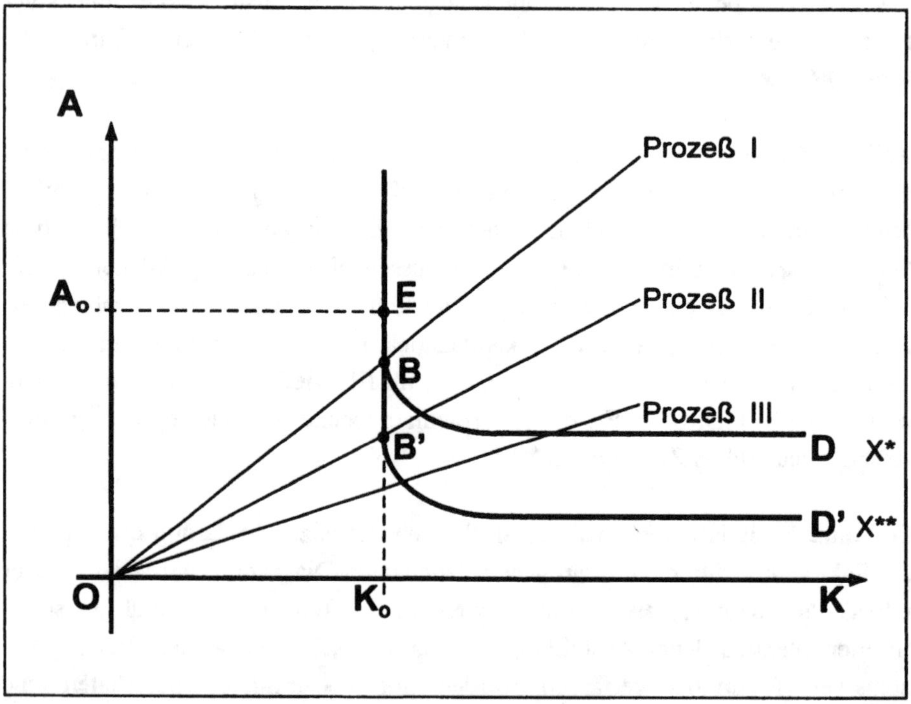

Die bisherige Isoquante EBD verlagert sich aufgrund des technischen Fortschritts nach EB'D'. Der technische Fortschritt geht nämlich oft mit verstärkter Massenproduktion einher (Kapazitätsvergrößerung). Die vorhandene Marktenge erlaubt nun nur noch wenige kapitalintensive Produzenten, die dann kleinere, arbeitsintensive Produzenten verdrängen. Der erwartete Konzentrationsprozeß vernichtet also weitere Arbeitsplätze! Prozeß I gerät zunehmend in Vergessenheit. Ferner steigt durch ein "learning by doing" die Effizienz des Faktors Arbeit. Die Arbeiter sammeln im täglichen Produktionsprozeß Erfahrungen, so daß sie in der Lage sind, bei gleicher Kapitalausstattung einen höheren Output zu produzieren. Eine zunehmende gesamtwirtschaftliche Nachfrage kann somit bei gleicher oder sogar geringerer Arbeitsmenge befriedigt werden.

Die Haltung der Unternehmer in EL stellt einen weiteren Grund für das Beschäftigungsproblem dar: viele Unternehmer stammen aus Händlerkreisen, die ihr Geldkapital günstig anlegen wollen. Ihnen fehlt das technische Verständnis zur Organisation arbeitsintensiver Verfahren. Daher kaufen sie kapitalintensive Technologien. Ein großer Anteil der Unternehmer in EL besteht zudem aus in IL ausgebildeten Fachleuten, denen die handwerklich-praktische Erfahrung fehlt. Sie orientieren sich deshalb an den kapitalintensiven Technologien der IL. In den EL fehlt also die Gruppe der aus dem Handwerk kommenden Unternehmer, die in der Lage sind, arbeitsintensive Prozesse zu organisieren, welche nicht nur dem derzeitigen Entwicklungsstand entsprechen würden, sondern auch das Arbeitsmarktproblem entschärfen könnten. Zu Beginn der europäischen Industrialisierung stammten dagegen viele Unternehmer aus dem Handwerkerstand.

Die vorherrschenden relativen Faktorpreisverhältnisse bestimmen mikroökonomisch betrachtet die optimale Kapital- bzw. Arbeitsintensität der Produktion. *Es werde das Isoquantenschema wie in Abb. 2-3 als repräsentativ für eine Volkswirtschaft angenommen, wodurch sich die folgende Nachfrage nach den Produktionsfaktoren Arbeit und Kapital ergibt:*

(Siehe: Abb. 2-4.)

$(r/w)_0$ bezeichne die den Marktverhältnissen entsprechenden Faktorpreisrelationen im Punkt E. Die vorhandenen Faktoren K_0 und A_0 würden dann auch nachgefragt. Durch das staatlich verordnete Faktorpreisverhältnis $(r/w)_1$ im Punkt R ergibt sich eine höhere Kapitalnachfrage (K_1) und eine niedrige Nachfrage nach Arbeit (A_1). Die Differenz zwischen A_0 und A_1 bezeichnet die Höhe der Arbeitslosigkeit. In vielen EL beobachtet man Mindestlohnvorschriften. Nach den Vorbildern der IL werden im formellen Sektor Gratifikationen, bezahlter Urlaub, betriebliche Weiterbildung usw. gewährt und auf der anderen Seite der Zins niedrig gehalten, um die Nachfrage nach Kapital zu erhöhen. Als Ergebnis dieser verzerrten Input-Preisverhältnisse ergibt sich eine überhöhte Kapitalintensität mit der dazugehörigen Arbeitslosigkeit.

Abb. 2-4: Faktorausstattung vs. Faktorentgelt

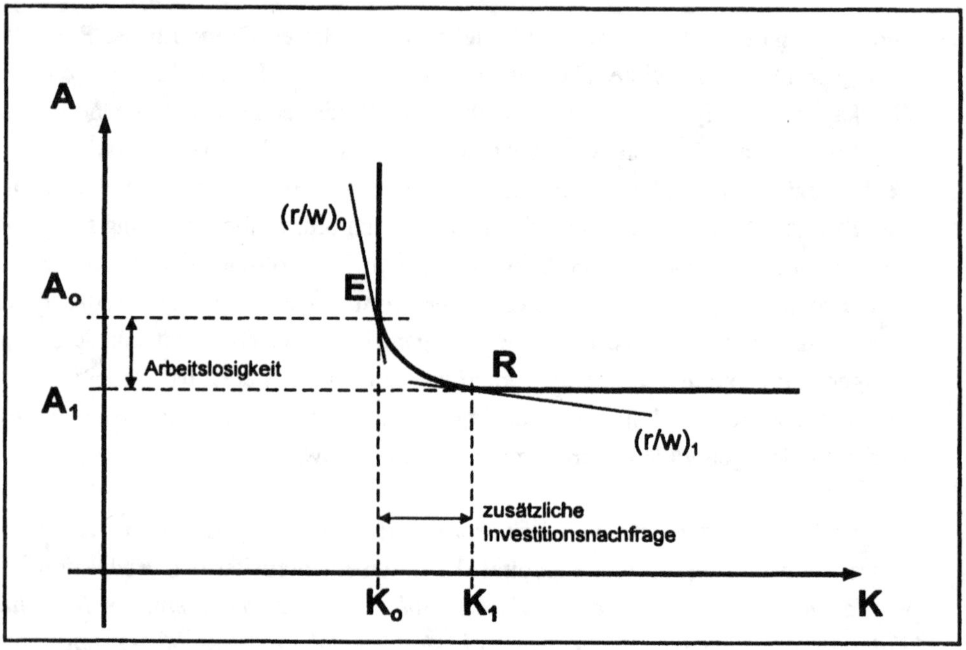

Aus den o.g. Gründen (technische Produktionsbedingungen, Unternehmerverhalten, verzerrte Faktorpreisverhältnisse) ist es kaum möglich, die rasch wachsende Bevölkerung im modernen Bereich zu beschäftigen. Deshalb werden Beschäftigungsmöglichkeiten im traditionellen Bereich gesucht, in welchem Mindestvorschriften kaum angewandt werden, und in dem eine weitgehende Substitution von Kapital durch Arbeit bei begrenztem technischem Fortschritt möglich ist. Im traditionellen oder informellen Sektor sind die Techniken arbeitsintensiv, die Arbeitsproduktivität gering und die Einkommen pro Kopf niedrig.

Das starke Einkommensgefälle zwischen Stadt und Land führt zu großen Wanderungsbewegungen, worauf in Abschnitt 2.5 vertiefend eingegangen wird. Die wachsende Zahl der Arbeitsuchenden kann in der Stadt vom modernen Sektor nicht absorbiert werden, so daß sie im urbanen informellen Sektor unterkommen (Zeitungsverkäufer, Schuhputzer, Dienstboten, ambulante Händler) bzw. niedrig bezahlte (staatliche) Beschäftigungsmöglichkeiten annehmen (Pförtner, Wachpersonal, Fahrstuhlführer - in einem besseren Sinne: Taxifahrer). Das Problem der versteckten städtischen Arbeitslosigkeit wird durch die Migranten deutlich verstärkt. Nur Höherqualifizierte und Bessergestellte, die vom Familienverband unterstützt werden, können sich eine offene Arbeitslosigkeit leisten.[45]

Auf die ökonomischen Auswirkungen der **ungleichen Einkommensverteilung** muß noch hingewiesen werden: wenn die Armen relativ arbeitsintensive Produkte nachfragen und die reichen kapitalintensive, langlebige Wirtschaftsgüter (Waschmaschinen, Fernseher, Autos), dann ließe sich durch eine Umverteilung des Einkommens das Beschäftigungsproblem mildern. Bei einer solchen Umverteilung könnten die Armen jedoch ihre Nachfragestruktur zugunsten kapitalintensiver, langlebiger Gebrauchsgüter ändern - mit den bekannten Konsequenzen für die Produktions- und Beschäftigungsstruktur.

2.2 Charakterisierung des Arbeitsmarktes in Entwicklungsländern

Im Gegensatz zur Arbeitsmarktsituation in vielen Industriestaaten beobachten wir in der Dritten Welt eine niedrige **Arbeitslosigkeit** für nicht ausgebildete Arbeiter (unskilled labor) und eine hohe Arbeitslosigkeit bei akademisch ausgebildeten Arbeitnehmern. Der Arbeitsmarkt für ungelernte Arbeiter scheint effizient zu funktionieren: die Löhne, insbesondere im ländlichen Bereich, werden durch Angebots- und Nachfrageverhältnisse bestimmt. Der Markt für ausgebildete Arbeitnehmer wirkt weniger effizient, da staatliche Reglementierungen seine Flexibilität reduzieren. Demzufolge haben wir in der Dritten Welt einen allokationsverzerrenden **Dualismus** auch auf den Arbeitsmärkten.[46]

---

45 Vgl. MEERMAN(1979) sowie MORRISON(1980), in deren Studien die Länder Südostasiens untersucht werden.

46 Vgl. SQUIRE(1981), insbesondere S. 77 ff; für eine theoretische Analyse wird auf MARGLIN(1976) verwiesen.

In diesem **dualen Arbeitsmarkt** wird der Lohnsatz im ländlichen Sektor als Durchschnittslohn bestimmt, im modernen Sektor hingegen durch das Grenzprodukt der Arbeit bzw. durch staatliche Lohnsetzung. In ihm übersteigt der Lohnsatz den Gleichgewichtslohnsatz, so daß es zur **urbanen Arbeitslosigkeit** kommt. Die Unternehmen stellen solange Arbeitnehmer ein, bis deren Wertgrenzprodukt dem Lohnsatz gleicht. Der moderne Sektor befindet sich dadurch in einem <u>kurzfristigen</u> Gleichgewicht, wobei sich nicht die Preise (Löhne) anpassen, sondern die Menge (Mengenrationierungsmodell), es ergibt sich Arbeitslosigkeit.

Am Anfang der wirtschaftlichen Entwicklung leben die meisten Menschen als **Eigenbeschäftigte** von der Landwirtschaft. Im Laufe der wirtschaftlichen Entwicklung kommt es dann zu einer stärkeren Differenzierung der Arbeit. Im modernen Sektor werden höhere Arbeitsqualifikationen verlangt und interessantere Lohnsätze geboten, während im traditionellen Sektor weiterhin nach den alten Regeln gewirtschaftet wird. Dieser Dualismus führt zu Wanderungsbewegungen, auf die wir noch zu sprechen kommen.

Die Arbeitsmärkte der EL sind geprägt durch ein Überangebot an Arbeit. Im traditionellen Sektor stehen genug Arbeitskräfte zur Verfügung, so daß das Wertgrenzprodukt Null beträgt. Eine weitere Arbeitskraft kann eingesetzt werden, ohne daß sie in anderen Bereichen abgezogen werden muß; d.h. die Alternativkosten sind folglich Null. Eine Analyse der Arbeitsmärkte in EL muß deshalb das Homogenitätspostulat der Produktionsfaktoren fallenlassen und den Arbeitsmarkt unter dem Gesichtspunkt größerer Heterogenität analysieren.

Folgende (extreme) Ansichten prägen die Diskussion:

- Es existiert kein funktionierender Arbeitsmarkt im ländlichen Bereich der Dritten Welt.
- Der Arbeitsmarkt in der Dritten Welt funktioniert wegen vollständiger Konkurrenz (im Sinne von Marshall) besser als in IL.
- Auf den Arbeitsmärkten der Dritten Welt sind Preisrigiditäten und hohe Arbeitslosigkeit charakteristisch.

Gekennzeichnet sind die Arbeitsmärkte der Dritten Welt durch einen hohen Anteil der Arbeitskräfte in der Landwirtschaft und durch einen geringen Anteil von Arbeitern, die zu ihrem Lebensunterhalt allein auf ihr Lohneinkommen angewiesen sind (im Vergleich zu IL). Daher sind Modelle entwickelt worden, die die Familie als kleines Unternehmen behandeln. (Familieneinkommens-maximierung), auf die hier aber nicht weiter eingegangen werden soll.

Entscheidend ist die Frage, wodurch die Alternativkosten in ländlichen Arbeitsmärkten bestimmt werden:
- Das Grenzprodukt der Arbeit ist wegen der Arbeitslosigkeit Null.
- Es wird ein Durchschnittslohn als Alternativkosten vorgeschlagen.
- Im Familienunternehmen ergeben sich positive Grenzerträge für den Beschäftigten.

In letzter Zeit haben empirische Studien Zweifel aufkommen lassen, ob die Arbeitsmärkte in der Dritten Welt rigide sind. Sie funktionieren in einigen Teilbereichen und erlauben Anpassungen an neue ökonomische Gegebenheiten. Gelegentlich wird behauptet, daß die Arbeitsmärkte in der Dritten Welt sogar flexibler sind als diejenigen der Industriestaaten.[47]

2.3 Beschäftigungspolitik in Entwicklungsländern

Bei der Betrachtung von Maßnahmen der Beschäftigungspolitik ist auf die spezielle Situation der EL einzugehen, wobei die Struktur der **Arbeitslosigkeit** unter Beachtung ihrer jeweiligen Ursachen analysiert werden muß.

Ein kleines Land kann versuchen, sein Beschäftigungsproblem über höhere Exporte zu lösen (Außenhandelsoption: outward looking strategy), z.B. mittels einer geschickten Wechselkurs- oder Handelspolitik. Abstrahieren wir von dieser Außenhandelsoption, so verlangen die verschiedenen binnenwirtschaftlichen Ursachen der Arbeitslosigkeit auch spezifische Maßnahmen zur Beseitigung der Arbeitslosigkeit. Eine urbane Arbeitslosigkeit läßt sich durch die Änderung der terms of trade zwischen Land und Stadt bekämpfen (TODARO-Modell). Als Ausgleich des Lohndifferentials zwischen Stadt und Land dient die städtische Arbeitslosigkeit: je höher das Lohndifferential, desto größer ist wegen des Zuzugs

[47] Vgl. FREEMAN(1993) und ROSENZWEIG(1988).

aus den ländlichen Regionen die **Arbeitslosenquote** in der Stadt. Städtische Probleme sind somit im fundamentalen Sinne ländliche Probleme.

Eine Überwindung der hohen urbanen Arbeitslosigkeit erfordert sowohl Maßnahmen im städtischen Bereich als auch solche im ruralen Bereich. Insbesondere muß das Leben auf dem Lande attraktiver gestaltet werden. Dem urbanen "pull" muß ebenso entgegengewirkt werden, wie dem ruralen "push"! Programme einer integrierten ländlichen Entwicklung sind in diesem Zusammenhang von Bedeutung. Die ländliche Infrastruktur (öffentliche Gesundheitseinrichtungen, Bildungs-, Erholungs- und Vergnügungsmöglichkeiten) muß verbessert werden, um den "gesellschaftlichen Lohn" des Landes zu heben. Außerdem sind gerade im landwirtschaftlichen Bereich arbeitsintensive Produktionsprozesse zu fördern. Die ländliche Entwicklung Taiwans und Japans wurde durch kapitalsparende und arbeitsintensive Techniken erreicht. Auch die Verzerrung der Faktorpreisverhältnisse muß überwunden werden; hierbei sind in erster Linie Unternehmer gefordert, EL-adäquate, d.h. arbeitsintensive Methoden der Produktion zu organisieren.

Der Anteil des tertiären Sektors wird weiter steigen. Der Staat wird hier in stärkerer Weise als Nachfrager auftreten müssen als bisher. In vielen EL sind "public work programs" durchgeführt worden. Eine Lösung des **Beschäftigungsproblems** durch verstärkte Industrialisierung über eine rasche Ausdehnung des modernen Sektors allein ist kurzfristig kaum möglich.

Ein interessantes Beschäftigungs-Projekt wurde von dem indischen Unionsstaat Maharashtra durchgeführt. Ein staatliches Beschäftigungsprogramm wurde 1972 eingeführt und ist bis heute als Maharashtra Employment Guarantee Scheme (EGS) in Kraft. Jeder arbeitslose Bürger im ländlichen Raum hat ein verbürgtes Recht auf eine Beschäftigung (unqualifizierte Arbeit) und erhält den Mindestlohn, wobei auf Tagesbasis abgerechnet wird. Der Bundesstaat gab 1973 rd. 18,8 Mio. Rupien und 1993 rd. 4,527 Mrd. Rupien für dieses Programm aus. Verbesserungen der ländlichen Infrastruktur, des Wegenetzes oder Umweltinvestitionen wurden dadurch finanziert. 1993 wurden 148 Mio. Personentage damit finanziert. Für das Programm wendet der Bundesstaat ca. 12 % seiner Steuereinnahmen auf. Es hat zur Verbesserung und Stabilisierung der

Lebensumstände der armen Bevölkerung beigetragen, wobei insbesondere die Verbesserung der Infrastruktur als langfristige Maßnahme hervorzuheben ist.[48] Durch dieses Programm wird Arbeit für die ländlichen Bürger zu einem Recht (Entitlement), wodurch kollektive politische Aktionen der Armen ermöglicht werden. Alle politischen Parteien unterstützen dieses Programm, da es zur generellen Wohlfahrt aller im Staat beiträgt.

Auch in China wurde ein ähnliches Programm 1985 installiert. Mit Hilfe des sog. "Yigong-Daizhen" sollte die Infrastruktur in den ländlichen Gebieten verbessert sowie soziale Dienste angeboten werden. Wegebau, Verbesserung von Wasserversorgung und Bodenqualität und ähnliche Maßnahmen sind durch den Einsatz ländlicher Arbeit vorgesehen. Die Übersetzung des chinesischen Namens gibt einen Hinweis auf den Programminhalt: Yigong-Daizhen bedeutet "Arbeitsmöglichkeiten anbieten statt einfacher Sozialhilfe ". Wichtig ist die Schaffung von Arbeitsplätzen im ländlichen Raum, um damit auch die urbane Arbeitslosigkeit zu bekämpfen.

Bangladesch ist es gelungen, mit Hilfe der landwirtschaftlichen Entwicklung und Förderung der "Grünen Revolution" insbesondere während der Trockenzeit Arbeitsplätze im landwirtschaftlichen Bereich zu absorbieren. Der Staat in der Dritten Welt ist also durch Schaffung von Beschäftigungsmöglichkeiten *für den ländlichen Raum* gefordert.[49] Die ungenügende Qualität des Faktors Arbeit (Facharbeitermangel) verursacht eine kapitalintensive Produktionsweise. Der Mangel an ausgebildeten Facharbeitern ist ein wesentlicher Engpaß für die Entwicklung, weshalb man die Bildung von Humankapital fördern muß. (Vgl. auch Kapitel 11.)

2.4 Zielkonflikte zwischen Beschäftigung und Wachstum

Soll ein EL den Output oder die Beschäftigung maximieren? Sind beide Ziele gleichzeitig erreichbar? Die gegenwärtige Höhe von Beschäftigung- und

[48] Vgl. DEV(1996).
[49] Vgl. zu China: LING/ZHONGYI(1995); für Bangladesch: ALAUDDIN/TISDELL (1995).

Produktion beeinflußt auch deren künftiges Niveau. Wie verhalten sich die beide Ziele zueinander im Zeitablauf?

Statisch betrachtet können beide Ziele gleichzeitig erreicht werden. Eine höhere Beschäftigung führt zu erhöhter Produktion (soweit die Produktionsfaktoren substitutierbar sind). Ein EL steht jedoch nicht immer vor dem Problem, zusätzliche Arbeitskräfte bei bestehendem Kapitalstock zu beschäftigen. Die Wahl der Technologie ist daher entscheidend. Sollen arbeits- oder kapitalintensive Investitionen vorgenommen werden?

Angesichts der knappen Kapital-Ressourcen ist zur Outputmaximierung ein möglichst effizienter Faktoreinsatz vorzunehmen, was eine Minimierung des **Kapitalkoeffizienten** bedeutet. Eine Beschäftigungsmaximierung würde eine Minimierung der **Kapitalintensität** (Kehrwert der **Arbeitsintensität**) erforderlich machen. Das Minimum des Kapitalkoeffizienten ist aber nicht identisch mit der Minimierung der Kapitalintensität. Aus den Definitionen der Faktorproduktivitäten bzw. -koeffizienten lassen sich die Ansätze der Outputmaximierung und der Beschäftigungsmaximierung wie folgt darstellen:

Kapitalproduktivität:	κ	=	Y/K;	
Kapitalkoeffizient:	β	=	K/Y;	
Arbeitsproduktivität:	λ	=	Y/L;	
Arbeitskoeffizient:	α	=	L/Y;	
Kapitalintensität:	k	=	K/L;	
Max Y		=	$\kappa \bullet K$	$\rightarrow$ (Max. κ bzw. Min. β)
Max L		=	K/k	$\rightarrow$ (Min. k bzw. Max. α oder Min. λ)

Ein einfaches Beispiel möge dieses Problem verdeutlichen:[50] In der Textilbranche sollen zwei Produktionsverfahren zur Verfügung stehen: Ein modernes Verfahren habe einen Kapitalkoeffizienten von 2,5 und pro Arbeitsplatz sei ein Kapitaleinsatz von DM 1'000.- notwendig. Das traditionelle Verfahren habe einen Kapitalkoeffizienten von 5,0 und die benötigten Arbeitsplatzkosten lägen bei DM

[50] Vgl. STEWART/STREETEN(1989).

100.-- an Kapital. Stünden jeweils 100'000.- DM als Investitionssumme zur Verfügung, erhielten wir die beiden folgenden Möglichkeiten:

Modernes Verfahren	Traditionelles Verfahren
40'000.-- DM zusätzlicher Output	20'000.-- DM zusätzlicher Output
100 zusätzliche Arbeitsplätze	1'000 zusätzliche Arbeitsplätze

Dieses hypothetische Ergebnis gibt ungefähr die tatsächlichen Proportionen des Problems wieder. Der Gegenwartskonflikt zwischen beiden Zielen wird deutlich. Würden die 100 Arbeiter die 20'000.-- DM zusätzliches Sozialprodukt erwirtschaften, den 900, die wegen der Wahl des modernen Verfahrens nicht beschäftigt wären, einen Teil ihres Einkommens abtreten? Dies könnte durch Steuer- oder Arbeitslosengeld erreicht werden. Warum sollte auf ein erhöhtes Sozialprodukt verzichtet werden, nur um die Zahl der Beschäftigungsverhältnisse zu erhöhen ?

*Fünf Argumente werden für das **Beschäftigungsziel** vorgebracht:*

❶ Einzig durch das Beschäftigungsziel ist es möglich, eine Umverteilung des Einkommens zu erreichen. Das Finanzsystem der EL ist nicht in der Lage, durch Steuern und Transfers diese Umverteilung zu bewerkstelligen. Die Wahl eines ineffizienten Produktionsprozesses ist somit die geeignetste Möglichkeit der Umverteilung des Einkommens.

❷ Arbeitslosigkeit demoralisiert. Zur Erhaltung des Selbstrespekts der Menschen ist es notwendig, ein Mehr an Produktion zu opfern. Nur so kann die Motivation der Arbeitskräfte erhalten werden.

❸ Beschäftigung kann per se als meritorisches Gut gesehen werden und muß daher gefördert werden.

❹ Arbeitslosigkeit ruft instabile politische Verhältnisse hervor. Der politischen Stabilität wegen muß ein niedrigeres Sozialprodukt in Kauf genommen werden.

❺ Langfristig mag eine Erhöhung des Humankapitals durch Learning by doing zu beobachten sein.

Besteht ein intertemporaler Zielkonflikt zwischen Beschäftigung und Einkommen?

Warum können die Höhe des BIP und die gegenwärtige Beschäftigung nicht gleichzeitig maximiert werden? Beschäftigung kann als Humankapitalbildung angesehen werden; Arbeitslose verlieren nämlich ihre beruflichen Fähigkeiten. Durch Beschäftigung werden Lernprozesse in Gang gesetzt, die langfristig einen höheren Output ermöglichen. Somit läge eine langfristige Zielharmonie vor. Zurückgehend auf das Ausgangsbeispiel und bei Unterstellung einer Sparneigung von 20% des Outputs könnte im ersten Fall, bei Anwendung moderner Technologien, DM 8'000.- gespart werden, bei traditionellem Verfahren stünden nur DM 4'000.- für Investitionszwecke zur Verfügung. Ersparnisse aber schaffen über Investitionen Arbeitsplätze, so daß sich der Konflikt u.U. langfristig auflösen könnte. Das Problem läßt sich in folgendem Diagramm darstellen:

Abb. 2-5: Intertemporale Sicht von Beschäftigung und Produktion

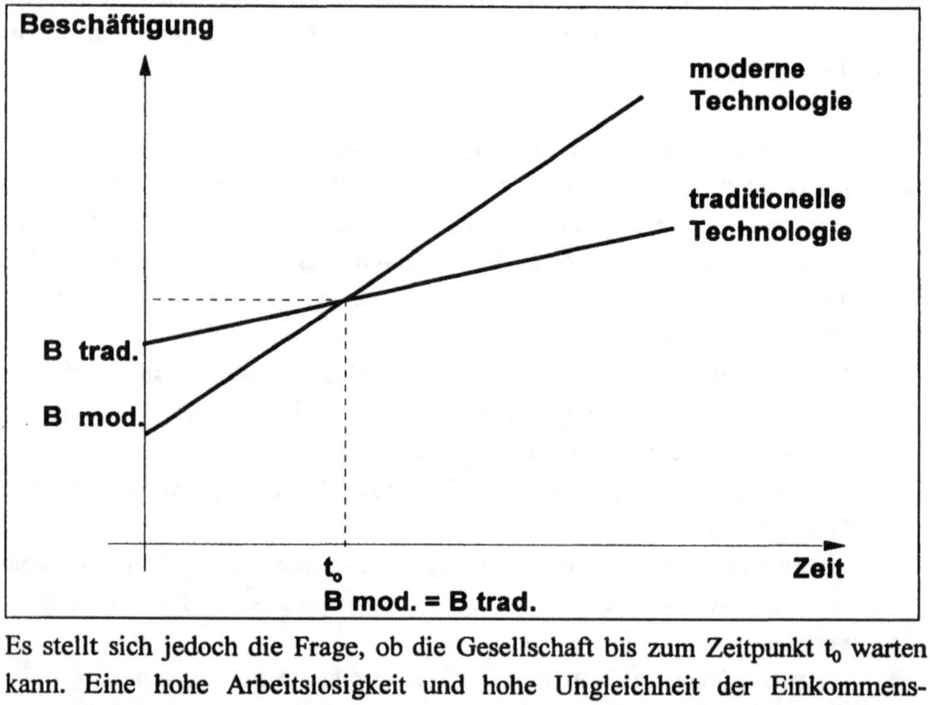

Es stellt sich jedoch die Frage, ob die Gesellschaft bis zum Zeitpunkt t_0 warten kann. Eine hohe Arbeitslosigkeit und hohe Ungleichheit der Einkommensverteilung können politische Spannungen mit sich bringen. Wenn eine effiziente Umverteilung nicht möglich ist, bietet sich in der Tat die traditionelle Technologie, die ökonomisch nicht die effiziente Lösung darstellt, als politischer Ausweg an. Die Diskontierungsrate des Arbeitsplatzes muß bekannt sein, die kleiner zu sein hat als die soziale Diskontrate für Output und Konsum.

2.5 Das Problem der Land-Stadt-Migration

Gegenwärtig beobachten wir eine Entwicklung in historisch unbekanntem Ausmaß: eine unvorstellbare Wanderung von Menschen vom Land in die Städte, insbesonders in die ausufernden Metropolen Afrikas, Asiens und Lateinamerikas. Dieser dramatische Anstieg der städtischen Bevölkerung kann aus der folgenden Tabelle entnommen werden:

Tab. 2-4: Regionale Entwicklung der Stadtbevölkerung

Land bzw. Region	Anteil der Stadtbevölkerung in % der Gesamtbevölkerung [sowie: durchschnittliche jährliche Zuwachsrate in % gemäß WEB]				
	1965	1970 [60-70]	1980 [70-80]	1990 [80-90]	1994 [90-94]
Gesamte Welt	36 —	35 —	39 [+2,6]	50 [+2,7]	45 [+2,3]
Länder mit hohem Einkommen (marktwirtschaftliche Industrieländer bzw. OECD-Mitglieder)	72 —	74 [+1,8]	76 [+1,1]	77 [+0,8]	77 [+0,3]
Länder mit mittlerem Einkommen	42 —	46 [+4,3]	52 [+3,3]	60 [+3,0]	61 [+2,4]
Länder mit niedrigem Einkommen	18 —	18 [+3,8]	22 [+4,2]	38 [+4,2]	28 [+3,8]
Afrika südlich der Sahara	14 —	19 —	24 [+4,8]	29 [+5,9]	31 [+4,8]
Ostasien und Pazifik	19 —	19 —	22 [+3,4]	50 [+12,0]	32 [+3,9]
Südasien	18 ---	19 —	22 [+3,8]	26 [+3,9]	26 [+3,3]
Europa und Zentralasien	40 ---	51 —	58 [+2,1]	60 [+2,6]	65 [+1,0]
Naher Osten und Nordafrika	35 ---	41 —	48 [+4,3]	51 [+4,4]	56 [+3,7]
Lateinamerika und Karibik	53 ---	57 —	65 [+3,6]	71 [+3,0]	74 [+2,6]

[Quelle: WEB 1979-1996]

1950 lebten mit 275 Mio. Menschen 38 % der Weltstadtbevölkerung in EL. 1990 waren es schon rd. 60 % (1,45 Mrd. von 2,4 Mrd.), die in den Großstädten der EL lebten. Für das Jahr 2000 wird der Anteil auf 66 % geschätzt. Von den größten 25 Städten liegen nur noch 6 in der entwickelten Welt.[51] Anfänglich wurde die **Landflucht** als positiver Beitrag zur Entwicklung angesehen. Die mit der Abwanderung aus dem ruralen Bereich freiwerdenden Arbeitskräfte fanden in der Industrie Verwendung, wodurch es zu einer besseren Allokation knapper Ressourcen kam. Heute wird die Land-Stadt-Migration als problematisch eingestuft. Städte sind durch die Migration überfordert, mit Wachstumsraten von bis zu 7 % in Afrika oder 5 % in Asien. Der ländliche Raum hingegen verliert durch den Wegzug von jungen, qualifizierten Arbeitskräften das für seine Entwicklung dringend benötigte Humankapital. Die Landflucht ist eine der wesentlichen Ursachen der hohen städtischen **Arbeitslosigkeit.**

Wodurch wird dieser Migrationsprozeß verursacht? Anfänglich standen psychologisch geprägte Erklärungsansätze im Vordergrund, wie z.B.:

- **Soziale Faktoren:** Die Migranten flohen aus ihrer traditionellen Umwelt und ihren sozialen Beschränkungen.
- **Physische Faktoren:** Hierzu zählen klimatische Bedingungen und natürliche Katastrophen wie z.B. Überflutungen und Dürren.
- **Demographische Faktoren:** Die in Stadt und Land unterschiedlich hohen Bevölkerungswachstumsraten werden genannt.[52]
- **Kulturelle Faktoren:** Die vergleichsweise wohlhabenden Städte mit ihrem kulturellen Angebot wirken anziehend.
- **Kommunikationsfaktoren:** Die verbesserte Infrastruktur, das städtische Bildungssystem, der Empfang von Radio, Fernsehen, Telefon trugen demnach zur Migration bei.

Es ist interessant, festzuhalten, daß der typische Migrant zwischen 15 und 24 Jahre alt ist, wobei der Anteil der Frauen zunimmt. Insbesondere Personen mit überdurchschnittlicher Bildung verlassen das Land und ziehen in die Städte. In neueren Ansätzen werden die ökonomischen Ursachen dieser Landflucht

---

51 Vgl. TODARO(1994), S. 248 f.

52 In den vergangenen Jahrzehnten lag in den EL die absolute Bevölkerungszahl im ländlichen Bereich i.d.R. über derjenigen in urbanen Gebieten; allerdings liegen die aktuellen Zuwachsraten auf dem Lande unter denjenigen im urbanen Bereich. Nach jüngsten Prognosen der Weltbank wird erwartet, daß ca. ab dem Jahre 2015 die Stadtbevölkerung in den EL zahlenmäßig größer sein wird als die ländliche Bevölkerung. Vgl. AYRES/McCALLA(1996), S. 9.

untersucht. Wir hatten schon zuvor herausgearbeitet, daß die einseitige Förderung des urbanen Bereichs bei gleichzeitiger Vernachlässigung der ländlichen Gebiete zu Ungleichgewichten (Dualismusprobleme) führt: die Folge ist eine Faktorumlenkung (Landflucht).

TODARO und **HARRIS** haben ein Modell entwickelt, das diese Wanderungsbewegung wie folgt erklärt:[53] Potentielle Migranten vergleichen die Erträge, die sie subjektiv im städtischen Bereich erwarten, mit den Opportunitätskosten der Migration, die sie bei einem Verzicht auf die Migration wiederum subjektiv erwarten, sowie den Migrationskosten im engeren Sinne (Transport- und Umzugskosten). Die subjektive Einschätzung der Einkommenserzielung (Erwartungswert) wird u.a. auch durch die urbane Arbeitslosigkeit bestimmt. Eine Migration findet statt, wenn positive Nettoerträge durch die Zuwanderung in die städtische Region höher gewertet werden als die nicht-quantifizierbaren Kosten (etwa die der Ablösung vom traditionellen Familienverband). Modelltheoretisch ist es interessant, die Probleme der Arbeitslosigkeit im Rahmen des Migrationsmodells von HARRIS-TODARO zu analysieren.[54]

Es werden zwei Sektoren unterstellt, ein ländlicher agrarwirtschaftlicher und ein städtischer industrieller Sektor. Die Nachfrage nach Arbeit des ländlichen Sektors stellt sich durch AA' dar, die städtische Nachfrage nach Arbeit durch MM'. Das Gesamtarbeitsangebot ist durch O_AO_M gegeben. Bei funktionierenden Märkten stellt sich das Gleichgewicht bei E ein, der Lohnsatz ist in beiden Sektoren gleich hoch ($W_A{}^* = W_M{}^*$). Der Lohnsatz wird im städtischen Bereich durch $\overline{W}_M$ vorgegeben: dadurch ergibt sich eine Beschäftigung im urbanen Bereich von O_ML_M; die restlichen Arbeitnehmer müssen im ländlichen Bereich unterkommen, wodurch sich der Lohnsatz $W_A{}^{**}$ ergeben müßte.[55]

---

53 Vgl. TODARO(1969), HARRIS/TODARO(1970).
54 Vgl. HAZARI/SGRO(1991).
55 Darstellung nach: WILLIAMSON(1988), S. 444 f.

Abb. 2-6: Das TODARO-Migrationsmodell

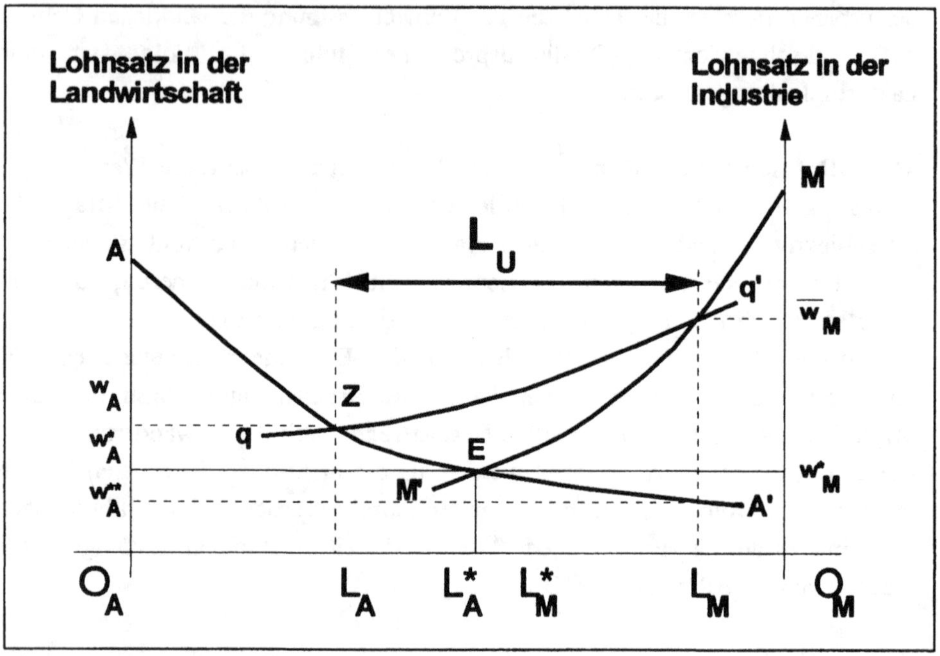

Migranten sind bereit, ihre Chancen in der Stadt zu suchen, wobei ihre Chancen durch das Verhältnis der urbanen Beschäftigung zur urbanen Arbeitslosigkeit

$$W_A = \frac{L_M}{L_U} \cdot (\overline{W}_M)$$

dargestellt werden. Die qq'-Kurve stellt eine isoelastische Hyperbel mit konstantem Lohneinkommen ($L_M \bullet W_M$) dar. Dadurch ergibt sich als Schnittpunkt für die rurale Beschäftigung Z. Die Differenz zwischen L_A und L_M stellt die städtische Arbeitslosigkeit dar (L_U).

Im Todaro-Modell spielen rationale ökonomische Überlegungen für die Migration die entscheidende Rolle, wobei das Lohndifferential und die Arbeitslosenquote die ausschlaggebenden Faktoren darstellen. Dieser Ansatz läßt verstehen, warum es auch dann zur Landflucht kommt, wenn anfänglich mit

Arbeitslosigkeit gerechnet wird. Die Kosten der Arbeitslosigkeit gehören zu den Migrationskosten, die durch den Gegenwartswert künftig erzielbarer Einkünfte überkompensiert werden. Zusätzlich erhofft sich der Migrant in der Übergangszeit eine Beschäftigung im informellen Sektor, wodurch sich die Migrationskosten reduzieren.[56]

Nach STARK kann an die Stelle der individualistischen Nutzenmaximierung auch diejenige der Großfamilie treten. Im Interesse einer Risikostreuung mag eine Familie jüngere Familienmitglieder in die Stadt schicken, um zum landwirtschaftlichen Einkommen noch eine zweite Einkommensquelle zu eröffnen (z.B. wegen der Gefahr starker Ernteschwankungen). Kleinlandwirte haben kaum Möglichkeiten, auf dem formalen Kapitalmarkt Kredite zu erhalten und sind auf zusätzliche monetäre Einkommen außerhalb des Agrarbereichs angewiesen, um benötigte Investitionsgüter und Vorprodukte zu erwerben. Durch diesen Ansatz können auch die umfangreichen Rücküberweisungen der Migranten an die auf dem Land verbliebenen Familienmitglieder erklärt werden.[57]

Beide migrationstheoretischen Erklärungsansätze sind empirisch getestet worden. Der TODARO-Ansatz scheint für Migrationsentscheidungen der landlosen armen Familien insbesondere in Lateinamerika und Ostafrika relevant zu sein. Der STARK-Ansatz erklärt das Verhalten der Subsistenzlandwirte in Asien und Westafrika.

Welche Auswirkungen hat die Migration für den ländlichen Bereich? Arbeitslose mit hoher Arbeitsfähigkeit und -bereitschaft hoffen, auf mittlere Sicht in der Stadt Arbeitsplätze erobern zu können. Die Landflucht konzentriert sich daher auf die junge Bevölkerungsgruppe, die noch ein längeres Erwerbsleben erwarten kann. Außerdem ist das Humankapital bei den Migranten höher als bei den Zurückbleibenden. Die Chance, in der Stadt einen Arbeitsplatz zu finden, ist umso größer, je umfangreicher das Humankapital des betreffenden Migranten ist. Das durchschnittliche Bildungsniveau des Migranten liegt über dem Durchschnitt der ländlichen Gebiete, aber unterhalb des Durchschnitts der urbanen Bevölkerung. Die Landflucht führt somit zu einem Verlust von Humankapital im ländlichen Sektor.

---

[56] Vgl. auch: WILLIAMSON(1988).
[57] Vgl. STARK(1982).

Bei einer **Landflucht** aus überbevölkerten Regionen, in der die Ausstattung mit landwirtschaftlich nutzbarem Boden das Entwicklungspotential limitiert, läßt die Abwanderung von Arbeitskräften keine Produktionsminderung erwarten. Bisher Unterbeschäftigte können die Tätigkeit der Migranten übernehmen. Bei konstantem Produktionsvolumen und sinkender Bevölkerung erhöht sich damit das ländliche PKE, was zu einer Abnahme der absoluten Armut führen müßte. Auch die Sachkapitalausstattung sollte im ländlichen Gebiet verbessert werden, da diese meist einen Engpaßfaktor darstellt. Wenn jedoch die Humankapitalausstattung sich als Entwicklungsengpaß erweist, wird durch die Wanderung dieser Engpaß noch verstärkt, was zu einer Abnahme des PKE in den abgebenden Regionen führt.

Durch die Landflucht werden meist die fähigsten, leistungswilligsten und innovationsfreudigsten Menschen entzogen, also jene, auf die man am wenigsten verzichten kann. Ihr Arbeitsausfall kann auch nicht durch Mehrarbeit bisher Arbeitsloser oder Unterbeschäftigter ausgeglichen werden. Die Landflucht verstärkt den Anteil derer, die zur Adaption an technischem Fortschritt nicht fähig oder bereit ist. Sie mag daher zur Reduzierung der Grundbedürfnisbefriedigung beitragen und zu einer Zunahme der absoluten Armut auf dem Lande führen.

Welche Auswirkungen hat die Migration für den städtischen Bereich? Das urbane PKE geht zurück, wenn Sachkapital einen Entwicklungsengpaß darstellt. Bei Humankapitalmangel in der städtischen Region kann Migration positive Entwicklungseffekte bewirken, was zu einem Anstieg des urbanen PKE führt. Dies gilt nur, wenn Migranten eine im urbanen Bereich bestehende Humankapitallücke schließen können. In die Analyse aufgenommen werden müßten auch die Transferzahlungen zwischen Stadt und Land. Anfänglich werden die in die Stadt abgewanderten Arbeitskräfte finanzielle Unterstützung von den auf dem Lande verbliebenen Familienangehörigen erhalten, was sich dann umdreht, wenn die in der Stadt Beschäftigten ihren Angehörigen auf dem Lande Zahlungen zukommen lassen. Dies mag sogar eine intergenerative Form der Sicherung des Lebenseinkommens bedeuten. Die genannten Gründe zeigen die Schwierigkeit auf, die Netto-Entwicklungseffekte der Migration zu analysieren, ihre Auswirkungen hängen entscheidend davon ab, wo im ländlichen und städtischen Bereich die Entwicklungsengpässe liegen.

Welche wirtschaftspolitischen Schlußfolgerungen können aus dem TODARO-Migrations-Modell gezogen werden ?

- Die Diskrepanzen bei den urbanen-ruralen Beschäftigungsmöglichkeiten müssen reduziert werden. Eine Erhöhung der städtischen **Lohnsätze** verstärkt das Migrationsproblem. Die **sozialen Kosten** der Landflucht können ihren privaten Nutzen übersteigen, von daher ist hier ein problemadäquates Einschreiten der Wirtschaftspolitik gefordert.
- Die Schaffung von urbanen Arbeitsplätzen im Rahmen einer **keynesianischen Beschäftigungspolitik** verschärft das städtische Arbeitslosenproblem. Durch die Verbesserung der Beschäftigungslage und die damit ermöglichten höheren Löhne ergibt sich die paradoxe Situation, daß die erhöhten Beschäftigungswirkungen nur zu einer höheren städtischen Arbeitslosigkeit führen, da weitere Personen aus den ländlichen Regionen angezogen werden: für jede neugeschaffene Beschäftigungsmöglichkeit ziehen ca. 2 - 3 zusätzliche Migranten in die Stadt. Der anfängliche Beschäftigungseffekt wird somit klar konterkariert. Wirtschaftspolitische Maßnahmen, die die städtische Arbeitslosigkeit reduzieren, führen nicht nur zur höheren städtischen Arbeitslosigkeit, sondern senken auch die Nahrungsmittelproduktion und verstärken mögliche Hungerkatastrophen durch eine Abwanderung ländlicher Arbeitskräfte.
- Eine Verbesserung der **Bildungsmöglichkeiten** in der Stadt erhöht ebenfalls die städtische Arbeitslosigkeit. Städtische Arbeitnehmer nehmen den erreichten Bildungsstand als Auslesekriterium für ihre Arbeitskräfte, wodurch Personen mit höherer Schulausbildung höhere Chancen für eine Beschäftigung haben. Bei gegebenem Lohnsatz verbessert sich die Wahrscheinlichkeit dieser Menschen, eine Beschäftigung im modernen Sektor zu finden, so daß sie stärker geneigt sind, in die Städte abzuwandern. Diese massive Zuwanderung reduziert jedoch die Arbeitsplatzchancen der Mitgranten und erklärt somit die hohe Arbeitslosigkeit von Personen mit höherer Schulbildung in den Städten.
- **Lohnsubventionen** wirken kontraproduktiv, da dadurch ebenfalls die Attraktivität der Stadt erhöht wird.
- Mit Programmen einer **integrierten ländlichen Entwicklung** sollte versucht werden, das Phänomen der Landflucht am Orte der Problementstehung zu begrenzen. Die Regionalpolitik ist gefordert, die ökonomische Basis des ländlichen Raumes zu verbessern. Notwendig sind Beschäftigungsmöglichkeiten im nicht-landwirtschaftlichen Bereich, eine Verbesserung der

Gesundheitsversorgung und der Bildungschancen, eine Verbesserung der Infrastruktur (Elektrizität, Wasser, Wegenetz) sowie die Schaffung kultureller Einrichtungen.

- Arbeitsintensive **Kleinindustrie** sollte in ruralen Gebieten gefördert werden, um die Neigung zur Landflucht durch geeignete Alternativen zu begrenzen.
- Notwendig ist auch eine Reduzierung der **Faktorpreisverzerrung**. Es existieren **Mindestlöhne**, die den urbanen Gleichgewichtslohn überschreiten, wodurch es eine optimale Nutzung knapper Ressourcen in der Dritten Welt verhindert wird.
- Die EL sollten sich um **arbeitsintensive Technologien** bei der Produktion bemühen. Dies gilt insbesondere für die infrastrukturelle Entwicklung der ländlichen Gebiete.[58]

Das TODARO-HARRIS-Modell wurde zwischenzeitlich vielfach überprüft und modifiziert; insbesondere die Erweiterung des Modells um *wirtschaftspolitische Aktivitäten* erscheint in dem hier dargestellten Sachzusammenhang von Interesse: so zeigt YABUUCHI bei grundsätzlicher Beibehaltung der Todaro-Harris-Thesen, daß wirtschaftspolitische Aktivitäten, die eine Reduzierung der städtischen Arbeitslosigkeit zum Ziel haben, die erwünschten positiven Netto-Wohlfahrtswirkungen nur unter sehr restriktiven Bedingungen bewirken können.[59]

2.6 Der informelle Sektor

Der Begriff "**informeller Sektor**" wird im Schrifttum recht unterschiedlich definiert.

- HART verwendet hierzu die Kriterien Lohn bzw. Selbstbeschäftigung.[60]
- Das *Internationale Arbeitsamt* geht von folgenden Charakteristika aus: geringe Größe des Unternehmens, Abhängigkeit von eigenen Ressourcen, Familieneigentum.
- Eine dritte Möglichkeit besteht darin, den informellen Sektor so zu charakterisieren, daß der Lohn, in Form von Löhnen oder aber Gewinnen

58 Vgl. auch: TODARO(1994), S. 247 ff.
59 Vgl. YABUUCHI(1996), S. 246 f.
60 Vgl. HARTH(1973).

durch Marktkräfte bestimmt wird, während der formelle Sektor andere institutionelle Regelungen zur Lohn- und Gewinnsetzung aufweist.

Der formelle Sektor wird vom informellen Sektor wie folgt abgegrenzt:

Der **informelle Sektor** umfaßt im Prinzip diejenigen ökonomischen Aktivitäten eines Landes, die nicht mit moderner, aus IL importierter Technologie, durchgeführt werden. Er ist gekennzeichnet durch:

- geringe Markteintrittsschranken,
- Verwendung einheimischer Ressourcen,
- kleine Betriebsgrößen, meist Familienunternehmen,
- arbeitsintensive und angepaßte Technologien,
- Erwerb der benötigten Fähigkeiten außerhalb des formalen Schulsystems und
- unregulierte, dem freien Wettbewerb unterworfene Märkte.

Der **formelle Sektor** hingegen zeichnet sich durch folgende Merkmale aus:

- erhebliche Markteintrittsbarrieren,
- hoher Anteil an ausländischen Ressourcen,
- mehrere Eigentümer des Firmenvermögens,
- Produktion großer Losgrößen,
- kapitalintensive und meist importierte Technologien,
- formale Bildungsabschlüsse als Beschäftigungsvoraussetzung,
- Märkte, die durch Zölle, Kontingente und Handelslizenzen geschützt werden.

Die Vernachlässigung der Landwirtschaft hat zur Landflucht und damit zur stärkeren Urbanisierung beigetragen. Industrielle Arbeitsplätze sind im urbanen formellen Sektor sehr knapp. Den Arbeitswilligen bleibt nur die Möglichkeit, als kleine "Selbständige" bzw. Teilselbständige ihr Brot zu verdienen; quasi als Flucht in den informellen Sektor.

Lange Zeit wurde in der Entwicklungspolitik der informelle Sektor als "Hinterhofökonomie" bezeichnet, als unproduktiv angesehen und als nicht förderungswürdig abgestempelt. Der informelle Sektor war nur die "Wirtschaft für die Armen". In letzter Zeit wird deutlich, daß aus dem informellen Sektor sehr wohl dynamische Unternehmer hervortreten, daß Arbeit und Einkommen geschaffen sowie lebensnotwendige Güter und Dienstleistungen zur Verfügung gestellt werden.

Die ökonomische Bedeutung und die ökonomische Analyse des informellen Sektors ist in der Entwicklungspolitik nicht unumstritten. Einige Autoren sehen den informellen Sektor als das Ergebnis des Arbeitskräfteüberschusses in der Dritten Welt an. Die zugewanderten, kaum ausgebildeten Personen sind von Beschäftigungsmöglichkeiten des modernen Sektors ausgeschlossen. Um ihr Los zu verbessern, müssen so schnell wie möglich Beschäftigungsmöglichkeiten geschaffen werden, um das Überschußangebot an Arbeitskräften abzubauen. Dies kann durch erhöhte Investitionen in der Industrie und in anderen Sektoren der urbanen Ökonomie erreicht werden, teilweise durch Staatsunternehmen oder durch Förderung privater Firmen. Die ökonomische Problemlösung besteht demzufolge darin, den informellen Sektor zum Verschwinden zu bringen.

Andere Überlegungen sehen den informellen Sektor nicht als *Problem* der Unterentwicklung, sondern als ihre *Lösungsmöglichkeit*. Der informelle Sektor zeigt, wie sich weniger Privilegierte trotz staatlicher Interventionen und Kontrollen im Wirtschaftsprozeß behaupten können. Die Entwicklungsmöglichkeit liegt deshalb darin, staatliche Kontrollen abzuschaffen und dem Marktprozeß freieren Lauf zu lassen. Politiken einer Deregulierung und Privatisierung, die zum Teil auch von internationalen Institutionen wie IWF und Weltbank gefördert und unterstützt werden, haben eine vergleichbare Zielsetzung.

Eine dritte Gruppe von Ökonomen und Soziologen, die man als ***Strukturalisten*** bezeichnet, versuchen beide vorher genannten Elemente zu verbinden.[61] Eine Förderung des modernen Sektors senkt die Notwendigkeit solcher Überlebensstrategien im informellen Sektor. Der informelle Sektor mag aber, teilweise als Folge von attraktiven Beschäftigungsmöglichkeiten in der Stadt, weiter expandieren. Die Strukturalisten sprechen sich für eine größere Flexibilität und eine Reduzierung von staatlichen Interventionen aus. Sie betonen aber, daß Arbeitsschutz, Unfallschutz, Gesundheitsschutz und Unfallversicherung sowie Möglichkeiten der Arbeitslosenversicherung weiterhin aufrechterhalten bleiben

[61] PORTES/SCHAUFFLER(1993).

sollen. Eine völlige Rücknahme staatlicher Interventionen würde zu einer „Informalisierung“ der gesamten Ökonomie führen. Allerdings wird auch gesehen, daß oft gerade Mikrounternehmen des informellen Sektors Wachstumsimpulse hervorbringen. Zugleich muß anerkannt werden, daß die Transformation des informellen Sektors in formale Beschäftigung auch in Europa nie ohne staatliche Regulierung und Förderung geschehen ist.

Ein großer Teil der entwicklungspolitischen Literatur stimmt jedoch darin überein, daß zur Verbesserung der Beschäftigungssituation der informelle Sektor gefördert werden muß, da dieser bei geringem Kapitaleinsatz einen hohen Beschäftigungseffekt erzielt. Der informelle Sektor ist durch arbeitsintensive Produktion bei relativ niedriger Produktivität gekennzeichnet. Eine Förderung des städtischen informellen Sektors wird nur schwache zusätzliche Migrationsanreize vom Land zur Stadt auslösen. Die arbeitsintensive Produktionsweise und die geringen Migrationsanreize werden nach herrschender Meinung in der Entwicklungsökonomik als wesentliche Vorteile des informellen Sektors angesehen.[62]

Der Eintritt in den informellen Sektor ist relativ leicht, weil nur ein geringes Startkapital benötigt wird, obwohl in EL auch dessen Beschaffung einige Probleme aufwerfen kann. Wettbewerbsfähig können auch kleine Unternehmensgrößen sein, das Niveau des erforderlichen "know how" ist niedrig, so daß auch weniger gut ausgebildete Menschen dort Arbeit finden können.[63] In einer Studie über Nairobis informellen Sektor wird festgestellt, daß dieser Sektor sehr heterogen ist, sowohl bzgl. Produktivität als auch Einkommenshöhe sowie Motivationsniveau.[64] Eine einfache Trennung des **urbanen Sektors** in den formellen und informellen ist deshalb nicht möglich. Der informelle Sektor bildet zudem ein Reservoir für die Ausbildung dynamischer Unternehmer, die später in den formellen Sektor überwechseln.

---

[62] Vgl. HOUSE(1984); MAZUMDAR(1976); SETHURAMAN(1976).
[63] Zur Problematik der Abgrenzung des informellen Sektors vom formellen vgl.: PEATTIE(1987).
[64] Vgl. HOUSE(1984).

Beziehungsgeflecht zwischen dem formellen und dem informellen Sektor: Beide Sektoren stehen in dynamischen und teilweise konfliktären Beziehungen zueinander. Über eine Vielzahl von Intermediären ist der informelle mit dem formellen Wirtschaftssektor verbunden. Wegen fehlender Sicherheiten hat der informelle Sektor kaum Zugangsmöglichkeit zum öffentlichen Kredit- und Bankensystem. Demzufolge erfolgt die Finanzierung auf dem informellen Kreditmarkt, der von Transportunternehmern und Großhändlern sowie Geldleihern dominiert wird, die wiederum Zugang zum modernen Sektor haben. Diese Personengruppe agiert demzufolge auf beiden Sektoren der Wirtschaft in EL.[65]

TODARO hat in seinem Migrationsmodell den urbanen informellen Sektor dadurch charakterisiert, daß die dort Beschäftigten nur *vorübergehend* in diesem Sektor verbleiben, weil sie letztlich eine Beschäftigung im formellen Sektor anstreben. Diese Anschauung ist durch Untersuchungen des Internationalen Arbeitsamts über kenianische Verhältnisse nicht bestätigt worden.[66] Die Beschäftigten im informellen Sektor strebten nach einer Fortsetzung ihrer Beschäftigung in diesem Sektor und nicht nach einem Wechsel in den formellen Sektor. Andererseits sind abhängig Beschäftigte des formellen Sektors durchaus daran interessiert, als Unternehmer im informellen Sektor tätig zu werden. Viele Unternehmer des informellen Sektors erzielen höhere Einkommen als im formellen Sektor über den offiziellen Minimumlohnsatz zu erzielen wäre.[67] Viele Menschen in der Dritten Welt würden ohne den informellen Sektor nicht überleben können. Investitionen im informellen Sektor fördern zusätzlich die Arbeitsproduktivität, da die bisherige Kapitalausstattung als suboptimal anzusehen ist.

Zur „*internen Struktur*" des informellen Sektors ist bekannt, daß ca. 75 % der Beschäftigten im Handel- und Dienstleistungsbereich, das restliche Viertel im

---

65 Vgl. HEMMER(1988), S. 641 ff.; insbesondere S. 647 ff. (Gütermarktanalyse) sowie S. 652 ff. (Arbeitsmarktanalyse).

66 Vgl. RAUCH(1991).

67 In der empirischen Literatur wird die Trennung des formellen Sektors vom informellen Sektor durch die Höhe der Beschäftigten vorgenommen. Beschäftigte des Staates und öffentlicher Unternehmen sowie solcher von privaten Firmen mit mehr als 20 Beschäftigten gelten als formeller Sektor, alle anderen Arbeitnehmer gehören in den informellen Sektor. Dieser Größendualismus entspricht nicht dem theoretischen Ansatz eines Arbeitsmarktdualismus. Vgl. RAUCH(1991), S. 34.

produzierenden Gewerbe sowie in der Landwirtschaft tätig ist. Es sind entgegen verbreiteten Vorurteilen nicht nur Boten, Diener, Rikschafahrer und Schuhputzer, die im informellen Sektor beschäftigt sind. Der informelle Sektor stellt insbesondere Arbeitsplätze bereit, für die nur wenig Sach- und Humankapital benötigt wird. Die erforderlichen Kenntnisse für das produzierende Gewerbe werden fast ausschließlich im informellen Sektor selbst erworben. Informelle Kleinbetriebe bilden mehr Lehrlinge und Arbeitskräfte aus als das formale Bildungssystem und die berufsorientierten, staatlichen Ausbildungsprogramme. Damit trägt der informelle Sektor in einem hohen Maße zum Abbau der hohen Jugendarbeitslosigkeit bei.

Im informellen Sektor werden solche Güter und Dienstleistungen produziert, die auf die Bedürfnisse von Niedrigeinkommen-Haushalten zugeschnitten sind. Er bietet seine Produkte zu relativ niedrigen Preisen an, da lokale Materialien und Technologien verwendet werden. Der informelle Sektor ist ungeschützt und einem großen Konkurrenzdruck ausgesetzt, was den Preisspielraum der Unternehmer einengt. Dies führt zu vergleichsweise höheren Innovationspotentialen. Der formelle Sektor wird dagegen vom Staat geschützt und ist infolge geringer Wettbewerbsintensität weniger effizient. Der informelle Sektor gewinnt in vielen EL zunehmend an Bedeutung, weil die Absorptionskapazität des formellen Sektors für Arbeitskräfte gering ist. Angesichts des hohen Bevölkerungswachstums wird in jüngster Zeit vermehrt die Forderung erhoben, den informellen Sektor, auch im Rahmen der Entwicklungshilfe, stärker zu fördern.

3 Das Problem der Kapitalknappheit

Lange Zeit galt die **Kapitalknappheit** (Kapital im Sinne von Sachkapital) als das entscheidende Entwicklungshemmnis der EL. Die Realkapitalbildung wurde in den 50er und 60er Jahren weitgehend mit dem Entwicklungsprozeß gleichgesetzt. Ab den 70er Jahren wurde erkannt, daß der ökonomische Kapitalbegriff weiter gefaßt werden muß: zum **Sachkapital** benötigt man komplementäres **Human-** und **Sozialkapital**.

Die unzureichende physische Kapitalbildung in EL wurde meist auf eine zirkuläre Ursachenkonstellation zurückgeführt, die sog. Theorie der Teufelskreise. "Zirkulär verursacht" bedeutet hierbei, daß sich die negativ auf die Kapitalbildung einwirkenden Kräfte gegenseitig unterstützen und verstärken, so daß eine einmal vorhandene Kapitalknappheit nicht überwunden werden kann, da die unzureichende Kapitalausstattung zugleich das größte Hindernis ihrer Überwindung darstellt. Die unzureichende Kapitalausstattung ist hierbei mit einer geringeren Produktivität der anderen Produktionsfaktoren verbunden.[68]

Man kann zwischen mehreren Teufelskreisen unterscheiden:

❶ Der Teufelskreis der unzureichenden Kapitalnachfrage.

❷ Der Teufelskreis des unzureichenden Ersparnisangebots.

❸ Der Teufelskreis der Armut, der aus dem schlechten Gesundheitszustand der Bevölkerung folgt.

Die beiden ersten Teufelskreise der Kapitalknappheit lassen sich in folgendem Schaubild zusammenfassen:

(Siehe: Abb. 3-1.)

---

[68] Zur Unterentwicklung als Folge unzureichender Kapitalausstattung vgl. HEMMER (1988), S. 140 ff.

Abb. 3-1: Teufelskreise der Kapitalknappheit

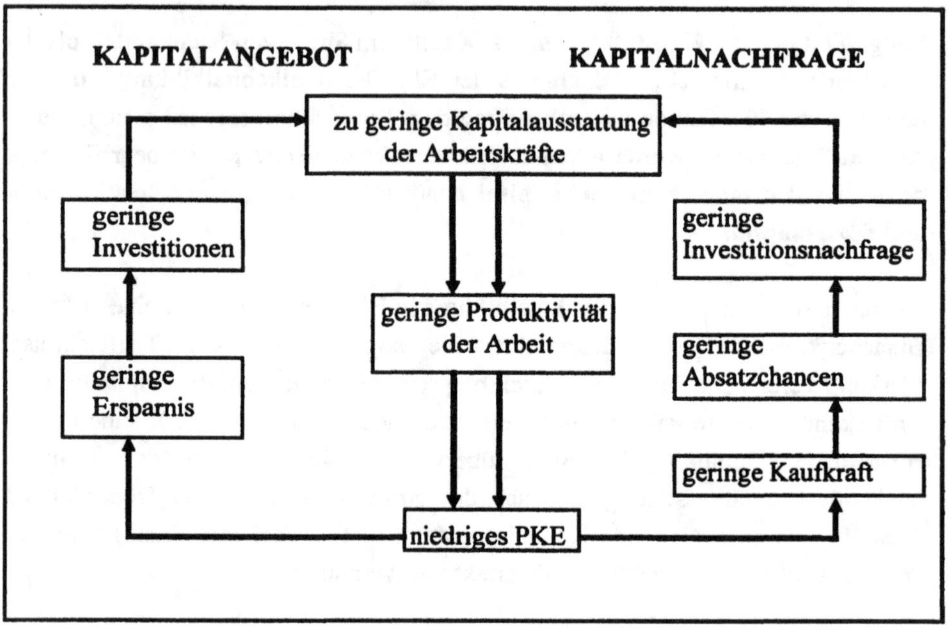

3.1 Unterentwicklung als Folge der Kapitalknappheit

Aus der zirkulären Ursachenerklärung mit Hilfe der Theorie der Teufelskreise ergeben sich zwei Konsequenzen: zum einen muß die unzureichende Sachkapitalausstattung zu einem geringen PKE führen, zum anderen muß das geringe PKE eine niedrige Nachfrage und damit einen niedrigen Kapitalbestand zur Folge haben, da wiederum die Unternehmer keinen Anlaß sehen, Sachinvestitionen durchzuführen. Beim ersten Aspekt wird vorausgesetzt, daß eine hohe Kapitalausstattung ein schnelles Wachstum ermöglicht. Zugrunde liegt die Wachstumsformel des Harrod-Domar-Modells.[69] Der zweite Aspekt betrifft die geringe Investitionsbereitschaft der Unternehmer.

---

[69] Vgl. LACHMANN(1994), Kap. 3.

Die Investitionstätigkeit der Unternehmen ist unzureichend, weil sie wegen der geringen *effektiven Nachfrage* nach ihren Produkten keine Veranlassung haben, ihren Kapitalbestand zu erhöhen. Bestimmte Produkte können nur bei vorhandener Mindestnachfrage produziert werden, die in EL oftmals nicht vorliegt. Die ungleiche Einkommensverteilung führt in EL dazu, daß bei Massenartikeln, die verstärkt von den ärmeren Bevölkerungsschichten nachgefragt werden, sich wegen der unzureichenden Kaufkraft keine ausreichende effektive Nachfrage bilden kann, während die Wohlhabenden des Landes Luxusgüter nachfragen, die unter Abfluß knapper Devisen importiert werden müssen.

Diese These blieb nicht unwidersprochen. Die Nachfrage nach den Gütern des täglichen Bedarfs (Grundbedürfnisse) sei nämlich hoch genug, um in EL Investitionen in diesem Bereich zu erlauben. So stelle z.B. Indien einen großen Markt mit hoher potentieller Nachfrage dar, der zu Investitionen Anlaß gäbe. Dagegen ließe sich wiederum einwenden, daß Indien wegen fehlender Infrastruktur in regionale Teilmärkte aufgesplittert sei. Diese **effektive Marktenge** müsse als Hemmschuh der Entwicklung gesehen werden. Das Phänomen der Marktenge tritt jedoch in vielen EL auf, wo unterentwickelte Kommunikations- und Transportsysteme bewirken, daß der Gesamtmarkt in zahlreiche kleine, isolierte Teilmärkte aufgespalten wird.

Die geringe interindustrielle Verflechtung ist ein weiterer retardierender Faktor für den Entwicklungsprozeß. Geringe Interdependenzen der einzelnen Produktionssektoren erlauben keine **Vorwärts- und Rückwärtsverkettungen** der einzelnen Branchen. Zwar bestehen in einigen Branchen der EL Investitionsmöglichkeiten (Konsumgüter des täglichen Bedarfs), aber wegen fehlender "linkages" erfolgt keine Übertragung der Investitionsnachfrage auf andere Sektoren. Die aus dem niedrigen PKE resultierende Nachfragestruktur der EL ist somit nicht hinreichend für lohnende Investitionen. Die Investitionstätigkeit ist dabei nicht nur von der inländischen Nachfrage determiniert, auch die Exportmöglichkeiten spielen eine wichtige Rolle, denn die fehlende Binnennachfrage könnte durch ausländische Nachfrage kompensiert werden.

Dem muß entgegengehalten werden, daß Exporte meist erst dann durchgeführt werden, wenn die Produzenten im Inland schon Erfahrungen in der Produktion und Vermarktung ihrer Erzeugnisse gesammelt haben. Der Export stellt im allgemeinen eine Erweiterung des Inlandmarktes dar und keinen Ersatz. Nur eine Strategie des "**balanced growth**" könnte das Problem der fehlenden Investitionsnachfrage überwinden helfen.[70]

Die unzureichende Kapitalbildung kann auch als Folge suboptimaler Allokationsentscheidungen erklärt werden. Aus der Wohlfahrtstheorie ist bekannt, daß für eine **optimale Allokation** die **soziale Zeitpräferenzrate** mit der sozialen **internen Verzinsung** des Kapitals übereinstimmen muß. Wenn die Haushalte frei ihre intertemporalen Präferenzen bezüglich Konsum und Ersparnis (künftigem Konsum) bestimmen, ist es möglich, daß diese nicht mit den sozialen Präferenzen der Gesellschaft übereinstimmen, was in folgendem Schaubild verdeutlicht werden kann:

Abb. 3-2: Divergenz zwischen sozialen und privaten intertemporalen Präferenzen

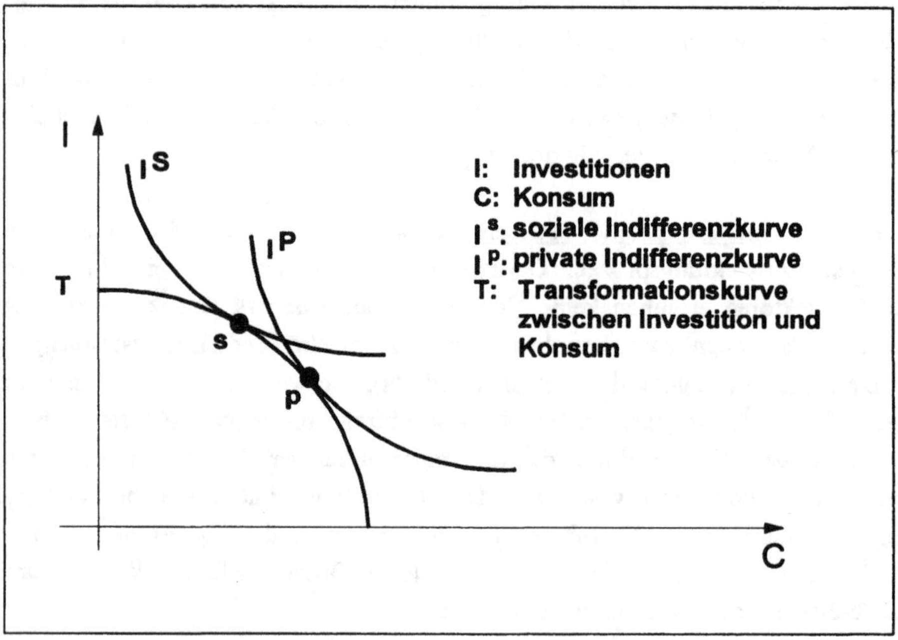

[70] Vgl. LACHMANN(1994), Kap. 3.2.4.

Die Produktionsmöglichkeiten seien durch die Transformationskurve (T) angezeigt. I^P gibt die privaten und I^S die gesamtgesellschaftlichen Präferenzen wieder. Bei Nichtübereinstimmung wird statt des sozialen Optimums (s) nur der Punkt (p) erreicht, an welchem sich eine gesellschaftlich suboptimale Investitionstätigkeit ergibt.

Woran kann es liegen, daß die Aggregation der privaten Wohlfahrtsfunktionen nicht zum gesellschaftlich erwünschten Ziel führt? In der Diskussion wird auf die *"Trittbrettfahrer-Problematik"* hingewiesen: Jeder weiß, daß Investitionen notwendig sind, aber gleichzeitig hofft jeder, daß er sie nicht durchführen muß. Der einzelne wird nur dann seinen Beitrag leisten, wenn gesichert ist, daß auch die anderen ihren Finanzierungsverpflichtungen nachkommen. Demnach haben Ersparnisse und Zukunftsinvestitionen den Charakter öffentlicher Güter.

Als weitere Ursache ist der "*Mangel an Informationen*" zu nennen. Für EL wird vermutet, daß die Bevölkerung in weitaus geringerem Maße als dies in IL der Fall ist, über die Notwendigkeit von Investitionen informiert ist. Die Führungseliten müßten aufgrund ihrer Informationsvorsprünge eine suboptimale Kapitalbildung verhindern.

In diesem Zusammenhang kann auf den potentiellen *Konflikt zwischen den gesellschaftlichen Zielen "Verteilung" und "gesamtwirtschaftliche Ersparnisbildung"* hingewiesen werden. Wenn die Lohnempfänger ihr gesamtes Einkommen konsumieren und nur die Empfänger von Gewinnen und Renten sparen, dann führt jede Änderung der Einkommensverteilung zugunsten der Lohnempfänger zu einer geringeren gesamtwirtschaftlichen Ersparnis, so daß Investitionen nicht finanziert werden können (et vice versa). Eine Änderung der Einkommensverteilung zugunsten der Lohnempfänger kann aber auch trotz sinkender Investitionen eine Erhöhung der Produktion bewirken: höhere Lohneinkommen führen zu höherem Konsum; damit verbessern sich die Gesundheits- und Ausbildungsmöglichkeiten der Arbeiter. Diese Erhöhung des Humankapitals bewirkt einen Anstieg ihrer Arbeitsproduktivität (**produktiver Konsum**). Der Gesamteffekt aus verteilungsinduzierter Produktivitätssteigerung und ersparnisbedingter Verlangsamung der Sachkapitalbildung ist jedoch unbestimmt.

Auch der *"internationale Demonstrationseffekt"* kann entwicklungshemmend wirken. Statt zu investieren, konsumieren die Wohlhabenden Luxusgüter entsprechend ihren Vorbildern aus IL - auch wenn hierfür teure Importe nötig sind.

In den bisherigen Überlegungen ist ein funktionierender Kapitalmarkt vorausgesetzt worden. Seine Existenz wird aber für EL angezweifelt, worauf in Kapitel 5 noch näher eingegangen wird. Die fehlende *Finanzintermediation* stellt eine weitere Ursache der niedrigen Investitionen in den EL dar. Wille und Möglichkeiten zum Sparen sind latent vorhanden, ebenso die potentielle Nachfrage nach diesen Ersparnissen. Angebot und Nachfrage können wegen rudimentärer Finanzmärkte allerdings nur selten zum Ausgleich gebracht werden. Die Kleinsparer suchen risikoarme Anlagemöglichkeiten, während die Marktgegenseite eher risikoreiche Investitionen anbietet. Es fehlen finanzielle Mittler zur Risikotransformation.

In IL nehmen Finanzinstitute durch Diversifikation einen Risikoausgleich vor und übernehmen ferner die Kommunikation zwischen regionalen und sektoralen Teilmärkten. In den EL existieren diese Finanzinstitute nur in den urbanen Zentren. Daraus folgt, daß weniger investiert wird als bei potentiell funktionierenden Kredit- und Finanzkapitalmärkten möglich wäre. Erschwerend kommt hinzu, daß die potentiellen Anleger wegen fehlender sicherer Anlagemöglichkeiten und hoher Inflationsraten ihre Ersparnisse lieber ins Ausland transferieren. Eine Kapitalbildung findet höchstens punktuell statt, wobei der Sparer meist gleichzeitig der Investor ist. Höhere Investitionen unterbleiben, weil der Konsum die einzige Verwendungsmöglichkeit für das Einkommen darstellt und das Sparpotential nicht ausgeschöpft werden kann.

Besonders nachteilig wirken sich staatlich reglementierte *niedrige Nominalzinsen* aus: bei *hohen Inflationsraten* ergeben sich dann *negative Realzinsen*, wodurch die Finanzkapitalbildung beeinträchtigt wird. EL verfolgen oftmals **Niedrigzinspolitiken**, weil sich ihre Regierungen dadurch höhere Investitionen versprechen (**keynesianische Investitionsnachfrage**). Weil diese Niedrigzinspolitik jedoch die Zinssensibilität auf der Kapitalangebotsseite vernachlässigt, bleibt die erhoffte Wachstumswirkung der keynesianisch-motivierten Zinspolitik aus. Die bekannten Folgen von Höchstpreisen treten daher auf dem Kapitalmarkt auf: die Nachfrage nach Ersparnissen übersteigt das Angebot, so daß zur Rationierung Zuflucht genommen werden muß, wodurch der staatlichen Willkür Tür und Tor geöffnet wird. Bürokraten favorisieren risikoärmere Projekte und ziehen größere Investitionen in urbanen Zentren vor. Deshalb werden die Ersparnisse der EL nicht effizient genutzt.[71]

In EL finden sich typischerweise **fragmentierte Kapitalmärkte**. Auf der einen Seite gibt es den informellen Sektor mit hohen Zinsen (Geldverleiher) und auf der anderen den organisierten Markt mit staatlich reglementierten niedrigen Zinsen.

Der Zinssatz setzt sich im allgemeinen aus vier Komponenten zusammen: den Opportunitätskosten, den Verwaltungskosten, einer Risikoprämie sowie dem Monopolprofit. Die beiden letztgenannten Komponenten sind für die hohen Zinssätze auf dem informellen Sektor verantwortlich. In Fällen, bei denen der organisierte Kreditmarkt (vor allem: staatliche Finanzinstitute) in Gebieten tätig wurde, die bisher von Geldverleihern beherrscht wurden, stellte man ein Sinken der Zinsen wegen sinkender Monopolprofite fest. Im informellen Sektor werden die Kredite hauptsächlich für Konsumzwecke verwendet, da die hohen Zinssätze prohibitiv auf Investitionen wirken. Im organisierten Sektor ist der Zinssatz zu niedrig, woraus sich die oben skizzierten Höchstpreiswirkungen ergeben.

3.2 Kapitalknappheit als Folge der Unterentwicklung

Beim linken Teufelskreis der Abb. 3-1 steht die geringe Sparfähigkeit als Folge der Unterentwicklung im Vordergrund. Es wird nun unterstellt, daß vorhandene Ersparnisse in Sachkapital überführt werden. Nun geht es um das Angebot von Ersparnissen: jede reale Ersparnis erfordert einen Konsumverzicht. Es muß überprüft werden, ob den Menschen der Dritten Welt ein solcher Konsumverzicht zugemutet werden kann. *Dieser erforderliche gesamtwirtschaftliche Konsumverzicht kann in vielfältiger Weise erfolgen:*

❶ Der Verzicht auf Freizeit führt zu Mehrarbeit, die für die Sachkapitalbildung verwendet werden kann. Ein Bauer stellt z.B. in seiner Freizeit einfache Ackergeräte her, mit deren Hilfe er in Zukunft produktiver wirtschaften kann. Durch

[71] Zur Bedeutung der Realzinssätze auf die Ersparnis in Entwicklungsländern vgl. OSTRY/REINHART(1995), S. 18 und DOSHI(1994).

diese Mehrarbeit kann er sich Nahrungsmittelvorräte anlegen (Lagerinvestitionen) und später mehr Zeit für die Herstellung einfacher Geräte aufwenden. Die Zeitspanne zwischen Saat und Ernte muß ausreichen, um höhere Realersparnisse durch Freizeitreduzierung im traditionellen Sektor zu erbringen.

❷ Der normale Konsumverzicht der Haushalte: Ein Teil des Geldeinkommens könnte gespart und in Wertpapieren oder auf Sparkonten angelegt werden.

❸ Der Konsumverzicht der Unternehmer: Eine dritte Möglichkeit ergibt sich über die Unternehmerersparnisse. Gewinne werden entweder nicht an die Eigentümer ausgeschüttet bzw. private Unternehmer finanzieren ihre Investitionen mit Gewinnen.

❹ Das Zwangssparen: die Regierung kann mit Hilfe von Steuern oder auch durch eine verstärkte Geldschöpfung (Inflation) den Haushalten reale Ressourcen vorenthalten und damit den laufenden Realkonsum mildern sowie die soziale Infrastruktur finanzieren.

Hängt der insgesamt mögliche Konsumverzicht von der Höhe des PKE ab, ergibt sich die folgende Formel:

S/BEV = s (PKE-EM)

Die Ersparnisse (S) pro Kopf (BEV) sind also von der Differenz zwischen dem PKE und dem Existenzminimum (EM) abhängig. Je niedriger das PKE, desto niedriger sind - bei konstantem EM - die möglichen Ersparnisse. Dieses Argument ist jedoch nur auf den ersten Blick plausibel. *Zu den wichtigsten Gegenargumenten gehören nach HESSE/SAUTTER:*[72]

❶ **Versteckte Ersparnisbildung im Subsistenzbereich:** Obgleich die Grenzproduktivität der Arbeit in der neoklassischen Analyse für die EL als null angenommen wird, stehen gerade im Subsistenzsektor ausreichend ernährte Arbeitskräfte zur Verfügung, die zumindest für einfache Infrastrukturmaßnahmen eingesetzt werden könnten. Wege, Kanäle, Dämme und Bewässerungsgräben könnten mit einfachen Hilfsmitteln gebaut werden. Wenn die im Infrastrukturbereich Beschäftigten die gleiche Menge an Nahrungsmitteln erhielten wie vorher, bliebe der Pro-Kopf-Verbrauch konstant, das BIP hätte sich jedoch um die Höhe der getätigten Investitionen vergrößert. In diesem Zusammenhang wird von versteckter Ersparnis gesprochen, die in fast allen EL

[72] Vgl. HESSE/SAUTTER(1977), S. 45 ff.

latent vorhanden ist. Lediglich das Ausmaß ist länderspezifisch. Steuern, die den Subsistenzlandwirt zwingen, einen Teil seiner Produktion zu verkaufen, würden ebenso zu einer Mobilisierung unausgenutzter Reserven führen. Es müßte freilich überprüft werden, ob der Pro-Kopf-Konsum im Subsistenzbereich konstant bleibt, oder ob die abgezogenen Arbeitskräfte mehr Nahrungsmittel benötigen (wg. körperlicher Anstrengung). Die Unterbringung und Versorgung der abgewanderten Arbeitskräfte verbraucht Ressourcen, die in anderen Bereichen abgezogen werden müssen. Internationale Hilfsorganisationen wollen über **„food-for-work"-Programme** diese Arbeitsreserven zum Ausbau der Infrastruktur mobilisieren und den erhöhten Nahrungsmittelbedarf in natura decken.

❷ **Unausgenutztes Sparpotential:** Prestigeobjekte, hohe Rüstungsausgaben und aufwendige Familienfeste zeigen, daß ein Sparpotential vorhanden ist, das nicht produktiv genutzt wird. Solche Ausgaben erfüllen jedoch oft soziale Funktionen, die zur optimalen Funktionsfähigkeit der Gesellschaft beitragen. Der Ökonom kann nicht allein darüber befinden, ob hier „verschwenderischer Konsum" vorliegt.

❸ **Ungleiche Einkommensverteilung:** In den EL haben nur wenige Reiche die Möglichkeit zu sparen. Ihre hohen Konsumausgaben (Nachahmung der Konsumgewohnheiten der IL) reduzieren das Sparpotential. Dem wäre entgegenzuhalten, daß ein hoher gewünschter Konsum auch mit hohen Leistungsanreizen einhergehen kann, so daß ein vergleichsweise höheres Einkommen angestrebt wird.

Da die theoretische Argumentation keinen eindeutigen Schluß zulässt, sind empirische Überprüfungen mit aktuellen Daten notwendig. Zunächst wird überprüft, ob in Volkswirtschaften mit einem hohen PKE relativ mehr gespart wird als in solchen mit einem niedrigeren PKE. Der zu prüfende funktionale Zusammenhang wird beschrieben mit:

$$\mathbf{S/BIP = f(PKE)}$$

Für die nachfolgende Regressionsanalyse wird aufgrund geringer absoluter Variation in den Ausgangsdaten ein logarithmischer Verlauf der Funktion $f(PKE)=\ln(a)+b\bullet\ln(PKE)+u$ angenommen, wodurch ein hinreichend gutes „Fitting" zwischen Ausgangsdaten und Regressionsfunktion erzielt wird.[73]

[73] Als Datenquelle dient der WEB(1996), Tab. 1 und 13. In die Querschnittanalyse für das Berichtsjahr 1994 wurden 119 Länder einbezogen; aus darstellungstechnischen Gründen

Abb. 3-3: Zusammenhang von PKE und Sparquote {1994}

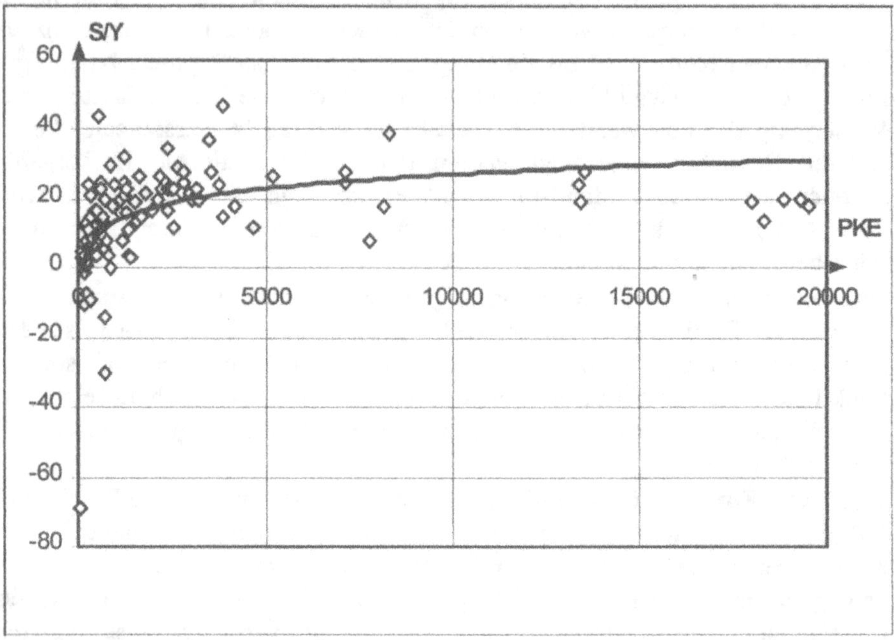

[Berechnungen: *Eckhard Schulz*]

Die Regressionsgleichung lautet:[74]

$$S/BIP = 5{,}080921 \cdot \ln(PKE) - 21{,}89338$$

Entsprechend der erzielten Regressionsgüte von $R^2 = 0{,}31345$ kann eine gewisse positive Korrelation von Sparquote und PKE festgestellt werden. Aus dem Verlauf der hier ermittelten Regressionsfunktion wird erkennbar, daß ein positiver

wurden im nachfolgend abgebildeten Scatterplott nur 107 Länder einbezogen, deren PKE unter 20'000 US $ lag. Die Bruttoinlandsersparnis S wird - dem WEB(1996) folgend - als Subtraktion des staatlichen und privaten Verbrauchs vom BIP definiert, weshalb S/BIP die Brutto-Inlands-Sparquote ohne Berücksichtigung von Auslandsbeziehungen darstellt. Aus $\exp(S/BIP)=a \cdot PKE^{b} \cdot e^{u}$ folgt durch Logarithmieren: $S/BIP= f(PKE)=\ln(a)+b \cdot Y \cdot \ln(PKE)+u$.

[74] Mit: t-Wert = 7,309 bei einem Signifikanzniveau von 95%; F-Wert = 53,4181.

Zusammenhang zwischen Sparquote und PKE in Ländern mit niedrigen Einkommen am stärksten ausgeprägt ist: Dies zeigt sich an der hohen Steigung der Regressionskurve im Bereich niedriger Einkommen, während mit zunehmendem PKE die Steigung zunehmend abflacht. Dies entspricht auch der Tatsache, daß sich in wohlhabenderen Ländern die Sparquoten cum grano salis nur unwesentlich unterscheiden.

Die **aggregierte Sparquote** hängt von der Höhe des PKE und der Einkommensverteilung ab. Haushalte mit sehr niedrigem PKE sind kaum in der Lage, Ersparnisse zu bilden. Steigt nun das Einkommen, so werden sie einen gewissen Anteil ihres Einkommens ersparen. Wird der Anteil derjenigen größer, die ein höheres Einkommen erzielen, wird die Sparquote mit sinkender Rate zunehmen, bis eine "natürliche Sparquote" erreicht ist, die sich nach der obigen Regression bei ca. 30 % einstellt.[75]

3.3 Notwendigkeit des Technologietransfers

Um den Entwicklungsrückstand gegenüber den IL zu verringern, ist ein Technologietransfer von IL in EL notwendig. Unter **Technologietransfer** wird der Transfer von technischem Wissen über privatwirtschaftliche oder staatlich unterstützte Prozesse der Diffusion von Technologie im Sinne ihrer wirtschaftlichen Nutzbarmachung für Dritte verstanden. Das kann zum einen durch den Austausch von Waren, die technologisches Wissen beinhalten, erfolgen oder über Dienstleistungen verschiedenster Art. Oft werden Formen des Technologietransfers als „Unternehmenskooperation ohne Kapitalbeteiligung“ bezeichnet.

EL fordern einen zügigen Technologietransfer zu günstigen Bedingungen. IL benötigen die EL als Exportmärkte und sind sich zunehmend darüber bewußt, daß EL deshalb technologisch in die Lage versetzt werden müssen, wettbewerbsfähige Exportgüter zu produzieren, um damit Importe zu finanzieren. Trotz dieses wechselseitigen Interesses ergibt sich in der politischen Diskussion ein Verteilungskonflikt. Wie bei jedem Tauschgeschäft, möchte der Käufer gute Qualität zu niedrigen Preisen und der Verkäufer einen möglichst hohen Preis erzielen. Die

[75] Auf weitere Determinanten, die für die Spartätigkeit eine Rolle spielen, wird in Kap. 4 eingegangen.

Verteilung des anfallenden Transfergewinns ist Gegenstand heftiger wirtschaftspolitischer Kontroversen. EL richten Vorwürfen an die IL, daß die transferierten Technologien unangemessen, ihr Preis zu hoch und die Transferverträge zu restriktiv seien.[76] EL bemühen sich um eine Herabsetzung der Vertragsdauer von Technologietransferverträgen und um Aufhebung restriktiver Klauseln wie beispielsweise Exportbeschränkungen. IL beklagen hingegen den unzureichenden Schutz der Eigentumsrechte in vielen EL, die ungünstigen Gewinntransfermöglichkeiten und die teuren Interventionen der Regierungen der EL.

In der modernen mikroökonomischen Theorie wird eine "**Technologie**" als eine bestimmte Kombination von Produktionsfaktoren zur Herstellung eines Gutes definiert.[77] Jede verfügbare Technologie (Produktionsprozeß) ist durch eine bestimmte Kapitalintensität bestimmt. Die Kombinationsmöglichkeiten hängen vom vorhandenen technischen Wissen einer Gesellschaft ab. Transferiert wird nicht die Kombinationsmöglichkeit, sondern das zugrunde liegende technische Wissen. Technologietransfers sind daher Know-how-Transfers, die die technologische Fähigkeit eines Landes verbessern, wobei dieses technische Wissen i.d.R. sehr weit definiert wird. So wird u.a. Wissen über die Organisation von Produktionsprozessen und die Vermarktung von Produkten in die Definition mit eingeschlossen.

Der **Technologietransfer** selbst kann formell oder informell zustande kommen. Von einem informellen Technologietransfer spricht man, wenn der Transfer durch persönliche Kontakte, Konferenzen, Fachliteratur, Wanderung qualifizierter Arbeitskräfte usw. zustande kommt. Dieser Transfer verlangt keine unmittelbare Gegenleistung. Der formelle Transfer basiert auf einer schriftlichen Vereinbarung, in der genau spezifiziert wird, welche Technologie zu welchem Preis transferiert werden soll. Der formelle Technologietransfer kann über direkte oder indirekte Transfermechanismen erfolgen. Letzteres geschieht über joint ventures, Lieferung schlüsselfertiger Anlagen, internationale Unterkontrahierung (subcontracting), Verkauf von Patenten und Lizenzen auf Patente, Management und Dienstleistungskontrakte, Franchising usw. Beim direkten Transfer werden von der importierenden Firma bestimmte Technologiekomponenten nachgefragt. In

[76] Vgl. HOFFMAN(1985).
[77] Vgl. z.B. LANCASTER(1974), S. 71 ff.

der Praxis vollzieht sich der Technologietransfer über die Lieferung von Blaupausen, technikbezogenen Informationen, Ausrüstungsgegenständen, Materialien für die laufende Produktion, einer Anfangsunterweisung beim Erwerb neuer Technologien und einer laufenden Unterrichtung bzw. Ausbildung während der Laufzeit des Technologievertrags.

Der Technologietransfer ist ein Teil des Lernprozesses, der nicht ohne Zeitverlust vor sich geht. Gäbe es diesen Zeitverlust nicht, könnte man die Forderung aufstellen, daß die Übertragung technischen Wissens in EL maximiert werden solle. EL bräuchten dann aus dem vorhandenen Angebot nur die Kombinationen auswählen, die für ihr Entwicklungsstadium am geeignetsten erscheinen. Lernprozesse beanspruchen aber Zeit: Informationen können innerhalb einer gewissen Zeitspanne nur im begrenzten Umfang absorbiert werden. Die begrenzte Lernkapazität in EL führt zur Forderung, daß die richtigen Dinge zum richtigen Zeitpunkt bekannt sein müssen. Damit stellt sich die Frage, ob das technische Wissen, das EL von IL zur Verfügung gestellt wird, tatsächlich den jeweiligen Entwicklungsnotwendigkeiten entspricht. In der Literatur wird in diesem Zusammenhang von "angemessener oder angepaßter Technologie" gesprochen.[78]

Viele EL weisen bei der Entwicklung eigener Technologien folgende Wettbewerbsnachteile auf:[79]

❶ Technologien aus IL sind zuverlässiger und wegen der Erprobung mit geringerem Risiko behaftet als einheimische Technologien. Die Entwicklungskosten sind meist schon abgeschrieben, wenn sie aus Umsätzen vorhergehender Perioden finanziert werden. Solche Möglichkeiten haben EL oft nicht.

❷ Das Risiko eigener technologischer Entwicklung besteht nicht nur in der technischen Funktionsunfähigkeit sondern auch im Verkaufsrisiko der neuen Technologie. Ausländische Technologien sind oft mit einer Handelsmarke verbunden, die Wettbewerbsvorteile durch den eingeführten "Handelsnamen" mit sich bringt (sog. produktübergreifender Goodwill-Transfer).

❸ Technologietransferverträge enthalten oft restriktive Bestimmungen bzgl. der Entwicklung konkurrierender einheimischer Technologien, wobei der Wettbewerbsspielraum eigener technologischer Entwicklung begrenzt wird.

78 Vgl. hierzu SCHUMACHER(1977).
79 Vgl. HOFFMANN(1985), S. 250.

❹ Die meisten der in EL tätigen Tochterunternehmen ausländischer Gesellschaften ziehen es vor, Forschungs- und Entwicklungsarbeiten in der Muttergesellschaft durchzuführen. Industrielle Forschung erfordert teure Laboreinrichtungen, die nur wirtschaftlich genutzt werden können, wenn alle Entwicklungsaktivitäten an einem Standort konzentriert werden. Zentrale Labors erleichtern überdies die Geheimhaltung neuer technologischer Entwicklungen.

Die Wettbewerbsnachteile erschweren eine eigenständige technologische Entwicklung in EL. Sie benötigen einen Technologieimport, um mit eigenen Entwicklungen beginnen zu können. Heimische Technologieentwicklungen können aber nicht unter vollständiger Ausschließung des Wettbewerbs erfolgen, da ansonsten der Anschluß an die internationale technische Entwicklung verlorengeht. Die schwierige Aufgabe, eine effektive **Technologiepolitik** durchzuführen, besteht in der Abwägung der Gewährung eines gewissen Schutzes (um eine eigene technische Entwicklung zu ermöglichen) und in der Sicherstellung von Wettbewerbsimpulsen (Verhinderung der Abkoppelung von der internationalen Entwicklung).[80]

3.4 Investitionskriterien

Eine der wesentlichen Aufgaben der Volkswirtschaftslehre ist die Empfehlung von Entscheidungsregeln bei der Verwendung knapper Ressourcen, die optimal eingesetzt werden sollen. Aus der Mikrotheorie sind die marktwirtschaftlichen Optimalbedingungen bei vollständiger Konkurrenz bekannt: alle Faktoreinsatzmengen sollen solange erhöht werden, bis ihr Wertgrenzprodukt den Alternativ- oder Opportunitätskosten gleicht. Ein Optimum ist dann erreicht, wenn eine veränderte Verwendung der Ressourcen das Produktionsergebnis nicht mehr verbessern kann (*Pareto-Effizienz*). Voraussetzung hierfür sind hinreichend funktionierende Märkte. Da nicht alle Märkte funktionieren, können vorhandene Preise falsche Signale übermitteln, so daß die vorhandenen Ressourcen nicht gesamtwirtschaftlich optimal eingesetzt werden. Für EL wird im allgemeinen unterstellt, daß ihre Märkte noch nicht funktionsfähig sind. Es müssen daher

[80] Die für die Entwicklungszusammenarbeit relevanten terms-of-transfer sowie die wirtschaftspolitischen Einflußmaßnahmen werden in Band 4 behandelt.

andere Entscheidungskriterien entwickelt werden, um die bestmögliche Verwendung knapper Ressourcen, insbesondere des Kapitals, zu ermöglichen.

Die statischen Optimierungsbedingungen können das Erreichen der optimalen intertemporalen Allokation nicht gewährleisten. Eine gegenwärtige Maximierung der Produktion muß nicht unbedingt zu einer Maximierung der Produktion über die Zeit hin führen. Wegen möglicher Externalitäten und gesellschaftlich erwünschten Umverteilungen des Einkommens stimmen die sozialen und privaten Entscheidungskriterien des Einsatzes des Faktors Kapital nicht unbedingt überein.

Heute werden bei der Projektplanung aufwendige Kosten-Nutzen-Analysen durchgeführt, die in Band 4 behandelt werden. Aus der Fülle der verschiedenartigen Beurteilungskriterien sollen hier nur zwei behandelt werden, die anfänglich in der Entwicklungsplanung eine Rolle spielten. Es handelt sich dabei um Investitionskriterien für eine gesamtwirtschaftliche Evaluierung.
Die bekanntesten sind:
- Maximierung der sozialen Grenzproduktivität (**SGP-Kriterium**),
- Maximierung der Reinvestitionsquote (**MRQ-Kriterium**).

Anfänglich betonte man die beste Ausnutzung des knappen Faktors Kapital, was durch das Kriterium des minimalen Kapitalkoeffizienten erreicht werden sollte. Man hoffte, dadurch die Arbeitslosigkeit zu reduzieren, da hierbei ein höchstmöglicher Kapitalumschlag angestrebt wurde.[81]

3.4.1 Maximierung der sozialen Grenzproduktivität

KAHN und CHENERY haben als Kriterium die Maximierung der sozialen Grenzproduktivität vorgeschlagen (SGP-Kriterium).[82] Ziel ist hierbei die Maximierung des Beitrags einer marginalen Investitionseinheit zum nationalen Output - nicht nur für den privaten Investor. Eine Allokation nach diesem

[81] Vgl. auch HEMMER(1988), S. 677 ff.
[82] Vgl. KAHN(1951), sowie: CHENERY(1953).

Kriterium ist effizient, wenn die soziale Grenzproduktivität (SGP) für alle Kapitalverwendungsmöglichkeiten gleich hoch ist.[83]

Alle volkswirtschaftlichen Kosten werden hierbei zu ihren Opportunitätskosten berechnet, wobei externe Effekte berücksichtigt werden. Als Bewertungsmaß gilt die zusätzliche gesellschaftliche Wertschöpfung. Es müssen in einer solchen Analyse auch jene Nettoerträge berücksichtigt werden, die bei anderen Wirtschaftseinheiten infolge der getätigten Investition anfallen.

Die Kritik setzt beim Gegenwartsbezug des Kriteriums an: zukünftige Multiplikatoreffekte bleiben unbeachtet. Das SGP-Kriterium ist statischer Natur, intertemporale Effizienzkriterien bleiben unbeachtet. Trotz der durchgeführten Investition ändert sich die Faktorverfügbarkeit nicht.

3.4.2 Maximale Reinvestitionsquote als Kriterium der Projektauswahl

Ausgehend von der Kritik an der Maximierung gegenwärtiger Produktion wurde das Kriterium der Maximierung der Wachstumsrate angestrebt (MRQ-Kriterium). GALENSON und LEIBENSTEIN schlugen vor, nur solchen Projekten den Vorzug zu geben, die über einen längeren Zeitraum das höchste Wirtschaftswachstum bewirken.[84] Nur so ist über die Zeit ein Wachstum des PKE zu erwarten. Dieses Wachstum hängt von der Geschwindigkeit der Kapitalakkumulation ab, weshalb auch die Struktur der Einkommensverwendung entscheidend ist (Konsum oder Investition). Das MRQ-Kriterium setzt eine neoklassische Produktionsfunktion voraus und unterstellt, daß Lohneinkommen konsumiert und Profiteinkommen gespart werden. Eine Erhöhung der Profitquote führt zur Steigerung der Kapitalintensität und damit zu einem höheren Wachstum.

Jedoch ergeben sich Konflikte zwischen dem MRQ-Kriterium und dem statischen SGP-Kriterium, die durch das folgende Schaubild dargestellt werden können.

83 Wenn die Opportunitätskosten der Arbeit Null sind, gleicht dieses Kriterium dem des maximalen Kapitalumschlags.

84 Vgl.GALENSON/LEIBENSTEIN(1955).

Abb. 3-4: Wachstumspfade für MRQ und SGP

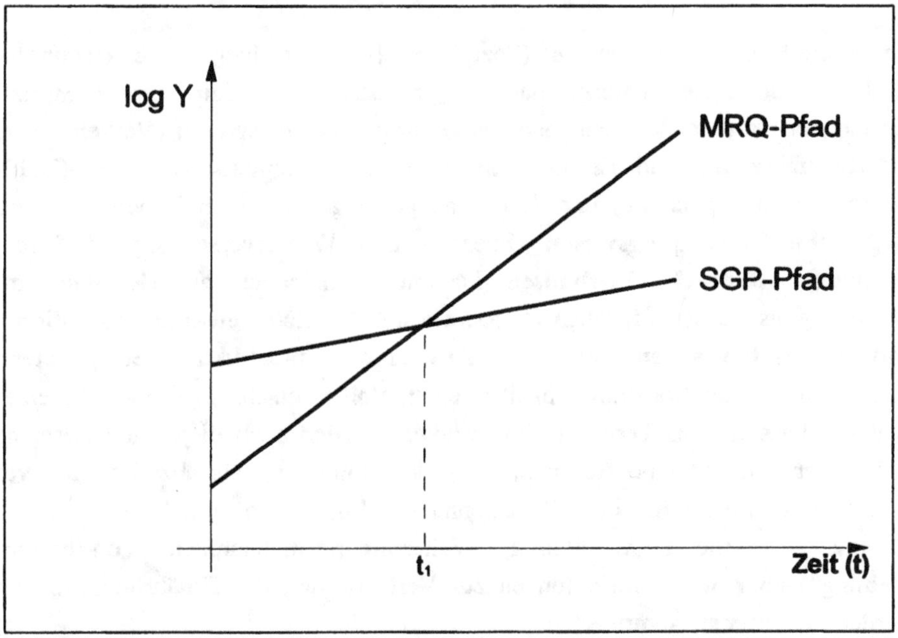

Die MRQ-Regel beginnt mit einem niedrigeren Konsum-Produktionsniveau in den Anfangsphasen und führt in der Zukunft zu höheren als die SGP-Regel. Bei t_1 schneiden sich die beiden Wachstumspfade. Nur wenn der relevante gesellschaftliche Zeithorizont unter t_1 liegt, lohnt sich das SGP-Kriterium, andernfalls das MRQ-Kriterium.[85]

Die einseitige Orientierung von MRQ am Wachstumsziel ist genauso kritisiert worden wie die einseitige Ausrichtung von SGP am Effizienzziel. Das Wachstum kann dadurch zum Selbstzweck werden. Im Falle hoher offener und versteckter Arbeitslosigkeit mag auch dem Beschäftigungsziel sozialer Wert und politische Bedeutung zugemessen werden. Es ist ebenso zu fragen, ob die Märkte aufnahmefähig genug sind, um eine kapitalintensive Produktion zu ermöglichen.

[85] Für eine ausführliche Darstellung und Kritik wird auf Bd. 4, Kapitel 6 verwiesen.

3.5 Aufbau einer entwicklungsfördernden Infrastruktur

Unter dem Begriff **Infrastruktur** (Sozialkapital) wird in einer engeren terminologischen Fassung die technisch-materielle Infrastruktur (social overhead capital) verstanden. Darunter versteht man das gesamte **Verkehrswesen** (Verkehrswege für Kraftfahrzeuge und Eisenbahnen, Seehäfen, Flugplätze, Personen-(Nah)-Verkehr, Gütertransport und die dazugehörige Logistik-Steuerung), das **öffentliche Versorgungswesen** (Energie- und Wasserversorgung, Abfallbeseitigung), **öffentliche Tiefbauten** (Dämme, Kanalbauten zur Be- und Entwässerung, asphaltierte Straßen etc.) sowie den Bereich **Telekommunikations- und Nachrichtenwesen**. Durch den Ausbau der Infrastruktur werden ceteris paribus die Produktionsmöglichkeiten einer Volkswirtschaft erhöht. In einer weiteren Fassung des Terminus Infrastruktur werden auch diejenigen Bereiche einbezogen, die auf eine Augmentierung des Humankapitals abzielen, d.h. vor allem: das **Gesundheitswesen** (Krankenhäuser, Impfwesen), das **Bildungswesen** (Schulen, berufliche Ausbildung, Weiterbildungsmaßnahmen, „on-the-job-Training") aber auch Einrichtungen zur Verbesserung der Ernährungssituation werden hierunter subsummiert.

Eine verbesserte Infrastruktur kann gerade in EL wesentliche Beiträge zum Wirtschaftswachstum, zur Verringerung der Armut und zur Steigerung der Umweltqualität leisten, sofern sie nach wirtschaftlichen Kriterien erfolgt und die jeweilige Bedürfnisstruktur im Lande berücksichtigt.[86] Zu beachten ist hierbei die schon erwähnte Eigenschaft eines **öffentlichen Gutes**, die den hier beschriebenen Infrastruktureinrichtungen anhaftet. *Der infrastrukturelle Status quo in EL kann allgemein wie folgt charakterisiert werden:*[87]

- Mit steigendem Einkommen wächst der <u>Infrastrukturbestand pro Kopf</u> eines Landes; die Korrelation zwischen Einkommen und Infrastrukturbestand erlaubt jedoch keine Antwort auf die Frage nach ihrer Kausalitätsrichtung: die Daten können auch als einen über die Verbesserung der Infrastruktur bedingten Anstieg des BIP gedeutet werden. Die pro Einwohner verfügbaren wichtigen Infrastrukturleistungen (Telefonanschlüsse pro 1000 Einwohner, Prozentsatz der Haushalte mit Zugang zur Elektrizität, befestigte Straßen in Kilometer pro

[86] Vgl. WEB(1994), insbesondere S. 2f., 33 ff.
[87] Hierzu in extenso: WEB(1994).

eine Million Einwohner, Prozentsatz der Bevölkerung mit Zugang zu sauberem Wasser) sind jeweils mit dem Einkommensniveau eng korreliert.

- Die Zusammensetzung der Infrastruktur ändert sich mit dem Einkommensniveau des Landes: mit steigendem Einkommen steigen die relativen Anteile des Energie- und Telekommunikationssektors sowie des Straßenbaus, während die Anteile von Maßnahmen der Wasserversorgung, Kanalisierung und Bewässerung sowie des Eisenbahnbaus an den gesamten Infrastrukturmaßnahmen rückläufig sind.
- Die Infrastrukturleistungen in unterschiedlichen Sektoren unterscheiden sich beträchtlich in ihren wirtschaftlichen Charakteristika (Ausmaß der externen Effekte, Ausschließbarkeit von Nachfragern, Nicht-Rivalität beim Konsum) sowie in den Zuwachsraten. Ihre durchschnittlichen Wachstumsraten betrugen im Zeitraum 1975-1990 in Ländern mit niedrigem bzw. mittleren Einkommen im Telekom-Sektor 25-56%, im Kanalisationsbereich 12-22%, Wasserversorgung 14-30 %. Im Zeitraum 1960-1990 konnte im Straßenbau 23-20% und im Energiesektor 39-55% an Zuwachs festgestellt werden.
- Dic Versorgungslücke zwischen Stadt und Land bei der Energie- und Wasserversorgung hat innerhalb des letzten Jahrzehnts abgenommen; dennoch hat die Stadtbevölkerung in fast allen untersuchten Ländern hierzu einen besseren Zugang als die Landbevölkerung (insbesondere, was sauberes Trinkwasser angeht). Die regionale Verteilung der Bevölkerung divergiert erheblich von der räumlichen Verteilung der Infrastruktur (Infrastrukturleistungen sind vor allem in urbanen Zentren (Landeshauptstadt) konzentriert, während Klein- und Mittelzentren eher unterausgestattet sind). Der in absoluten Einheiten gemessene Infrastrukturzuwachs führt nur selten zu einer verbesserten Infrastruktur-Verfügbarkeit für die Zielgruppe der ländlichen Armen.
- Hohe Anteile der offiziellen Entwicklungshilfe (ODA) für die Infrastruktur fließen in den Energie- oder Verkehrssektor. Die Geberstaaten vereinbaren in diesem Bereich oftmals direkte oder indirekte Lieferbindungen mit den Regierungen der EL. Damit beabsichtigen sie einerseits eine Verbesserung des Beschäftigungsniveaus in den Heimatländern sowie andererseits eine langfristige Ausrichtung des EL auf die Technologie des Geberstaates herbeizuführen, um langfristig Kapitalgüter dorthin liefern zu können.

- Im Infrastrukturbereich werden die Kosten nur selten vollständig gedeckt. „Management-Probleme" wie Mangel an Autonomie und Verantwortlichkeit sowie häufig unklare Zielsetzungen sind hierfür als (Mit)-Ursache anzusehen. Lediglich im Bereich der Telekommunikation ist die Erlös-Kosten-Relation ausreichend, um finanzielle Unabhängigkeit von staatlicher Subventionierung zu gewährleisten. Bei Wasser und Kanalisation werden die Wohlhabenden häufig höher subventioniert als die Armen. Es besteht eine hohe unbefriedigte Nachfrage nach Kommunikationseinrichtungen (Indikator: Wartezeit für einen Telefonhauptanschluß).
- Die Finanzierungsmöglichkeiten von Infrastrukturinvestitionen steigen mit den administrativen Fähigkeiten und der Reife der heimischen Kapitalmärkte. Leasing und Konzessionen sind bei Infrastrukturinvestitionen im Bereich Wasserversorgung, Abwasserbeseitigung, Strom und Verkehrswesen selbst in Ländern mit niedrigem Einkommen weitverbreitet.
- Eine Partizipation der Zielgruppe erhöht die Effektivität (z.B. von Wasserprojekten durch verbesserte Instandhaltung); mit zunehmender Beteiligung der Betroffenen steigt der Erhaltungsgrad der Anlagen und damit auch die Projekteffektivität von Infrastrukturmaßnahmen.

Die Weltbank zieht folgende Schlußfolgerungen für den Zusammenhang von Infrastruktur und Entwicklung:

1. Ziel und Maß für die Infrastruktur-Entwicklung ist die Bereitstellung von solchen Infrasturkturmaßnahmen, die einen spürbaren Entwicklungsbeitrag leisten. Die mäßigen Entwicklungserfolge bisheriger Infrastrukturinvestitionen geben Anlaß, die Wirksamkeit der Investitionen zu verbessern und die Bereitstellung von Infrastrukturleistungen effizienter zu gestalten.
2. Innovationen bei der Bereitstellung von Infrastrukturleistungen sind notwendig, um die Ressourcen der öffentlichen und privaten Sektoren besser zu nutzen und damit einen wirkungsvolleren Entwicklungsbeitrag zu leisten.

Die Vorschläge zur Errichtung einer entwicklungsfördernden Infrastruktur können wie folgt zusammengefaßt werden:[88]

❶ Die Bereitstellung von Infrastuktur sollte unter Berücksichtigung von privatwirtschaftlicher Kriterien wie Kundenorientierung erfolgen, wie sie aus (Dienstleistungs-)Unternehmen bekannt sind. Die Bereitschaft selbst der Armen, nach dem user-price-principle Benutzungsgebühren zu entrichten, sollte Anlaß geben, den Dienstleistungscharakter der Infrastrukturbereitstellung zu erkennen, anstatt überflüssige Bürokratien aufrechtzuerhalten.

❷ Bei der Erstellung von Infrastruktur sollen Wettbewerbskriterien beachtet werden; sofern möglich soll hierzu ein direkter Wettbewerb zwischen konkurrierenden Anbietern, im Falle natürlicher Monopole zumindest ein indirekter Wettbewerb zugelassen werden, etwa durch Zulassung von geeigneten Substituten.

❸ Für die Benutzer der Infrastruktur und anderer relevanter Interessentengruppen soll ein System der Mitverantwortung z.B. bei der Planung und Finanzierung etabliert werden, um so externe Effekte zu internalisieren.

❹ Der Staat muß weiterhin den Aufbau der Infrastruktur fördern - allerdings weniger als Bewirtschafter bzw. Kontrolleur von Infrastruktureinrichtungen - sondern eher als Garant geeigneter wirtschaftspolitischer Rahmenbedingungen, welche auch für das private Engagement bei der Bereitstellung von Infrastruktureinrichtungen förderlich sind.[89]

---

[88] Vgl. Sonderbeitrag „Hauptaussagen des Weltentwicklungsberichts“ WEB(1994), S. 3.
[89] Vgl. WEB(1994), S. 2 f.

4 Determinanten der Sparkapitalbildung

Entwicklung bedeutet, vereinfacht und theoretisch gesprochen, eine Verlagerung der Möglichkeits-bzw. Transformationskurve eines Landes nach außen. Eine solche mit dem Entwicklungsprozeß verbundene Verschiebung verlangt höheren Ressourceneinsatz (Kapitalbildung), welcher nur über eine Erhöhung der Ersparnisse möglich ist. Anfänglich wurde das zentrale Entwicklungsproblem darin gesehen, daß die mit der geringen Ersparnisbildung verbundene suboptimale Kapitalakkumulation den Entwicklungsprozeß nicht ausreichend fördern konnte.

ROSTOW[90] vermutete, daß ein „Take-off" in Richtung eines selbsttragenden Wachstums in einem Land möglich wäre, wenn die **gesamtwirtschaftliche Sparquote** über 10 % läge. LEWIS[91] sah das zentrale Problem der Kapitalakkumulation darin, die Sparquote von 4 - 5 % des Volkseinkommens auf 12 - 15 % zu erhöhen. Die heimische Sparquote wurde nämlich als die wesentliche Quelle der Kapitalakkumulation in EL angesehen. Viele EL erfüllen sowohl das LEWIS- als auch das ROSTOW-Kriterium, ohne daß es zu einem Entwicklungsschub gekommen wäre. In einigen fortgeschritteneren EL liegen die Sparquoten über 20 %. Allerdings kann Entwicklung nicht einfach mechanistisch durch eine Erhöhung der Investitions- bzw. Sparquote erreicht werden. Der komplexe Entwicklungsprozeß verlangt darüber hinaus noch die Erfüllung weiterer Rahmenbedingungen.

Die heimische Ersparnisbildung ist nach herrschender Meinung für das wirtschaftliche Wachstum von großer Wichtigkeit. Daher sollen die zentralen Determinanten der Sparkapitalbildung nachfolgend untersucht werden. Ex definitione verhalten sich Sparfunktion und Konsumfunktion komplementär zueinander. Daher wurden anfängliche Analysen bezüglich der Determinanten der Konsumfunktion später auch auf die Analyse der Sparfunktion übertragen.[92]

---

[90] Vgl. ROSTOW(1960).

[91] Vgl. LEWIS(1954).

[92] Vgl. für einen Überblick über mögliche Formen der Sparfunktion: MIKESELL/ZINSER(1973); vgl. auch den Übersichtsartikel von GERSOVITZ(1988).

Die Ersparnisbildung kann makroökonomisch oder mikroökonomisch analysiert werden. Während anfänglich makroökonomische Studien im Vordergrund standen, wird neuerdings verstärkt ein mikroökonomischer Ansatz verfolgt. Über die private Ersparnisbildung soll der Konsum im Zeitablauf optimal gestaltet werden. Neben diesem temporalen Aspekt wird zusätzlich noch der Versicherungsaspekt betont. Unsicherheiten über künftiges Einkommen zwingen den Haushalt dazu, Ersparnisse zu bilden. Hierbei werden sowohl die Motive der einzelnen Haushalte in ihrer persönlichen Ersparnisbildung[93] als auch die institutionellen Faktoren analysiert.

In diesem Kapitel sollen vornehmlich die Determinanten der aggregierten nationalen Ersparnisbildung behandelt werden. Die EL sind in hohem Maße auf eigene Ersparnisbildung angewiesen, zumal ausländische Ressourcen nicht in dem erforderlichen Maße zur Verfügung stehen. Bekanntlich ergibt sich die makroökonomische Bruttoinlandssparquote eines EL aus der Summe der Sparquoten des privaten sowie des staatlichen Sektors. Nach einigen überblickartigen Informationen zur privaten Ersparnisbildung werden wir auf wesentliche Bestimmungsfaktoren vertiefend eingehen und abschließend die Möglichkeiten der staatlichen Ersparnisbildung und in diesem Zusammenhang auch die Bedeutung der Wirtschaftspolitik behandeln.

4.1 Bedeutung der privaten Ersparnisbildung

Die durch die postkeynesianische Wachstumstheorie beeinflußte Entwicklungsökonomik der 60er und 70er Jahre versuchte, das Wirtschaftswachstum in EL durch eine Erhöhung der Investitionsquote zu forcieren. Dabei setzte man an zwei markoökonomischen Größen an, welche wiederum die **Investitionsquote** eines Landes determinieren:

- der heimischen Sparquote, s = S/BIP,
- der Quote des Kapitalimports, k = F/BIP.

Die heimische Sparquote wurde dabei als strukturell niedrig eingeschätzt, da das geringe PKE eines EL keine nennenswerten Ersparnisse ermöglichte.

[93] Vgl. BESLEY(1995).

Konsequenterweise konzentrierte sich die akademische Forschung, die praktische Wirtschaftspolitik der EL sowie die Hilfe der westlichen IL auf die Erhöhung des Auslandskapitalzuflusses, die durch eine Steigerung der Mittel für öffentliche Entwicklungshilfe (d.h. bi- und multilaterale Finanzhilfe) sowie über private Kapitaltransfers angestrebt wurde. In der Praxis konnte durch die so herbeigeführten **Kapitalimporte** in EL durchaus ein temporärer Wachstumseffekt erzielt werden, der allerdings weit geringer ausfiel als ursprünglich angenommen. Der Ausbruch der Schuldenkrise zu Beginn der 80er Jahre machte dann allerdings die Grenzen des „Wachstum-durch-Verschuldung"-Modells deutlich: Als der Zustrom der Kapitalimporte abebbte, gingen die Wachstumsraten in den EL dramatisch zurück.[94]

Aufgrund dieser Entwicklung konnte ein wiedererwachtes Interesse an den Determinanten der heimischen Sparquote der EL beobachtet werden, was eine große Zahl theoretischer und empirischer Studien nach sich zog.[95] Ausgangspunkt dieser Forschungen war die Beobachtung, daß selbst bei vergleichbaren PKE die **Inlandssparquoten** in verschiedenen Ländern unterschiedlich ausfallen. Die festgefügte Vorstellung struktureller, armutsbedingt niedriger Sparquoten wurde dadurch ernsthaft erschüttert. Um das aggregierte Inlandssparen einer theoretischen Analyse zugänglich zu machen, ist es zunächst erforderlich, den relativen Anteil der privaten sowie der öffentlichen Ersparnis am gesamten Sparaufkommen festzustellen, da beide Komponenten möglicherweise von unterschiedlichen Faktoren beeinflußt werden. Der private Sektor wiederum kann in den Sektor private Haushalte und den Sektor Unternehmen unterteilt werden.

Nach dem ricardianischen Äquivalenztheorem müßte die private Ersparnis Variationen der öffentlichen Ersparnis kompensieren, da die Haushalte bei ihren Sparvorstellungen die Konsequenzen öffentlicher Ersparnisse bzw. Schulden berücksichtigen. In einer Studie über afrikanische Staaten südlich der Sahara wurde jedoch gezeigt, daß bei einer Abnahme der öffentlichen Ersparnis auch die private Ersparnis zurückging.[96] Die Inflationsrate eines EL wirkt unterschiedlich

---

[94] Vgl. LACHMANN(1994a), Kapitel 6.
[95] Vgl. u.a. REICHEL(1993); FISCHER/LANGHAMMER(1986); FISCHER(1986); SCHMIDT-HEBBEL(1996).
[96] Vgl. CHAMBAS/COMBES(1995).

auf private und öffentliche Ersparnisbildung: Es wird üblicherweise angenommen, daß die öffentliche Ersparnis von der Höhe der *Inflationsrate* positiv, die private Ersparnis hingegen von ihr negativ abhängt. Ähnlich wie in industrialisierten Volkswirtschaften kann auch in EL generell festgestellt werden, daß das private Sparen das öffentliche Sparen dominiert.

In den einzelnen Kontinenten stellt sich der Anteil des privaten Sparens am gesamten Sparen wie folgt dar:[97]

- In Asien schwankt der Anteil des privaten Sparens zwischen 78% (Singapur) und 95% (Indonesien), wobei das staatliche Sparen in einigen armen Ländern sogar negativ ist (Indien, Pakistan). Selbst in der vormaligen Zentralverwaltungswirtschaft China beträgt der private Anteil nunmehr ca. 80%.
- In Lateinamerika ergeben sich mit Werten zwischen 67% und 95% (für die sechs größten Länder) ähnliche Größenordnungen für den Anteil des privaten Sektors am gesamten Sparaufkommen.
- Einen deutlich höheren Anteil des staatlichen Sparens findet man allerdings in Afrika. Hier beträgt dieser Anteil um 50%. Dieser Anteil ist allerdings seit einigen Jahren rückläufig.

Wenden wir uns angesichts der Dominanz des privaten Sparens zunächst dessen Determinanten zu.

4.2 Determinanten des privaten Sparens

4.2.1 Einkommensniveau und Einkommenswachstum

Ein positiver Zusammenhang zwischen der privaten **Sparquote** und der Höhe des PKE kann aus der einfachen keynesianischen Spar- bzw. Konsumfunktion hergeleitet werden:

$$\boxed{S = -a + s \cdot Y \quad \text{mit } s = 1 - c}$$

Nach Division der Sparfunktion durch Y ergibt sich für die Sparquote: $S/Y = -a/Y + s$. Multipliziert man Zähler und Nenner des Terms a/Y mit der Bevölkerungszahl BEV so erhält man: $S/Y = -(a \cdot BEV / Y \cdot BEV) + s$.

---

[97] Vgl. REICHEL(1993).

Sei α=a/BEV, ergibt sich unter Beachtung der Definition des PKE der folgede Ausdruck:

$$\mathbf{S/Y=s-\alpha/PKE}$$

Der hier dargestellte nicht-lineare Zusammenhang zwischen der durchschnittlichen Sparquote S/Y und dem PKE ist dadurch charakterisiert, daß S/Y bei niedrigen Einkommen gering, bei hohen Einkommen hingegen hoch ist. Dies entspricht der traditionellen Sicht der Entwicklungsökonomik, die extrem arme Länder als „zu arm zum Sparen" ansah.

Der hier unterstellte keynesianische Einkommens-Ersparnis-Zusammenhang geht mit folgenden Funktions-Eigenschaften einher:[98]

- Negative Sparquoten, die bei einigen besonders armen EL zu beobachten sind, werden gut abgebildet.
- Bei Ländern mit niedrigen und mittleren Einkommen ist ein starker Anstieg von S/Y anzutreffen.
- Bei Ländern mit hohem Einkommen strebt die durchschnittliche Sparquote gegen eine „Sättigungsgrenze".
- Der nichtlineare Verlauf von S/Y wird den empirischen Befunden weitgehend gerecht.

Empirische Untersuchungen konnten den in der keynesianischen Theorie vermuteten Zusammenhang zwar prinzipiell bestätigen, zeigten aber auch auf, daß nur ca. 40% der Variation der Sparquoten im Länderquerschnittsvergleich durch unterschiedliche PKE erklärt werden können. Zeitreihenanalysen einzelner Länder ergaben ähnliche Ergebnisse. Hieraus läßt sich folgern, daß das Einkommensniveau zwar eine Art „Basisvariable" zur Erklärung der Sparquote darstellt, der überwiegende Rest der Schwankungen der Sparquoten aber damit statistisch unerklärt bleibt.

Nach der FRIEDMAN-Spezifikation der Konsum- bzw. Sparfunktion im Rahmen seines Permanenteinkommensmodells ergibt sich im Gegensatz zur keynesianischen Theorie ein positiver Zusammenhang zwischen der Sparquote und dem

[98] Vgl. REICHEL(1993), S. 69.

Wachstum des PKE. Dieser Zusammenhang ist folgendermaßen zu erklären: die Wirtschaftssubjekte orientieren ihre Konsum- bzw. Sparentscheidungen am „permanenten" (d.h. langfristig erwarteten) Einkommen. Geht nun der Einkommenszuwachs über die langfristig erwarteten Raten hinaus, so entspricht dies einer dauerhaften „Überraschung durch zu hohes Einkommen" für die Wirtschaftssubjekte. Da die Konsumentscheidungen der jeweiligen Planungsperiode bereits durch die Erwartung eines langsamer wachsenden Einkommens determiniert sind, wird das unerwartete „Überschußeinkommen" ganz oder überwiegend gespart.

Empirische Untersuchungen konnten sowohl den vermuteten positiven Zusammenhang zwischen Einkommenswachstum und Sparquote als auch die Hypothese, wonach dieses **transitorische Einkommen** überwiegend gespart wird, bestätigen. Ferner wurde die Vermutung erhärtet, daß der Effekt des Einkommenswachstums vorwiegend bei reicheren Ländern wirksam ist, während der keynesianische Niveaueffekt eher bei ärmeren Ländern auftritt. Insgesamt erscheint die Wirkung des Wirtschaftswachstums und dem damit verbundenen Einkommensanstieg als zweite wichtige Determinante der heimischen Sparquote empirisch breit abgesichert.

4.2.2 Der Realzins

Nach der klassischen Theorie ist das Sparen eine positive Funktion, das Investieren jedoch eine negative Funktion des (Real)-Zinses. Wegen der Dominanz des Keynesianismus in der Entwicklungstheorie und der darin unterstellten Einkommensabhängigkeit des Sparens wurden die Wirkungen des Zinsniveaus erst relativ spät, im Zuge der „financial repression"-Theorie, von McKINNON und SHAW untersucht.[99]

Ausgangspunkt war dabei die Beobachtung weitverbreiteter <u>negativer Realzinsen</u> in EL, die durch eine Kombination von <u>hohen Inflationsraten</u> mit <u>staatlich festgesetzten Zinsobergrenzen</u> entstehen. Diese Tatsache steht in eklatantem Widerspruch zur theoretischen Annahme eher hoher Realzinsen, die aus der in EL

[99] Vgl. hierzu McKINNON(1973). Eine ausführliche Analyse dieser These findet sich in FRY(1988), insbesondere Kapitel 2.

herrschenden Kapitalknappheit resultieren müßten. Das folgende Schaubild zeigt die Wirkungen eines staatlich festgesetzten **Höchstzinses**, der unterhalb des Gleichgewichtszinses liegt.

Abb. 4-1: Wirkungen staatlich festgesetzter Höchstzinsen

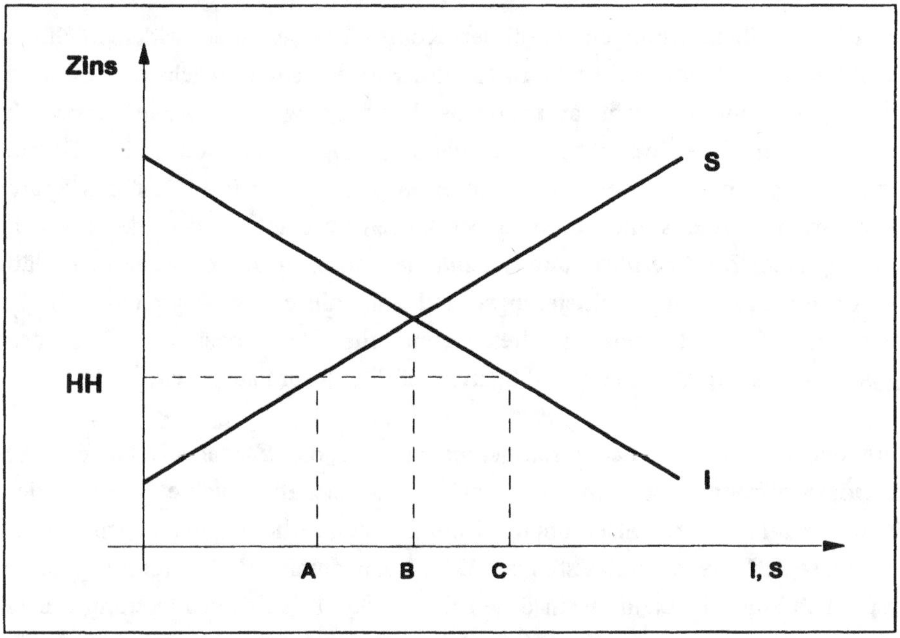

Es ist leicht ersichtlich, daß beim Höchstzins HH das realisierbare Investitionsvolumen durch das (wesentlich niedrigere) Sparangebot rationiert wird. Gleichzeitig herrscht ein Nachfrageüberschuß nach Investitionen in Höhe der Differenz C-A. Verglichen mit dem (S=I)-Gleichgewicht in B können nur Investitionen in Höhe von A vorgenommen werden. Wird die staatliche Zinsbindung aufgehoben, so steigen c.p. Zinsniveau, Ersparnistätigkeit und Investitionen an. ***Aus dieser Überlegung können deshalb folgende empirisch testbaren Hypothesen abgeleitet werden:***

❶ Eine Zinsliberalisierung erhöht die Sparquote.

❷ Wegen des dann höheren Zinsniveaus werden nur besonders effiziente Investitionen getätigt, was die Kapitalproduktivität verbessert.

❸ Die Wirkungen aus 1. und 2. ergeben insgesamt ein höheres Wirtschaftswachstum.

Diese neoklassischen Thesen sind jedoch von der sog. *neo-strukturalistische Schule* in Zweifel gezogen worden, die besonders auch die möglichen negativen Wirkungen einer Zinsanhebung hervorhob: durch eine Verteuerung des „working capitals" überwiegen die primär kosteninflationären Effekte.

Empirische Untersuchungen zu dieser Kontroverse ergaben widersprüchliche Resultate. Eine positive **Zinselastizität** des Sparens sowie wachstumsfördernde Wirkungen konnten nicht ausnahmslos bestätigt werden. Viele empirische Untersuchungen berücksichtigen lediglich geringe Variationen im Bereich negativer Realzinsen; hiervon ist kaum ein signifikanter Einfluß auf das Sparen zu erwarten. Ferner sollten time-lag-Strukturen beachtet werden, der die volle Wirkung einer Zinsliberalisierung erst zu einem späteren Zeitpunkt eintreten läßt. Die Erfahrungen mit Stabilisierungs- und Liberalisierungsprogrammen in EL zeigen grundsätzlich, daß von freien (und signifikant positiven) Realzinsen langfristig positive Wirkungen auf Sparen und Wachstum ausgehen.

Eine neuere Studie[100] hat herausgearbeitet, daß die **Zinselastizität der Ersparnisse** abhängig ist vom **PKE** des EL. Wirtschaftssubjekte in Schwellenländern reagieren bei Zinserhöhungen mit Ersparniserhöhungen; in ärmeren EL sind diese Effekte nicht feststellbar. Dies kann damit erklärt werden, daß die Ersparnisbildung in Ländern, in denen der größte Teil der Bevölkerung nur ein Subsistenzeinkommen erzielt, auf Realzinsänderungen noch nicht reagiert. Erst wenn die Subsistenz gesichert ist, beginnen Realzinsen ihre ökonomisch erwartete Wirkung zu entfalten.

4.2.3 Die Einkommensverteilung

In den 50er und 60er Jahren war man in der Entwicklungsökonomik noch der Ansicht, eine *ungleiche Verteilung* der Einkommen sei kein Entwicklungshindernis, sondern geradezu Voraussetzung für schnelles Wachstum. Man unterstellte dabei, daß eine ungleiche Einkommensverteilung c.p. Ersparnisbildung sowie Investitionsneigung positiv beeinflußt. Hinter dieser Auffassung

[100] Vgl. hierzu OGAKI(1996).

stehen zwei Verteilungskonzepte, die aufgrund ihrer unterschiedlichen Implikationen für die gesamtwirtschaftliche Ersparnisbildung kurz betrachtet werden sollen:

Die **funktionelle Einkommensverteilung** berücksichtigt die Verteilung des Volkseinkommens auf die am Produktionsprozeß beteiligten Faktoren Arbeit (Lohneinkommen), Kapital (Zins), Boden (Grundrente) und „dispositiver Faktor" (Unternehmensgewinn). Dabei wird unterstellt, daß die Lohneinkommensbezieher eine höhere Konsumquote aufweisen als die Anbieter der anderen Faktorleistungen. Empirische Überprüfungen haben für die Bezieher von Kapitaleinkünften eine positive Sparquote festgestellt, während der Anteil der Ersparnisbildung aus Lohneinkünften langfristig unbedeutend ist.[101] Zielt man aus wachstumstheoretischen Überlegungen auf eine möglichst nicht-konsumtive Verwendung des Volkseinkommens ab, so wäre es sinnvoll, eine Einkommensumverteilung zugunsten der Nicht-Lohneinkommen vorzunehmen (z.B. durch unternehmensfreundliche Gestaltungsoptionen im Steuersystem). Eine sozialpolitisch motivierte Umverteilungspolitik in einem EL, die die Lohnquote steigern würde, wäre hingegen mit einem Absinken der gesamtwirtschaftlichen Sparquote verbunden.

Die **personelle Einkommensverteilung** betrachtet die absoluten Einkommen von einzelnen Personen bzw. Personengruppen und unterteilt die in einer Volkswirtschaft lebenden Wirtschaftssubjekte üblicherweise nach der relativen Einkommenshöhe in Bezieher „kleiner", „mittlerer" und „hoher" Einkommen. Die Sparquote der Bezieher kleiner Einkommen in EL (absolut Arme) liegt im Regelfall bei Null, da sie ihr gesamtes verfügbares Einkommen für Konsumausgaben verwenden müssen. Die Bezieher sehr hoher Einkünfte in EL weisen demgegenüber deutlich höhere Sparquoten auf, allerdings liegen - im internationalen Vergleich - die Sparquoten ähnlich wohlhabender Wirtschaftssubjekte aus IL deutlich darüber.

---

[101] Vgl. HEMMER(1988), S. 161.

Für die relativ niedrige Sparquote der reicheren Schichten in EL werden - neben dem Problem der unzureichenden statistischen Erfaßbarkeit der Kapitalflucht - vor allem drei Faktoren verantwortlich gemacht:[102]

(a) Traditioneller Lebensstil der Landoligarchie: hohe konsumtive Ausgaben für repräsentative Zwecke wie Gebäude, Reisen, prunkvolle Feste etc.

(b) Nationaler Demonstrationseffekt: die städtischen Neureichen ahmen die Konsumgewohnheiten der Landoligarchie nach.

(c) Internationaler Demonstrationseffekt: die wohlhabende Elite der EL ahmt den Konsum- und Lebensstil der IL nach.

Demgegenüber leistet in vielen EL die Mittelschicht die vergleichsweise höchsten Beiträge zur gesamtwirtschaftlichen Ersparnisbildung.[103] Eine Umverteilungspolitik, die Einkommen der relativ Reichen zugunsten der Mittelschicht realloziiert, hätte demnach positive Auswirkungen auf Ersparnisbildung und Wirtschaftswachstum, was dann mittel- bis langfristig auch der Gruppe der Armen zugute käme (sofern trickle-down-Effekte ihre Wirkung entfalten).

Diese Resultate sind auch aus sozialpolitischer Sicht bedeutsam, zeigen sie doch, daß eine verteilungspolitisch motivierte Verbesserung der Einkommenssituation breiter Bevölkerungsschichten, insbesondere der großen Gruppe der absolut Armen, *nicht unbedingt* mit einer Erhöhung des gesamtwirtschaftlichen Wohlstands verbunden sein muß.

4.2.4 Weitere Determinanten der privaten Ersparnisbildung

Religion und kulturelle Gründe werden ebenfalls oft als eine Determinante der Ersparnisbildung angeführt (Kapitel 7). R. J. TAWNEY und Max WEBER haben die Bedeutung der protestantischen Ethik für die **Kapitalakkumulation** herausgearbeitet. Kulturelle Faktoren wurden für die hohe Sparquote im Japan verantwortlich gemacht. Eine Querschnittsanalyse zeigte kürzlich, daß die angeführten Auswirkungen für die Gegenwart nicht mehr belegbar sind.[104]

---

[102] Vgl. WAGNER/KAISER(1995), S.55 f.
[103] Vgl. VENIERIS/GUPTA(1986).
[104] Vgl. CARROLL(1994).

Die politischen Rahmenbedingungen sind jedoch für die Sparquoten von erheblicher Bedeutung.[105] Anhand einer Länderstudie, die schwarz-afrikanische EL betraf, konnte nachgewiesen werden, daß bei politischer Stabilität höhere Sparquoten beobachtet wurden. Politische Instabilität hat negative und statistisch durchaus signifikante Auswirkungen auf die Sparquote.[106] Sozio-politische Instabilitäten führen in IL zu einer zunehmenden Ersparnisbildung, in EL läßt sich dieser Trend nicht beobachten.[107]

Auch finanzielle und steuerliche Anreize haben Auswirkungen auf die Ersparnisbildung. Jedoch können empirische Studien diese Vermutung nicht bestätigen. Durch Anreizwirkungen, die sich aus der Ausgestaltung des Steuer- und Subventionssystems ergeben, können zusätzliche Einkommen zur Erhöhung von Konsumausgaben führen, so daß der Sparanreiz durch den Konsumanstieg aufgehoben werden kann.

Um die Darstellung der Determinanten privater Ersparnisbildung zu komplettieren, sollen abschließend noch einige weitere Gründe vorgestellt werden.[108]

➊ **Erzwungenes Sparverhalten aufgrund fehlender Kreditaufnahmemöglichkeiten:** Bei größeren Ausgaben, die nicht aus dem Einkommen einer einzigen Periode bestritten werden können (z.B. Erwerb von Immobilien), sind die Wirtschaftssubjekte aufgrund von EL-typischen Beschränkungen bei der Kreditaufnahme (z.B. fehlende Finanzintermediäre) gezwungen, über mehrere Perioden „anzusparen".

➋ **Unfreiwilliges Sparen aufgrund fehlender Konsummöglichkeiten:** Eine weitere Begründung für die Ersparnisbildung in EL ist bei aufgestauten Konsumwünschen zu konstatieren: Wenn bestimmte Konsumwünsche in EL nicht unmittelbar befriedigt werden können (z.B. weil bestimmte für knappe Devisen erhältliche Importgüter zeitweilig nicht verfügbar sind), sind die Wirtschaftssubjekte gezwungen, die eigentlich für Konsumausgaben vorgesehenen

---

[105] Vgl. auch CORBO/SCHMIDT-HEBBEL(1991).
[106] Vgl. GYIMAH-BREMPONG/TRAYNOR(1996).
[107] Vgl. VENIERIS/SPERLING(1994).
[108] Vgl. GERSOVITZ(1988), S. 383 ff.

Beträge entgegen der ursprünglichen Konsumplanung nicht zu verausgaben (sofern auch keine geeigneten Substitutionsgüter verfügbar sind) sondern solange zu sparen, bis die gewünschten Konsumgüter wieder erhältlich sind.

❸ **Absicherung des Lebensstandards im Alter:** Bei der EL-typischen Abwesenheit von formalen Systemen der sozialen Sicherung ist es für die Wirtschafssubjekte vorteilhaft, durch Ersparnisbildung private Vorsorge zu treffen, um nach Ausscheiden aus dem aktiven Berufsleben von den angesammelten Ersparnissen leben zu können. Diese Form der Alterssicherung hängt in EL jedoch mindestens von zwei entscheidungsrelevanten Einflußgrößen ab:

a) Attraktivität anderer Anlageformen: Insbesondere die in EL vergleichsweise hohen Inflationsraten reduzieren die Realzinsen auf inländische Finanzanlagen im Vergleich zu anderen Anlageformen (Realkapital). Bei extrem hohen Inflationsraten kann eine „Flucht in Sachwerte" vorteilhaft sein. Diese Sachwerte können dann umgewandelt werden, sofern das Wirtschaftssubjekt im Alter liquide Mittel zum Lebensunterhalt benötigt.

b) Alterssicherung durch den Familienverbund: Die in vielen EL noch gut funktionierenden Familienclan-Strukturen machen eine institutionalisierte soziale Absicherung weitgehend überflüssig. Die Großfamilie sorgt für die älteren Familienmitglieder, weshalb eine Eigenvorsorge durch Ersparnisbildung entfallen kann.

❹ **Risiko-Vorsorge bei Abwesenheit von Versicherungsdienstleistern:** Ebenso wie das zuvor angesprochene Altersrisiko werden auch in vielen EL andere Lebensrisiken (Unfall, Krankheit etc.) durch den Familienverbund aufgefangen. Sofern jedoch weder ausreichend finanzkräftige Familienstrukturen noch staatliche Absicherungssysteme vorhanden sind, so ist eine private Absicherung der wirtschaftlichen Risikofolgen durch Ersparnisbildung empfehlenswert.

❺ **Erbschaften und Ersparnisbildung:** Es ist in der entwicklungsökonomischen Literatur durchaus umstritten, welchen Zeithorizont die Wirtschaftssubjekte bei Entscheidungen über Konsum versus Ersparnisbildung zugrunde legen: eine große Anzahl von Autoren geht, auf durchaus gute Argumente gestützt, davon aus, daß die Wirtschaftssubjekte maximal die eigene Lebensspanne überblicken (life cycle concept) und bei intertemporalen Konsumentscheidungen nur die eigenen Präferenzen einbeziehen. Eine andere Gruppe von Autoren vermutet, ebenfalls mit plausiblen Argumentationsmustern, daß die Wirtschaftssubjekte auch die Erben-Generation in nutzenmaximierende Entscheidungen (z.B. Abwägung zwischen Konsum oder Ersparnisbildung, um später zu vererben) berücksichtigen.

❻ **Investitionsmotiv:** Die Erzielung einer möglichst hohen Rendite stellt eine entscheidende Motivation dar, um überschüssige Liquidität zinsbringend in Form von Finanzanlagen anzulegen. Allerdings sind in vielen EL mit Spareinlagen keine nennenswerten Netto-Renditen zu erzielen, so daß bei der Asset-Allokation wohlhabender Wirtschaftssubjekte in EL häufig die Kapitalflucht (vornehmer ausgedrückt: Direktinvestitionen in Anlageformen im Ausland) präferiert wird und somit dem heimischen Finanzmarkt dringend benötigtes Anlagekapital entzogen wird.

Von einigen Autoren[109] werden zusätzlich noch die Ausgaben für Gesundheit, Ernährung und Ausbildung zur Ersparnisbildung zugerechnet, da hierbei Investitionen in das Humankapital vorgenommen würden. Allerdings ist bei diesem weit gefaßten Konzept die Abgrenzung von Konsumausgaben problematisch, da z.B. für die Zuordnung von Ernährungsausgaben kaum unterschieden werden kann, ob nun ein momentanes Konsumbedürfnis oder der humankapitalsteigernde Wunsch nach künftig höherer Produktivität im Vordergrund steht.

4.3 Die Rolle der öffentlichen Ersparnisse

Obwohl, wie bereits oben dargestellt, in EL das Gros der Ersparnisse aus privaten Quellen stammt, soll nun das Augenmerk auf die nur unzureichend genutzten Möglichkeiten zur Generierung öffentlicher Ersparnisse gerichtet werden. Dem Staat stehen bei der Generierung öffentlicher Ersparnisse mehrere Möglichkeiten offen. Er kann zum einen versuchen, Ressourcen aus dem Privatsektor abzuziehen und sie investiv einsetzen, zum anderen kann er durch Erzielung von Haushaltsüberschüssen das gesamtwirtschaftliche Sparen erhöhen.

[109] Mit Hinweisen zu weiterführender Literatur: GERSOVITZ(1988), S. 409 ff.

4.3.1 Ressourcenumlenkung durch Inflation

In vielen EL verwendet der Staat gezielt die Geldentwertung, um den Privatsektor zu besteuern. Die **Inflation** stellt dabei eine Quasi-Steuer auf Kassenhaltung und Finanzaktiva dar, indem ihre Kaufkraft reduziert wird. Meist kommt die Inflation durch expansive Geldpolitik zustande, mit der die (vom Staat abhängige) Notenbank das Defizit des Staatshaushalts finanziert. Diese Art der Besteuerung ist in vielen EL deshalb so beliebt, weil das Besteuerungssystem, insbesondere im Bereich direkter, einkommensbezogener Steuern, unterentwickelt ist. Empirisch zeigt sich aber, daß Länder, die ausgiebigen Gebrauch von der Inflationssteuer machten, eher unterdurchschnittliche Sparaufkommen realisierten.

Hohe Inflationsraten (bzw. Inflationserwartungen) haben Sparer in EL generell zu alternativen Sparformen im Realbereich bewogen. Die Bedeutung der Inflation (Vgl. Kap.10) zeigt sich auch im Verhältnis von geldfernen zu geldnahen Finanzaktiva. Mit zunehmender Inflation verschieben Individuen ihr Portfolio hin zu geldnahen Titeln. Dieser Sachverhalt konnte insbesondere in den 70er Jahren beobachtet werden, in welchen die Inflationsbeschleunigung hoch und die Sparer nicht mehr bereit waren, geldferne und weniger liquide Aktiva nachzufragen.

4.3.2 Der Staatshaushalt

Wesentlich für eine Förderung des gesamtwirtschaftlichen Sparens ist die staatliche Haushaltspolitik. Genauso wie im einzelwirtschaftlichen Rahmen Investitionen oder ein Budgetüberschuß Sparen darstellt, trifft dies für den Staatshaushalt zu. Staatliche Budgetüberschüsse sind in EL allerdings selten, da Steuersystem und Steuervereinnahmung meist unzureichend ausgebildet sind (Vgl. Kap.9). Allerdings gibt es Beispiele, die zeigen, daß durch strenge Ausgabendisziplin Ersparnisse gebildet werden können: In den vier südostasiatischen Schwellenländern wurde eine straffe Haushaltspolitik verfolgt, welche die hohen Sparquoten dieser Länder erklärt. Jüngere Beispiele aus Singapur und Lateinamerika zeigen, daß eine Möglichkeit, das Sparen zu erhöhen, auch darin besteht, existierende soziale Sicherungssysteme, die nach dem Umlageprinzip funktionieren, durch Kapitaldeckungssysteme zu ersetzen (Vgl. Kap. 13).

4.4 Außeneinflüsse auf die inländische Ersparnisbildung

Der Konsumverzicht für inländische Investoren kann auch im Ausland erfolgen. Ebenso beeinflußt die Außenhandelspolitik die Ersparnisbildung

4.4.1 Kapitalimport und Entwicklungshilfe

Bei der Suche nach weiteren Determinanten des internen Sparens stieß man schnell auf die Frage, welche Auswirkungen ein Kapitalimport (also ein Sparen des Auslands) haben könne. Insbesondere für arme EL ist dies fast gleichbedeutend mit der Frage nach den makroökonomischen Wirkungen der offiziellen Entwicklungshilfe.

Bezüglich der Wirkungen externer Ersparnisse auf die interne Ersparnisbildung können grundsätzlich drei verschiedene Hypothesen aufgestellt werden:

❶ Interne Ersparnisse werden durch den Zufluß externer Mittel verdängt, d.h. es herrscht eine substitutive Beziehung.

❷ Der Auslandskapitalzufluß hat keinerlei Einfluß auf die heimische Sparquote (Neutralität) und ergänzt das inländische Ressourcenaufkommen in voller Höhe.

❸ Auslandskapitalzufluß induziert zusätzliche interne Ersparnisse (Komplementarität).

Während die traditionelle Entwicklungstheorie (insbesondere Modelle der Entwicklungsprogrammierung, welche in den 60er und 70er Jahren gebräuchlich waren) von einer Neutralitätsbeziehung ausging, wurde diese Sicht durch empirische Forschungen ab Anfang der 70er Jahre zunehmend in Zweifel gezogen. Durchweg zeichnete sich eine negative Korrelation zwischen der heimischen Sparquote und dem Kapitalimport ab. Teilweise hat die negative Performance der Entwicklungshilfe Rätsel aufgegeben. Mikroökonomische Kosten-Nutzen-Analysen hatten die Vorteilhaftigkeit einzelner Entwicklungsprojekte belegt, dennoch sind die makroökonomischen Auswirkungen z.T.

negativ geblieben. Man sprach von einem **Mikro-Makro-Paradoxon.**[110] Anfänglich wurde dabei das Leistungsbilanzdefizit eines Landes vereinfachend mit seinem Entwicklungshilfebedarf (Devisenzufluß) gleichgesetzt. *Diese empirischen Ergebnisse wurden kontrovers diskutiert; insbesondere folgende Fragen wurden aufgeworfen:*

- Handelt es sich bei der negativen Korrelation zwischen den Größen S/Y und F/Y lediglich um einen zahlungsbilanztechnischen, tautologischen Zusammenhang oder kann eine solche Beziehung auch inhaltlich sinnvoll interpretiert werden?
- Wie wirken unterschiedliche Komponenten des Kapitalimports, d.h. Entwicklungshilfekredite, Schenkungen, kommerzielle Kredite, IMF-Kredite usw. auf die heimische Sparquote?

Folgende Quintessenz läßt sich aus den zahlreichen theoretischen und empirischen Untersuchungen ziehen:

❶ Entwicklungshilfe beeinflußt die heimische Sparquote tendenziell negativ, wobei die stärksten negativen Effekte von Transferzahlungen ausgehen.

❷ Privatkapitalimporte haben unbestimmte Wirkungen auf die heimische Sparquote.

❸ Je interventionistischer die Wirtschaftspolitik in einem EL, desto größer ist die Wahrscheinlichkeit, daß ein Substitutionseffekt auftritt. Dies kann im Extremfall sogar zu negativen Sparquoten führen. Marktwirtschaftlich orientierte Systeme zeigen demgegenüber eine geringere Anfälligkeit für Verdrängungseffekte.

Wie kann die insgesamt suboptimale Ersparnisbildung in EL durch Kapitalimporte erklärt werden? Keith GRIFFIN führte Anfang der 70er Jahre folgende mögliche Argumente an:[111]

- **Reduktion des staatlichen Sparens**: Ein Kapitalimport reduziert das staatliche Sparen, da aufgrund der Verfügbarkeit externer Ressourcen die Besteuerung der heimischen Wirtschaft reduziert wird. Aus Lateinamerika gibt es zahlreiche Beispiele für die Finanzierung von Haushaltsdefiziten durch kommerzielle Kredite in den 70er und 80er Jahren.

---

[110] Vgl. z.B. WHITE(1992).

[111] Vgl. GRIFFIN(1970) sowie GRIFFIN(1973).

- **Änderung der Struktur öffentlicher Ausgaben**: Externer Mittelzufluß kann bewirken, daß die Ausgabenstruktur der öffentlichen Haushalte zugunsten des öffentlichen Konsums geändert wird. Dies wird vor allem dann der Fall sein, wenn der Kapitalimport investiv verwendet werden muß. In diesem Fall werden Mittel zur Ausweitung des heimischen Konsums frei.
- **Protektion ausländischer Investoren**: Besteht der Kapitalimport aus Direktinvestitionen ausländischer Unternehmer und werden diese von der Regierung des EL gefördert, so können dynamische heimische Unternehmer, die meist hohe Sparquoten aufweisen, relativ benachteiligt werden.
- **Erleichterung falscher Außenhandelspolitik**: Ein elastisches Angebot von Auslandskapital kann die Aufrechterhaltung einer falschen Handels- und Wechselkurspolitik begünstigen.

4.4.2 Exporte und Wechselkurse

Die **Exportorientierung** eines Landes ist eine wichtige Determinante seiner internen Sparquote. Dabei wird die Exportorientierung meist an der Höhe der **Exportquote** EQ=X/Y gemessen. Bereits an dieser Stelle sollte erwähnt werden, daß diese Kennziffer vorsichtig interpretiert werden sollte: Sagt sie doch nicht in jedem Fall etwas sinnvolles über die Handelspolitik eines Landes, da die EQ wesentlich durch die Landesgröße bestimmt ist. Kleine Länder haben wegen des engeren Binnenmarktes tendenziell höhere Exportquoten als größere Länder.

Bleibt dieser Einwand zunächst unberücksichtigt, so lassen sich bezüglich der Wirkungen einer forcierten Exportorientierung folgende Hypothesen aufstellen:

➊ Der Exportsektor hat eine höhere Sparquote als die übrigen Wirtschaftsbereiche, was besonders für rohstoffexportierende Unternehmen festgestellt werden kann.

➋ Exporte können mittels Zollerhebung vom Staat verhältnismäßig leicht besteuert werden und bilden somit eine Basis für staatliches Sparen.

➌ Verstärkte Weltmarktorientierung verbessert auch die Ressourcenallokation der heimischen Wirtschaft und schafft so über Einkommens- und Wachstumseffekte die Voraussetzungen für höheres Sparen.

Empirische Untersuchungen zu diesen Hypothesen bestätigten meist die vermuteten Zuammenhänge, wodurch sich die **Exportquote** als signifikante Determinante des heimischen Sparens qualifiziert, die auch quantitativ von erheblicher Bedeutung ist: bestes Beispiel sind die vergleichweise hohen Sparquoten der ostasiatischen Schwellenländer. Das soll allerdings nicht heißen, die Sparquote (S/Y) sei ausschließlich durch die Landesgröße bzw. EQ bestimmt. Neben diesen Einflußgrößen spielt die *Handelspolitik* und das *Wechselkursregime* eines Landes eine entscheidende Rolle.

Die Auswirkungen dieser außenwirtschaftlichen Rahmendaten auf die Exportquote und damit letztendlich auf die heimische Ersparnisbildung können wie folgt skizziert werden:

- Je außenorientierter die **Handelspolitik**, desto höher sind Export- und Sparquote eines Landes. Länder, die lange Zeit eine Politik der Importsubstitutionen betrieben haben, weisen oft sehr niedrige Sparquoten auf.
- Je liberaler die **Wechselkurspolitik** eines Landes, desto höher fallen Export- und Sparquoten aus.

5 Das Problem unzureichender Finanzmärkte

Der Wirtschaftshistoriker Alexander GERSCHENKRON stellte 1962 die These auf, daß die **Banken** für die wirtschaftliche Entwicklung eine wesentliche Rolle spielen.[112] Er untermauerte seine Behauptung durch eine empirische Analyse der Rolle der Banken in England, Deutschland und Rußland. Während zu Beginn der Industrialisierung die Kapitalinvestitionen in England gering waren und demzufolge die Industrialisierung ohne nennenswerte Hilfe der Banken stattfand, wurde in Deutschland durch die großen Banken die Industrialisierung stark gefördert. An vielen Großunternehmen waren sie schon ab Gründung beteiligt. Der positive Bankeneinfluß verhalf der deutschen Wirtschaft somit zum raschen industriellen Aufholen. Das unterentwickelte Bankensystem in Rußland führte dazu, daß das notwendige Kapital zur Industrialisierung vom Staat bereit gestellt werden mußte; mit den bekannten Problemen staatlicher Einflußnahme bei Investitionsprojekten. In der Folge ist die Bedeutung der Finanzmärkte für die wirtschaftliche Entwicklung mehrfach untersucht worden. Seit den 70er Jahren hat sich die Forschung auch der Finanzmärkte in der Dritten Welt angenommen. Ein funktionierendes Finanz- und Kreditwesen hilft, die Effizienz latenter Ersparnisse zu erhöhen. Eine gewisse Korrelation zwischen der wirtschaftlichen Entwicklung und der finanziellen Durchdringung der Wirtschaft ist in mehreren Studien bestätigt worden.[113]

In EL sind die **Finanzmärkte** durch eine gewisse **Dualität** gekennzeichnet: Auf der einen Seite gibt es vor allem in den Städten im formellen Sektor organisierte Märkte, auf der anderen Seite findet man vor allem im ländlichen Bereich unorganisierte Finanzmärkte. Es fehlen Finanzinstitutionen, welche die banktypischen Transformationsfunktionen realisieren können. Zum organisierten Finanzsektor gehören die Zentralbank, Geschäftsbanken, Kooperativen, Staatsinstitute und landwirtschaftliche Genossenschafts- oder Entwicklungsbanken. Die Geschäftsbanken bestehen dabei größtenteils nur aus Filialen ausländischer Banken. Der informelle Finanzmarkt umfaßt private Geldverleiher, Händler, Kaufleute und Großgrundbesitzer. Die Inhomogenität des Finanzsektors

[112] Vgl. GERSCHENKRON(1962).
[113] Vgl. hierzu GREGORIO/GUIDOTTI(1995); DEMIRGÜC-KUNT/LEVINE(1996), sowie auch die Übersichtsaufsätze von BELL(1988) und BESLEY(1995).

führt zu erheblichen Zinssatzunterschieden und damit zu Nachteilen für Sparer und Kreditnehmer und wegen des niedrigen Spezialisierungsgrades zur ökonomischen Ineffizienz.

Im formellen Sektor findet man subventionierte Kredite vor, die größeren Firmen (oftmals Staatsunternehmen) die Möglichkeit zu verstärkter Kapitalbildung geben sollen. Der informelle Sektor zeichnet sich durch „Wucherzinsen“ aus, da die Geldverleiher wegen des höheren Ausfallrisikos oft Zinsen bis zu 50 % einfordern. Meist handelt es sich im formellen Sektor um Investitionen, im informellen Sektor um Konsumentenkredite bzw. um Kredite zum Kauf des Saatguts für die nächste Ernte. Dieser Finanzdualismus hat zur Folge, daß einige traditionell bestimmte Sparformen beibehalten werden, z.B. das Horten von Geld, oder der Kauf von Grund und Boden, so daß evtl. latent vorhandene Ersparnisse den produktiven Bereichen vorenthalten bleiben. Vorhandene Traditionen behindern zusätzlich eine stärkere Monetarisierung der Wirtschaft. In vielen ländlichen Regionen findet noch in hohem Maße ein Realtausch statt. Die ersparten Mittel des informellen Sektors werden volkswirtschaftlich selten optimal genutzt, da die zur Finanzierung von Investitionen notwendigen Ersparnisse nur schwer mobilisierbar sind.

Die Entwicklung der **Geldwirtschaft** förderte die Arbeitsteilung und ermöglichte dadurch eine größere Produktivität der Arbeit. Spezialisierungsgewinne waren wachstumsfördernd, zugleich war durch die Einführung von Geld als Zahlungsmittel ein hoher Zeitgewinn möglich, der eine produktivere Verwendung der Zeit bewirkte. Beim direkten Gütertausch ist eine <u>doppelte Koinzidenz der Wünsche</u> notwendig. Der direkte Gütertausch verbraucht höhere Zeitressourcen (d.h. Transaktionskosten) als der moderne Tauschvorgang (Gut → Geld → Gut). Geld ermöglicht damit als allgemeines Tauschmittel eine höhere volkswirtschaftliche Produktivität der vorhandenen Ressourcen.

Geschäftsbanken sind auf privatwirtschaftliche Gewinnerzielung ausgerichtet. Zur Förderung der Produktivität der Gesamtwirtschaft sind daher Spezialinstitute notwendig. Viele EL haben eigens Entwicklungsbanken eingerichtet, deren Leistungen auf bestimmte Sektoren ausgerichtet sind (Industrie- und Agrarentwicklungs-banken, Spezialinstitute zur Förderung des Tourismus oder der

Schwerindustrie, des mittelständischen Bereichs oder des Exports). Ziel dieser Institute ist die Vergabe verbilligter, langfristiger Kredite, oft verbunden mit einer branchenspezifischen Beratung.

Die Entwicklung des realen und finanziellen Bereiches vollzieht sich entwicklungsökonomisch interdependent. Auf der einen Seite kann die finanzielle Infrastruktur als ein wesentlicher entwicklungspolitischer Engpaß angesehen werden, auf der anderen Seite entwickeln sich im Laufe des wirtschaftlichen Wachstums effiziente Finanzintermediäre ohne staatliches Zutun im Marktprozeß. *In der Entwicklungsökonomik werden zwei Hauptargumentationsmuster unterschieden:*

- einerseits wird behauptet, daß Finanzmärkte im Laufe des Entwicklungsprozesses von allein entstehen **(demand following)**,
- andererseits wird unterstellt, daß die Finanzinstitute schon im voraus gegründet werden müssen, um einen Entwicklungsanreiz zu geben **(supply leading)**.

Letztere Vorstellung führte zur Forderung der Gründung der o.g. Entwicklungsbanken, die der wirtschaftlichen Entwicklung durch eine vorausgehende wachstumsfreundliche Kreditpolitik die nötigen Anreize zur Kapitalbildung und Industrialisierung geben sollte.[114]

Zuerst sollen in diesem Kapitel die vorhandenen Finanzmärkte kurz skizziert und die staatlichen Eingriffe sowie deren Folgen für die EL behandelt werden. Dann erfolgt eine Erörterung der Aufgaben des Banken- und Kreditsystems eines Landes. Nach der theoretischen Analyse der Rolle der Finanzmärkte soll zum Schluß die Möglichkeit einer Liberalisierung der Finanzmärkte diskutiert werden.

5.1 Finanzmärkte in Entwicklungsländern

Die **finanzielle Infrastruktur** in vielen EL ist als rudimentär zu bezeichnen: Die Geschäftsbanken arbeiten nur selten mit einem hinreichend dichten Zweigstellennetz, Sparkassen und Kreditgenossenschaften haben nur lokale Bedeutung und selbst die Entwicklungsbanken kommen über das Gründungsstadium kaum

[114] Vgl. hierzu die Aufsatzsammlung von COATS/KHATKHATE(1980).

hinaus. Neben den organisierten Finanzmärkten gibt es informelle Kreditmärkte, die von traditionellen Geldleihern beherrscht werden. Man beobachtet ein regionales Zinsgefälle (Stadt-Land) und sektorale Spezialisierung. Nur in wenigen EL gibt es funktionsfähige Wertpapiermärkte und solche für längerfristige Finanzaktiva. In Afrika sind breite Bevölkerungsschichten noch nicht in den formellen Geld- und Kapitalverkehr einbezogen.[115] Die Bedeutung der Geld- und Kreditmärkte läßt sich aus dem **Monetarisierungsgrad** eines Landes ersehen.[116]

Die Ursachen der geringen Entwicklung von Finanzmärkten werden in dem hohen Ausmaß staatlicher Regulierung gesehen: In den meisten EL werden Zinshöhe und -struktur von staatlichen Behörden festgesetzt. Beispielsweise wird bestimmten Banken in Sri Lanka eine günstige Refinanzierung für Kredite im ländlichen Bereich zugebilligt, wobei die Zinshöhe, das Kreditausmaß und sogar die jeweilige Bewilligung für den Kredit von der Entscheidung der Zentralbank abhängig sind. In vielen EL existieren Zinshöchstsätze für Kreditzinsen, die bestimmten Sektoren, wie z.B. der Landwirtschaft oder der Bauwirtschaft, eingeräumt werden. Niedrige z.T. reglementierte Habenzinssätze sind die Folge von reglementierten niedrigen Sollzinsen.

Das einfache Schaubild von Kreditangebots- und Kreditnachfragekurve macht deutlich, daß ein zu niedriger Zins das **Sparvolumen** reduziert und die Nachfrage nach Krediten erhöht, was bei **Zinsfixierung** zur Mengenregulierung führt. Die Möglichkeiten privater Investoren, Kapital aufzunehmen, werden dadurch eingeschränkt. Öffentliche Unternehmen und staatliche Einrichtungen haben dagegen relativ leichten Zugang zu subventionierten Krediten.

[115] Vgl. z.B.: BOLNICK(1992), UDRY(1990).

[116] Unter dem Monetarisierungsgrad eines Landes läßt sich der Anteil der Güter und Dienstleistungen am Bruttosozialprodukt verstehen, die gegen Geld getauscht werden. Vgl. FISCHER(1982).

Abb. 5-1: Die Wirkung eines Höchstpreises auf dem Kreditmarkt

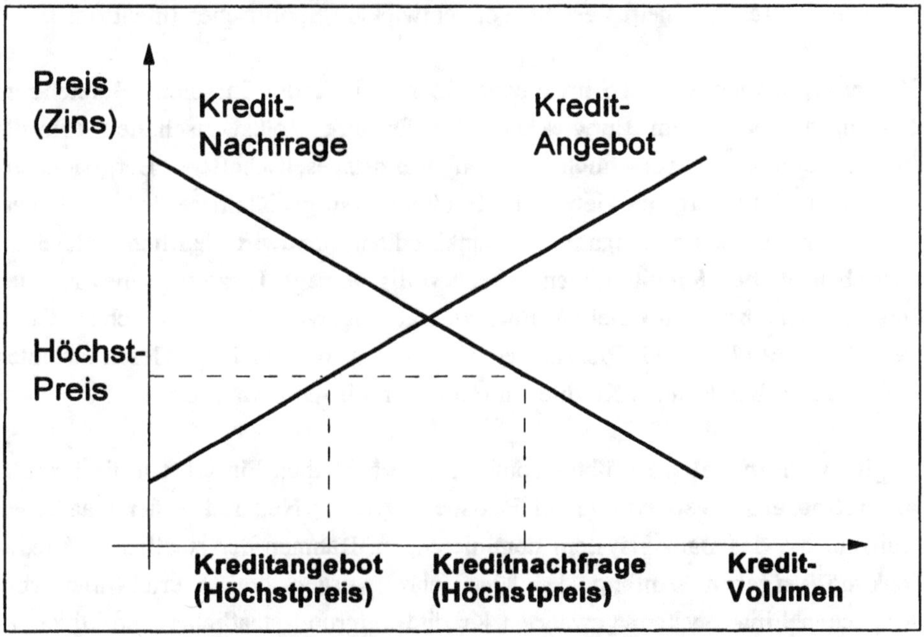

Der hohen Regulierungsdichte der Finanzmärkte in der Dritten Welt lagen wohlgemeinte entwicklungspolitische Vorstellungen zugrunde. Zum einen sollten **Höchstzinsen** vor Wucher schützen, zum anderen sollten Kredite zu niedrigen Sollzinssätzen den ökonomisch schwachen Nachfragern helfen, Investitionen zu tätigen. Niedrige Zinsen sollten letztlich zu einer schnelleren Industrialisierung beitragen. Man unterstellt hierbei den typisch fallenden Verlauf der Investitionsnachfragekurve. Auch zur Bekämpfung der Inflation sollten die Nominalzinsen niedrig gehalten werden.

Als Argument für die häufigen staatlichen Eingriffe in den Preismechanismus monetärer Märkte diente deren Unvollkommenheit. Da sich die Finanzmärkte noch nicht im marktwirtschaftlichen Wettbewerb entwickeln konnten, meinte der Staat, aus Gründen der Wirtschaftsförderung eingreifen zu müssen. Heute geht man im allgemeinen davon aus, daß die staatlichen Regulierungen erheblich zu einer Unterentwicklung der Finanzmärkte in der Dritten Welt beigetragen haben. Die Entwicklungspolitik hatte in diesem Zusammenhang das ökonomische

Rationalverhalten der Bürger nicht beachtet. Ausweichreaktionen der Wirtschaftssubjekte führten zu einem Verfehlen der entwicklungspolitischen Intentionen.

Regierungen intervenierten im Finanzsektor, um Kredite in solche Bereiche zu lenken, die nach dem Entwicklungsplan für ihre Volkswirtschaften Priorität haben sollten. Hauptsächlich wurden Handelsgesellschaften, Bergbauunternehmen und Plantagenbetriebe mit Krediten versorgt. Kleinere örtliche Unternehmen hatten kaum Zugang zu Bankkrediten; landwirtschaftlichen Kleinstbetrieben blieben Kreditzusagen nahezu völlig versagt. Letztere waren auf den inoffiziellen bzw. informellen Finanzmarkt angewiesen, auf welchen Geldverleiher, Händler und Pfandleiher Landwirten und kleinen Geschäftsleuten wegen des hohen Risikos Kredite nur mit hohen Zinsen gewährten.

Regierungen in vielen EL übten somit einen erheblichen Einfluß auf die **Kreditallokation** aus. 1986 wurden in Pakistan 70% der Neukredite der staatlichen Banken, die das Bankensystem dominieren, im Rahmen der staatlichen Kreditlenkung vergeben. Anfang der 80er Jahre wurden drei Viertel aller vom türkischen Finanzsystem gewährten Kredite aufgrund staatlicher Direktiven zu Vorzugszinsen vergeben, wobei die öffentliche Verwaltung, staatseigene Unternehmen, Exporteure, und industrielle Investoren begünstigt wurden. Auch in Brasilien machten 1987 staatliche Kreditprogramme mehr als 70% der ausstehenden Kredite an die öffentlichen und privaten Sektoren aus. Die enorme Komplexität von Kreditsystemen kann an der Anzahl unterschiedlicher Kreditprogramme ermessen werden. So hatten die Philippinen im Jahre 1986 stolze 49 Kreditprogramme für die Landwirtschaft sowie 12 für die Industrie, wobei Zinsen, Laufzeiten und Auswahlkriterien für jedes Programm unterschiedlich waren. Im Fall von Korea wurden sogar 221 offizielle staatliche Kreditlenkungsprogramme gezählt.

Die Ziele staatlicher Eingriffe waren vielfältig: Die landwirtschaftliche Produktion sollte gesteigert, technische Verfahren beschleunigt eingeführt werden, Kleinunternehmen sollten damit Arbeitsplätze schaffen, im Wohnungsbau sollte bezahlbarer Wohnraum bereitgestellt werden und Exportkredite sollten die Erwirtschaftung von Devisen ermöglichen. Die staatlichen Interventionen erfolgten in fünf Hauptvarianten: Kreditvergabe Vorschriften für Banken,

Refinanzierungsysteme, Kredite zu Vorzugszinsen, Kreditgarantien und Kreditgewährung durch sog. Entwicklungsfinanzierungsinstitute. In einigen Ländern wurden Bürgschaften von Regierungen gewährt (wobei kleine und mittelständische Unternehmen bevorzugt wurden).

Die staatlich gelenkten Kredite wurden zu Zinssätzen vergeben, die unter dem Marktzins lagen. Die Subventionen mußten demnach von anderen Wirtschaftssubjekten getragen werden (Kapitalanleger erhalten reduzierte Habenzinsen; Steuerzahler tragen die Belastung der aus dem Staatshaushalt finanzierten Kreditsubventionen). Oft hatten Schuldner, die nicht von den staatlich begünstigten Kreditprogrammen profitieren konnten, höhere Zinssätze zu zahlen, weil die Zinsstruktur sehr differenziert war. Für Brasilien schätzt man beispielsweise für 1987 Zinssubventionen in Höhe von 4 - 8% des BIP, für Mexiko in den Jahren 1982-1987 von 3% des BIP. Die staatlichen Eingriffe in den formellen Sektor führten zu Verzerrungen auf den Finanzmärkten, die vielen Finanzinstitutionen Verluste brachten. Die Effizienz des Finanzierungssystems litt unter der Abwälzung von Risiken auf die Banken, mangelnder Qualität des Informationsflusses zwischen Staat, Bank und Kreditnehmer sowie unter der Beschaffenheit von Rechtsvorschriften bzw. der Ausgestaltung des Aufsichtswesens. Gesamtwirtschaftliche finanzielle Schwierigkeiten führten oft dazu, die staatliche Kreditlenkung und Zinsregulierungen zurückzuführen. Weitere Probleme ergeben sich durch das Fehlen einer wirkungsvollen Bankenaufsicht.

Einige Probleme des informellen Sektors sollen näher beleuchtet werden.[117] Unternehmen im informellen Sektor benötigen unterschiedliche finanzielle Dienstleistungen. Straßenhändler brauchen kurzfristige Kredite, um Vorräte zu kaufen. Sie suchen Anlagemöglichkeiten für vorübergehende Überschüsse. Kleinbetriebe im informellen Sektor benötigen Kredite, um Maschinen zu kaufen oder familienfremde Arbeitskräfte einzustellen. Kleinbauern müssen mit unsicheren und schwankenden Einkommensströmen fertig werden.

Die Angebote des formellen Finanzsektors entsprechen meist nicht den Bedürfnissen der Kundschaft im informellem Sektor: Die Kreditbeträge sind

[117] Vgl.WEB(1989), Kap. 8.

gering und daher lohnt es sich nicht, in Dörfern Filialen zu errichten. Für ein afrikanisches Land wurde geschätzt, daß für ein überwiegend im Kleinkundengeschäft tätiges Institut mindestens 2.500 Einlagenkonten benötigt werden, um die Kosten eines einzigen Angestellten für ein Jahr zu decken. Formelle Institute sind deshalb für Dienstleistungen im informellen Sektor i.d.R. unrentabel. Pfand- und Geldverleiher sind die typischen Geschäftspartner für Geldgeschäfte im informellen Sektor. Saisonkredite werden oft in natura durchgeführt. Z.B. mag ein Händler einem Bauern zwei Sack Hirse vor der Ernte zur Verfügung stellen, nach der Ernte wird er drei Sack zurückerhalten. Dies ergibt anscheinend einen monatlichen Zinssatz von 25% und grenzt damit an Wucher. Der de-facto-Zins ist aber tatsächlich viel niedriger, da Hirse außerhalb der Erntezeit in der Regel teurer ist als nach der Ernte. Außerdem sind hohe Zinsaufschläge zur Absicherung des z.T. hohen Kreditausfallrisikos notwendig.

Beliebt sind Spar- und Kreditvereine, die belegen, daß selbst unter ungünstigen Bedingungen gespart werden kann. Auch **Gruppenkreditprogramme** sind weit verbreitet. Die Gruppe als Ganzes leiht Geld aus und teilt es den Mitgliedern zu, wobei die Gruppe eine Garantie für die Rückzahlung bietet und gesamtschuldnerisch haftet. Dadurch werden die Kreditkosten gesenkt und die Kreditverfügbarkeit verbessert. Die Gruppe trägt die Risiken, das Problem der Schuldnerauswahl (Risikoselektion) muß von der Gruppe gelöst werden. In Malawi und Nepal werden Kreditnehmer verpflichtet, einen Teilbetrag ihres Kredites in einen Fonds einzuzahlen, der bei Ausfall eines Mitglieds haftet. Wenn alle Mitglieder ihre Kredite zurückzahlen, werden die Einlagen ausbezahlt. Dieses Verfahren führte zu einer hohen Zahlungsmoral; bis zu 97 % der Kredite werden in solchen Programmen zurückgezahlt.

Kreditgenossenschaften dienen oft als Abwehrmaßnahme gegen wucherische Geldverleiher. Die staatlichen Genossenschaften werden von den lokalen Eliten jedoch oft als Zuteilungsinstitutionen für Kredite verstanden und mißbraucht. Genossenschaften, die vom Staat oder durch ausländische Geber finanziert werden, verzeichnen jedoch eine niedrige Rückzahlungsmoral. Selbsthilfe-Genossenschaften, die keine günstigen und verbilligten Kredite vom Staat oder internationalen Organisationen erhalten, zeichnen sich durch eine höhere

Zahlungsmoral aus und leisten einen beachtenswerten Beitrag zur Ersparnisbildung.

5.2 Die Aufgabe eines Banken- und Kreditsystems

Die **finanzielle Infrastruktur** eines Landes wirkt auf die **Kapitalbildung** in zweierlei Weise:

- Kredite sollen für Investoren bereitgestellt werden,
- zur Kreditgewährung ist die Bildung von Einlagen erforderlich. Es spielt keine Rolle, ob die Einlagen in Form von Spar-, Sicht- oder Termineinlagen, als Versicherungsprämien oder Bausparprämien erfolgen.

Mit zunehmender institutioneller Entfaltung der finanziellen Infrastruktur wächst die Fähigkeit des Systems, Ersparnisse an sich zu ziehen und damit Investitionen zu finanzieren.[118] Im Entwicklungsprozeß kommt es daher zu einer zunehmenden personellen Trennung zwischen Sparer und Investor: Der Investor ist immer weniger zugleich auch Sparer. Die Fähigkeit zu <u>sparen</u> hängt wesentlich von der Höhe des Einkommens ab, aber auch von den institutionellen Gegebenheiten. Hingegen hängt der Wunsch zu <u>investieren</u> mit unternehmerischem Talent, Know-how und Risikobereitschaft zusammen. Bei fehlender Finanzintermediation sucht der Sparer reale Anlageformen während potentielle Investoren sich nicht zu tragbaren Bedingungen verschulden können.

Der Beitrag der finanziellen Infrastruktur zum Entwicklungsprozeß hängt nun davon ab, ob es gelingt, traditionelle Formen der realen Ersparnisbildung durch Einlagen beim Bankensystem oder durch Ansprüche an die finanzielle Infrastruktur zu ersetzen. Der institutionelle Rahmen muß daher vorauseilen, damit es zu einer Vermittlung vom Sparer zum dynamischen Unternehmer kommt. Ein lediglich an der Nachfrage orientiertes Wachstum der finanziellen Infrastruktur behindert die Kapitalbildung. Entwicklungsfördernd kann daher der gezielte Aufbau der finanziellen Infrastruktur sein (im Sinne der supply leading-These).

---

[118] Vgl. HAMMEL(1975), S. 55 ff.

Die folgenden sozio-ökonomischen Grundfunktionen der Finanzintermediation sind zu unterscheiden:[119]

❶ Vermittlungsfunktionen:
- Regionale Transformation
- Sektorale Transformation
- Soziale Transformation

❷ Anlageumwandlungsfunktionen:
- Fristentransformation
- Losgrößentransformation
- Risikentransformation

❸ Schaffung von Finanzanlagen

❹ Finanzwirtschaftliche Innovationsfunktionen

Banken erfüllen i.d.R. mehrere der vier genannten Funktionen gleichzeitig. Das Bankensystem hat die Aufgabe, die Fremdfinanzierung von Kapitalnachfragern entsprechend den Investitions- und Finanzierungsbedürfnissen in ausreichender Quantität und Qualität zu sichern. Die Vermittlungs- und Anlageumwandlungsleistungen des Bankensystems erleichtern die Austauschbeziehungen von Waren und Leistungen in einer Wirtschaft. Sie sind wichtige Voraussetzungen für die gesellschaftliche Arbeitsteilung, sie fördern die Faktormobilität, insbesondere durch die Trennung des Eigentums an Kapital von dessen Verwaltung. Das vorhandene Bankensystem kümmert sich in der Regel nicht ausreichend um die Sammlung kleiner Einlagen, wie dies in IL Sparkassen und Genossenschaftsbanken leisten. Häufig gibt es Untergrenzen, ab denen die Banken erst Einlagen annehmen. Eine **Losgrößentransformation** wird dadurch nur unzureichend durchgeführt. Wichtige Kanäle der Sammlung von Kleinstsparbeträgen, wie z.B. Postsparkassen, gibt es wegen der verfehlten staatlichen Förderungspolitik kaum. Kleinere Wirtschaftseinheiten sind in EL meist nicht in das Finanzsystem integriert. Langfristige Kredite zur Finanzierung von Investitionen werden von den Geschäftsbanken der EL kaum vergeben, im Vordergrund steht oft eine kurzfristige Handelsfinanzierung. Daher findet auch kaum eine **Fristentransformation** im Bankenwesen statt. Praktisch alle vom Bankensystem in EL angebotenen Einlagen- und Anlagemöglichkeiten für Sparer haben eine

[119] Vgl. GEIS(1975), S. 69 ff.

verhältnismäßig ungünstige Risiko-Gewinnchancen-Relation. Unter Beachtung der hohen Geldentwertungsraten in EL haben fast alle Einlagearten und festverzinslichen Anleihen negative Habenzinsen. Real betrachtet bieten die unrentablen Finanzanlagen faktisch nur Verlustmöglichkeiten.

Im Aktivgeschäft der Banken ist eine starke **Risikoaversion** festzustellen, selbst bei Entwicklungsbanken, die derartige Pionieraufgaben erfüllen sollten. Eine konservative, an dinglichen Sicherheiten orientierte Kreditpolitik, dominiert über eine zukunftsbezogene Projektbeurteilung, weshalb viele Investitionsvorhaben nicht realisiert werden können. Es fehlen Kreditversicherungen, Garantiefonds, Einlagesicherungen, Evidenzzentralen[120] und effiziente Bankaufsichtsbehörden sowie rechtliche Normen (Schuld-, Sachen-, Gesellschafts- und Bankrecht).

Eine hohe Analphabetenrate, fehlende Sicherheiten und hohe Transaktionskosten führen zu einem faktischen Ausschluß der Armen vom formellen Finanzsektor. Probleme ergeben sich insbesondere durch unvollständige Information der Kreditgeber, mangelhafte rechtliche Rahmenbedingungen zur Sicherung der Rückzahlung, fehlenden Anlegerschutz und lokale Marktmacht, wobei in diesem Zusammenhang vor allem die sog. „Geldhändler" kritisiert werden.

Das **Bankensystem** in der jetzigen Struktur verstärkt in EL den wirtschaftlichen Dualismus. Das in letzter Zeit ausgebaute Zweigstellennetz von Geschäftsbanken führt zu einer Transferierung großer Teile der in Randregionen gesammelten Einlagen in die hauptstädtischen Kernregionen zur Kreditvergabe (meist an den Staat). Das im ländlichen Bereich gut strukturierte Netz der National Savings Bank in Sri Lanka sammelt z.B. für die Regierung Einlagen. Die Regierung gibt dann anderen Banken Teile dieser Beträge zurück. Ein großer Teil der eingesammelten Ersparnisse wird jedoch zur Deckung des Budgetdefizits verwendet.

[120] Evidenzzentralen haben die Funktion, Informationen über eingegangene Risiken zu sammeln, um durch die größere Transparenz anstehende Risiken besser beurteilen zu können. Insbesondere das Risiko hoher Kreditvolumen soll damit eingeschränkt werden.

5.3 Wachstum und Finanzintermediation

Die ersten Modelle der Wachstumstheorien waren realwirtschaftlicher Natur und vernachlässigten Aspekte der Geldhaltung. Tobin führte Geld in ein neoklassisches Wachstumsmodell ein und kam zu dem überraschenden Ergebnis, daß die Geldhaltung die Kapitalintensität und damit das PKE senkt.[121] Dieser Ansatz ist wegen der Vernachlässigung des Nutzens von Geld bzw. der Produktivität des Geldes kritisiert worden.[122] Geld kann durchaus als Produktionsfaktor verstanden werden und den Nutzen in einer Gesellschaft wegen der ermöglichten Zeitersparnis vermehren.

Finanzkapital, die Schaffung von Schuldtiteln also, und Geld können produktiv wirken, wobei kontrovers diskutiert wird, wie sich der Grad der Finanzintermediation bestimmen läßt. Unklar sind auch die Transmissionsmechanismen des Finanzsektors in Richtung eines höherens Wachstums. Im allgemeinen werden zwei mögliche Wirkungsketten unterstellt:

Der Finanzsektor beeinflußt:
- die Effizienz der Ersparnisbildung,
- die Höhe der Ersparnisbildung und die damit ermöglichten Investitionen.

In Anlehnung an das Harrod-Domar-Wachstumsmodell[123] erhält man als Gleichgewichts-Wachstumsrate des Volkseinkommens: $\hat{Y}^* = \hat{s} \cdot 1/_{\kappa}$ bestimmt. Die Wachstumsrate des Volkseinkommens hängt ab von der Ersparnisbildung (marginale Sparquote s) und der Produktivität der Sachkapitalinvestitionen (κ).[124] Die Finanzintermediation kann nun sowohl zu einer höheren Ersparnisbildung führen als auch die Effektivität der Ersparnisse dadurch erhöhen, daß die knappen Ersparnisse den besten Wirt finden (d.h. größtmögliche Kapitalproduktivität). Entscheidend ist in beiden Fällen die Qualität der Finanzintermediation.

---

[121] Vgl. TOBIN(1965), TOBIN(1968). Einen guten Überblick liefert WAN(1971), Kap. 8.
[122] Vgl. LEVHARI/PATINKIN(1968); SIDRAUSKI(1967); LEVHARI/SRINIVASAN(1969).
[123] Vgl. LACHMANN(1994) Bd. 1, Kap. 3.
[124] Die Kapitalproduktivität ist als Kehrwert des Kapitalkoeffizienten κ definiert.

Empirische Studien haben gezeigt, daß ca. zwei Drittel des durch die Finanzintermediation ermöglichten Wachstums auf eine Produktivitätserhöhung des Kapitals zurückzuführen ist; ein Drittel auf eine zunehmende Ersparnisbildung. GURLEY, SHAW und McKINNON haben die Auswirkungen des Finanzwesens auf die wirtschaftliche Entwicklung eingehend untersucht. Dabei hat SHAW auf die Verbesserung der Allokation der knappen finanziellen Ressourcen durch eine erfolgreiche Finanzintermediation hingewiesen.[125] McKINNON betonte die negativen Auswirkungen von Zinssätzen unterhalb des Gleichgewichtszinssatzes und deren Auswirkungen auf die Ersparnisbildung und damit auf die Investitionstätigkeit. Anhand von Angebots- und Nachfrage-funktionen von Ersparnissen läßt sich der Gedankengang wie folgt darstellen.

Abb. 5-2: Investitions- bzw. Ersparnislücken bei Zinsregulierung

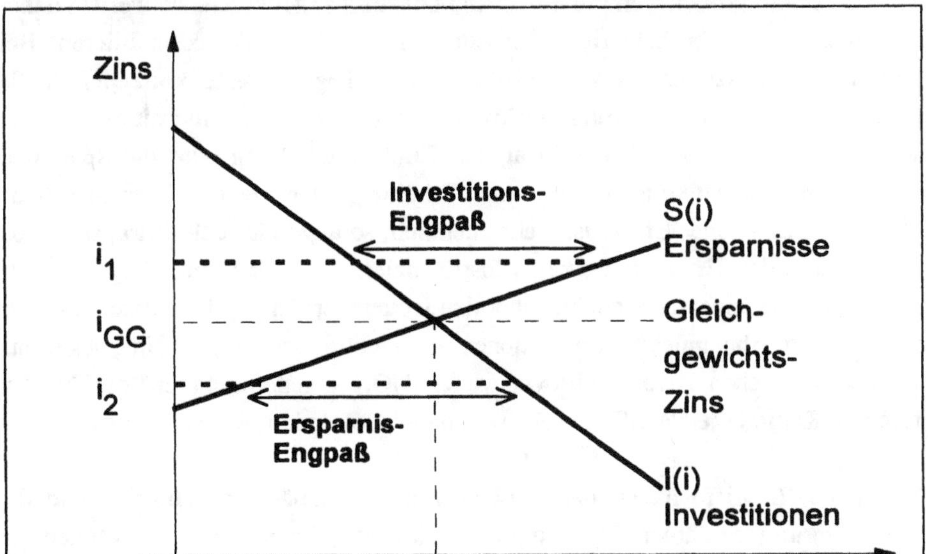

Ausgehend von einem bestimmten Zinssatz (i) werden entsprechend der Sparfunktion S(i) und der Investitionsfunktion I(i) die jeweiligen Ersparnis- und

[125] Vgl. GURLEY/SHAW(1955); SHAW(1973); McKINNON(1973); auch die Shaw-Festschrift von McKINNON(1976), hierin insbesondere der Aufsatz von SPELLMAN (1976), Kap. 2; vgl. ebenso FISCHER(1982).

Investitions-Volumina ermittelt. Die horizontalen Hilfslinien verdeutlichen, daß z.B. bei i_1 (mit $i_1 > i_{GG}$) das Sparvolumen größer ist als das Investitionsvolumen. Bei Zinssätzen oberhalb des Gleichgewichtszinses liegt also ein Investitionsengpaß vor. Analog umgekehrt handelt es sich um einen Ersparnisengpaß bei einem Zinssatz von i_2 (mit $i_2 < i_{GG}$). Steigen Zinsen unterhalb des Gleichgewichts an, werden mehr Ersparnisse gebildet, die in Realinvestitionen überführt werden können. Nur, wenn der Gleichgewichtszinssatz (i_{GG}) realisiert wird, entsprechen Investitions- und Ersparnisvolumen einander. Grundsätzlich wird sich im Ungleichgewicht die "kürzere Seite" des Marktes durchsetzen.

McKINNON konstatiert einen Anstieg der Ersparnisbildung in Form von Geldhaltung (**Conduit-Effekt** „Kanaleffekt"). Unternehmer sind in der Dritten Welt zu einem großen Teil auf **Selbstfinanzierung** angewiesen, sie werden daher zur Finanzierung beabsichtigter Investitionen Geldbestände akkumulieren. Bei sich selbst finanzierenden Wirtschaftseinheiten (**Eigeninvestorkonzept**) ist die durchschnittliche Geldhaltung positiv mit der Spar- und Investitionsneigung verknüpft. Ein höherer realer Ertrag der Geldkapitalhaltung wird die Spar- und Investitionsbeschränkung durch eine Erhöhung der realen Kassenbestände abbauen. Ein solcher Effekt ist wahrscheinlich, solange die reale Ertragsrate von Geld unter der Ertragsrate von selbstfinanzierten Investitionen liegt. Ist der Gleichgewichtszinssatz erreicht, führt eine weitere Erhöhung der Kassenbestände nur zu einer Abnahme der Investitionen (competing asset Effect). Im Gegensatz zur neoklassischen Theorie wird von McKINNON angenommen, daß die Ertragsrate von Kapital die Nachfrage nach realen Geldbeständen *positiv* beeinflußt.

Staatliche Eingriffe haben den Ausbau von Finanzmärkten behindert und die Durchführung rentabler Investitionen behindert. Zinserhöhungen können zu einem „financial deepening" (SHAW) führen. Die Auswirkungen einer **Zinsliberalisierung** auf das Wirtschaftswachstum lassen sich durch folgendes Schaubild verdeutlichen:[126]

[126] Vgl. FRY(1988).

Abb. 5-3: Wachstum und Ersparnisbildung bei Zinsliberalisierung

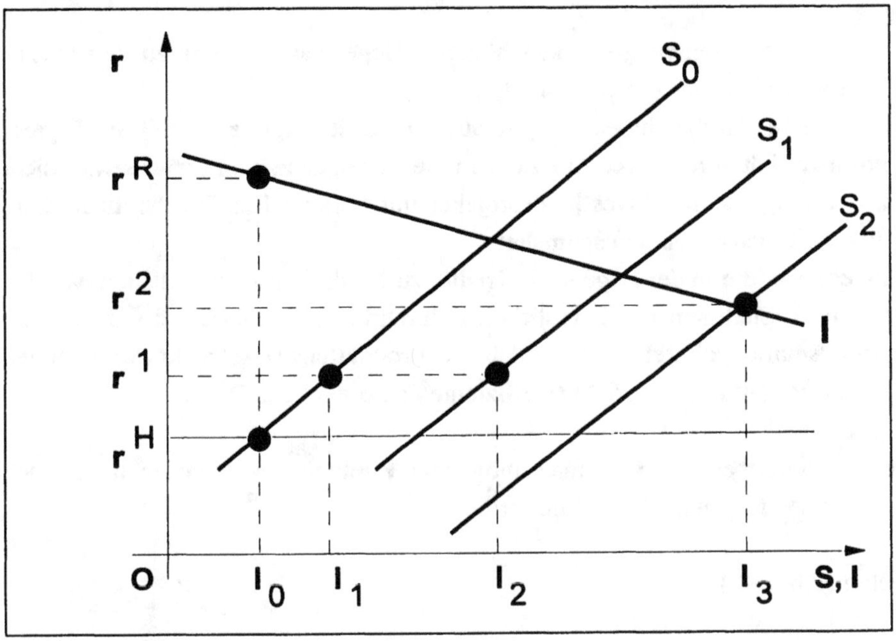

Durch einen Höchstzins (r^H) werden die Ersparnisse zum limitierenden Faktor der Investitionen, die im Anfangszustand I_0 betragen. Sind nur die Habenzinsen reguliert und die Finanzintermediäre bei der Sollzinsgestaltung frei, ergibt sich durch das geringe Ersparnisaufkommen der Sollzinssatz r^R. Durch staatliche Zuteilungen (Mengenregulierung) werden jedoch auch weniger produktive Investitionen getätigt. Bei einer Zinsliberalisierung (Anhebung der Mindestzinsen auf r_1) erhöht sich die Ersparnisbildung und damit die möglichen Investitionen auf I_1. Gleichzeitig haben sich durch die Erhöhung des Kapitalbestandes die Möglichkeiten zur Ersparnisbildung verbessert, so daß sich die Investitionen abermals erhöhen auf I_2. Die gesteigerten Investitionen in Realkapital führen zu einem weiteren Wachstum des Volkseinkommens, so daß sich in der Folge auch die Ersparnisbildung nochmals verbessert (Verschiebung der S-Kurve nach S_2). Bei einer vollständigen Liberalisierung wird sich dann schließlich der Gleichgewichtszinssatz r_2 ergeben, wodurch ein Investitionsvolumen von I_3 realisiert werden kann.

***Höchstzinsen** schädigen die Entwicklung einer Volkswirtschaft auf dreierlei Weise:*

- ❶ Höchstzinsen führen zu einem höheren Gegenwartskonsum zu Lasten zukünftigen Konsums (Ersparnisbildung).
- ❷ Potentielle Kreditnehmer werden auch Investitionsprojekte mit niedrigerer Produktivität durchführen; die Ersparnisse stehen dann dem Finanzsektor nicht zur Verfügung, um Investitionsprojekte mit höherer Rendite durchzuführen, was die Wachstumsraten schmälert.
- ❸ Investoren, die in der Lage sind, Kredite zu Niedrigzinsen zu erhalten, werden relativ kapitalintensive Investitionen durchführen, wodurch der heimische Arbeitsmarkt belastet wird, so daß die Produktionsweise nicht der relativen Faktorausstattung entspricht (ineffiziente Faktorallokation).

Die ökonomischen Auswirkungen möglicher **Finanzintermediation** lassen sich mit Hilfe des folgenden Schaubilds erläutern.[127]

(Siehe: Abb. 5-4.)

Ein Investor habe im Zwei-Perioden-Modell die Wahl zwischen modernen T^M und traditionellen Produktionstechniken T^T. Als Eigeninvestor, d.h. bei fehlenden Finanzmärkten, kann er nur die traditionelle Technik wählen, die durch den Optimalpunkt G^T mit den Konsummengen $C_1{}^T$ bzw. $C_2{}^T$ gekennzeichnet ist. Die moderne Technologie wird bei hoher Kapitalintensität erheblich produktiver sein. Die Produktivität der Technologie im modernen Sektor T^M übertrifft die technologischen Möglichkeiten des traditionellen Sektors (T^T). Sollte es dem Investor möglich sein, einen Kredit aufzunehmen, kann er die moderne Technologie wählen, die es ihm dann erlaubt, den Punkt G^M zu realisieren. Hierdurch wird er in beiden Perioden einen höheren Konsum verwirklichen können ($C_1{}^M$ bzw. $C_2{}^M$). Bei der Technologiewahl ergibt sich durch die Schaffung von Verschuldungsmöglichkeiten eine bessere Ressourcenausnutzung, so daß optimale Investitionen ermöglicht werden. Aus diesem Grund spricht sich McKINNON für Reformen der Finanzsysteme in den EL aus.

[127] Vgl. FRY(1988), S. 23 ff.

Abb. 5-4: Auswirkungen unterschiedlicher Technologiewahl unter Beachtung von Kreditmöglichkeiten

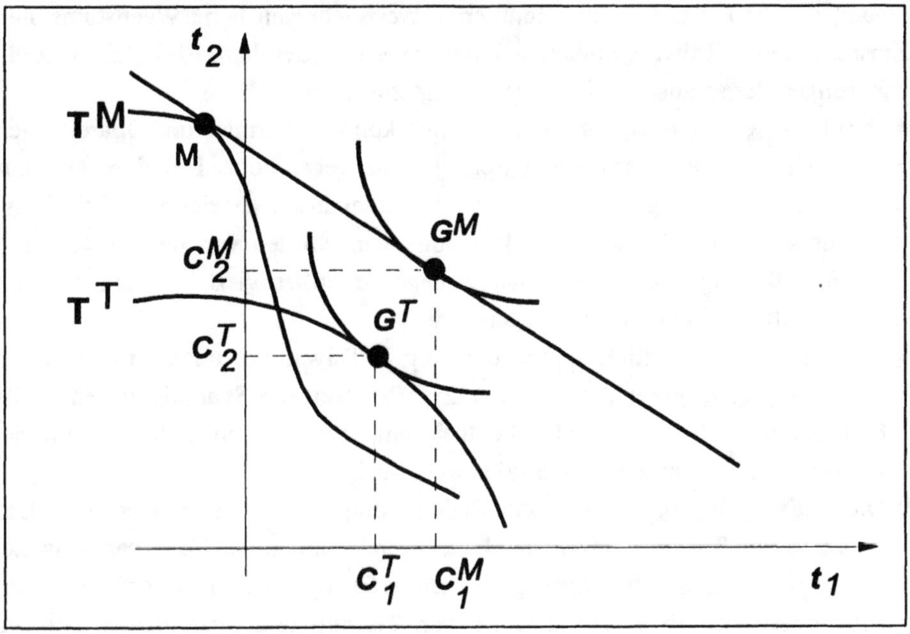

In diesem Zusammenhang sei kurz darauf hingewiesen, daß auch die industrielle Revolution in England nicht ohne die finanzielle Revolution stattfinden konnte. Die technologischen Möglichkeiten waren lange vor der industriellen Revolution gegeben - allerdings fehlte damals die Möglichkeit, größere Investitionen durch Fremdkapital zu finanzieren. Erst durch die Fortschritte im Finanzwesen war es möglich, langfristige Investitionen durchzuführen, die zu anhaltenden Produktivitätserhöhungen führten und die somit eine befristete Verschuldung rechtfertigen konnten.[128]

[128] Vgl. auch DEMIRGÜC-KUNT/LEVINE(1996).

Welche Schlußfolgerungen können EL für den Aufbau von nationalen Finanzsystemen ziehen?

Länder, die ihr Finanzsystem reformierten, verzeichneten hohe Wachstumsraten (Zinsreformen in Taiwan, Südkorea und Indonesien). Bernhard FISCHER faßt die Erfahrungen der asiatischen Länder wie folgt zusammen:[129]

❶ Durch Zinserhöhungen für Bankdepositen konnten Termin- und Spareinlagen mobilisiert werden. Der positive Realzins war wegen hoher Inflationsraten nur durch einen kräftigen Anstieg der Nominalzinsen erreichbar. Bei Zinssenkungen ohne Rückgang der Inflationsraten wurden von den Sparern mit einem Rückzug aus finanziellen Anlageformen reagiert. Es lag folglich Zinsreagibilität in beide Richtungen vor.

❷ Die gesamtwirtschaftliche Sparquote stieg in Taiwan vor allem in den Jahren nach der Zinsreformen. Obgleich andere Faktoren die Sparneigung ebenfalls bestimmten, dürfte die Zinsliberalisierung für die angestiegene private Ersparnisbildung ausschlaggebend gewesen sein.

❸ Die aktive Zinspolitik trug zur Reduzierung der Inflationsraten bei. Der Zuwachs von Termin- und Spareinlagen bremste die monetäre Expansionsrate, da Bargeld und Sichteinlagen gegen längerfristige finanzielle Anlageformen substituiert wurden. Das Wachstum von Termin- und Spareinlagen bei den Banken verhalf zur inflationsneutralen Finanzierung der Investitionen. Sie urden somit von inflationsgefährdenden Refinanzierungsmöglichkeiten der Zentralbank unabhängig.

❹ Die Liberalisierungspolitik der untersuchten Länder war nur partiell und konzentrierte sich darauf, durch positive Realzinssätze die Ersparnisbildung zu fördern. Bei der Kreditvergabe spielten die Zinssätze als Allokationskriterium eine untergeordnete Rolle. Die Finanzierungsfonds des überwiegend verstaatlichten Bankensektors wurden weiterhin nach staatlichen Direktiven und zu subventionierten Kreditzinsen in die Sektoren gelenkt, die für die Entwicklung als prioritär angesehen wurden. Kredite für private Investoren wurden weiterhin nach überwiegend nicht-ökonomischen Kriterien rationiert. Die Zinsreformen in Taiwan, Südkorea und Indonesien sind deshalb auch nur ein bedingtes Erfolgsbeispiel einer zielorientierten Liberalisierungspolitik für Finanzmärkte der EL.

---

[129] Vgl. FISCHER(1982).

In den achtziger Jahren wurden in Südkorea finanzielle Reformen durchgeführt, die zu hohen Sparquoten und „financial deepening" führten. Jedoch wurde dadurch keine tiefgreifende marktwirtschaftliche Liberalisierung angestrebt. Das koreanische Finanzsystem war eingebettet in den Kontext der rigiden Industriepolitik des Landes. Die Ziele der **Finanzreformen** wurden hauptsächlich durch die Gründung neuer Institutionen bzw. durch die Verbesserung alter Institutionen erreicht; weniger über die Einführung des Preismechanismus.[130] Die neuen koreanischen Institutionen haben nur begrenzt zu einer Liberalisierung der Märkte beigetragen; häufig nahm der Interventionismus sogar zu. *Die Finanzreformen in Korea wurden durchgeführt, um folgende Ziele zu erreichen:*

❶ Reduzierung der Abhängigkeit von ausländischem Kapital zur Finanzierung von Investitionen,

❷ Mobilisierung einheimischer Ersparnisse,

❸ Förderung einheimischer Investitionen.

Die koreanische Regierung versuchte, simultan die Investitionskosten zu senken und gleichzeitig attraktive Anlagemöglichkeiten für Sparer zu schaffen, teilweise durch die Entwicklung der koreanischen Börse. Es wurde eine höhere Priorität auf das „institution-building" als auf freie Zinssätze gelegt. In Korea wurden internationale Finanztransaktionen nur teilweise dereguliert; wie bei der einheimischen finanziellen Liberalisierung blieb man auf halben Wege stehen: Anstatt die allokative Effizienz zu erhöhen, bemühte sich die Regierung darum, die funktionelle Effizienz des Finanzsystems durch Steigerung der Produktivität bei der Bereitstellung von Dienstleistungen zu verbessern.

Nach Auffassung der Neostrukturalisten muß eine die Finanzmärkte betreffende Zinsliberalisierung grundsätzlich pessimistisch beurteilt werden.[131] Nominalzinssteigerungen im formellen Finanzsektor erhöhen uno actu die Inflationserwartungen der Sparer, die keinen Anlaß sehen, ihre Geldkapitalbildung auszudehnen. Wegen steigender Opportunitätskosten kommt es zu einer Abnahme informeller Kredite. Bei signifikanten Umschichtungen zwischen informellem Kreditangebot und formellen Bankeinlagen steht den zahlreichen Kleinkreditnehmern, die für den formellen Finanzsektor nicht kreditwürdig sind, nur eine

---

[130] Vgl. AMSDEN/EUH(1993).
[131] SELL(1988), S. 104.

teuere Finanzierung via informelle Geldverleiher zur Verfügung. In der Folge gehen die Investitionen bei den vergleichsweise hohen Zinsen zurück und/oder das Preisniveau steigt; auch die Entwicklung des Volkseinkommens wird abgeschwächt. In einer Analyse der Zinsreform in Indonesien im Jahre 1983 stellte SELL fest, daß Indonesien keinen Beweis für die neokonstrukturalistische These bietet. Allerdings sei der Optimismus der Liberalisierungsschule ebenfalls nicht stringent belegbar.

Für erfolgreiche Zinsreformen sind flankierende Maßnahmen notwendig, wie z.B.

- eine stärkere Integration des Bankensystems in die Wirtschaft,
- eine Senkung der Intermediationskosten bei den Geschäftsbanken,
- eine Intensivierung des Bankenwettbewerbs,
- eine Verlängerung der Kreditlaufzeiten und
- ein offensives Werben um Kleinkreditnachfrager.

5.4 Möglichkeiten einer Liberalisierung der Finanzmärkte

Lateinamerikanische EL wie z.B. Argentinien, Chile und Uruguay haben Mitte der 70er Jahre weitreichende finanzielle Reformprogramme durchgeführt (Aufhebung von Zinskontrollen und Kapitalverkehrsbeschränkungen, Abschaffung von Sonderkreditprogrammen, Privatisierung verstaatlichter Banken, Erleichterung des Markteintritts ausländischer Banken). Diese Reformen waren Teil eines umfassenden Stabilisierungs- und Liberalisierungsprogramms. Alle drei genannten Länder versuchten, die tiefsitzenden Inflationserwartungen durch die Einführung eines Programms vorab angekündigter Wechselkursänderungen zu beeinflussen. Man versprach sich eine raschere Rückkehr zu niedrigeren Inflationsraten und zugleich eine Senkung der hohen nominalen Zinssätze im Inland. Die Inflationsrate blieb auf höherem Niveau als in den Plänen (sog. Tablita) vorgesehen. Hohe Kapitalimporte führten zur Geldmengenexpansion und erschwerten die Steuerung der Inlandsnachfrage. Da eine wirksame Regulierung bzw. Beaufsichtigung der Kreditinstitute fehlte, konnten risikoträchtige Spekulationen und leichtsinnige Kreditvergaben fortgesetzt werden.[132]

[132] Vgl. auch WEB(1989), S. 150 ff.

Die Banken gerieten in den frühen 80er Jahren deshalb in finanzielle Schwierigkeiten, so daß die Liberalisierungsbemühungen scheiterten. In Argentinien und Chile mußten erneut massive staatliche Interventionen durchgeführt werden, um den Kollaps des Finanzsystems zu vermeiden. Die Banken hatten unter der Annahme, daß der Staat zur Überwindung der Krise beitragen würde, leichtfertig Kredite vergeben. Sie verließen sich auf staatliche Rückendeckung.

Die Liberalisierungsbemühungen in Lateinamerika waren daher anfänglich weniger erfolgreich als in den asiatischen EL.[133] Betont werden muß, daß es nicht alleine auf eine generelle Liberalisierung ankommt, sondern auf die Schaffung geeigneter Rahmenbedingungen, die zu einer anhaltenden Stabilisierung des Finanzwesens beitragen. Somit stellt sich die Frage, wie finanzielle Reformen in EL ausgestaltet und wie sie abgesichert werden sollten.[134] *Folgende Aspekte sind dabei besonders zu beachten:*

➊ **Finanzierung des Staatsdefizits:** Gesamtwirtschaftliche Stabilität setzt voraus, daß das Defizit der öffentlichen Hand zurückgeführt wird (Haushaltskonsolidierung), so daß es ohne Rückgriff auf die „Inflationssteuer“ finanzierbar wird. Die Defizite der Zentralregierungen lagen in den letzten Jahren bei vielen EL bei rd. 20 % der Staatsausgaben, die wiederum zur Hälfte durch Kredite der Notenbanken finanziert wurden. Dies führte zu verstärktem Inflationsdruck, verzerrten Zinssätzen und zu einer Verdrängung privater Kredite. In den meisten EL läßt sich ein Markt für Schatzwechsel aufbauen, wenn die Regierung Marktzinsen zahlt. Einige EL, wie z.B. Indonesien und Sri Lanka, haben Märkte für kurzfristige Staatspapiere schaffen können, ein erster Schritt zur Entwicklung eines umfassenderen Marktes für Unternehmenspapiere.

➋ **Zinspolitik:** Starre Höchstzinssätze reduzieren Sparneigung und Effizienz von Investitionen. Hohe und schwankende Inflationsraten verschärfen die ökonomische Instabilität und führen zu Finanzierungsschwierigkeiten. Häufig schreiben Regierungen in EL den Banken vor, Kleinkredite und langfristige Darlehen zu niedrigen Zinsen zu vergeben. Eine stärkere Deregulierung der Zinssätze unterstützt die Stabilisierung der Wirtschaft.

➌ **Kreditlenkung:** In den meisten EL griffen die Regierungen umfassend in die Kreditallokation ein, was in vielen Fällen mit Marktunvollkommenheiten

[133] Vgl. GREGORIO/GIUDOTTI(1995), S. 442 ff.
[134] Vgl. auch FISCHER(1986).

begründet wurde. Viele Regierungen sind nicht bereit, auf Kreditlenkung zu verzichten. Gleichwohl fördern sie ein höheres Kreditangebot für den privaten Sektor und schränken - zumindest in einigen Teilbereichen - ihre eigene Rolle in der Kreditallokation ein. Bei sich wandelnden komparativen Vorteilen ist eine Kreditlenkung zugunsten einzelner Sektoren riskant. Regierungen sollten daher aus Gründen der Allokationseffizienz auf prozeßpolitische Programme der Kreditlenkung und Zinssubventionierung verzichten.

❹ **Umstrukturierung und Ausbau von Finanzinstitutionen:** Viele Finanzinstitute sind insolvent und bedürfen der Umstrukturierung. Insolvente Institute verteilen Mittel auf unwirtschaftliche Weise, da sie ihren Zusammenbruch vermeiden bzw. hinauszögern wollen. Da die Überschuldung von Finanzinstituten zumindest teilweise das Resultat unkluger Handels- und Industriepolitik ist, müßten die Regierungen nicht nur an einer Erneuerung der Kapitalbasis insolventer Finanzinstitute interessiert sein, sondern das Finanzsystem in Einklang mit den wirtschaftlichen Erfordernissen des Landes bringen. Die Liberalisierung sollte sich dabei nicht auf die Reform des Bankensystems beschränken. Ein wettbewerbsfähiges Finanzsystem trägt zur Stabilität der Gesamtwirtschaft bei; außen- und binnenwirtschaftlichen Schocks können leichter aufgefangen werden. In vielen EL gehören die am stärksten angeschlagenen Finanzinstitute zum öffentlichen Sektor. Ihre Privatisierung vermag ihre Wirtschaftlichkeit wiederherzustellen. Dieser Weg kann erst eingeschlagen werden, wenn die Qualität des Kreditportefeuilles dieser Banken und die aufsichtsrechtlichen Rahmen verbessert worden sind. Wird auf die Privatisierung des bürokratisch geprägten Bankensystems verzichtet, dann sollten zumindest erste Schritte zur Effizienzsteigerung unternommen werden, wozu auch eine bessere fachliche Qualifikation der Mitarbeiter zuträglich wäre. Überlegungen zur Finanzintermediation werden neuerdings verstärkt auch auf die Gründung von Börsen hin ausgedehnt.[135] In vielen EL wurde auch tatsächlich damit begonnen, Aktienmärkte und Börsen einzurichten. Insbesondere in EL mit mittlerem Einkommen ist eine wachsende Zahl von Börsenplätzen zu verzeichnen. Jedoch sind sowohl Gründung als auch Funktion dieser

---

[135] Vgl. beispielsweise JEFFERIS(1995). Zur Bedeutung der staatlichen Aufsicht des Bankensektors und ihre Auswirkungen auf Wachstum und Finanzintermediation vgl.: DEMETRIADES/LUINTEL(1996).

Börsen oft mit „Turbulenzen“ verbunden, die wiederum durch eine unkluge Wirtschaftspolitik hervorgerufen werden.

❺ **Externe Finanzmarktpolitik:** Die steigende Internationalisierung der Finanzmärkte hat auch Folgen für die Finanzpolitik der EL. Bei zunehmender internationaler Mobilität des Kapitals, der Globalisierung der Finanzmärkte und der Entwicklung neuer Finanzinstrumente wird eine Politik der Abschottung der nationalen Finanzmärkte kostspielig und ineffektiv. Die Herstellung stabiler gesamtwirtschaftlicher Verhältnisse mit positivem Realzinsniveau und realistischem Wechselkurs reizt ausländische Anleger zu Direktinvestitionen und Portfolioanlagen in EL. Die Öffnung der heimischen Finanzmärkte gegenüber dem Ausland bringt allen Beteiligten ökonomische Vorteile. Finanzielle Mittel und Know-how werden zur Verfügung gestellt. Durch eine allmähliche Öffnung einheimischer Kapitalmärkte wird sich das inländische Zinsniveau dem internationalen Level angleichen, so daß mehr Auslandsmittel angeboten werden und bessere Möglichkeiten zur Streuung von finanziellen Risiken vorhanden sind.

6 Landwirtschaft und Industrie im Entwicklungsprozeß

In den ärmeren Ländern der Dritten Welt leben immer noch die meisten Menschen von der Landwirtschaft, die oftmals kaum in der Lage ist, die Bevölkerung des Landes zu ernähren. Im Subsistenzbereich ist die Produktivität per Landarbeiter gering, so daß nur ein geringer Überschuß zur Vermarktung verbleibt. In EL produziert ein ländlicher Haushalt im Durchschnitt gerade genug Lebensmittel, um die eigene Familie und zwei weitere Personen zu ernähren. Ganz anders stellt sich die Entwicklung in IL dar, wo beeindruckende Produktivitätszuwächse in der Landwirtschaft zu verzeichnen sind.[136] Die Produktivität in der Landwirtschaft Asiens und Afrikas zu Beginn ihres Industrialisierungsprozesses betrug nur ca. 50 % der Durchschnittsproduktivität der Landwirtschaft der heutigen IL bei Beginn ihrer Industrialisierung.[137]

In den Ländern mit niedrigem Einkommen (ohne China und Indien) wurden 1993 rd. 28 % des BIP im Bereich der Landwirtschaft erzeugt; gegenüber 35 % in der Industrie und 38 % im Dienstleistungssektor. In den Industriestaaten beträgt der Anteil der Landwirtschaft am Bruttoinlandsprodukt durchschnittlich 3 %. Demgegenüber weisen einige EL einen Agrargütersektor auf, in welchem mehr als die Hälfte der Bruttoinlandspruduktion erwirtschaftet wird.[138] Auch in EL hat die relative Bedeutung der Landwirtschaft in den letzten Jahrzehnten abgenommen, wobei diese Entwicklung in den einzelnen EL äußerst heterogen verlief.

---

[136] Vgl. TODARO(1994), S. 289. In den Jahren um 1820 war ein amerikanischer Landwirt in der Lage, die vierfache Menge seines eigenen Konsums zu produzieren; innerhalb von 100 Jahren konnte er seine Produktivität verdoppeln; somit war es im Jahre 1920 möglich, daß ein Landwirt Lebensmittel für 8 Personen produzieren konnte. Innerhalb von weiteren 32 Jahren konnte die Produktivität im Agrarsektor nochmals verdoppelt werden. Die Zeitspanne für die nächste Produktivitätsverdopplung dauerte dann nur noch 12 Jahre. Im Jahre 1987 war ein amerikanischer Landwirt in der Lage, 80 Personen zu ernähren.

[137] Vgl. TIMMER(1988) sowie grundlegend: JOHNSTON/MELLOR(1961).

[138] Vgl. WEB(1995), Tab. 3, S. 192 f., WEB(1996), Tab. 12, S. 244 f., HDR(1996) Tab. 13, S. 162 f.

Tab. 6-1: Anteil der Landwirtschaft am Bruttoinlandsprodukt {1994}

Land	Anteil der Landwirtschaft am BIP in %:		Durchschnittliche jährliche Wachstumsrate in %:	
	(1970)	(1994)	(1970-1980)	(1990-1994)
Ruanda	62	51	+7,1	-13,8
Äthiopien	56	57	+0,7	k.A.
Tansania	41	57	+0,7	+5,8
Burundi	71	53	+3,2	-3,1
Indien	45	30	+1,8	+2,9
China	34	21	+2,6	+4,1
Sri Lanka	28	24	+2,8	+2,0
Tunesien	20	15	+4,1	+0,5
Laos	71	51	+3,2	k.A.
Deutschland	3	1	+1,1	k.A.

[Quellen: WEB(1996), Tab. 11 und 12, S. 242 - 245 sowie WEB(1993), Tab. 2 und 3, S. 292 - 295]

Obwohl sich, wie aus obiger Tabelle ersichtlich wird, in vielen EL-Ökonomien der relative Anteil der Landwirtschaft am Bruttoinlandsprodukt von 1970 - 1994 z.T. deutlich reduziert hat, ist die absolute Bedeutung der Landwirtschaft in vielen EL vergleichsweise groß. Dieser Befund kommt auch im "Bericht über die menschliche Entwicklung 1996" deutlich zum Ausdruck, dem die nachfolgend aufgelisteten Daten entnommen wurden:

(Siehe: Tab. 6-2.)

Bemerkenswert ist, daß die EL trotz des hohen BIP-Anteils der Landwirtschaft im Zeitraum 1988/1990 bei 10,5 % ihres Nahrungsmittelverbrauchs auf Importe angewiesen waren; im Zeitraum 1969/1971 betrug die „food import dependency-ratio“ lediglich 6,7 %.[139] Der abnehmende Grad der Selbstversorgung im Bereich der Nahrungsmittel kann durch die geringe Arbeitsproduktivität im Primärgütersektor erklärt werden, die nicht ausreicht, die schnell wachsende Bevölkerung zu ernähren. Die Versorgungslücke wird daher mit Importen (bzw. über Nahrungsmittellieferungen im Rahmen der Entwicklungshilfe) gedeckt. Weltweit ist ein

[139] Vgl. HDR(1994), Tab. 51, S. 237.

Trend zu beobachten, daß die Quote der Nahrungsmittelimporte an den im Inland verfügbaren Nahrungsmitteln zunimmt. Diese Tatsache läßt auch auf veränderte Konsumentenpräferenzen schließen.

Tab. 6-2: Anteil der Landwirtschaft am BIP {regionale Aggregate}

Region	Anteil der landwirtschaftlichen Produktion am BIP in % [1993]	Anteil der Nahrungsmittel-Importe an der verfügbaren nationalen Nahrungsmittel-Versorgung in % [1988/1990]
Schwarzafrika	19	10,2
Arabische Welt	12	49,5
Süd-Asien	30	6,1
Ost-Asien	14	16,7
Ost-Asien (ohne China)	7	k.A.
Südost-Asien und Pazifik	23	10,0
Lateinamerika und Karibik	9	18,7
Am wenigsten entwickelte Länder	48	11,3
Entwicklungsländer (alle)	15	10,5
Osteuropa und GUS	15	k.A.
Industrieländer	3	k.A.

[Quellen: HDR(1996) Tab. 24, S. 213, HDR(1994), Tab. 13, S. 209]

Die Analyse der **Beschäftigungsstruktur** zeigt ebenfalls die große ökonomische Bedeutung der Landwirtschaft. 1990 - 1992 waren im Durchschnitt in allen EL 58 % der Arbeitnehmer in der Landwirtschaft beschäftigt gegenüber 15 % in der Industrie und 27 % im Dienstleistungssektor. In den am wenigsten entwickelten Ländern waren in diesem Zeitraum sogar 74 % der Beschäftigten in der Landwirtschaft tätig, in der Industrie nur 8 % und im Dienstleistungsbereich 18 %. Für Schwarzafrika ergeben sich für die sektorale Verteilung der Beschäftigten die folgenden Werte: Landwirtschaft 67 %, Industrie 8 % und Dienstleistungssektor 25 %. Die IL hatten für den gleichen Zeitraum im Durchschnitt 10 % ihrer Beschäftigten in der Landwirtschaft beschäftigt, 32 % in der Industrie und 58 % im tertiären Sektor.

Aus diesen Daten läßt sich der enorme Fortschritt, welchen die EL bei ihrem Strukturwandel schon erreicht haben, nicht ohne weiteres ersehen. Ein Vergleich mit der **Beschäftigungsstruktur** vor rd. 30 Jahren zeigt das Ausmaß der Veränderungen. 1965 waren in den am wenigsten entwickelten Ländern 83 % der Arbeitskräfte in der Landwirtschaft, 6 % in der Industrie und 11 % im Dienstleistungssektor beschäftigt, während in IL zu jener Zeit 22 % ihrer Beschäftigten in der Landwirtschaft, 37 % in der Industrie und 41 % im Dienstleistungsbereich tätig waren. Der **sektorale Wandel** ist auch innerhalb der jüngsten Entwicklungsdekaden zu verzeichnen. In allen Regionen hat die relative Bedeutung des primären Sektors in der Beschäftigung abgenommen, gleichzeitig ist ein Anstieg des Anteils der Be-schäftigten im Dienstleistungssektor zu beobachten. Der Anteil der Beschäftigten in der Industrie blieb konstant oder nahm in einigen EL ab. Nur in IL ist eine sektorale Verschiebung aus der Industrie in den Dienstleistungssektor zu beobachten.

Tab. 6-3: Beschäftigungsstruktur {in ausgewählten Ländern / Regionen}

Beschäftigungsstruktur	**Landwirtschaft**		**Industrie**	
Region / Land:	**1980**	**1990**	**1980**	**1990**
Länder mit niedrigem Einkommen	73 %	69 %	13 %	15 %
Länder mit mittlerem Einkommen	38 %	31 %	27 %	27 %
Länder mit hohem Einkommen	7 %	5 %	35 %	31 %
Afrika, südlich der Sahara	72 %	68 %	9 %	9 %
Ostasien und Pazifik	72 %	69 %	14 %	16 %
Südasien	70 %	64 %	13 %	16 %
Europa und Zentralasien	27 %	23 %	37 %	37 %
Naher Osten und Nordafrika	49 %	37 %	21 %	24 %
Lateinamerika und Karibik	34 %	26 %	25 %	24 %
Ruanda	93 %	92 %	3 %	3 %
Mosambik	84 %	83 %	7 %	8 %
China	74 %	72 %	14 %	15 %
Indien	70 %	64 %	13 %	16 %
Bolivien	53 %	47 %	18 %	18 %
Tunesien	39 %	28 %	30 %	33 %
Argentinien	13 %	12 %	34 %	32 %
Deutschland	7 %	4 %	45 %	38 %

[Quelle: WEB(1996), Tab. 4, S. 228 f.]

Problematisch ist die geringe **Produktivität** in der Landwirtschaft der EL. Deshalb überrascht es, daß Länder, die von Produktionssteigerungen im Agrarsektor am meisten profitieren würden, in ihrer Wirtschaftspolitik der Industrialisierung Priorität einräumten. Der schwedische Nobelpreisträger für Wirtschaftswissenschaften Gunnar MYRDAL sagte einmal: "It is in the agricultural sector that the battle for long term economic development will be won or lost."[140] Die Produktivität eines amerikanischen Landarbeiters liegt ca. 35 mal über der eines Landarbeiters im Subsistenzbereich Afrikas oder Asiens. Dieser Produktivitätsunterschied resultiert aus den niedrigen landwirtschaftlichen Investitionen. Ein großer Teil der Landbevölkerung lebt in bitterster Armut; die Analphabetenquote ist höher als in den städtischen Gebieten. Das Eigentum der Kleinbauern an Grund und Boden ist oft fragmentiert, die Eigentums- und Besitzverhältnisse haben selten eine rechtlich gesicherte Basis. Effizienzsteigernde Agrartechnologie, hochwertiges Saatgut, adäquate Pestizide, Insektizide, Herbizide sowie Kunstdünger kommen kaum zum Einsatz. Schwerwiegende Folgen für den landwirtschaftlichen Output hat auch die unstetige Wasserversorgung in (semi-)ariden Gebieten.

Inzwischen setzt sich zunehmend die Erkenntnis durch, daß eine entwickelte Landwirtschaft Voraussetzung für eine erfolgreiche Industrialisierung ist. Sie stellt nicht nur Nahrungsmittel, Rohstoffe und Arbeitskräfte zur Verfügung, sondern sichert auch die Nachfrage nach industriellen Produkten. In den EL hat keine regional ausgewogene Entwicklung stattgefunden: urbane Zentren wurden bevorzugt gefördert; ländliche Gebiete verarmten im Zeitablauf zusehends. Nicht umsonst plädieren viele Entwicklungspolitiker für vermehrte Anstrengungen zur Förderung der ländlichen Bevölkerung, um die entwicklungshemmenden dualistischen Strukturen in EL zu überwinden.

6.1 Das sektorale Problem

Der Agrarsektor in der Dritten Welt ist sehr heterogen. Er besteht zu einem größeren Teil aus der Subsistenzlandwirtschaft und zu einem geringeren Teil aus

[140] TODARO(1994), S. 281

einem modernen Sektor. Gerade am Beispiel der Landwirtschaft läßt sich das **Dualismus-Problem** der Dritten Welt verdeutlichen.[141]

Im traditionellen Sektor herrscht die für den Eigenbedarf produzierende Großfamilie vor. Nahrungsmittel und einfache Gebrauchsgüter werden bei geringer Kapitalausstattung mit Hilfe einfacher Produktionstechniken hergestellt. Die Arbeitsteilung ist kaum entwickelt und die Arbeitsproduktivität dementsprechend niedrig. Der Arbeitseinsatz dient vornehmlich zur Befriedigung der Grundbedürfnisse der Großfamilie. Die Produktionstechniken im traditionellen Sektor haben sich über einen längeren Zeitraum entwickelt und bewährt. Es war stets das Ziel der Landwirte im traditionellen Sektor, die Existenz der Großfamilie zu sichern. Landwirtschaftliche Experimente mit dem Ziel vermarktbarer Produkte unter Einführung von Agrartechniken mit höherer Produktivität wären mit zu hohen Risiken behaftet und hätten die Planungsunsicherheit deutlich vergrößert.[142] Daher blieben die Anbautechniken im traditionellen Sektor weitgehend unverändert.

Der moderne Sektor wird hingegen eher als „Fremdkörper“ empfunden und ist kaum in das Wirtschafts- und Gesellschaftssystem des Landes integriert. Er umfaßt Mittel- und Großbetriebe der verarbeitenden Industrie, den Bergbau und die für den Export arbeitende Landwirtschaft. Moderne, kapitalintensive Produktionstechniken mit stark ausgeprägter Arbeitsteilung ermöglichen eine hohe Arbeitsproduktivität. Während sich im traditionellen Sektor die Produktionsstruktur an der Bedürfnisstruktur der Großfamilie orientiert, sind die entscheidungsrelevanten Bedürfnisse im modernen Sektor individueller Art. Die typische Beschäftigungsform im modernen Sektor ist die Lohnarbeit.

In der Landwirtschaft zeichnet sich der moderne Sektor durch große Betriebsgrößen mit Zugang zu moderner Technologie, günstigen Fremdkapitalzinsen,[143] staatlichen Hilfen usw. aus. Oft hat der moderne Sektor Zugang zu den Techniken der "Grünen Revolution", er kann dadurch seine gegenüber dem traditionellen

141 Hierzu sei auf LACHMANN(1994), S. 72 ff. verwiesen.

142 Zur EL-spezifischen Problematik der Entscheidungsfindung in ruralen Haushalten: vgl. TIMMER(1988) S. 292 ff.

143 Hierzu ausführlich: HOGENDORN(1992), S. 341 f.

Sektor bestehenden komparative Vorteile noch weiter ausbauen. Landwirte im traditionellen Sektor geraten oft in Abhängigkeit von Großbauern, die gleichzeitig auch noch Kreditgeber sind (i.d.R. Naturalkredite in Form von Saatgut, die durch Ernteabgaben bedient werden). Die damit einhergehende fortschreitende Verschuldung führt oft zu Notverkäufen von Parzellen der Kleinlandwirte an Großbauern, so daß ein Abstieg von kleinen Landwirten zu Pächtern und weiterhin zu landlosen Landarbeitern erfolgt. Insbesondere in Lateinamerika und weiten Teilen Asiens leidet die Landwirtschaft unter der ungleichen Bodenverteilung, die es Kleinbauern nicht ermöglicht, am technischen Fortschritt zu partizipieren und Großbauern verstärkt die Früchte der "Grünen Revolution" ernten läßt.

6.2 Die Rolle der Landwirtschaft im Entwicklungsprozeß

In allen entwickelten Ländern der Erde nimmt beim Anstieg des PKE der Anteil der Landwirtschaft an der Beschäftigung und am Volkseinkommen ab. Dennoch gilt, daß der Entwicklungsprozeß zumindest im Frühstadium eine sich entwickelnde Landwirtschaft benötigt. Schon Friedrich LIST wies 1841 darauf hin, daß die Landwirtschaft die Voraussetzungen für Entwicklung schafft und gleichzeitig in ihrer Nachfrage von der Gesamtentwicklung abhängig ist.[144] Industrielle und agrarische Revolution gingen immer „Hand in Hand". EL, in denen die Landwirtschaft stagniert, erleben im allgemeinen auch keine florierende industrielle Entwicklung.

Diese Tatsache läßt sich exemplarisch an der historischen Entwicklung des Industrielandes England im 18. Jahrhundert belegen. Die industrielle Revolution wäre ohne den agrarischen Fortschritt und die damit verbundene Kapitalakkumulation nicht möglich gewesen. Im Vergleich zu Frankreich war die Produktivität in der britischen Landwirtschaft erheblich höher. Die britische Landwirtschaft hatte größere Betriebe und einen verstärkten Einsatz der Tierhaltung. Demgegenüber war das Interesse der französischen Farmer auf die Sicherung des Existenzminimums gerichtet. In Frankreich kam es nicht so früh zu einer "kapitalistischen Landwirtschaft" wie in England. Der Anteil der

[144] Vgl. LIST(1841).

Kleinbauern lag in Frankreich erheblich über dem der Großlandwirte. Der hohe technische Fortschritt in der britischen Landwirtschaft erlaubte die Freisetzung von Arbeitskräften für den sich entwickelnden industriellen Sektor und eine stärkere Kapitalisierung der Produktion.[145]

Wie vollzieht sich in EL nun der Strukturwandel zwischen dem landwirtschaftlichen und dem industriellen Sektor? Das Ausmaß der strukturellen Veränderungen soll verdeutlicht werden anhand der unterschiedlichen Wachstumsraten im Agrarsektor in Relation zum BSP-Wachstum in drei verschiedenen Beobachtungszeiträumen, die jeweils unterschiedliche Phasen agrarpolitischer Orientierung repräsentieren.

Die nachfolgende Tabelle gibt einen Überblick über die drei Beobachtungszeiträume, indem die Anzahl der Länder für die jeweiligen Wachstumsratenintervalle im Bereich der Landwirtschaft sowie der BIP-Zuwächse angegeben wird.[146]

Tab. 6-4: Wandel der Agrarsektor- bzw. BIP-Wachstumsraten im Zeitablauf

Wachstumsrate im Agrarsektor währen der Jahre:		**Anzahl der Länder mit einer Wachstumsrate des BIP von:**		
		<3 %	3 % - 5 %	>5 %
a) 70er Jahre		11[a]	1[a]	2[a]
b) 1980 - 1990	<1 %	0[b]	4[b]	15[b]
c) 1990 - 1994		28[c]	4[c]	2[c]
a) 70er Jahre		3[a]	10[a]	4[a]
b) 1980 - 1990	1% - 3%	22[b]	11[b]	5[b]
c) 1990 - 1994		12[c]	16[c]	9[c]
a) 70er Jahre		3[a]	5[a]	17[a]
b) 1980 - 1990	>3 %	9[b]	11[b]	11[b]
c) 1990 - 1994		6[c]	4[c]	8[c]

[Quelle: TIMMER(1988), S. 278, WEB(1996), Tab. 11, S. 242 f.]

145 Vgl. auch O'BRIEN(1996).

146 Zu beachten ist dabei, daß für die drei Zeiträume eine jeweils unterschiedliche Anzahl von EL einbezogen wurde: a) [70er Jahre: N=56], b) [1980-1990: N=88], c) [1990-1994: N=89].

➊ In den siebziger Jahren hatten 17 von 23 EL, deren BSP-Wachstum 5% überstieg, ein Wachstum in der Landwirtschaft von mehr als 3 %. 11 der 17 Länder, deren BSP-Wachstum unter 3 % lag, wiesen ein Wachstum der Landwirtschaft von 1% oder weniger aus. 10 von 15 Ländern, deren Wachstum moderat (d.h. zwischen 3 und 5% durchschnittliche jährliche Zuwachsrate) war, erlebten auch eine moderat wachsende Landwirtschaft mit durchschnittlichen Wachstumsraten zwischen 1 und 3 % p.a..[147]

➋ Im Zeitraum 1980-1990 erreichten von 88 EL immerhin 16 ein BIP-Wachstum von über 5 %, von diesen 16 EL hatten 11 ein Wachstum im Agrarsektor von über 3%, während die übrigen 5 Staaten mit durchschnittlichen Zuwachsraten zwischen 1 und 3 % p.a. im Agrarsektor auftraten. Von den 26 Ländern mit einem Wirtschaftswachstum zwischen 3-5 % konnten 11 EL ein Wachstum im Agrarsektor im Bereich 1-3% verzeichnen. Bei den 46 Staaten mit einem BIP-Zuwachs von unter 3% hatten 9 EL einen Zuwachs im Agrarbereich von über 3 %, wohingegen in 14 Staaten ein Agrarsektor-Zuwachs von unter 1 % eintrat. Tendenziell korrelieren die Wachstumsraten in der Landwirtschaft positiv mit denen des BIP.

➌ Im Beobachtungszeitraum 1990-1994 kann für 89 einbezogene EL festgestellt werden, daß 46 Staaten mit weniger als 3% durchschnittlichem jährlichem BIP-Zuwachs aufwarten; davon haben 28 Staaten einen Agrarsektor, der mit weniger als 1 % p.a. wuchs, wohingegen bei 6 Staaten hier ein jährlicher Zuwachs von über 3% zu verzeichnen war. Bei 18 Staaten mit Zuwachsraten in der Landwirtschaft über 3 % konnten 8 EL ein BIP-Wachstum von über 5 % erzielen. Im bereich mittlerer Zuwächse beim BIP konnten von 24 EL immerhin 16 einen Zuwachs im Agrarbereich zwischen 1-3 % realisieren; bei 4 Staaten war dieses Wachstum sogar höher als 3% p.a.

Die ökonomische Ursache für diese Befunde liegt zum einen in der zunehmenden Heterogenität der agrarökonomischen und generellen ökonomischen Situation in vielen EL und zum anderen in dem zwischenzeitlich eingegtretenen wirtschaftspolitischen Paradigmenwechsel: Die in den 80er Jahren begonnene Umorientierung in der Landwirtschaft setzte sich in den 90er Jahren verstärkt fort.

---

[147] Vgl. TIMMER(1988), S. 277 f.

Das in den 50er Jahren vorherrschende wirtschaftspolitische Paradigma, das von der historischen und langfristigen Bedeutungslosigkeit der Landwirtschaft ausging, führte dazu, daß EL Ressourcen aus dem Agrarsektor auspreßten. Paradoxerweise führten Ertragszuwächse in der Landwirtschaft zu einer Abnahme des Anteils der Landwirtschaft an der gesamten Volkswirtschaft. Dieses Paradoxon erklärt sich durch das **ENGELsche Gesetz**, wonach in einer geschlossenen Wirtschaft bei konstanten Preisen die Nachfrage nach landwirtschaftlichen Erzeugnissen bei steigendem Einkommen relativ abnehmen wird. Die Zunahme der landwirtschaftlichen Produktivität und die gleichzeitige relative Abnahme der gesamtwirtschaftlichen Bedeutung des Agrarsektors resultieren aus dem agrartechnischen Fortschritt, der es ermöglicht, freiwerdende Ressourcen aus der Landwirtschaft in andere wachsende Sektoren zu verlagern.

Diese Produktivitätszunahme in der Landwirtschaft führt ferner zu verschlechterten **terms of trade** für die Landwirtschaft und macht Schutzmaßnahmen, welche die Folgen des Strukturwandels für Agrarproduzenten abmildern, notwendig. Daher haben IL und prosperierende EL Preisstabilisierungsmaßnahmen für ihre Landwirtschaften eingeführt. Zur reibungslosen wirtschaftlichen Entwicklung ist die Transformation der heimischen Landwirtschaft vom traditionellen Sektor in den modernen Sektor notwendig. Bei der **landwirtschaftlichen Transformation** müssen zwei Untersuchungsschwer-punkte unterschieden werden: Die Bedeutung der Landwirtschaft für die wirtschaftliche Entwicklung und die Bedingungen, die zu einer Modernisierung der Landwirtschaft führen.

Die meisten EL wollten, um schnellere Wachstumserfolge zu erzielen, die notwendige landwirtschaftliche Entwicklung überspringen, was aber schwierig ist, da die Ausgangslage der heutigen EL ungünstiger ist als die Situation der IL zu Beginn ihrer Entwicklung war. Die Landwirtschaft wurde zudem ganz bewußt vernachlässigt, weil die historische Erfahrung zeigte, daß der Agrarsektor im Zeitablauf an Bedeutung verliert. Dennoch ist es überraschend zu sehen, daß in den IL (mit Ausnahme von Japan) die Zuwächse der Arbeitsproduktivität im Agrarbereich in der Zeit von 1960 bis 1980 deutlich über der Wachstumsrate der Arbeitsproduktivität im Manufakturbereich lag. Bei vielen EL findet man eine umgekehrte Relation: die Zuwächse bei der Arbeitsproduktivität im Agrarbereich waren im betrachteten Zeitraum z.B. mit 0,9 % (Indien) bzw. 3,5 % (Korea) niedriger als im Manufakturbereich.[148]

Schon Adam SMITH wies auf die Bedeutung der Landwirtschaft für die gesamtwirtschaftliche Entwicklung hin. Er schrieb: "When by the improvement and cultivation of land ...the labour of half of the society becomes sufficient to provide food for the whole, the other half ... can be employed ... in satisfying the other ones and fancies of mankind".[149] Während im Merkantilismus vor allem der Außenhandel (insbesondere der Export von Fertigprodukten) als Quelle des wirtschaftlichen Wohlstands angesehen wurde und die Klassik die wohlstandsfördernde Wirkung der Arbeitsteilung betonte, hatten die Physiokraten des 18. Jahrhunderts die besondere Bedeutung der Landwirtschaft für die wirtschaftliche Entwicklung idealisierend herausgestellt. Aber auch nach heutiger Sicht hat die Landwirtschaft für die wirtschaftliche Entwicklung eine keineswegs unwesentliche Bedeutung.

Der Landwirtschaft kommen im Entwicklungsprozeß die folgenden Aufgaben zu:

❶ Erhöhung des Nahrungsmittelangebots zur Versorgung der Bevölkerung mit Nahrungsmitteln und Grundstoffen,

❷ Generierung eines Überschusses an Wertschöpfung, Bildung heimischer Ersparnisse (Kapitalakkumulation), womit auch Investitionen außerhalb der Landwirtschaft finanziert werden können,

❸ Freisetzung von Arbeitskräften für die industrielle Entwicklung,

❹ Produktion eines vermarktbaren Überschusses, so daß die Landbevölkerung als Nachfrager nach Güter- und Dienstleistungen der anderen Sektoren auftreten kann (Kaufkraftzunahme),

❺ Milderung der Außenhandelsrestriktionen durch Exporterlöse oder Devisenersparnisse mittels einer Importsubstitution bei der Nahrungsmittelproduktion.

KUZNETS unterteilt den Gesamtbeitrag, den die Landwirtschaft für eine Volkswirtschaft leisten kann, in drei Teilbeiträge: Produktionsbeitrag, Marktbeitrag und Faktorbeitrag. Produziert sie Güter über ihren Eigenverbrauch hinaus, leistet sie einen Produktionsbeitrag. Handelt sie mit anderen Sektoren, ergibt sich ein

[148] Vgl. TIMMER(1988), S. 286.

[149] SMITH(1776), Bd. I, Kapitel XI, Teil 2: Of the Produce of Land.

Marktbeitrag. Setzt sie Ressourcen für andere Sektoren frei, spricht Kuznets vom Faktorbeitrag der Landwirtschaft. Die **strukturelle Transformation** der Sektoren ist wiederum Ausdruck des agrarökonomischen Fortschritts: die steigende Produktivität in der Landwirtschaft macht eine gewisse Zahl von Arbeitskräften entbehrlich, die nun im sekundären oder tertiären Sektor eingesetzt werden können.

Daß die Landwirtschaft in EL ständig steigende Agrarüberschüsse erreichen muß, wird noch durch eine andere Beobachtung deutlich. Die Einkommenselastizität der Nachfrage nach Nahrungsmitteln ist in EL ($\eta^{EL} \approx 0{,}6$) wesentlich höher als in IL ($\eta^{IL} \approx 0{,}2$). Höhere PKE führen zu steigender Nahrungsmittelnachfrage, die c.p. zu höherem Importbedarf führt und damit letztlich die Leistungsbilanz passiviert. Die im ersten Kapitel dargestellte Theorie der Bevölkerungsfalle hat somit auch eine agrarökonomische Komponente. Nicht die fallenden Grenz- und Skalenerträge bringen das Wachstum eines Landes zum Stillstand, sondern die schwieriger werdende Nahrungsmittelversorgung. Aus Devisenmangel ist dann kein weiteres Wachstum möglich, wenn die notwendigen Importe für Zwischenprodukte und Kapitalgüter nicht mehr finanziert werden können.

Für die durchschnittliche **Nahrungsmittelversorgung** der einzelnen Regionen ergeben sich folgende Werte.

(Siehe: Tab. 6-5.)

Die Tabelle zeigt, daß in einigen Regionen die Nahrungsmittelversorgung verbessert werden muß, da in den am wenigsten entwickelten Ländern ein Pro-Kopf-Kalorienangebot von lediglich 2027 Kalorien pro Tag zu verzeichnen war.[150]

[150] Vgl. HDR(1996), Tab. 4, S. 144 f.

Tab. 6-5: Nahrungsmittelversorgung {Historische Werte und Projektion}

Pro-Kopf-Nahrungs-Angebot zum Zweck menschlichen Konsums (in Kalorien/Tag)	**61/63**	**69/71**	**79/81**	**90/92**	**2010**
Entwicklungsländer	1960	2130	2320	2520	2730
Afrika, südl.d.Sahara	2100	2140	2080	2040	2170
Afrika, nord u. nord-ost.	2220	2380	2840	2960	3120
Ostasien	1750	2050	2360	2670	3040
Südasien	2030	2060	2080	2300	2450
Lateinamerika u. Karibik	2360	2510	2720	2740	2950
Industrieländer	3020	3180	3270	3330	3470
Transformationsländer	3130	3290	3350	3160	3380
Sonstige.	2980	3130	3230	3410	3510
Welt	2300	2440	2580	2710	2860

[Quelle: FAO: World Food Summit: FOOD SECURITY ASSESSMENT, World Food Summit, 1996] [151]

Selbst die Entwicklung von „Wundersaatgut“ im Zuge der sog. **"Grünen Revolution“** verhalf nicht allen EL zur Überwindung des Nahrungsproblems. Neue Saatsorten für Weizen, Reis und Mais waren zwar widerstandsfähiger gegen Schädlinge und ertragreicher als die einheimischen Sorten.[152] Allerdings waren in vielen Fällen Komplementärinputs notwendig, wie verstärkte Bewässerung, differenzierter Kunstdüngereinsatz sowie Insektizide, Pestizide und Herbizide, die je nach Anbausorte zugegeben werden mußten. Diese Inputs waren oft nicht zur rechten Zeit erhältlich oder aber mit zu hohen Kosten verbunden.[153] Der durch die neuen Agrartechniken notwendige Investitionsaufwand führte zur verstärkten Inanspruchnahme von Krediten, welche Großgrundbesitzern leichter gewährt wurden als Subsistenzlandwirten. Von der „Grünen Revolution“ profitierten daher verstärkt Großgrundbesitzer, während die Armen auf dem Lande keine Besserstellung erzielen konnten.

---

[151] Die 93 in die FAO-Studie "World Agriculture: Towards 2010" einbezogenen EL entsprechen rd. 98,5 % der Gesamtbevölkerung in EL.

[152] Besonders bemerkenswert ist der Beitrag neuer Reissorten zur Verbesserung der Grundnahrungsmittelversorgung in vielen EL (z.B. Züchtungen des International Rice Research Institute mit vergleichsweise kurzen Vegetationsperioden, welche eine zusätzliche Ernte pro Jahr ermöglichten).

[153] Vgl. den Übersichtsartikel von RAO(1987).

Der bessere Zugang zu den Komplementärinputs der Großbauern verdrängte vielmehr die kleinen Bauern aus dem Markt, was zu einer weiteren Verelendung der ländlichen Armen führte. Nur dort, wo die Mindestvoraussetzungen an Infrastruktur und Humankapital vorhanden waren, hat das verbesserte Saatgut zu einer beachtlichen Steigerung der Agrarproduktion beigetragen, wie die Ergebnisse aus einigen Regionen Indiens zeigen. Wichtig ist der Zugang zu Bewässerungsmöglichkeiten: die „Grüne Revolution" war dort erfolgreich, wo eine ausreichende Wasserversorgung sichergestellt war. Großgrundbesitzer haben oft Brunnen gebohrt, um ihre Wasserversorgung zu gewährleisten, was zu einem Absinken des Grundwasserspiegels führte, wodurch sich die Kosten der Wassergewinnung und die landwirtschaftlichen Möglichkeiten kleinerer Landwirte deutlich verschlechterten.

Je größer der Anteil des landwirtschaftlichen Outputs, der nicht innerhalb der Landwirtschaft absorbiert wird, desto besser ist die Nahrungsmittelversorgung für Angehörige der nichtagrarischen Sektoren. Je mehr Arbeitskräfte außerhalb der Landwirtschaft Beschäftigung finden können, desto höher ist die industrielle Produktion. Dieser Zusammenhang läßt sich an folgendem Schaubild deutlich machen.

(Siehe: Abb. 6-1.)

Der landwirtschaftliche Output wird in Abhängigkeit von der Beschäftigung in der Landwirtschaft mit der Produktionsfunktion Q dargestellt; der Eigenverbrauch in der Landwirtschaft wird durch die Funktion C repräsentiert. Der landwirtschaftliche Überschuß (Q - C) erlaubt durch die Versorgung der in im Industriesektor beschäftigten Arbeitskräfte mit Nahrumgsmitteln eine bestimmte Industrieproduktion X. Je größer der landwirtschaftliche Überschuß, desto höher die mögliche Industrieproduktion, da mehr außeragrarische Arbeitskräfte ernährt werden können. Die abnehmenden Skalenerträge im landwirtschaftlichen Bereich führen dazu, daß eine geringere Industrieproduktion alimentiert werden kann. Allerdings führt technischer Fortschritt in der Landwirtschaft dazu, daß sich die Q-Kurve im Zeitablauf nach oben verschiebt. Die produktionserhöhenden Investitionen in der Landwirtschaft sind nicht nur vom technischen Wissen (d.h. über moderne Agrartechnologien) determiniert, sondern auch von Faktoren wie

Rechtssicherheit bei Liefer- und Abnahme-Verträgen, von produzentenfreundlichen Agrarpreisen sowie der Bodenverteilung etc.

Abb. 6-1: Bedeutung der Landwirtschaft für die wirtschaftliche Entwicklung

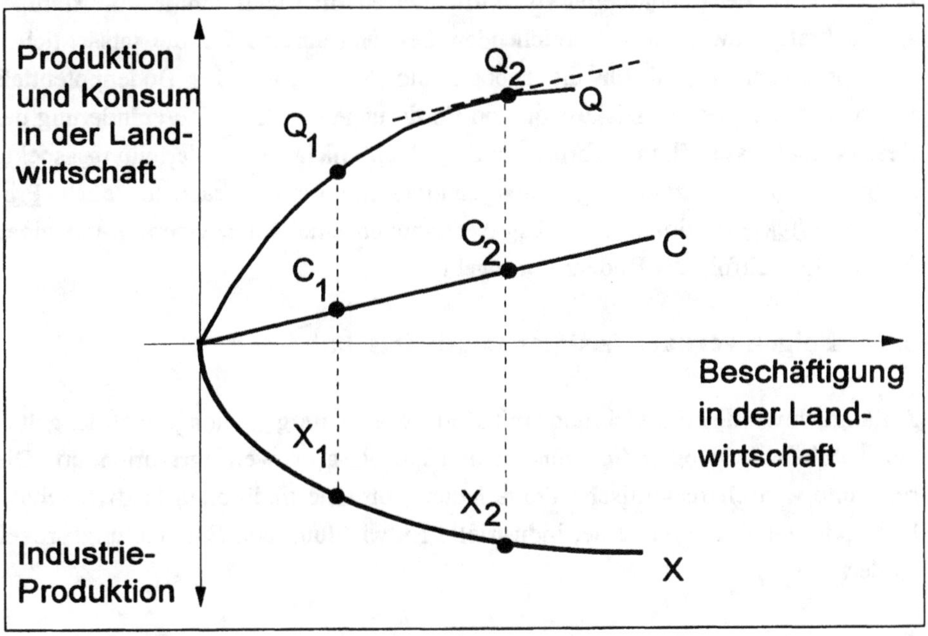

In vielen EL bestehen derzeit Agrarverfassungen, welche landwirtschaftliches Eigentum und die dazugehörigen Bewirtschaftungsrechte einem der vier nachfolgend dargestellten Grundtypen zuordnen:[154]

- Kleinbetriebe im Subsistenzbereich, bei dem der Eigentümer mit dem Bewirtschafter identisch ist,
- Großgrundeigentum, welches dezentral durch eine Vielzahl von Pachtverhältnissen (Teilbau, Kapitalpacht etc.) bewirtschaftetet wird,
- Plantagenwirtschaft auf Großbetrieben, bei denen der Bewirtschafter auch Großgrundbesitzer ist,
- Gemeineigentum (Allmende).

[154] Vgl. HOGENDORN(1992), S. 337 f., HEMMER(1988), S. 501 und insbesondere TODARO(1994), S. 314 f.

Die vorherrschende starre und ungleiche Bodenbesitzstruktur stellt ein entscheidendes Problem für die ökonomische Entwicklung im Agrarbereich dar, weil hierdurch die effiziente Bewirtschaftung von ansonsten ungenutztem Land beschränkt wird. Auch die ökonomische, politische und soziale Abhängigkeit der Pächter sowie der Landarbeiter vom Grundherren, die Landflucht leistungsfähiger Arbeitskräfte sowie die unzureichenden Leistungsanreize für die tatsächlichen Agrarproduzenten sind für die suboptimale Ausnutzung des Bodenpotentials verantwortlich. Bei der Diskussion von Forderungen nach einer Veränderung der Besitzverhältnisse (Landreform) sind jedoch nicht nur Verteilungsaspekte (Korrektur von extrem ungleicher Landverteilung) zu beachten; auch Produktionseffekte (optimale Betriebsgröße) spielen eine Rolle, wenn es um einen langfristigen Erfolg der Bodenreform geht.

6.3 Folgen vernachlässigter Landwirtschaft

Anfänglich wurde „Entwicklung" mit „Industrialisierung" gleichgesetzt. IL galten als wohlhabend, weil industrialisiert und EL als arm, weil agrarorientiert. Die relevante wirtschaftspolitische Frage lautete, ob eine traditionell-landwirtschaftliche oder eher eine moderne, industrielle Entwicklung den Entwicklungsprozeß fördert.

Eine zunehmende Industrialisierung ist aus folgenden Gründen nicht ohne weiteres mit Entwicklung gleichzusetzen.

❶ Die niedrige Produktivität in der traditionellen Landwirtschaft ist für den insgesamt niedrigen Entwicklungsstand ursächlich. Der hohe Anteil der Landwirtschaft an der Gesamtbeschäftigung ist eine Folge der Unterentwicklung und nicht deren Ursache. Wenn die Landwirtschaft verarmt, wird auch der Rest des Landes, der für sie Güter und Dienstleistungen erbringt, einen niedrigen Lebensstandard aufweisen. Prosperiert der ländliche Sektor, wirkt sich das auch auf den urbanen Sektor positiv aus.

❷ Fortschritte in der Industrialisierung hängen entscheidend von Fortschritten im landwirtschaftlichen Bereich ab.

❸ Ökonomische Entwicklung ist mehr als der Aufbau von Industriestrukturen: Sie ist eine umfassende Aufwärtsbewegung des gesamten wirtschaftlichen bzw. sozialen Gefüges. Produktivitätssteigerungen gehören genauso dazu wie ein sozialer, kultureller und auch politischer Wandel.

Fast alle EL haben lange Zeit eine falsche Preispolitik für landwirtschaftliche Produkte verfolgt. Statt die "terms of trade" zugunsten der Landwirtschaft zu verändern, um die Nahrungsmittelproduktion auszudehnen und die Landflut einzudämmen sowie das Devisenproblem zu mildern, setzte man aus sozialpolitischen Gründen Höchstpreise für Agrargüter fest. Die aus der Wirtschaftstheorie bekannten Folgewirkungen traten ein.[155]

Abb. 6-2: Auswirkungen einer Höchstpreispolitik für Nahrungsmittel

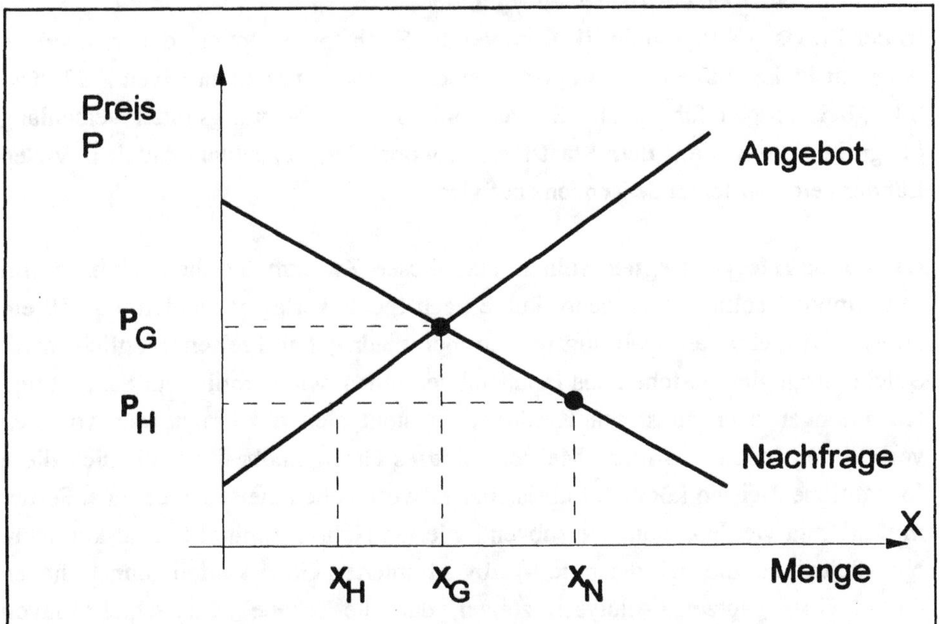

Bei funktionierendem Markt wird sich der Preis P_G und die Gleichgewichtsmenge X_G einstellen. Notwendig zur Versorgung der Bevölkerung des EL sei aber die Menge X_N, die bei einem Preis P_H auch nachgefragt würde. Ein Preis oberhalb von P_H ist aus sozialpolitischen Gründen nicht durchsetzbar. Um der Bevölkerung

[155] Vgl. LACHMANN(1995), Kap. 3.3.

die Möglichkeit zu geben, die notwendigen Nahrungsmittel zu kaufen, müssen die Nahrungsmittel zu einem Preis angeboten werden, der unterhalb dem markträumenden Gleichgewichtspreis liegt. Bei Einführung des Höchstpreises P_H steigt die Nachfrage; das freiwillige Angebot sinkt jedoch auf X_H. Dadurch ergibt sich eine **Nahrungsmittellücke** (X_N-X_H), die durch devisenverzehrende Importe oder Nahrungsmittelhilfen aus IL geschlossen werden muß. Die urbane Unterschicht verhindert durch politischen Druck (z.B. Hungerrevolten) die zur Anregung der Agrargüterproduktion notwendigen Preiserhöhungen, wie die Erfahrungen einiger EL (Tunesien, Marokko, Ägypten) zeigen. Die EL befinden sich in einer Zwickmühle: höhere Agrarpreise sind notwendig, um das Angebot an Grundnahrungsmitteln zu erhöhen - diese Preise sind jedoch nicht durchsetzbar, ohne das Überleben der Armen zu gefährden.
In der Praxis wählten viele EL dennoch die Höchstpreis-Option; die entstandene Angebotslücke mußte durch Importe gedeckt werden, was zu massiven Zahlungsbilanzbelastungen führte. Die Subventionierung der Nahrungsmittel verschlang oft große Summen aus dem Staatsbudget, wobei der prozentuale Anteil in vielen Ländern eine ansteigende Tendenz aufwies.[156]

Grundbedürfnisstrategien sollten aus dieser Zwickmühle herausführen. Im Marktmodell sollte die Angebotskurve nach rechts verlagert werden, so daß ein höheres Angebot an Nahrungsmitteln bei niedrigeren Preisen möglich wird. Solche Strategien bestehen aus Input-Subventionen, wie verbilligtem Saatgut und Kunstdünger oder günstigen Krediten. Es stellt sich die Frage, wer von den verbilligten Inputs profitiert. Meistens sind es Großgrundbesitzer, die sich diese Investitionen leisten können; Subsistenzlandwirte gehen meistens leer aus. Ferner muß gefragt werden, wem die subventionierten Nahrungsmittel zugute kommen. Nur diejenigen, die sich diese (teil-)subventionierten Güter kaufen können, haben davon einen Nutzen. Analysen zeigen, daß die urbane Mittelschicht davon profitiert - jedoch nicht die Armen im Subsistenzsektor, da diese bei der Distribution subventionierter Nahrungsmittel i.d.R. nicht berücksichtigt werden.

Die Subventionierung der Nahrungsmittel für die Konsumenten bei gleichzeitiger Benachteiligung der landwirtschaftlichen Produzenten hatte zur Folge, daß sich

[156] Vgl. LACHMANN(1982) und die dort angegebene weiterführende Literatur; ebenso: LACHMANN(1984).

nur eine rudimentäre ländliche Infrastruktur entwickeln konnte. Da die ländliche Bevölkerung in EL im allgemeinen eine höhere Sparneigung als die städtische aufweist, hemmte die Höchstpreispolitik ebenfalls die gesamtwirtschaftliche Ersparnisbildung. Es kam de facto zu Einkommenstransfers vom Land zur Stadt.

PRIEBE und HANKEL haben die Rolle des Agrarsektors im Entwicklungsprozeß in drei afrikanischen Ländern untersucht (Malawi, Sambia, Ghana) und stellten fest, daß die allgemeine Preishypothese der Mikrotheorie auch für Landwirte in der Dritten Welt gültig ist.[157] Unterentwicklung ist demnach auch Folge fehlenden Verständnisses für die Notwendigkeit einer angemessenen landwirtschaftlichen Entwicklung. Genau hier setzen Konzepte der integrierten ländlichen Entwicklung an, auf die nun näher eingegangen werden soll.

6.4 Konzept der integrierten ländlichen Entwicklung[158]

Die Einsicht, daß der armen ländlichen Bevölkerung nicht durch reine Umverteilungspolitiken geholfen werden kann, ungleiche Verfügbarkeit landwirtschaftlicher Ressourcen, die unzureichende materielle und finanzielle Infrastruktur, die zuungunsten der Landwirtschaft verzerrten internen Preisrelationen, die Überbewertung der einheimischen Währung sowie die begrenzten Verkettungseffekte zwischen Industrie und Landwirtschaft, gaben Anlaß, eine integrierte ländliche Entwicklung zu fordern: Der Kapitalstock ländlicher Gebiete soll besser genutzt und durch arbeitsintensive Produktionsverfahren sollen zusätzliche Arbeitsplätze geschaffen werden.

6.4.1 Ziele des Konzepts der integrierten ländlichen Entwicklung

Durch verbesserte Ausschöpfung des bislang unzureichend ausgeschöpften Produktionspotentials der kleinbetrieblichen Landwirtschaft ergeben sich Möglichkeiten für Wachstumsimpulse auf der Entstehungsseite des Sozialprodukts. Dadurch können auf der Verteilungsseite absolute und oft auch relative Ein-

[157] Vgl. PRIEBE/HANKEL(1980).
[158] Vgl. hierzu: BMZ(1979), dem hier teilweise gefolgt wird.

kommensverbesserungen erreicht werden. *Die Strategie der integrierten ländlichen Entwicklung läßt sich durch folgende Hauptmerkmale kennzeichnen:*

❶ Die integrierte ländliche Entwicklung wendet sich an die ländliche Gesellschaft als Ganzes, hat aber zu berücksichtigen, daß es sich bei den ländlichen Armen um eine heterogene Gruppe handelt. Deshalb müssen allgemeine Maßnahmen in ihren differenzierenden Wirkungen auf die einzelnen Zielgruppen analysiert und die spezifische Situation einzelner Gruppen durch entsprechend angepaßte Maßnahmen berücksichtigt werden.

❷ Integrierte ländliche Entwicklung will durch produktive Beschäftigung eine bessere Versorgung erreichen, wodurch die Anreize für die einzelnen Zielgruppen gesteigert werden und ihre Leistungsfähigkeit angehoben wird.

❸ Integrierte ländliche Entwicklung setzt an der Entstehungs- und Verteilungsseite des Sozialprodukts an; sie ist keine Sozialpolitik im Sinne reiner Umverteilung, sondern vielmehr Wachstums- und Gesellschaftspolitik. Durch eine Umverteilung der Produktionsfaktoren bzw. einen besseren Zugang zu ihnen wird ein größerer Wachstumsbeitrag der Armen ermöglicht.

❹ Bei der integrierten ländlichen Entwicklung tritt anstelle des vorwiegend produktionstechnisch orientierten Ansatzes ein umfassenderer Ansatz (comprehensive approach). Die Rahmenbedingungen der allgemeinen Wirtschafts- und Gesellschaftspolitik sind im Hinblick auf das Ziel der Motivierung der ländlichen Bevölkerung abzuändern.

❺ Die verbesserte Versorgung mit Betriebsmitteln (z.B. Saatgut, Agrarkredite) soll der ländlichen Zielgruppe eine größere Startchancengerechtigkeit geben.

❻ Bei der integrierten ländlichen Entwicklung ist die Zielgruppenorientierung in der Regel mit einer regionalen Betrachtungsweise verbunden. An die Stelle punktuell begrenzter Projekte tritt ein regionaler Ansatz der Entwicklungshilfe.

❼ Die Strategie der integrierten ländlichen Entwicklung geht von der Annahme aus, daß die Betroffenen im Regelfall besser als staatliche Behörden oder internationale Entwicklungsorganisationen wissen, wie die konkrete wirtschaftliche und soziale Situation verbessert werden kann. Deshalb dürfen Ziele und Maßnahmen nicht von außen der betroffenen Bevölkerung „übergestülpt" werden. Vielmehr muß ihr die Möglichkeit gegeben werden, eigene Vorstellungen in Planung und Durchführung der Projekte einzubringen.

Entscheidendes Kriterium eines angestrebten, selbsttragenden Entwicklungsprozesses ist der Abbau gesellschaftlicher Hemmnisse der betroffenen Bevölkerung, die durch Eigeninitiative ihre wirtschaftliche und soziale Situation verbessern kann. Integrierte ländliche Entwicklung beachtet insbesondere das Subsidiaritätsprinzip und überwindet damit die sog. „Armenpolitik", die die Betreffenden zu dauerhaft abhängigen Zuwendungsempfängern macht.

6.4.2 Zielgruppe einer integrierten ländlichen Entwicklung

Die integrierte ländliche Entwicklung will die ländlichen Armen sozialökonomisch in die Gesellschaft einbeziehen. Politische und gesellschaftliche Barrieren können nämlich die Partizipation der marginalen ländlichen Bevölkerung behindern. Die relativ Armen bringen oft die absolut Armen in ihre Abhängigkeit, wie die relativ Armen von den politisch und ökonomisch Starken beherrscht werden (eine Konsequenz aus der Heterogenität der ländlichen Armut). Erfolgreich ist eine Politik der integrierten ländlichen Entwicklung nur, wenn sie die Gesamtheit der ländlichen Bevölkerung zum Gegenstand hat.

Zur Kern-Zielgruppe zählt das wachsende Heer der Landlosen, das durch die Bodenrestriktion der vorherrschenden Agrarverfassung und durch agrartechnischen Fortschritt zunimmt. Die Gruppe der Pächter (cash tenants oder share croppers), die in meist ungesicherten und kurzfristigen Pachtverhältnissen wirtschaftet und in starker Abhängigkeit zum Grundeigentümer steht, muß gefördert werden. Die große Zahl der Eigentümer von Klein- und Kleinstbetrieben, deren Ressourcenausstattung nicht ausreicht, die Einkommensansprüche einer Familie zu befriedigen, muß Hilfen bekommen, um sich aus eigener Kraft wirtschaftlich zu behaupten. Kleinstunternehmer des ländlichen Handwerks und die Kleinstindustrie sowie die ländlichen Dienstleistungen gehören ebenfalls zur Zielgruppe eines integrierten ländlichen Ansatzes. Dabei ist zu beachten, daß sich die Angebote dieser Gruppe in einem harten Wettbewerb mit Angeboten der einheimischen städtischen Industrie sowie denen des Auslands befinden.

6.4.3 Maßnahmen der integrierten ländlichen Entwicklung

Dieser umfassende Ansatz erfordert das Zusammenwirken einer Vielzahl von Einzelmaßnahmen:

- Technologischer Bereich: Produktivitätsförderung innerhalb der Landwirtschaft (Angebot verbesserter alter oder Einführung neuer Technologien),
- Aufbau eines leistungsfähigen Systems von Dienstleistungen für die Landwirtschaft zur Bereitstellung von Inputs: Angebot an institutionell abgesicherten Agrarkrediten, Beratung, Organisation der Vermarktung,
- Änderung der Agrarverfassung: Verbesserung der Verteilung der Verfügungsgewalt über Grundeigentum durch Agrarreformen,
- Infrastruktur-Investitionen in der Landwirtschaft: Bewässerungssysteme, Wegebau, etc.,
- Verbesserung des Angebots an Einrichtungen der sozialen Infrastruktur: Gesundheitsdienst, Bildungseinrichtungen, Zugang zu sauberem Trinkwasser
- Schaffung von Arbeitsplätzen außerhalb der Landwirtschaft durch Unterstützung privater und öffentlicher Investitionen,
- Aufbau von Institutionen zur Durchführung von Entwicklungsprogrammen mit einem großen Maß an Selbststeuerung durch Zielgruppen, wobei eine Koordination räumlich abgegrenzter integrierter ländlicher Entwicklungsprogramme mit regionalen, sektoralen und nationalen Plänen vorgeschlagen wird.

Bei der Auswahl und Bündelung der Maßnahmen zu einer operationalen Strategie der integrierten ländlichen Entwicklung müssen folgende Aspekte berücksichtigt werden:

❶ das Prinzip der Subsidiarität,
❷ die Sicherung von Minimumanforderungen,
❸ die maximale Ausnutzung von Komplementaritäten einzelner Maßnahmen.

Das Prinzip der **Subsidiarität** räumt der Selbsthilfe Vorrang ein. Die Sicherung der **Minimumanforderungen** stellt darauf ab, welche Mindestbedingungen politischer, gesellschaftlicher und ökonomischer Art vorhanden sein müssen, damit eine nachhaltige Entwicklung einsetzen kann. Die Ausnutzung von **Komplementaritäten** zwischen den wirtschaftspolitischen Maßnahmen soll helfen, eine maximale Annäherung an die angestrebten Ziele zu erreichen.

6.4.4 Die Bedeutung der Trägerstrukturen

Die **Trägerstruktur** spielt bei den Überlegungen zur integrierten ländlichen Entwicklung eine große Rolle. Adäquate Institutionen und Organisationen sind oft nicht in ausreichendem Maße vorhanden. Oft wird die Trägerstruktur auch als Instrument betrachtet, wobei sie staatlichen, halbstaatlichen oder auch privaten Charakter haben kann. Ökonomische, gesellschaftliche und politische Machtverhältnisse sind bei der Operationalisierung solcher Strategien zu berücksichtigen, da ungleich verteilte Macht ein wesentlicher Hinderungsgrund ist, funktionsfähige Institutionen oder Trägerstrukturen zu entwickeln.

In traditionellen Agrargesellschaften sind die ländlichen Armen institutionell unterrepräsentiert. Da ihre auf Reformen abzielenden Aktionen häufig radikalen Charakter haben, geraten sie oft in politische Schwierigkeiten. Ländliche Arme sind nur schwer organisierbar; Konflikte mit ländlichen Eliten werden aus Gründen der Selbstbehauptung vermieden, zumal geeignete Führungskräfte fehlen. Eine marktlich orientierte Preispolitik würde den Armen in ökonomischer Sicht stärker helfen als ein „politiklastiges Programm" der integrierten ländlichen Entwicklung. Das Konzept der integrierten ländlichen Entwicklung ist nur dann durchsetzbar, wenn es von den Eliten in der Dritten Welt ebenfalls gewollt ist. Mit Hilfe eines Politikdialogs kann ihre Implementierung politisch gefördert werden.

6.5 Überwindung des Hungers

Die eben genannte Konzeption der integrierten ländlichen Entwicklung würde das **Hungerproblem** in den meisten Ländern der Dritten Welt lösen. Die zuvor behandelte Vernachlässigung der Landwirtschaft ist nämlich in hohem Maße für das Hungerproblem verantwortlich. Es ist Aufgabe der Wirtschaftspolitik, solche sozialpolitischen Programme zu entwerfen, die armen Verbrauchern helfen und gleichzeitig Anreize für eine lokale Nahrungsmittelproduktion geben. Im Modellrahmen von Lebensmittelangebots- und -nachfragekurven müßte die Nachfragekurve, durch wirtschaftspolitische Maßnahmen nach rechts verschoben werden. Die Armen müssen in der Lage sein, ihre notwendigen Lebensmittel zu einem höheren Preis zu kaufen. Dies kann durch Maßnahmen zur Erhöhung ihrer

Arbeitsproduktivität geschehen, durch Beschäftigungsprogramme oder durch Nachfragesubventionen. Solche Nachfragesubventionen können in Form von "Food-Stamps-Programmen" erfolgen, durch **duale Preisstrukturen** und durch Maßnahmen der Ernährungssicherung.[159]

Beachten sozialpolitisch motivierte Maßnahmen nicht die ökonomischen Gesetzmäßigkeiten, sind sie langfristig nicht erfolgreich. Eine Regelung, die armen Konsumenten durch niedrige Nahrungsmittelpreise helfen will, kann langfristig schaden, weil die armen Produzenten keinen Anreiz haben, bei niedrigen Abnahmepreisen die notwendige Lebensmittelmenge für den Markt zu produzieren. Subventionen auf der Produzentenseite könnten diesen Zielkonflikt reduzieren. Jedoch haben EL für Agrarsubventionen, wie sie in IL üblich sind, kaum ausreichende finanzielle Mittel. Aus wirtschaftswissenschaftlicher Sicht führt eine Subventionierung der Nachfrager tendenziell zu geringeren Allokationsverzerrungen als die Subventionierung der Anbieter: Die Subjektförderung ist nach herrschender Meinung der Objektförderung überlegen, weil hierbei Anreize vorhanden sind, die Produktionsstruktur an die Konsumentenpräferenzen anzupassen.

Stellt eine bedürfnisorientierte Unterstützung der kaufkraftschwachen Haushalte eine adäquate Problemlösung dar? Freilich werden selbst in vergleichsweise wohlhabenden IL die relativ kaufkraftschwächeren Nachfrager durch Maßnahmen der Sozialpolitik unterstützt. Im Falle der EL wird oft behauptet, daß die Staaten zu arm seien, um derart kostspielige Sozialprogramme zur Sicherung des Lebensunterhalts großer Bevölkerungsschichten zu finanzieren. Allerdings sind auch die an der Anbieterseite ansetztenden Objektförderungsprogramme ebenfalls sehr teuer. Eine für EL interessante Möglichkeit bietet das *Lebensmittelgeldprogramm* Sri Lankas (***Food-Stamps-Scheme***), das als Beispiel eines marktwirtschaftlichen Lösungsversuchs zur Überwindung des Hungerproblems angesehen werden kann.

---

159 Duale Preisstrukturen haben sich in Indien durch **Fair Price Shops** herausgebildet, die dann funktionieren können, wenn die Nachfrage von Reichen und Armen nach unterschiedlichen Gütern ausgerichtet ist. Fragen die Armen Hirse, Maniok oder Kasawa nach und die Reichen Weizen oder Mais, kann eine Subventionierung von Kasawa, Hirse oder Maniok der armen Bevölkerung helfen, ohne daß davon die Reichen profitieren.

Mit einem PKE von $ 640 im Jahre 1994 gehört Sri Lanka absolut betrachtet zu den ärmsten Staaten dieser Erde: es liegt auf Rang 88 aller 133 Länder bzw. auf Rang 63 der 108 EL.[160] Dennoch weist Sri Lanka Sozialindikatoren auf, die ansonsten eher Ländern mit höherem PKE entsprechen: Beim HDI **(Human Development Index)** stand Sri Lanka 1993 an 32. Stelle von 117 EL und an 89. Stelle aller 174 Staaten dieser Erde. Auch bei den Partial-Indikatoren „Lebenserwartung", (72, 1993) "Zugang zu sauberem Wasser" (53%, 1990-95), „Kindersterblichkeit" (7/1000, 1994) und „Alphabetisierungsrate" (89,6%, 1993) weist Sri Lanka relativ gute Sozialindikatorwerte auf. Hierbei ist noch der negative Einfluß des Bürgerkrieges der letzten Jahre gesondert zu berücksichtigen.[161]

Sri Lanka begann schon während des Zweiten Weltkriegs mit einer effektiven Sozialpolitik. So wurde ein Reisversorgungsprogramm (Rice Ration Scheme) eingeführt, das jedem Einwohner, unabhängig von der Einkommenshöhe, zwischen zwei bis vier britische Pfund Reis kostenlos zur Verfügung stellte.[162] Zur Finanzierung dieses Programmes wurden die Erzeugerpreise niedrig gehalten, was jedoch Produktionseinbußen zur Folge hatte. Nach der Ölkrise 1973 mußte Sri Lanka verstärkt knappe Devisen für den Import von Reis aufwenden, bis Mitte der siebziger Jahre die Budget- und Devisenbelastung nicht mehr tragbar war. Nach dem Wahlsieg der United National Party (UNP) begann die neue Regierung mit einer marktwirtschaftlich ausgerichteten Konzeption, wobei auch eine tiefgreifende Reform des bisherigen Reiszuteilungssystems gehörte.

Im September 1979 wurde das Lebensmittelgeldprogramm **„Food-Stamps-Scheme"** in Kraft gesetzt. Bei den Food-Stamps handelt es sich nicht etwa um Lebensmittelkarten (wie sie etwa in Deutschland nach dem Kriege verwendet wurden), sondern um „Quasi-Geld", das ausschließlich zum Kauf inländischer Nahrungsmittel verwendet werden kann. Familien bis zu 5 Personen, die ein Einkommen von maximal 300 Rs pro Monat verdienen, erhalten in Abhängigkeit von der Höhe des Alters der Familienmitglieder Food-Stamps. Erwachsene erhalten 15 Rs, Kinder zwischen 8 und 12 Jahren 20 Rs und Säuglinge bzw.

---

[160] Vgl. WEB(1996), Tab. 1, S. 222 f.

[161] Noch 1990 lag Sri Lanka beim HDI an 75. Stelle von damals 160 Staaten mit einer Lebenserwartung bei Geburt von 70,9 Jahren, einer Alphabetisierungsrate von 86,7 % und einer durchschnittlichen Schulzeit von 5,5 Jahren (1980).

[162] Vgl. LACHMANN(1981) und LACHMANN(1987), insbesondere S. 21 ff.

Kleinkinder bis 7 Jahre 25 Rs. Familien, die Food-Stamps erhalten, bekommen zusätzlich Leuchtpetroleum-Geld (Kerosine-Stamps) in Höhe von monatlich 15,5 Rs. Diese Stamps sind jeweils für einen Monat gültig und werden alle drei Monate ausgegeben. Nicht verbrauchte Stamps können innerhalb von 15 Tagen auf einem Sparkonto gutgeschrieben werden, über das dann frei verfügt werden kann. Durch dieses Programm wurden bisherige allgemeine Subventionierungen der Grundnahrungsmittel eingestellt, die Preise freigegeben und die Agrarmärkte liberalisiert; soziale Härten wurden durch die zweckgebundenen Transfers gemildert und das Existenzminimum - zumindest an Lebensmitteln - war gesichert.

Gegenüber der reinen Reiszuteilung konnten durch das neue Programm die folgenden marktwirtschaftlichen und sozialen Elemente eingeführt werden:

❶ Lenkungsfunktion des Preises wird genutzt,

❷ Konsumentensouveränität wird stärker beachtet (freie Auswahl zwischen 10 landwirtschaftlichen Gütergruppen),

❸ freie Händlerwahl fördert den Wettbewerb (bei dem zuvor praktizierten Rationierungssystem waren die Haushalte noch an eine bestimmte Verteilungsstelle gebunden),

❹ soziale Komponente wird berücksichtigt.

Die *Subventionierung* der Nachfrage führte in der Folgezeit zu einer Erhöhung der *Preise* und diese zu einer *Produktionserhöhung* von Rohreis (paddy). Durch die somit geschaffenen zusätzlichen Verdienstmöglichkeiten auf dem Lande wurde der Landflucht eine attraktive Alternative gegenübergestellt. Der einheimische Produktionsanstieg setzt Devisen für den Import dringend benötigter Kapitalgüter frei. Die *Konsumentenpräferenzen* wurden durch die Wahlfreiheit bei Produkten nicht verändert, wie es oft bei der Nahrungsmittelhilfe internationaler Institutionen geschieht. Als besonderer Erfolg dieses Programmes ist festzuhalten, daß die Kernzielgruppe der Armen durch dieses Programm direkt erreicht wurde. Transferprogramme dieser Art sind weitgehend allokationsneutral und verhindern die Verschwendung knapper Ressourcen, wobei das Lebensmittelgeldprogramm interessanter weniger Budgetmittel verbrauchte als das alte Reiszuteilungssystem. Die Nahrungsmittelsubventionen betrugen in Sri Lanka 1975 2,3 Mrd. Rs, das Food-Stamps-Scheme kostete 1985 lediglich 1,4 Mrd. Rs (nominal).

Die Sicherung einer eigenständigen Ernährungsbasis verlangt in EL eine verstärkte **Marktorientierung** der kleinbäuerlichen Subsistenzlandwirte, die nur gelingen kann, wenn einzelbetriebliche Preis-Kosten-Verhältnisse verbessert werden. Ordnungspolitisch unbedenklich sind staatliche Maßnahmen, die zur Senkung der Produktionskosten beitragen (Beratungshilfen, Ausbildung von Arbeitskräften sowie Agrarforschung). Ein Abbau der Preisverzerrungen auf den landwirtschaftlichen Beschaffungs- und Absatzmärkten ist ebenso notwendig wie eine Verbesserung des Wettbewerbs zwischen den "State Trading Agencies", den landwirtschaftlichen Genossenschaften und den privaten Händlern. Entwicklungsfördernd ist auch die Bereitstellung von Krediten zu marktgerechten Zinsen für Kleinbauern, um sie aus der Abhängigkeit von Großbauern zu befreien. Auch der Aufbau effizienter Vermarktungssysteme für Produkte und Betriebsmittel wäre für die wirtschaftliche Entwicklung hilfreich.

Seit MALTHUS scheint die entscheidende Frage die zu sein, ob die Wachstumsrate der Nahrungsmittelproduktion Schritt halten kann mit der Wachstumsrate der Bevölkerung. Solange dies der Fall ist, sind Hungersnöte nicht unausweichlich. Ökonomen haben sich im Kontext der Entwicklungspolitik allerdings erst spät mit dem Problem der Hungersnöte intensiv beschäftigt. Seit den siebziger Jahren wird das Konzept der **"Nahrungssicherheit"** (Food Security) behandelt. Die Begriffsbestimmung in der Literatur ist jedoch uneinheitlich. Einige Autoren definieren Nahrungssicherheit als die Situation, in welcher der Hunger in der Welt reduziert wird; andere legen Wert auf die Stabilität von Getreidepreisen; wiederum andere betonen die Bedeutung des Getreideangebots. Viele Autoren halten Nahrungsmittelsicherheit für ein Problem der autarken Nahrungsmittelversorgung; andere Autoren betonen die Verfügbarkeit von Devisen, um Nahrungsmittel importieren zu können. Die Weltbank definiert Nahrungssicherheit als "access by all people at all times to enough food for an active and healthy life".[163] Häufig wird auch die folgende Definition verwendet: „Nahrungssicherheit bedeutet die Wahrscheinlichkeit, daß in einem Land die Nahrungsmittelversorgung nicht unter ein kritisches Minimumniveau fällt."[164] Oft wird behauptet, daß Hungersnöte durch einen Ausfall des Nahrungsmittelangebots verursacht werden. Studien haben jedoch gezeigt, daß dies in der

[163] Vgl. WORLD BANK(1986).
[164] Vgl. ADELMAN/BERCK(1990), DRÈZE/SEN(1989) sowie RAVALLION(1992).

Realität nicht ohne weiteres zutrifft; i.d.R. ist vielmehr die Nachfrageseite ausschlaggebend.

Neuere Analysen unterstellen, daß der Zugang zu Nahrungsmitteln eines Haushaltes durch sein Vermögen und durch die Möglichkeit, dieses Vermögen in Nahrungsmittel umzuwandeln, bestimmt ist. Das universelle Aktivum der Menschen ist die Arbeitskraft. Zur Lösung des Hungerproblems ist es daher notwendig, für mehr Arbeitsplätze in der Dritten Welt zu sorgen. Es ist nicht immer gewährleistet, daß wirtschaftliche Aktiva in Nahrungsmittel umgewandelt werden kann. Damit ergibt sich das sog. „Institutionenproblem", wie dieser Tausch bestmöglich organisiert werden kann, wobei die Verteilung von Aktiva sowie die Verteilung des Zugangs zu Lebensmitteln entscheidend sind. In diesem Zusammenhang wird häufig von einem Anrechteansatz (entitlements) gesprochen. Hunger ist demnach ein Sozialphänomen, das nur unter Beachtung der vorhandenen Institutionen und der Regelungen über die Zugänge zu Nahrungsmitteln verstanden werden kann.

Es stellt sich die Frage, ob dieses Zugangsrecht zu Lebensmitteln über Marktkräfte oder über staatliche **Interventionen** gesichert werden kann. Auf der einen Seite hat schon Adam SMITH herausgearbeitet, daß **Marktkräfte** das Hungerproblem lösen, es sei denn, der Staat interveniert und verschärft das Nahrungsmittelproblem. Auf der anderen Seite weisen neuere Analysen auf Möglichkeiten von **Marktversagen** hin, insbesondere habe Adam Smith in seiner Analyse nicht das Verhalten von Spekulanten (Hortung und somit künstliche Verknappung von Nahrungsmitteln, um in Notzeiten extrem hohe Preise zu erlösen) berücksichtigt. Zu ergänzen wäre jedoch, daß es nicht auf die Spekulation als solche, sondern auf die „korrekte" Spekulation ankommt. Der marktliche temporale Allokationsprozeß inklusive Lagerhaltung ist grundsätzlich vielversprechend, kann jedoch zu einer Destabilisierung führen, wenn Spekulanten von falschen Daten ausgehen, die wiederum oft durch falsche Regierungsinformationen hervorgerufen werden, wie manche Hungeranalysen zeigen.[165]

[165] Vgl. RASHID(1980). Für eine Analyse dieses Problems für den Sudan vgl.: LOCKE/AHMADI-ESFAHANI(1993); ebenso den Übersichtsaufsatz von GHOSE (1987).

In einer akuten Hungersnot ist eine staatliche Verteilung von Lebensmitteln aus humanitären Gründen zumindest kurzfristig unvermeidlich. Langfristig vorteilhaft ist jedoch eine Politik, die dem einzelnen die notwendige Kaufkraft zur Verfügung stellt, um Lebensmittel zu kaufen, ohne dabei in Abhängigkeit einer Verteilungsbürokratie zu geraten. Hunger ist nach dieser Argumentation grundsätzlich ein Problem fehlender Kaufkraft. Zur Überwindung des Hungers werden vereinzelt nationale bzw. internationale Nahrungsmittelvorratslager sowie höhere Nahrungsmittelhilfen vorgeschlagen. Günstiger wären jedoch Maßnahmen vom Typus des Food-Stamps-Scheme mit den zuvor ausgeführten ökonomischen Vorteilen.

Allerdings muß vor dem naiven Optimismus gewarnt werden, daß die Nahrungsmittelproduktion beliebig ausgeweitet werden kann. Insbesondere ist auf mögliche ökologische Probleme zu achten.[166] Entwicklungspolitisch geboten erscheinen eine ökologiegerechte Landwirtschaft sowie Politiken, die es allen Bürgern ermöglichen, über die Nutzung ihrer Arbeitskraft den notwendigen Lebensunterhalt selbst zu verdienen. Für die dafür notwendigen Rahmenbedingungen zeichnet der Staat verantwortlich.

6.6 Industriestrukturen in der Dritten Welt

Trotz der komplementären Bedeutung der Landwirtschaft ist die Industrie ein wesentlicher Träger des **technischen Fortschritts.** Das Ziel zunehmender Ausbringungsmenge pro Faktoreinsatzeinheit stellt ein wesentliches Ziel jeder ökonomischen Entwicklung dar und wurde bei der Festlegung von Entwicklungsplänen und in der Wirtschaftspolitik der EL berücksichtigt. In den EL beobachtet man im Vergleich zum Industriesektor, in welchem die durchschnittlichen Produktionskosten stärker zurückgehen, in der Landwirtschaft eine niedrige Rate des technischen Fortschritts.[167] Diesen kostensenkenden Effekten des technischen Fortschritts stehen im Agrarbereich aufgrund der quantitativen Konstanz des

[166] Vgl. dazu auch EHRLICH(1993) sowie ADELMAN/BERCK(1990).

[167] Eine quantitative Darstellung der unterschiedlichen Produktivitätsbeiträge der Sektoren Landwirtschaft, Industrie und Dienstleistungen für Länder mit einem PKE von weniger als 10800 US$ p.a. findet sich bei: SYRQUIN(1988), S. 256 sowie auf die BSP-Beiträge von primärem und sekundären Sektor für unterschiedliche Länder-Typen eingehend: SYRQUIN(1988), S. 234.

originären Produktionsfaktors Boden sinkende Grenzerträge und steigende Mehrkosten beim Mehreinsatz der übrigen Faktoren im traditionellen Sektor gegenüber. Kostensenkungen sind deshalb nur in begrenztem Umfange möglich. Im Industriesektor beobachtet man hingegen eine langfristige Variabilität aller Produktionsfaktoren; die Massenproduktion erlaubt innerhalb bestimmter Betriebsgrößen sinkende Stückkosten, wodurch sich die relativen Preise zwischen Industrie- und Agrarprodukten verschieben.

Die **Industrialisierung** ist ein Schlüssel der wirtschaftlichen Entwicklung, wobei jedoch die Landwirtschaft nicht vernachlässigt werden darf, da die Industrie ihre dynamische Funktion sonst nicht wahrnehmen kann. Allerdings haben die ärmsten EL den Bereich Forschung und Entwicklung nur in geringem Maß gefördert; die Ausbildung von Ingenieuren und Wissenschaftlern wurde vernachlässigt. Semi-industrialisierte Länder hatten eine aggressive Forschungspolitik und Maßnahmen ergriffen, um heimische Innovationen zu unterstützen und somit auch in dynamischer Hinsicht wettbewerbsfähige Industriestrukturen zu realisieren.[168]

Erfolgreiche wirtschaftliche Entwicklung ist in fast allen Ländern durch einen zunehmenden Anteil der Industrieproduktion gekennzeichnet. Industrielles Wachstum kann also als ein „Diffusionsprozeß" angesehen werden, in dessen Verlauf sich der industrielle Sektor in der Wirtschaft ausbreitet und den Industriegüter-Anteil am BIP erhöht. Die wirtschaftliche Entwicklung in vielen Schwellenländern spiegelt diesen dynamischen Diffusionsprozeß des technischen Fortschritts wieder. Studien zeigen, daß staatliche Maßnahmen zur Förderung des Humankapitals mittel- bis langfristig die industrielle Entwicklung fördern. Notwendig ist eine ausreichende Zahl von ausgebildeten Facharbeitern sowie von qualifizierten Führungskräften im Management. Ebenfalls zeigen empirische Studien, daß Länder, die eine aktive Exportförderungspolitik betrieben, den Industrialisierungsprozeß nachhaltig unterstützen konnten. Eine Exportförderung kann dabei durch realistische Wechselkurse und die Aufhebung von Handelsrestriktionen erreicht werden.[169]

[168] Vgl. EVENSON(1988).
[169] Vgl. CLARK(1993).

6.7 Förderung von Klein- und Mittelunternehmen

Empirische Studien zu ökonomischen Problemen der EL betonen in neuerer Zeit verstärkt die besondere Rolle kleinerer und mittlerer Unternehmen (**KMU**) für den Entwicklungsprozeß.[170] Bis in die 60er Jahre wurden KMU von Entwicklungspolitikern vernachlässigt. In den 70er Jahren gab es eine regelrechte Neuentdeckung dieses Unternehmenstyps, als man sich verstärkt mit dem informellen Sektor beschäftigte.

Die Zuordnung der zur Gruppe der KMU zählenden Unternehmen und damit die Abgrenzung von kleinsten, kleinen, mittleren und großen Unternehmen wird in der Literatur keineswegs einheitlich vorgenommen: Die Definitionsvielfalt resultiert aus den - je nach Analysezweck unterschiedlichen - Zuordnungskriterien: Mitarbeiterzahl (hier kann zusätzlich nach der Anzahl der Festangestellten bzw. sonstigen Anzahl der „sonstigen Beschäftigungsverhältnisse" wie z.B. Heimarbeitskräfte differenziert werden), Kapital, Umsatz (ggf. Gewinn), Anzahl der Standorte, Produktprogramm, Produktionstechnik, Marktanteil etc.
Die Abgrenzungsproblematik der KMU von den **Kleinst-** bzw. **Großunternehmen** ähnelt den Schwierigkeiten, Unternehmen in den IL als „mittelständisch" zu kategorisieren.

Für die folgenden Ausführungen kommt eine pragmatische Negativabgrenzung der KMU als *„nicht-Kleinst- und nicht-Groß-Unternehmen"* zur Anwendung, die das Zuordnungskriterium Mitarbeiterzahl verwendet. Kleinstunternehmen werden dabei als Unternehmen verstanden, die keine über den Familienkreis (d.h. 2 bis ca. 10 Personen bei Familienclans) hinausgehenden Mitarbeiter beschäftigen. Zur Gruppe der Kleinst-Unternehmen zählen somit vor allem Substistenzbetriebe im informellen Sektor, z.B. Kleinbauern, Handwerker, Klein-Gastronomen, etc.

Großunternehmen sind demgegenüber durch das Merkmal einer „relativ großen Mitarbeiterzahl" bestimmt, wobei sich die relative Größe nach den jeweiligen Verhältnissen im betrachteten EL richtet: In bevölkerungsarmen Kleinstaaten mag ein Unternehmen mit 500-1'000 Mitarbeitern bereits als Großunternehmen

[170] Vgl. GRAF(1989) sowie MEYER(1992).

gelten; in bevölkerungsreichen EL sind Unternehmen mit mindestens 10'000 Mitarbeitern dieser Gruppe zuzuordnen. Die Großunternehmen sind typischerweise Auslandstöchter von Transnationalen Konzernen oder es handelt sich um Staatsunternehmen. Im Regelfall sind diese Großunternehmen kapitalintensiv produzierende Industriebetriebe mit einem überragenden Marktanteil im Inland oder aber sie produzieren für den Export. Ferner weisen sie eine nicht unwesentliche Bedeutung für die Beschäftigung in einem urbanen Zentrum bzw. sogar für eine ganze Region auf. Die somit durch negativ-Abgrenzung definierten KMU sind für sich genommen eine sehr heterogene Gruppe, welche wegen ihrer insgesamt großen binnenwirtschaftlichen Bedeutung von besonderem entwicklungspolitischen Interesse ist.[171]

Welche besonderen Eigenschaften charakterisieren die KMU in EL ?

- KMU stellen Produkte her, die von Großbetrieben wegen der kleinen Losgrößen nicht kostengünstig hergestellt werden können (economies of scale werden in Produktnischen nicht relevant). Die Angebotsstruktur der KMU entspricht oft der lokalen Nachfrage nach einfachen Konsumgütern. Vornehmlich ärmere Bevölkerungsschichten können ihren Grundbedarf durch KMU-Produkte decken. Moderne Betriebe dieser Größenordnung sind vereinzelt schon im Exportsektor erfolgreich, sofern sich institutionelle Wege der internationalen Kooperation (grenzüberschreitender Austausch von Halb- und Fertigprodukten) finden.
- KMU verwenden einheimische Technologien, die den kulturellen Bedingungen des Landes angepaßt sind. Sie nutzen Kapitalausstattungen, die nach IL-Standard unprofitabel sind. Allerdings können die verwendeten Kapitalgüter in EL oftmals nicht mit eigenen Ressourcen hergestellt werden. Die Verwendung traditioneller Technologien durch KMU geht oft mit einer umweltschonenden Produktionsweise einher, wodurch irreversible Umweltschäden vermieden werden können. Die geringe Kapitalintensität der KMU läßt auch Rückschlüsse auf ihre beschäftigungspolitische Bedeutung zu: Sie beschäftigen oft eine große Zahl von ungelernten Arbeitskräften mit niedriger Arbeitsproduktivität, für die im modernen Sektor keine Arbeitsplätze vorhanden sind. Vereinzelt wird vorgetragen, daß die Arbeitsverhältnisse in

[171] Hierzu weiterführend: FUNKHOUSER(1996), S. 1737 ff.

kleineren Betrieben humaner seien als in größeren und dem Ideal der Ganzheitlichkeit der menschlichen Beschäftigung entsprächen. Allerdings ist die Anzahl der Arbeitsunfälle in KMUs höher und auf Arbeitsplatzsicherheit wird weniger Wert gelegt als in Großbetrieben.

- KMU gelten als anpassungs- und innovationsfähig. Zu den nichtökonomischen Vorteilen von KMU gehört die Förderung der politischen Stabilität, da die Akzeptanz eines marktwirtschaftlichen Wirtschaftssystems durch eine breite Schicht von Eigentümern kleinerer und mittlerer Unternehmen steigt. Das Vorbild vieler KMU-Unternehmer weckt bei vielen Beschäftigten den Wunsch, selbst ein Unternehmen zu gründen, was insgesamt positive Auswirkungen auf Geschäftssinn und unternehmerische Denkweise hat. Beschäftigungsmöglichkeiten in KMU entschärfen das Problem der Arbeitslosigkeit und helfen zugleich, gesellschaftliche Werte, wie etwa Fleiß, Sparsamkeit und Arbeitsethos aufzubauen, die für den Produktionsprozeß wichtig sind.

Neben der *quantitativen* Bedeutung der KMU - immerhin stellen sie in vielen EL mehr als 50% der Arbeitsplätze zur Verfügung - muß auch auf deren *qualitative* Bedeutung eingegangen werden. Bei den quantitativen Vorteilen kann zwischen dem *ökonomischen* und dem *nicht-ökonomischen* Nutzen unterschieden werden. Oft wird auch zwischen *statischen* und *dynamischen* Aspekten unterteilt.

Welchen Nutzeffekt bringen KMU für die wirtschaftliche Entwicklung in EL ?

- Am häufigsten findet sich das Argument der **Beschäftigungsförderung**, da die KMU sich durch eine hohe Arbeitsintensität auszeichnen. Eine Förderung der KMU hat damit tendenziell große Beschäftigungswirkungen zur Folge. Wegen der in vielen EL vorhandenen Kapitalknappheit und der beobachteten Unterbeschäftigung hat der Beschäftigungsaspekt eine hohe praktische Relevanz.[172]
- Mit dem Beschäftigungseffekt verbunden ist eine Verbesserung der **Einkommensverteilung**: Durch regelmäßige Einkünfte auf einem der niedrigen Produktivität angemessenem Niveau erhalten viele ungelernte Arbeitskräfte die Möglichkeit, am wirtschaftlichen Leben außerhalb der ländlichen Subsistenzwirtschaft teilzunehmen, wodurch ein positiver Beitrag zur Armutsbekämpfung geleistet werden kann. Durch die Schaffung von

[172] Vgl. weiterführend SYRQUIN(1988), S. 253 mit Daten zum Strukturwandel in EL sowie S. 211 ff.

Arbeitsplätzen über KMU wird das Einkommensniveau der unteren Einkommensschichten angehoben und das Problem der absoluten Armut gemildert. Von diesen „gering“ scheinenden Beschäftigungsverhältnissen profitieren viele Menschen, die ansonsten auf Almosen bzw. Zuwendungen von staatlichen oder karitativen Einrichtungen angewiesen wären oder ihren Lebensunterhalt durch kriminelle Handlungen bestreiten müßten.

- KMU mobilisieren private Ersparnisse, die im allgemeinen nicht dem Kapitalmarkt zur Verfügung stehen. KMU-Unternehmer haben eine relativ hohe Sparquote. Latent vorhandene Ersparnisse der Familienmitglieder oder von Bekannten werden mobilisiert, privater Konsum wird aufgrund der sich eröffnender Investitionsmöglichkeiten verdrängt. Der soziale Nutzen dieser zusätzlichen Ersparnisse und Investitionen liegt über dem zusätzlichen Nutzen weiteren Konsums. Außerdem nutzen die KMU andernfalls brachliegende Rohmaterialien, oft lokaler Art. Schließlich muß auch auf eine Verbesserung der menschlichen Fähigkeiten im handwerklichen Bereich hingewiesen werden, die ansonsten ebenfalls ungenutzt blieben (learning by doing).
- KMU sind ein geeignetes Mittel einer dezentralisierten Industrialisierungsstrategie. Sie verstärken die *interregionale* Arbeitsteilung, führen zu einer Verbesserung der Nahrungsmittelversorgung der Bevölkerung in ländlichen Gebieten und damit zu einer Erhöhung der Wohlfahrt ländlicher Regionen. KMU benötigen zwar eine bestimmte Mindest-Infrastruktur sowie eine Förderung bei der Managementausbildung, sind jedoch sehr flexibel und beschleunigen die industrielle Entwicklung der gesamten Volkswirtschaft.[173]
- Zu den dynamischen Vorteilen der KMU gehört die Heranbildung aktiver **Unternehmerpersönlichkeiten**. In KMU können gerade junge Unternehmer die erforderlichen Kenntnisse für eine effiziente Produktion erwerben, wobei allerdings externe Hilfen bei der Managementausbildung angebracht sind. KMU zeichnen sich durch Kreativität und Spontaneität aus, wobei der Manager eines KMU dabei oft "Generalist" ist.[174] Mit der relativ schwach ausgeprägten Arbeitsteilung können die Arbeitnehmer in KMU eine Vielzahl von Fertigkeiten simultan erlernen. Das dort gebildete Humankapital kann durch Arbeitsplatzwechsel anderen Firmen zugute kommen. Der Mangel an vielseitig einsetzbaren Arbeitskräften sowie an dynamischen Unternehmern ist

173 Hierzu in extenso: HEMMER(1988), S. 606 ff. sowie S. 667 ff.
174 Vgl. MEAD(1991) und vertiefend BOOMGARD(1992).

ein bedeutendes Entwicklungshindernis, das durch KMUs überwunden werden kann. Im Bereich der KMU führen ständige Neugründungen zu intensivem Wettbewerb, was dem Idealbild hinreichender Konkurrenz zur Erreichung optimaler Wettbewerbsintensität entspricht. Die gesamtwirtschaftliche Kapitalbildung durch KMU bei der Gewinnverwendung für Investitionszwecke wirkt sich ebenfalls entwicklungsfördernd aus.

- Verschiedentlich wird auf potentielle positive Deviseneffekte der KMU hingewiesen. Durch importsubstituierende Produktionsweisen und geringere Nutzung importierter Vorleistungen wird der Devisenbedarf des EL reduziert.

Entsprechend der Bedeutung der KMU für die Generierung von Einkommen und Beschäftigung in EL ist es besonderes Anliegen der Entwicklungspolitik, Gründung und Fortbestand dieser Unternehmen durch KMU-adäquate Fördermaßnahmen zu unterstützen:[175]

- Fortbildung in den Bereichen Geschäftsführung, Verwaltung sowie ggf. auch in Technik-Fächern,
- Finanzierung vor allem bei der Versorgung mit Rohmaterialien und einfachen Werkzeugen,
- Vermarktungs-Unterstützung auf dem heimischen Markt sowie Exportförderung.

[175] Vgl. MUZIOL(1994), S. 50 ff.

7 Das Motivationsproblem

Entwicklung bedeutet Bewegung, Fortschritt und kultureller Wandel: Verkrustete Strukturen müssen aufgebrochen werden, damit die gewünschte wirtschaftliche Entwicklung ermöglicht wird. Freilich ist damit stets auch ein Bruch sozialer Verhaltensnormen und -strukturen verbunden. Bestandssicherung bei den Sozialstrukturen steht im Widerspruch zu wirtschaftlicher und kultureller Entwicklung. Nationen, die in ihrer geschichtlichen Entwicklung Außenimpulse adäquat aufgreifen und verarbeiten konnten, waren in ihrer wirtschaftlichen Entwicklung erfolgreicher als solche, die sich von Außenimpulsen abschotteten; d.h. das Ausmaß der Anpassungsfähigkeit an veränderte Umweltbedingungen entscheidet mit über die Prosperität einer Nationalökonomie.

Aus diesen Grundgedanken folgt, daß eine flexible **Gesellschaftsordnung** die öko-nomische Entwicklung fördert.[176] Entwicklungsprozesse sollten - da sie von Menschen gestaltet werden - nicht nur rein mechanistisch analysiert werden. Die Motivation der Menschen ist für die wirtschaftliche Entwicklung von entscheidender Bedeutung. Motivation wiederum ist von den gesellschaftlichen Rahmenbedingungen abhängig, die sozialpsychologischer Natur sein können; sie sind ebenso kulturell oder religiös bedingt. Insbesondere der „aktiv handelnde Unternehmer" ist (angebotsseitig) am Fortschritt der Wirtschaft maßgeblich beteiligt. Die Motivation der Unternehmer ist für Produktion, Einkommensgenerierung und Beschäftigung ausschlaggebend: In dem Aggregat „Unternehmenssektor" liegt eine für die Leistungsfähigkeit der Nationalökonomie entscheidende Determinante. Gesellschaftliche Rahmenbedingungen können es dem Unternehmer leichter machen, seine Talente im Marktprozeß auszuspielen, wobei die vorhandene „Wirtschaftsgesinnung" wiederum religiös motiviert sein kann. Die Zusammenhänge zwischen Wirtschaftsgesinnung und wirtschaftlichen Ergebnissen wurde bereits von Max WEBER in seiner wegweisenden Studie über die protestantische Ethik und den Geist des Kapitalismus aufgezeigt.[177]

---

[176] Vgl. KILLICK(1995).
[177] Vgl. WEBER(1979). **Der Aufsatz ist auch abgedruckt in: WEBER(1988).**

7.1 Rolle sozialpsychologischer Rahmenbedingungen

Gunnar Myrdal weist in seinem Hauptwerk "Das asiatische Drama" auf die fehlende Motivation und Leistungsbereitschaft in vielen EL hin.[178] Religiöse, ethische und soziologisch-kulturelle Aspekte sind nach seiner Ansicht von Bedeutung. So schreibt auch Sundrum: "The essential difference between DCs and LDCs lies in the attitude and behaviour of people in their economic activity".[179] Oft wird in EL darauf hingewiesen, daß ein erfolgreicher Entwicklungsprozeß einen besonderen Menschentyp voraussetzt: Menschen, die bereit sind, Tabus zu brechen, Leistungen zu vollbringen sowie zuverlässig und sparsam zu sein. Häufig spricht man von der Notwendigkeit eines "*neuen*", "*westlichen*", "*modernen*", "*ökonomischen*", "*industriellen*", „*leistungsorientiert arbeitenden*" usw. Menschen.[180]

In vielen EL Asiens und in den meisten Ländern Afrikas herrscht noch das System der Clans und Großfamilien vor. Dem einzelnen kommt der Ertrag seiner Arbeit nicht voll zugute, was sich leistungshemmend auswirkt. Zeigen marginale Leistungsgruppen ökonomische Erfolge und sind sie ethnisch identifizierbar, kann es ihnen gegenüber zu Feindseligkeiten kommen, was sich wiederum entwicklungshemmend bemerkbar macht: So führten z.B. die wirtschaftlichen Erfolge der Tamilen in Sri Lanka zu Spannungen mit der Mehrheit der Singalesen, die ihre Majorität im demokratischen Prozeß zunächst zu einer Beschränkung des Einflusses von Tamilen ausnutzten. Später gab es gelegentliche „Aktionen" gegen die Tamilen, was schließlich zu einem regelrechten Bürgerkrieg in Sri Lanka führte. Auch die ökonomischen Erfolge von Chinesen und Indern in Ostafrika führten zu Aversionen der Einheimischen gegenüber den wohlhabenderen Ausländern; in Extremfällen kam es sogar zu Vertreibungen. Alles, was mit der Lebensweise der ökonomisch erfolgreichen ethnischen Minderheit zusammenhing, wurde deshalb von der Mehrheit der Bevölkerung gemieden. So wandten sich die Einheimischen - in bewußtem Gegensatz zu diesen erfolgreichen

---

178 Vgl. MYRDAL(1980); hingewiesen sei insbesondere auf Teil 2: Ökonomische Realitäten.

179 SUNDRUM(1983), S. 65.

180 Vgl. hierzu Kap. 3 von MYRDAL(1980).

Gruppen - den traditionellen und weniger produktiven Sektoren zu und überließen die ökonomisch produktiven Bereiche „den Fremden“.

Bemerkenswert sind die Interdependenzen zwischen gesellschaftlicher Integration und ökonomischer Leistung. Ethnische oder religiöse Minderheiten kompensieren ihre politische Unterdrückung oft durch eine größere ökonomisch Leistung. So wurden z.B. Juden in Europa, Inder in Ostafrika und Tamilen in Sri Lanka politisch unterdrückt. Sie alle konnten sich nur im ökonomischen Bereich bewähren, da ihnen politische Rechte weitgehend versagt waren. Sie haben damit aber überdurchschnittlich an der ökonomischen Entwicklung partizipiert. Ähnliches gilt auch für einige islamische Sekten in Tunesien oder für Auslandschinesen.

Bei allen technologischen, finanziellen, ökonomischen und ethischen Überlegungen wird bei der Beurteilung des Entwicklungsprozesses oft die soziologische Ausgangslage vernachlässigt. Nur durch einen Wandel der Lebensanschauungen und der Wirtschaftsgesinnung ist es möglich, dem angestrebten Entwicklungsziel näherzukommen. Daher ist es unverständlich, wenn einige Entwicklungshilfeorganisationen erwarten, daß Entwicklung ohne kulturellen Wandel möglich sei. Fakt ist, daß jahrhundertealte Traditionen durch Entwicklung gefährdet werden. Man kann nicht die sozioökonomischen Rahmenbedingungen erhalten wollen und zugleich einen tiefgreifenden Entwicklungsprozeß initiieren. Eine Überwindung des Nord-Süd-Gefälles zu fordern und gleichzeitig für die Beibehaltung der vorindustriellen Kultur und Sozialstruktur zu plädieren, ist widersprüchlich. Daraus folgt keineswegs, daß EL die westliche Kultur ungeprüft übernehmen müßten. Eine **Akkulturation** ist notwendig, d.h. ein umsichtiges Hineinnehmen und Verarbeiten ausländischer Einflüsse in die heimische Kultur.[181]

Zur Lösung der sozialen Frage wurde im 19. Jahrhundert in Deutschland von christlichen Kreisen (Wichern) u.a. die Überwindung der nationalen Armut auch durch Erziehung und religiöse Unterweisung angestrebt.[182] Karitative Hilfen

[181] Vgl. LACHMANN(1987).

[182] Der evangelische Theologe Johann Hinrich Wichern (1808 - 1881) erkannte die sozialen Probleme während der wirtschaftlichen Entwicklung im deutschen Frühliberalismus. Er kümmerte sich beispielsweise um Kinder aus asozialen Verhältnissen durch die Gründung des "rauhen Hauses" in Hamburg (1833). In seiner berühmten Stegreifrede

verbunden mit Bildungsmaßnahmen sollten Arbeitslosen und wandernden Handwerkern eine neue Lebensgrundlage geben (Kolping-Bewegung).

Neben der ethischen Bedeutung von Moral und Sittlichkeit muß auch auf die institutionenethische Fragestellung der gesellschaftlichen Rahmenbedingungen eingegangen werden. So kann eine marktwirtschaftliche Ordnung wirksamere Anreize für die wirtschaftliche Entwicklung setzen als eine kollektivistisch-planende Bürokratie. Auch reichen selbstverständlich nur karitative Hilfen zur Überwindung der Armut nicht aus. Der Staat war aufgerufen, den sozial Schwachen ökonomische Gestaltungsmöglichkeiten zu erschließen.

Die ausreichende Verfügbarkeit von Ressourcen wie Kapital, Bildung und Devisen ist für einen erfolgreichen Entwicklungsprozeß nicht hinreichend. Die sozialen, politischen, sozialpsychologischen und religionssoziologischen Bedingungen sind ebenfalls wichtig. Es muß also auch zu einer Veränderung der „sozialpsychologischen" Infrastruktur eines EL kommen, damit eine wirtschaftliche Entwicklung ermöglicht wird.

7.2 Leistungsbereitschaft und Entwicklung

Der kulturelle Rahmen kann die Entwicklung hemmen. So ist z.B. in vielen asiatischen Ländern die Handarbeit verpönt. Die wirtschaftliche Nutzung von Rindern in Indien wird durch die Hindu-Tradition behindert. Die Religion der Rungus in Ostmalaya erlaubt keine Verletzung des Bodens, die bei der Landbearbeitung unvermeidlich ist. Demzufolge kann weder gepflanzt noch gepflügt werden. Die religiöse Verehrung der Ratten verhindert in Indien die Rattenbekämpfung, so daß oft ein Drittel der Ernte durch Ratten vernichtet wird. In vielen EL gibt es kulturell bedingt aufwendige Feste, welche die Konsum-

beim Wittenberger Kirchentag von 1848 kam es zur Gründung der "Inneren Mission". Die sozialen Notstände des damaligen Proletariats sollte der Staat durch wirtschaftspolitische Maßnahmen (Wirtschafts-, Lohn-, Steuer-, Eigentumspolitik bzw. öffentliche Fürsorge) überwinden. Die innere Mission sollte gegen die Entkirchlichung und Unmoral der breiten Massen wirken, so daß über eine Verwirklichung "der christlichen und sozialen Wiedergeburt des heillosen Volkes" die Überwindung der Armut der breiten Masse von innen unterstützt werden konnte. Die Erklärungen und Reden auf dem Wittenberger Kirchentag von 1948 befinden sich in: MEINHOLD(1962), S. 155 - 173.

ausgaben deutlich erhöhen. Die oftmals anzutreffende passive Haltung, die die vorherrschende wirtschaftliche Situation als von Göttern bestimmt hinnimmt, wirkt ebenfalls entwicklungshemmend.[183] Auch das im Koran verankerte Zinsverbot, das für Länder mit fundamentalistischer islamischer Ausrichtung erneut Gültigkeit erlangt, bremst die Entwicklung, da eine Ersparnisbildung und eine produktive und effiziente Verwendung von Kapital bei solchen Rahmenbedingungen nur erschwert möglich ist.

Die insbesondere in Afrika vorherrschenden religiösen Traditionen werden ebenfalls oft als entwicklungshemmend dargestellt. Selbst im Westen ausgebildete Afrikaner, die somit die verschiedenen Kulturkreise vergleichen können, ignorieren wissenschaftliche Methoden wie z.B. im medizinischen Bereich; oft bleiben sie dem Okkultismus mit allen Konsequenzen verhaftet. Die traditionellen Kulte haben noch immer einen gewissen Einfluß auf die Bevölkerung, so daß selbst tatkräftige Reformer Schwierigkeiten haben, gegen alte z.T. „unsichtbare" Strukturen wie z.B. die Macht der Medizinmänner (Vodun) anzugehen. Insbesondere wird für unerklärliche Unglücksfälle in den Familien ein Sündenbock gesucht. Die hierzu beauftragten Meinungsmacher arbeiten teilweise sehr professionell und beseitigen dabei gleichzeitig mißliebige politische Gegner. Die sog. „Nouveaux Riches" fürchten den Druck der Gesellschaft, so daß negative Anreize für die individuelle Motivation und die Kapitalbildung im Inland zu beobachten sind.[184] KOHNERT weist in diesem Zusammenhang darauf hin, daß viele Entwicklungsprojekte an diesem kulturellen Gegensatz scheitern. Entwicklungshelfer hoffen meist, daß durch Aufklärung, Entwicklung und westliches Vorbild der okkulte Einfluß der Magie zurückgedrängt werden kann. Nach den Ergebnissen der Kohnert-Studie ist der Einfluß des Okkultismus in letzter Zeit jedoch noch größer geworden und beeinträchtigt den Erfolg der westlichen Entwicklungshilfebemühungen in Afrika in nicht unerheblichem Ausmaß.

Bei den Überlegungen, den EL bei ihrer wirtschaftlichen Entwicklung zu unterstützen, muß der enge quantitative Denkansatz (einige Globalzahlen wie Kapital pro Arbeiter, Sparquoten, Devisenbestände usw. parametrisch-technisch zu verbinden und daraus Kausalzusammenhänge für Entwicklungsprozesse abzuleiten)

[183] Ein ausgezeichneter Überblick hierzu findet sich in: RENNSTICH(1978).
[184] Vgl. hierzu KOHNERT(1996).

um nicht quantifizierbare Aspekte erweitert werden. Entwicklung wird nicht allein durch Kapital geleistet sondern vor allem durch motivierte Menschen. Der Prozeß der Entwicklung, nicht ihr erreichtes Niveau, muß analysiert werden. Beim Entwicklungsprozeß spielt gerade die moralische Integrität der Menschen eine wesentliche Rolle, ein Gedankengang, der in der entwicklungspolitischen Diskussion zunehmend Anklang findet. Auf einer Tagung in Luanda/Angola führte ein einheimischer Professor für Wirtschaftswissenschaften aus: "Entwicklung ist eine Sache der Mentalität! Man muß Entwicklung denken, man muß Leistungsbereitschaft zeigen". Wirtschaftliche Pläne reichen zur Entwicklung nicht aus; die **Werteordnung** sollte verstärkt in den Prozeß wirtschaftlicher Entwicklung einbezogen werden. Nach Myrdal ist ein Wandel der Einstellung zu Arbeit, Besitz, Vorsorge, Pünktlichkeit und Zuverlässigkeit erforderlich. Es hat übrigens auch in Europa lange gedauert, bis Arbeiter bereit waren, sich den ökonomischen Sachzwängen unterzuordnen.[185] Die Bedeutung der **Moral**[186] mit ihren Folgen für die wirtschaftliche Entwicklung ist in der entwicklungspolitischen Diskussion lange vernachlässigt worden; der Forschungsschwerpunkt lag bei leichter quantifizierbaren Sachverhalten.

Die religionssoziologische Erklärung der wirtschaftlichen Entwicklung von Max WEBER gab Anlaß zur sozialpsychologischen Erklärung McCLELLANDs.[187] Nach seiner These führt das individuelle Bedürfnis nach Leistung, das durch Erziehung beeinflußt werden kann, zu größeren Anstrengungen und damit zu verstärkter Leistungsbereitschaft, deren Ergebnis anhand des Güter- und Geldeinkommens gemessen werden kann. Der Wunsch anerkannt zu werden, erhöht die Motivation für größere Anstrengungen, die wiederum dem Entwicklungsprozeß förderlich sind.[188]

185 Dabei hat übrigens der Methodismus in England und der Protestantismus in Deutschland viel zur Änderung der Arbeitseinstellung entsprechend der neuen Gegebenheiten der Industriegesellschaft beigetragen, da sich eine andere Sicht der Arbeit durchsetzte. Arbeit galt in protestantisch geprägten Kreisen fast als Gottesdienst, als Dankespflicht gegenüber dem sie liebenden Gott.

186 Moral (lat. mos = Wille; Gewohnheit, Sitte; Charakter): Das tatsächliche Geprägtsein des menschlichen Verhaltens und Handelns durch ein Regelensemble, das für das Überleben notwendig ist und das es ermöglicht, gemäß einer (kollektiven) Vorstellung vom „guten Leben“ zu handeln. Vgl. Enderle(1993), S. 158.

187 Vgl. McCLELLAND(1966).

188 Die Untersuchung von McClelland ist vom methodischen Standpunkt her kritisiert worden. Er analysierte das Vorkommen von Begriffen, die auf Leistungsbereitschaft ausgerichtet sind, ausschließlich durch Literatur-Auswertung afrikanischer Schulbücher.

7.3 Religion und Entwicklung: Die Weber-Tawney-Thompson-Turner-These

Der religionssoziologische Erklärungsansatz der wirtschaftlichen Entwicklung von Max WEBER hat Anlaß zu weiteren wissenschaftlichen Untersuchungen gegeben; sie ist auch heute noch sowohl politisch als auch wissenschaftlich umstritten.[189] Weber stellte fest, daß erfolgreiche industrielle Unternehmer häufig bestimmten religiösen Gruppen angehörten. Webers Überlegungen schließen sich an die Beobachtungen an, daß in Ländern mit einem hohen Anteil von Bewohnern, die dem Calvinismus zuneigen, die wirtschaftliche Entwicklung am schnellsten vorangetrieben wurde. Auch heute noch läßt sich ein Leistungsgefälle zwischen protestantisch und katholisch geprägten Ländern beobachten. Größere Verantwortungsbereitschaft, Risikoübernahme und Sparsamkeit sowie eine größere Freiheit, traditionelle Verhaltensmuster zu ändern, waren nach Weber entscheidend für die ökonomische Entwicklung. Wo sich das Individuum einzig gegenüber Gott verantwortlich sah und wo - so Weber - ein Bestreben vorlag, zu den Auserwählten Gottes zu gehören (dessen Gnade in gewisser Weise auch am wirtschaftlichen Erfolg abzulesen war), dort konnten hochmotivierte Menschen ihre Leistungsfähigkeit zur Geltung bringen.[190] Zum Ruhme Gottes akkumulierten diese Unternehmer Kapital und legten insoweit den Grundstein für die spätere kapitalistische Entwicklung. Wo sich diese Grundhaltung jedoch nicht

---

Es wird darauf hingewiesen, daß die moralischen Traditionen nicht nur über Schulbücher sondern innerhalb der Familien durch Erzählungen weitergegeben werden. Diese Aspekte sind von McClelland nicht einbezogen worden.

189 In einer neueren Untersuchung von GRIER(1997) wird eine hohe Korrelation zwischen dem Anteil der Protestanten und ihrer Wachstumsrate auf das wirtschaftliche Wachstum und das PKE ehemaliger britischer, französischer und spanischer Kolonien festgestellt. Da die religiösen Variablen zeitlichen Wirkungsverzöerungen unterworfen sind (Time-Lag-Strukturen), wird eine Kausalitätsrichtung von Religion auf die wirtschaftliche Entwicklung unterstellt. Sowohl hier als auch in anderen Studien wird dabei hervorgehoben, daß die religiöse Komponente nur einen Wachstumsfaktor darstellt. Er ist also nicht, wie man aus der Weberschen Analyse folgern könnte, der einzige oder bestimmende Wachstumsfaktor. Zusätzlich muß darauf hingewiesen werden, daß die kausale Bestimmung der Entwicklung über die Religionszugehörigkeit wirtschaftspolitisch nicht genutzt werden kann; auch ist sie für Entwicklungshilfe gebende Länder nicht politisch einsetzbar. Die Untersuchungen zur Bedeutung der Religion stellen jedoch eine wichtige Ursachenerklärung für die unterschiedliche Entwicklung bestimmter Ländergruppen dar.

190 Zur Bedeutung von protestantischem Glauben, reformatorischer Verkündigung und der damit verbundenen Lebensordnung vgl. die Aufsätze in: STUPPERICH(1988), sowie in SCHMIDT/JANNASCH(1988). Es handelt sich hierbei um Nachdrucke aus der 1965 erschienenen Reihe "Klassiker des Protestantismus".

entfalten konnte, wurde der Entwicklungsprozeß gehemmt. Für diese These spricht, daß die Spanier Protestanten und Juden, und die Franzosen die Hugenotten vertrieben und dadurch in ihrer wirtschaftlichen Entwicklung weit zurückfielen. Diejenigen Staaten, die jene Menschen aufnahmen, wie z.B. Preußen, bekamen einen großen Zustrom motivierter Menschen mit hoher Humankapitalausstattung und konnten ihren Entwicklungsprozeß dadurch beschleunigen.

Diese allgemeine These, die stark auf die wirtschaftliche Entwicklung der Industriestaaten ausgerichtet ist, wurde von TAWNEY überprüft und mit Einschränkungen bestätigt.[191] So stellte Tawney fest, daß die Entstehung des Kapitalismus mit der religiösen Bewegung der englischen Calvinisten (Puritaner) zusammenhing. Der Verfall des calvinistischen Glaubens hatte dann eine verstärkte Individualisierung und damit Säkularisierung der Gesellschaft zur Folge und bereitete damit den Boden für den Hochkapitalismus (Manchestertum) mit seinen unsozialen Auswüchsen. Der beobachtbare relative Bedeutungsverlust von christlichen Werten in der Frühphase des Kapitalismus erfuhr jedoch eine Gegenbewegung: in dem Ausmaß, in dem die soziale Frage zum Vorschein kam, fanden sich wiederum Menschen, die sich aus christlichen Motiven heraus für die sozial Schwachen einsetzten (Fürsorge-Bewegung). Ein interessanter Aspekt ist hierbei von dem englischen Kommunisten THOMPSON herausgearbeitet worden: er zeigte, daß es dem Methodismus (dessen Wurzel im Calvinimus lag) gelang, die englische Arbeiterklasse zu „disziplinieren", wodurch eine wesentliche Voraussetzung für die rasche Entwicklung in England gelegt wurde.[192]

Zur theologischen Untermauerung sollte auf den Einfluß des Reformators Luther hingewiesen werden, der bekanntlich der deutschen Sprache das Wort "Beruf" vermachte, bzw. es in den säkularen Bereich übertrug. Nicht nur der Priester habe eine "Vocatio Dei", sondern jeder Laie finde in seinem Beruf eine Berufung durch Gott. Der weltliche Beruf wurde damit quasi geheiligt: das dadurch geförderte Arbeitsethos hat mit zum Anstieg der Arbeitsproduktivität in protestantischen Ländern beigetragen. Max Weber betonte ferner den Gedanken der **Haushalterschaft**, der in protestantischen Kreisen damals sehr geläufig war: Danach durfte

191 Vgl. TAWNEY(1980).
192 Vgl. THOMPSON(1981).

der Christ zur Ehre Gottes Einkommen erzielen und Vermögen erwerben. Bei der Verwendung wurde jedoch auf eine möglichst bescheidene Lebensführung Wert gelegt. Anstatt übermäßige Konsumausgaben vorzunehmen (Luxusgüter), wurden Investitionen getätigt (Kapitalgüter). Durch das Zusammenspiel von hohen Einkommen, niedrigen Konsumausgaben und reger Investitionstätigkeit konnten die Calvinisten (trotz ihrer vielfältigen finanziellen Leistungen für soziale Aufgaben) Kapital akkumulieren, welches in der Folge wiederum zu einer Verbesserung der Einkommenssituation führte.

Während Max Weber sich in seinen Studien mit den religiösen Wurzeln der wirtschaftlichen Entwicklung der IL beschäftigte, war daraus nicht ohne weiteres zu schließen, daß diese Erfahrungen auf EL übertragbar seien. Es galt nun der Frage nachzugehen, inwieweit die christlichen Missionsbemühungen Einfluß auf die wirtschaftliche Entwicklung hatten, wozu Turner wichtige Beiträge lieferte. Turner[193] hat die Rolle der afrikanischen Kirchen für die regionale Entwicklung untersucht. Er zeigt anhand einer Analyse des Entwicklungsbeitrags unabhängiger afrikanischer Kirchen (Independent African Churches), wie der christliche Glaube und die dadurch erfolgte Umkehr im Denken (metanoia) zu einem neuen Arbeitsethos, einer besseren Bildung, einer ausreichenden Gesundheitsvorsorge und -fürsorge führte. Im Raum dieser Kirchen entstand eine neue Ethik mit asketischen Zügen. Turner berichtet, daß die Mitglieder dieser Kirchen einer regelmäßigen Arbeit mit Fleiß nachgehen und daß sie überall als Arbeiter geschätzt werden. Weiterhin glaubte er, bei diesen Kirchen eine Ähnlichkeit zur "Protestantischen Arbeitsethik" entdeckt zu haben. Ihre Gemeinden sind zu "self-supporting communities" geworden, sie sind demnach in der Lage, selbständig langfristige Projekte zu planen und durchzuführen. In ihren Reihen gibt es heute viele erfolgreiche Unternehmer und dadurch großen Wohlstand. Diese These kann auch vor dem Hintergrund der Bedeutung des dynamischen Unternehmers gesehen werden, den Schumpeter in seiner Analyse betonte.[194] Der agile Unternehmer ist es, der die Entwicklung durch seine Fähigkeiten vorantreibt, worauf in Abschnitt 7.4 noch genauer eingegangen wird.

[193] Vgl. TURNER(1980).
[194] Vgl. SCHUMPETER(1934); SCHUMPETER(1980).

In den von Turner untersuchten Kirchen sind z.B. Tabak und Alkohol verpönt, wenn nicht gar geächtet. Turner zeigt anhand einiger Beispiele, wie sich in Gemeinden der Independent African Churches ohne ausländische Hilfe Entwicklung vollzog. Die erfolgreiche wirtschaftliche Entwicklung läßt sich in diesem Zusammenhang als unbeabsichtigte Konsequenz des christlichen Glaubens und der damit verbundenen motivationalen Veränderung des Menschen erklären. Turners Erfahrungen werden von vielen Missionsgesellschaften bestätigt. Die Mennoniten, die in Paraguay wegen ihres Reichtums oft auch „Mammoniten“ genannt werden, haben durch die aus ihrem Glauben bedingte Ethik einen hohen Wohlstand erreicht.[195]

Die Überlegungen zu den Interdependenzen zwischen Religion und ökonomischer Entwicklung werden auch durch die praktischen Erfahrungen von Dr. Albert Schweitzer unterstützt, dessen Wortwahl dem damaligen Zeitgeist entsprach: "Keine Ausbildung des Intellekts ohne gleichzeitig Ausbildung der Handfertigkeiten. Nur so wird eine gesunde Basis für den Aufstieg geschaffen. (...) Tüchtig werden sie (die Afrikaner) durch religiöse und sittliche Unterweisung und durch das Handwerk. Alles andere hat nur Sinn, wenn dieser Grund gelegt ist."[196]

Interessant ist auch die Entwicklung der Amish-Mennoniten in den Vereinigten Staaten. Es handelt sich bei den "amish people" um eine Glaubensgemeinschaft, die im 17. Jahrhundert (1693) durch die von J. Amman verursachte Spaltung der Mennoniten in der Schweiz entstand. Die heute in Pennsylvania und Iowa (USA) weit verbreiteten amish people führen ein einfaches Leben unter Verzicht auf technische Errungenschaften, wobei sie der Technik des 18. Jahrhunderts verhaftet blieben. So verzichten sie auf Elektrizität, Radio sowie Telefon. Sie haben bis heute ihre schweizerdeutsche Kultur und Sprache (Pennsylvanian dutch genannt) bewahrt.

Die Amish haben in den USA einige Sonderrechte: beispielsweise unterliegen sie nicht der Sozialversicherungspflicht und nehmen auch keine staatlichen Zuwendungen im Rahmen der Sozialhilfe in Anspruch, da sie eine sehr starke Solidar-Gemeinschaft bilden, so daß sie anderen nicht zur Last fallen. Sie gelten

[195] Vgl. bspw. REGEHR(1979).
[196] Das Zitat stammt aus RENNSTICH(1978), S. 255.

als ausgezeichnete Farmer und haben eine hohe Produktivität; sie bevorzugen gemischten Anbau und tätigen hohe Investitionen in der Landwirtschaft. Ihr religiöser Glaube vermittelt ein hohes Arbeitsethos; zur Sicherung ihrer religiösen und kulturellen Überlebensfähigkeit investieren sie in landwirtschaftliche Maschinen und in Landbesitz. Es ist das Ziel eines Amish-Landwirts, für jeden seiner Söhne so viel Land zu erwerben, daß er als Farmer überleben kann. So haben die amish people ein hohes Wohlstandsniveau erreicht.[197] In letzter Zeit mußten sie sich allerdings auch den Handwerksberufen öffnen.

Als letztes Beispiel möge eine unter ökonomischen Aspekten bemerkenswerte christliche Massenbewegung in Westafrika, die Harris-Bewegung, genannt werden. Sie entstand durch die Predigten eines Wanderpredigers, William Wadé Harris, einem Grebo aus Liberia, der auf seinen Reisen in den Jahren 1913 bis 1915 die Stämme des Küstenstreifens der Staaten der Elfenbeinküste und West-Ghanas erreichte. Was der französischen Kolonialmacht nicht gelang, erreichten die Worte dieses Wanderpredigers: mehr als 120'000 Menschen folgten dem Christentum und gaben ihre traditionellen Rituale auf. Die Sechs-Tage-Arbeitswoche mit einem Ruhetag wurde eingeführt. Überall entstanden kleine Kirchen. Viele alte Tabus wurden aufgegeben, Alkohol und Tabak waren fortan verpönt. Verstärkte Anstrengungen in den Bereichen moderner Hygiene und formaler Bildung waren sichtbare Zeichen der Einstellungs- und Verhaltensänderung. Aufwendige Beerdigungsfeste, bei denen die Verstorbenen in teuren, mit Goldstaub überdeckten Kleidern beerdigt wurden, fanden nicht mehr statt. Nach Turners Auffassung schaffte diese Harris-Bewegung ein großes ökonomisches Potential.

Insbesondere in der Nord-Süd-Diskussion um die großen Unterschiede zwischen dem reichen Norden und dem armen Süden muß auch nach der Bedeutung von Arbeitsamkeit und nach der Einstellung zur Arbeit gefragt werden, wenn man nicht an der Lebenswirklichkeit des Menschen vorbeisehen will.[198] K.C. Wilber

[197] Vgl. auch COSGEL(1993).

[198] Die kulturell beeinflußten Präferenzen der Wirtschaftssubjekte bei Entscheidungen über Arbeitseinsatz versus Freizeit (Muße) wirken sich auf die individuell erzielbaren Einkünfte aus. In gesamtwirtschaftlicher Betrachtungsweise wird eine Gesellschaft, in der Arbeit einen relativ hohen Wert darstellt, eine schnellere ökonomische Entwicklung realisieren können.

und K.P. Jameson[199] schreiben: "Successful development can occur only if the economic process of growth and structural change corresponds with the social limits, or guidance determined in the moral base". An anderer Stelle: "Traditional economics has forgotten one of Smith's key insights: He claimed that self-interest will lead to the common good if there is sufficient competition, but also and more importantly only if most people in the society accepted a general moral law as the guide for their behaviour, i.e. if there were a moral base by the society" (...) "The assumption that self-interest in a competitive environment is sufficient to yield the common good is an illusion". Aus diesen Zitaten wird deutlich, daß selbst Adam Smith, der Befürworter einer liberalen Wirtschaftsordnung, die Bedeutung von wirtschaftsförderlichen **moralischen Rahmenbedingungen** für den Entwicklungsprozeß kannte. Soll ein Entwicklungsprozeß initiiert und gefördert werden, müssen auch diese Aspekte beachtet werden, wodurch Gebiete von Philosophie und Religion berührt werden.

Niekerk[200] zeigte den religiös bedingten kulturellen Unterschied zwischen der afrikanischen Denk- und Lebensweise und derjenigen des Europäers. So wird herausgearbeitet, daß die Gruppe eine viel stärkere Bedeutung in der afrikanischen Kultur hat als in der europäischen. Aber auch die unterschiedliche Interpretation von „Zeit“ spielt eine Rolle. So behauptet Niekerk, daß Afrikaner eher vergangenheitsorientiert denken. Man erzähle sich etwa eine Geschichte, daß ein weißer Arbeitgeber seinen schwarzen Arbeitnehmern wegen guter Leistungen eine Lohnerhöhung gab. Die Arbeiter wurden daraufhin wütend und warfen dem Arbeitgeber vor, daß er sie in der Vergangenheit zu schlecht bezahlt habe. Was als Anreiz für gute Arbeit gedacht war, hatte letztlich einen gegenteiligen Effekt. Solchen kulturellen Gesellschaftsformen müsse - nach Niekerk - ein anderer Zukunftsaspekt vermittelt werden (etwa durch formale Bildung), um ökonomische Entwicklung zu fördern.

Der Erfolg bestimmter religiöser Minderheiten wird auch mit einem anderen soziologischen Mechanismus erörtert: unterdrückte ethnische Minderheiten versuchen, sich in ihrem Überlebenskampf zu bewähren und erreichen eine ökonomische Kompensation. So erklärt sich Fleiß und wirtschaftlicher Erfolg der

199 WILBER/JAMESON(1980), S. 472 f.
200 Vgl. NIEKERK(1986).

Inder in Ostafrika, der Libanesen in Westafrika, bestimmter islamischer Sekten in Tunesien, der Erfolg der Juden in Deutschland, der relative Wohlstand der Tamilen in Sri Lanka und evtl. auch der wirtschaftliche Erfolg calvinistischer Gruppierungen und Auswanderer in den USA. Da sich aber gesellschaftliche Bewegungen selten über mehrere Generationen erfolgreich halten und nach dem Erreichen ihrer eigentlichen Ziele konservativ werden, nicht mehr dynamisch reagieren, ist auch nach dem Erfolg calvinistischer Bewegungen ein Abflachungsprozeß zu beobachten, der dann aus der anfänglichen Gewissensgebundenheit der Religion hin zum Individualismus führte, aus dem verantworteten Wohlstand zum oft unsozialen Hochkapitalismus usw. Jedoch muß der Max-Weber-These zugute gehalten werden, daß sie eine klare Ursachenkette aufzeigt, die aus der religiösen Motivation heraus das Arbeitsethos erklären kann, das zumindest während der Anfangsphase der ökonomischen Entwicklung eine gesellschaftliche Bedeutung erhielt.[201]

7.4 Produktionsfaktor "Unternehmer"

Das Interesse am Unternehmer als Initiator wirtschaftlichen Wandels ist verhältnismäßig neu.[202] Die Grundlagen der Analyse wurden von Joseph A. SCHUMPETER in seinem Buch "Theorie der wirtschaftlichen Entwicklung" (1. Auflage 1911) gelegt. Schumpeter war hauptsächlich am Wachstumsprozeß interessiert. Die Aufgabe des Unternehmens sah er in der Entwicklung neuer Produktionsprozesse und neuer Kombinationen von Produktionsmöglichkeiten sowie neuer Produkte. Seine Theorie der wirtschaftlichen Entwicklung konzipierte er als Antithese zu den neoklassischen Gleichgewichtstheorien. Wirtschaftliche Entwicklung deutete er als eine Folge von Ungleichgewichten. Der Unternehmer spielt in diesem wirtschaftlichen Entwicklungsprozeß die Hauptrolle.[203]

---

201 Zur Bedeutung der christlichen Religion für die wirtschaftliche Entwicklung sei auch verwiesen auf: GHEDDO(1973).

202 Das bekannte Lehrbuch von HEMMER(1988) sowie das vierbändige Handbook of Development Economics (HDevEc) unterlassen es, die Schumpetersche Theorie des Unternehmers zu behandeln.

203 Einen Überblick über die Entwicklung von Schumpeters Vorstellungen zum Unternehmer findet sich in: SANTARELLI/PESCIARELLI(1990); ein Überblick über die Bedeutung des Unternehmers findet sich aus in NAFZIGER(1984), Kap. 13; vgl. auch: BOSHOFF(1992).

Während im stationären Gleichgewichtszustand ein Unternehmer (dispositiver Faktor) nicht notwendig ist, da alle Tätigkeiten „wie bisher" durchgeführt werden können, benötigt jede wirtschaftliche Entwicklung Menschen, die Veränderungen hervorrufen und darauf reagieren. Wirtschaftliche Entwicklung ist verbunden mit Erfindungen, Innovationen und Imitationen. Dies ist das Aufgabengebiet des kreativen Unternehmers, der auf beständiger Suche nach neuen Märkten, neuen Kombinationen der Produktionsfaktoren usw. ist. Ohne den Unternehmer, der Erfindungen (Inventionen) zu Innovationen führt, bleibt Erfindungsgeist wertlos. *Folgende Aufgaben weist Schumpeter dem Unternehmer zu:*

- Einführung neuer Produkte,
- Einführung effizienter Input-Kombinatinen,
- Suchen neuer Märkte,
- Finden neuer Quellen für notwendige Inputs,
- Reorganisierung des Betriebs und ganzer Branchen.

Der Unternehmer im Wettbewerb fördert mit seiner Aktivität den technischen Fortschritt: Er wendet Ergebnisse der Wissenschaft an, sorgt für optimale Produktionsabläufe, für Absatz und Finanzierung. Insbesondere bei wirtschaftlichen Engpässen ist er ein "Nischen-Finder", der fehlende Inputs anderweitig besorgt oder neue Kombinationsmöglichkeiten eröffnet (Input completer). Um die Determinanten unternehmerischer Entscheidung in einer Gesellschaft zu erhellen, wird auf die Erklärungen von McClelland, Max Weber sowie Everett E. Hagen "On the Theory of Social Change" verwiesen.[204] Der Unternehmer benötigt zur Entfaltung eine innere Motivation sowie „gewährende" Rahmenbedingungen.

ELKAN[205] zeigt mittels konkreter Fallbeispiele aus Afrika, daß erfolgreiche Unternehmer häufig religiösen Minoritäten entstammten. So seien z.B. die Zeugen Jehovas in Sambia in den 60er Jahren sehr erfolgreich gewesen; in Uganda kamen fortschrittliche Landwirte und erfolgreiche Geschäftsleute auffällig häufig aus der protestantische Sekte "Balokole" (Gerettete), deren Mitglieder für ihre enthaltsame und alkoholfreie Lebensweise bekannt waren und deren Arbeitsproduktivität, Zuverlässigkeit und Zielstrebigkeit dem ökonomischen Erfolg sehr förderlich war, wie in Kapitel 7.3 ausgeführt. Sie wurden

[204] Vgl. GREENFIELD/STRICKON(1981); auch NAFZIGER(1984), S. 315 ff.
[205] Vgl. ELKAN(1988).

quasi als „afrikanisches Spiegelbild" der puritanischen Gruppierungen in Europa gesehen, die dort in früheren Jahrzehnten eine wesentliche Rolle in der wirtschaftlichen Entwicklung dieser Länder spielten.

Zu unterscheiden ist, ob unternehmerische Aktivitäten nur im Handel oder auch bei der Produktion entfaltet werden. Von Interesse ist auch, ob es sich um Kleinunternehmen oder um große Unternehmen handelt, bei denen ganz andere Fähigkeitsanforderungen an die Unternehmensleiter gestellt werden. So wird oft darauf hingewiesen, daß man in Afrika vor allem im Bereich des Handels unternehmerische Fähigkeiten vorfindet; die hier tätigen Unternehmer kommen vor allem aus dem informellen Sektor und verfügen nicht über ausreichende Qualifikationen, um Großunternehmen zu leiten. Im informellen Sektor ist ein hohes Potential für dynamische Klein-Unternehmer vorhanden. Einige der im informellen Sektor Tätigen haben den Sprung in den formalen Sektor geschafft und es zu einem mittleren Wohlstand gebracht.[206] Allerdings muß ein Mangel an Managern für das produzierende Gewerbe mit den daraus resultierenden Konsequenzen für Produktion, Einkommen und Beschäftigung konstatiert werden.

Auch in Afrika gibt es durchaus dynamische Unternehmer, die wirtschaftliche Möglichkeiten zu nutzen wissen. Problematisch sind aber die gegebenen wirtschaftspolitischen und ökonomischen Rahmenbedingungen, die das Entstehen von Unternehmern in der Dritten Welt verhindern bzw. die Unternehmertätigkeit unnötig behindern. So befinden sich die Eigentümer von Kleinunternehmen in einem ständigen Kampf mit der Bürokratie um Produktionsgenehmigungen, um Einfuhrlizenzen oder um die Zuteilung von Devisen in EL mit Devisenbewirtschaftung. Oft verbringen Unternehmer mehr Zeit in Ämtern oder Ministerien als im eigenen Unternehmen. Eine stärkere Deregulierung wäre notwendig, wie z.B. die Abschaffung von überflüssigen "Marketing Boards". Zur Wirtschaftsförderung wäre auch ein Abbau von Preisregulierungen (z.B. bei Agrarprodukten) sowie ein investitionsfördernder Umbau des Steuersystems notwendig, um positive Leistungsanreize zu setzen. In der Tat haben höhere Preise für landwirtschaftliche Produkte in einem stärkeren Maße zu Produktionssteigerungen geführt als direkte Interventionen des Staates. Das vorhandene unternehmerische

[206] Verwiesen sei auf HOUSE(1984).

Potential liegt in EL sehr häufig brach; bei günstigen Rahmenbedingungen könnten afrikanische Unternehmer ihre Leistung stärker zur Geltung bringen.[207]

Natürlich können auch Unternehmer keine Wunder „über Nacht" vollbringen. Mit Ausnahme der letzten 30 Jahre hatten vergleichsweise wenige afrikanische Unternehmer geschäftliche Verbindungen mit der übrigen Welt. Sie verfügen nicht über die lange Erfahrung der europäischen Handelshäuser oder der transnationalen Konzerne. Ausgebildete Afrikaner hatten nur selten die Chance, hohe Positionen in der Wirtschaft (Vorstand, Aufsichtsrat) zu übernehmen. In der Studie von Elkan wird darauf hingewiesen, daß zunächst Protektion abgebaut und Subventionen gestrichen werden müssen. Kleine Firmen hätten dann höhere Chancen, wirtschaftlich zu bestehen. Insbesondere der informelle Sektor mit seinen Familienbetrieben bildet ein Reservoir potentieller Unternehmer. Es wäre notwendig, im Rahmen der Entwicklungshilfe Ausbildungsprogramme für diese Unternehmergruppierung zu entwerfen. Eine Liberalisierung der Wirtschaftspolitik würde auch die Bildung eines Unternehmerstandes in der Dritten Welt am besten fördern, womit letztlich auch die erwünschten positiven Motivationswirkungen zu erzielen wären.

Staatliche Lizenzen während der Kolonialzeit in Afrika schützten weiße Geschäftsleute. Schwarzen wurde nur erlaubt, ein Handelsgeschäft zu eröffnen, wenn es mindestens 8 km vom nächsten europäischen Händler entfernt lag; ebenso durften sie nur im eigenen Stammesgebiet Geschäfte eröffnen. Zudem wurde ihnen nicht erlaubt, Warenlager im Werte von mehr als 500 Rand vorzuhalten. So gab es 1949 in Botswana gerade 10 von Schwarzen betriebene Geschäfte, deren Anzahl sich bis 1960 auf 53 erhöhte. 1968, d.h. zwei Jahre nach Erlangung der Unabhängigkeit betrug die Quote einheimischer Geschäftsinhaber lediglich 30 %, bei industriellen Produktionsstätten lag die Quote bei Null.[208]

Die EL-Regierungen versuchen, durch besondere Programme einheimischen **Kleinunternehmern** zu helfen. Dies geschieht teilweise durch Genehmigungsverfahren, die einheimische Unternehmer begünstigen, durch finanzielle Hilfen sowie durch Joint Ventures zwischen Staatsunternehmen und den Privaten.

[207] Vgl. ELKAN(1988); auch: PRADHAN(1989).
[208] Vgl. KAUNDA/MITI(1995).

Während im Handelsbereich gewisse Fortschritte in Afrika zu beobachten sind, sind diese Maßnahmen bei der Förderung des industriellen Sektors nicht sehr erfolgreich gewesen. Diskriminierungen gegenüber IL-Unternehmen sind bei zunehmender Handelsliberalisierung und Beitritt zur WTO kaum länger durchführbar. Ein Abbau der Exportdiskriminierung, die infolge einer Politik der Industrialisierung über eine Importsubstitution betrieben wurde, kann Verzerrungseffekte zuungunsten der einheimischen Industrie beheben helfen. Aus der ostasiatischen Entwicklung ließe sich der Schluß ziehen, daß ein Staat, der Firmen bei ihren Exportbemühungen hilft, ohne zu stark zu intervenieren, im Vertrauen auf private Eigenintiative noch am ehesten in der Lage ist, einheimisches Unternehmertum zu fördern.

7.5 Die Rolle der Frau im Entwicklungsprozeß

Insbesondere in den 70er Jahren ist die Rolle der Frau im Entwicklungsprozess intensiv untersucht worden. Auf der einen Seite wurde von einer **„Marginalisierung der Frau"** als Folge des Industrialisierungsprozesses gesprochen. Auf der anderen Seite sah man die Notwendigkeit, Frauen verstärkt in den Bildungs-, Arbeits- und Entwicklungsprozeß zu integrieren; Frauen leisten wichtige Produktionsbeiträge. Mit beiden Thesen wollen wir uns kurz beschäftigen.[209]

Neomarxistische Theorien und solche der sog. Dependencia-Schule versuchten, anhand empirischer Untersuchungen festzustellen, daß im Laufe des Entwicklungsprozesses die Frauen zunehmend marginalisiert werden. Die Ursachenerklärung dafür ist vielfältig. Historische, ökonomische und kulturelle Faktoren sind für diese Entwicklung ausschlagebend: zuerst kommt es zu einem Rückzug der Frauen aus dem formellen Arbeitsmarkt in den informellen Sektor. Ihre Arbeitsplätze werden somit konjunkturabhängig, was eine stärkere Destabilisierung hervorruft und die Frauen aus dem Arbeitsprozeß heraushält. Das Haupthindernis für Frauen liegt darin, daß ihnen im Entwicklungsprozeß der Zugang zu produktiveren Ressourcen und zu neuen Technologien verweigert

[209] Vgl. SCOTT(1985/86); GLADWIN/McMILLAN(1989); SCHULTZ(1990); ALBA ACEVEDO(1990); BENERÍA(1992).

wird. Dies führt langfristig zu einer Abnahme der relativen und möglicherweise auch der absoluten Produktivität.

Frauen sind vornehmlich mit der Produktion von Nahrungsmitteln im Subsistenzbereich beschäftigt (Kasawa, Millet, Mais, Sorghum und Yams), während die Männer sich auf die Produktion von "Cash-Crops" (Kaffee, Kakao, Erdnüsse und Ölfrüchte) spezialisieren, die über dem Markt angeboten werden.[210] Wirtschaftliche Entwicklung läßt den Anteil der Marktprodukte ansteigen, so daß der Anteil der Frauen an der wirtschaftlichen Leistung gesenkt wird. Neue Technologien werden typischerweise in den von Männern dominierten Marktsegmenten eingeführt, so daß es zu einer Reduzierung der relativen Produktivität der Frauen kommt. Generell arbeiten in der Dritten Welt Frauen länger als Männer. Ihr hoher Anteil an unbezahlter, nicht vermarkteter Produktion führt zu einer systematischen Unterbewertung ihrer produktiven Leistungen. *Die wirtschaftliche Diskriminierung der Frauen wird wie folgt begründet:*[211]

❶ **Lohndifferenzierung**: Frauen erhalten für gleiche Beschäftigung einen niedrigeren Lohn als Männer. Der Vergütungsunterschied wird teilweise mit dem Schein-Argument begründet, daß Männer als Alleinverdiener eine Familie zu ernähren hätten, während berufstätige Frauen oft nur einen Zweitverdienst erzielen wollen.

❷ **Berufsdiskriminierung**: Frauen sind größtenteils in solchen Berufen tätig, die niedrigere Lohnsätze aufweisen, während Männer c.p. in Berufen mit höherem Produktivitätsniveau und damit verbunden auch zu höheren Lohnsätzen arbeiten.

❸ **Humankapital-Unterschiede**: Aufgrund einer schlechteren Schul- bzw. Berufsausbildung und einer geringeren Berufserfahrung weisen Frauen eine niedrigere Produktivität auf, was Anlaß zu niedrigeren Löhnen gibt (Grenzprodukt-Regel).

❹ **Hausfrauenfaktor** (Family Role Constraints): Frauen sind traditionell in einem höheren Maße mit Arbeiten innerhalb der Familie beschäftigt. Daher können sie am Erwerbsleben nicht in gleicher Weise wie Männer teilnehmen und werden dadurch diskriminiert. Insbesondere bei Geburt und Erziehung der Kinder sind in einem hohen Maße Frauen stärker eingespannt als Männer, so

---

210 Vgl. NORRIS(1992).
211 Vgl. TAM(1996).

daß diese naturgegebene Ungleichheit in der Folge zu einer wirtschaftlichen Diskriminierung führt.

❺ **Erwartungsverzerrungen bei Unternehmern**: Unternehmer unterstellen, daß Frauen nicht in der Lage sind, ihre Aufgabe voll zu erfüllen. In einer von Männern geprägten Umgebung trauen sie der einzelnen Bewerberin kaum die gleiche Leistung zu, so daß die Unternehmer bei Neueinstellungen tendenziell Männer bevorzugen.

Insbesondere die niedrigere Erwerbsquote von Frauen führt im allgemeinen zu einer wirtschaftlichen Ungleichbehandlung gegenüber den Männern: Hieran wird deutlich, daß die klassische Rollenteilung zwischen Frau (Haus und Familie) und Mann (Beruf) in vielen EL - noch - sehr verfestigt ist. Oft wird unterstellt, daß eine Verbesserung der Erwerbsquote der Frauen die Geschlechterdiskriminierung langfristig aufheben könnte. In der oben zitierten Studie von Tam über Taiwan wird der Fortschritt, den Frauen im Gesundheitsstatus und bei sozioökonomischen Ressourcen erfuhren, herausgearbeitet. Die Erwerbsquote der Frauen ist von 1967 - 1987 von 33,7 % auf 45,8 % gestiegen, während die Erwerbsquote der Männer im gleichen Zeitraum von 80,9 % auf 74,4 % gesunken ist. Eine erhöhte Erwerbsquote müßte langfristig zu gleichen Erwerbschancen führen. Eine empirische Überprüfung der Situation in Taiwan bestätigt höchstens die These des Hausfrauenfaktors; der überwiegende Teil der in den städtischen Gebieten Taiwans anzutreffenden Geschlechterdifferenzierung läßt sich empirisch nicht erklären. Die wirtschaftliche **Diskriminierung** der Frau weist jedoch unterschiedliche Muster auf, je nachdem, ob städtische oder ländliche Regionen betrachtet werden. Auch ergeben sich große regionale Unterschiede. Aus diesem Grunde wird im Folgenden auf die Diskriminierung der Frau im ländlichen Raum in Afrika eingegangen, wobei die Entwicklungsmöglichkeiten von Frauen im Kontext mit der Ernährungssicherung betrachtet werden muß. Es stellt sich nun die Frage, ob eine zunehmende Kommerzialisierung den afrikanischen Bäuerinnen schadet, die meist die kleinen Höfe in traditioneller Weise bewirtschaften. Sollte diese Entwicklung an den Bäuerinnen vorbeigehen, so ist fraglich, wie der weitere Entwicklungsprozeß verläuft.[212] Da die Kleinbauern im südlichen Afrika die Bevölkerung nicht ernähren können, benötigt man eine stärkere Kommerzialisierung

[212] Vgl. GLADWIN/McMILLAN(1989).

der Landwirtschaft im Sinne einer Vergrößerung der Landwirtschaftsbetriebe, um der afrikanischen Landwirt-schaft technischen Fortschritt zu ermöglichen. Die mindestoptimale technische Betriebsgröße resultiert aus economies-of-scale-Effekten. Die historische "Bescheidenheit" (self-sufficiency) der afrikanischen Bauern blockiert bisher eine agrarische Entwicklung. Eine kapitalintensive, dynamische Landwirtschaft könnte das Nahrungsmittelproblem Afrikas lösen und dürfte damit zum Motor der wirtschaftlichen Entwicklung werden. Völlig entgegengesetzt wird oftmals ge-fordert, daß internationale Hilfsorganisationen und Regierungen den kleinen Farmern helfen sollen. Die moderne Technologie muß dabei an die lokalen Ver-hältnisse der afrikanischen Bauern angepaßt werden.

Kurzfristig läßt sich eine Änderung der afrikanischen Ernährungssituation ohne Beteiligung der Frauen in der Nahrungsmittelproduktion nicht erreichen. Zwar existiert in vielen Ethnien die typische Arbeitsteilung, bei welcher die Männer Nahrungsmittel erwirtschaften und die Frauen für die Weiterverarbeitung sorgen. In verschiedenen Kulturen herrscht aber auch "male farming" vor: die Nahrungsmittel werden dabei von Männern - ohne Hilfe von Frauen - produziert. Ferner gibt es das sog. "female farming", wobei die Nahrungsmittelproduktion hauptsächlich von Frauen mit vernachlässigbarer Hilfe der Männer durchgeführt wird. In Schwarzafrika wird ein Großteil der landwirtschaftlichen Arbeit von den Frauen verrichtet. Aus diesem Grunde kann die Ernährungssituation nur verbessert werden, wenn Frauen gefördert werden, welche die Hauptlast der Ernährungssicherung zu tragen haben.

Langfristig ist es jedoch möglich, daß die Frauen aus der landwirtschaftlichen Produktion hinausgedrängt werden. Diese Verdrängung wird in solchen Regionen verlangsamt, in welchen genug Land vorhanden ist (landextensive Landwirtschaft) oder aus welchen die Männer emigrieren etc. Eine Intensivierung (Technisierung) der Landwirtschaft bedeutet einen verstärkten Einsatz maskuliner Arbeitskräfte, um die Maschinen (z.B. bei der Bodenbearbeitung) zu bedienen. "Female farming" gab es hauptsächlich in dünn besiedelten Populationen mit einem Übermaß an Land pro Person, so daß die Familien ihre Nahrungsmittel mit einem geringen Input (Arbeitskraft etc.) erwirtschaften konnten. "Female farming" ist eine landwirtschaftliche Beschäftigung, die mit der Kindererziehung kompatibel ist. Diese Tätigkeiten waren im allgemeinen nicht gefährlich, benötigten keine lange Anreise und waren jederzeit unterbrechbar. Der Bevölkerungsdruck führt zu einer Abnahme von Brachland und zu der Einführung von technischen Hilfsmitteln wie z.B. des mechanischen Pfluges. Diese technischen Hilfsmittel brachten eine Zunahme des "male farming". Es scheint, daß die verstärkte Anwendung technischer Hilfsmittel und verbesserte Bewässerungssysteme die Frauen aus der Landwirtschaft verdrängen. Andererseits haben Frauen durch die Intensivierung der Landwirtschaft mehr Zeit zum Jäten, Ernten sowie zur Verarbeitung, Lagerung und Vermarktung der Getreideernten. Die stärkere Nutzung von Vieh bewirkte eine Strukturveränderung bei der weiblichen landwirtschaftlichen Beschäftigung: das Vieh wird in der Nähe des Hauses gehalten, die Hausfrauen sind für Tätigkeiten wie z.B. Futterbeschaffung verantwortlich. Dennoch kann festgehalten werden, daß durch den technologischen Wandel die traditionelle Arbeit der Bäuerinnen mehr und mehr entbehrlich wird.

In der entwicklungspolitischen Literatur wird ferner die Frage diskutiert, inwieweit Frauen durch den wirtschaftlichen Entwicklungsprozeß betroffen sind. Zwei Haupttheorien sind zu unterscheiden: die der **Integrationalisten** und die der **Marginalisten**. Die Integrationshypothese, die eher von Modernisierungstheoretikern entwickelt wird, sagt eine positive Entwicklung der Frauenbeschäftigung im Zuge der wirtschaftlichen Entwicklung voraus. Die Industrialisierung führt zu einer Emanzipation der Frauen von traditionell untergeordneten Rollen und damit zu einer größeren Gleichheit zwischen den Geschlechtern, was sich auch auf die ökonomische und gesellschaftliche Entwicklung positiv auswirkt. Die Marginalisierungshypothese, die zuerst von Ester BOSERUP[213] im Rahmen der Dependenztheorie entwickelt und von radikalen Ökonomen und sozialistischen Feministinnen unterstützt wurde, stellt eine pessimistische Sicht dar: Im Laufe der Industrialisierung werden die Frauen stärker vom Produktionsprozeß entfernt („wegrationalisiert“) und verlieren über den Verlust an Ressourcen Zugang zur politischen Macht. Da viele Frauen nicht die notwendige Ausbildung haben, um in den neuen Industrien zu arbeiten, werden sie auf den Haushalt zurückverwiesen, bzw. auf marginale Tätigkeiten im tertiären oder informellen Sektor. Industrialisierung integriert Frauen nicht in die Marktökonomie sondern reduziert die Bedeutung der Frau auf eine Rolle, die sie

[213] Vgl. BOSERUP(1970) und auch ALBA ACEVEDO(1990).

in der Subsistenzproduktion der vorkapitalistischen Gesellschaft hatte. Die Geschlechterbeziehungen sind in der Dritten Welt in ein komplexes Netz von sozialen, kulturellen und ökonomischen Faktoren eingebunden. Einfache geschlechtsspezifische Maßnahmen zur Verbesserung der ökonomischen Situation der Frauen können negative Auswirkungen haben, wie eine Studie über indische Frauen zeigt.[214] Daher wird zur Verbesserung der ökonomischen Situation der Frau eine Politik der kleinen Schritte vorgeschlagen. Gefordert werden bessere Bildungs- und Arbeitsmöglichkeiten, wobei Frauen im urbanen informellen Sektor eine andere Förderung brauchen als Frauen im ruralen Sektor. Die Verbesserung der Produktivität der Frauen hat langfristig günstigere Auswirkungen als jene Maßnahmen (empowerment activities), die das Machtpotential der Frauen nur kurzfristig erhöhen, zumindest wenn die bestehenden Sozialstrukturen herausgefordert werden, ohne daß dabei eine funktionsfähige Alternative zur Disposition stünde.

In einer Studie über die Entwicklung und Integration der Frauen während des Industrialisierungsprozesses fand man heraus, daß sich langfristig nur eine geringe Verbesserung der Beschäftigungssituation der Frauen ergab. Zwar ist die Erwerbsquote der Frauen stärker gewachsen als die der Männer, aber es ist eine zunehmende Geschlechtertrennung bei den Beschäftigungsfeldern zu beobachten. In der Frühphase der Industrialisierung wurden Frauen in Manufakturen benötigt, insbesondere in der Textilindustrie. Später waren sie Angestellte und Verkäuferinnen; gleichzeitig stieg ihre Beschäftigung in traditionellen Frauenberufen (Krankenschwester, Sozialarbeiterin etc.). In weitaus geringerem Umfang wählten sie den Arzt-, Steuerberater- oder Rechtsanwaltsberuf. Die Integrationalisten beobachten zwar Veränderungen in der Beschäftigung während des Industrialisierungsprozesses, sie können aber die weitere Geschlechtertrennung in verschiedenen Sektoren nicht erklären. Die geschlechtsspezifischen Beschäftigungen sind im wesentlichen *nicht* mit Produktivitätsunterschieden oder durch unterschiedliche Machtkonstellationen zwischen Mann und Frau auf den verschiedenen Arbeitsmärkten zu erklären, sondern sind zum großen Teil Folge kultureller Entwicklungen, die nur bedingt und langsam veränderbar sind.

[214] Vgl. ALSOP(1993).

8 Wettbewerb und Wettbewerbspolitik

Unabdingbare Voraussetzung für eine funktionierende Marktwirtschaft ist ein wirksamer Wettbewerb, welcher daher in IL durch die nationale Gesetzgebung gesichert und geschützt wird. Deshalb überrascht es, daß in fast allen Lehrbüchern zur Entwicklungspolitik die Notwendigkeit einer nationalen Wettbewerbspolitik nicht behandelt wird[215], während Themen wie „Instrumente der Planung“ ausführlich erörtert werden.

Die meisten EL hatten zunächst versucht, eine **Industrialisierung** mit Hilfe einer Politik der Importsubstitution durchzuführen.[216] Im Rahmen dieser Politik wurden viele wettbewerbsbehindernde Maßnahmen praktiziert: Ausländische Anbieter wurden mit Mitteln der Zollpolitik diskriminiert, ganze Sektoren wurden verstaatlicht, die Unternehmen fanden eine hohe Regulierungsdichte vor und staatseigene Unternehmen wurden gegenüber privaten Firmen systematisch begünstigt. Verluste staatseigener Unternehmen wurden zudem über das Staatsbudget gedeckt. Viele Regierungen förderten die Monopolisierung von Märkten durch einheimische und ausländische Unternehmen, wobei die einheimischen Unternehmen oft in Staatsbesitz sind. Im formellen Sektor findet man, im Gegensatz zum informellen Sektor (wo eine starke Wettbewerbsintensität vorherrscht) hohe Wettbewerbsbeschränkungen. Zu beobachten ist in vielen EL damit eine gewisse Diskriminierung des informellen Sektor gegenüber dem formellen Sektor.

Die zunehmenden wirtschaftlichen Schwierigkeiten der EL mit starker Binnenorientierung führten zu längst fälligen Reformen, die wegen der z.T. hohen Auslandsverschuldung oft vom Internationalen Währungsfonds erzwungen werden mußten (Konditionalität). Im Zentrum jener Reformen standen ein Abbau der staatlichen Budgetdefizite, eine realistische Bewertung des Wechselkurses, eine stabilitätsorientierte Geldpolitik und das Erreichen einer größeren internationalen Wettbewerbsfähigkeit, die durch eine verstärkte Integration in den Weltmarkt erreicht werden sollte. Die binnenwirtschaftlich relevanten IWF-Auflagen ver-

---

[215] Das einzige mir bekannte Lehrbuch, daß Fragen der Wettbewerbspolitik integriert, ist: KILLICK(1981). Das mittlerweile vierbändige Handbook of Development Economics enthält noch nicht einmal die folgenden Begriffe im Index: Competition Policy, Anti-Trust-Policy, Merger, Unfair Trade Restrictions, Restrictive Business Practices.

[216] Vgl. die ausführlichen Erörterungen in: LACHMANN(1994a), S. 21 ff.

langten eine stärkere Privatisierung, Dezentralisierung und Liberalisierung der Wirtschaft.

Viele EL streben nach einer verbesserten Wettbewerbsfähigkeit ihres Landes und entdecken dabei den Vorteil marktwirtschaftlicher Rahmenbedingungen. Allerdings wird häufig versucht, die Wettbewerbsfähigkeit mit Hilfe einer "Industriepolitik", die an manche merkantilistischen Maßnahmen in der frühen "take-off"-Phase der IL erinnert, zu verbessern. Eine erfolgreiche Industriepolitik verlangt jedoch eine wettbewerbliche Ausrichtung der nationalen Wirtschaftspolitik, die einen bedeutenden Standortvorteil für den internationalen Wettbewerb darstellen kann.[217]

8.1 Die Notwendigkeit der Wettbewerbspolitik

Im Zuge der Privatisierung sind in EL viele staatliche Monopole abgebaut worden. Wegen einer fehlenden funktionierenden Wettbewerbspolitik traten nun privatwirtschaftliche Monopole an die Stelle der einstigen Staatsmonopole. Hierdurch ergibt sich ein Widerspruch zur verfolgten Strategie, mehr marktwirtschaftlichen Wettbewerb durchzusetzen.

Bei der Wettbewerbspolitik muß zwischen nationalen und internationalen Aspekten unterschieden werden.[218] Eine liberale Außenwirtschaftspolitik zwingt inländische Unternehmen durch den internationalen Konkurrenzdruck zu rascher Anpassung an neue Rahmenbedingungen und damit zur Steigerung der eigenen Wettbewerbsfähigkeit. Wettbewerbsbeschränkungen entstehen in der Praxis jedoch nicht durch private Wettbewerbsverzerrungen allein, sondern ebenfalls durch Verzerrungen seitens des Staates. Hier setzt der Handlungsbedarf einer internationalen Wettbewerbspolitik an.[219] Viele Staaten bekämpfen z.B. nationale Kartelle, erlauben aber Exportkartelle. Eine internationale Wettbewerbspolitik ist aufgerufen, solche Verzerrungseffekte zu verhindern, da sie, von IL durchgeführt, zu Lasten der Entwicklungsfähigkeit der EL gehen.

---

[217] Vgl. dazu ROSALES(1994); ebenso: NÚÑEZ(1993).
[218] Vgl. BLISS(1996).
[219] Vgl. auch SCHERER(1996).

Je stärker in den einzelnen Volkswirtschaften dereguliert wird, um so notwendiger ist die Implementierung einer wirksamen Wettbewerbspolitik. Durch multilaterale Verhandlungen im Rahmen der Uruguay-Runde sind die nationalen Märkte zunehmend in die Weltwirtschaft integriert worden. Mit dem Rückgang staatlicher Wettbewerbsbeschränkungen geht aber ein Anstieg privatwirtschaftlicher Wettbewerbshindernisse einher: So werden von transnationalen Unternehmen die Patentrechte häufig zur Monopolbildung mißbraucht, worin ebenfalls eine Herausforderung für die internationale Wettbewerbspolitik zu sehen ist.

Dem Wettbewerb steht das Gewinnstreben der Produzenten im Wege, da gewinnmaximierende Unternehmen oftmals dazu neigen, den Wettbewerb unter Konkurrenten durch wettbewerbsbeschränkende Maßnahmen zu begrenzen. Freier Marktzutritt führt im allgemeinen dazu, daß Gewinne von Pionierunternehmen durch Imitationen der Verfolger-Unternehmen sinken. Es liegt daher im Interesse eines jeden Produzenten, die Wettbewerber zu behindern und Konkurrenten auszuschalten, um höhere Gewinne zu realisieren. *Schon Adam Smith bemerkte:*[220]

> *"Geschäftsleute des gleichen Gewerbes kommen selten, selbst zu Festen und zur Zerstreuung zusammen, ohne daß das Gespräch in einer Verschwörung gegen die Öffentlichkeit endet oder irgendein Plan ausgeheckt wird, wie man die Preise erhöhen kann. Solche Zusammenkünfte kann man aber unmöglich durch irgendein Gesetz unterbinden, das durchführbar oder mit Freiheit und Gerechtigkeit vereinbar wäre, doch sollte das Gesetz keinerlei Anlaß geben, solche Versammlungen zu erleichtern, und, noch weniger, sie notwendig zu machen.*
>
> *Eine Vorschrift, die alle Kaufleute des gleichen Gewerbes in einer Stadt dazu verpflichtet, Name und Wohnsitz in ein öffentliches Register einzutragen, begünstigt offensichtlich solche Zusammenkünfte. Sie verbindet Leute, die sonst einander nie kennen würden, und gibt jedem einzelnen einen Hinweis, wo er einen Gleichgesinnten im Gewerbe finden kann.*

---

[220] SMITH(1978), S. 112 f.

Und eine Vorschrift, die allen Kaufleuten eines Gewerbes ermöglicht, sich freiwillig eine Abgabe aufzuerlegen, um damit für ihre Armen, Kranken, Witwen und Waisen vorzusorgen, wirkt unter ihnen ein gemeinsames Interesse und macht solche Zusammenkünfte geradezu notwendig."

Möglicher Effizienzverlust sowie ethische und soziale Argumente werden gegen Wettbewerbsbeschränkungen vorgebracht. In einigen Ländern spricht man daher nicht von Wettbewerbspolitik und Gesetzen gegen Wettbewerbsbeschränkungen, sondern, wie in Großbritannien, von "fair trade". Es wird als unfair empfunden, wenn große Unternehmen und Kartelle kleine und mittelständische Unternehmen in Abhängigkeitsverhältnisse bringen und gegenüber den Konsumenten Preise durchsetzen, die die Produktionskosten weit überschreiten.

Der Wettbewerb ist nun aber kein Ziel an sich, sondern Mittel zur Verbesserung der gesellschaftlichen Wohlfahrt und des Wirtschaftswachstums. Allerdings ist die Implementierung einer effektiven Wettbewerbspolitik selbst in IL schwierig. Erschwert wird eine effektive Wettbewerbspolitik durch Probleme der Abgrenzung des jeweils **„relevanten Marktes“** sowie der klaren Operationalisierung des Begriffs Wettbewerb.[221] Oft werden Maßnahmen der praktischen Wettbewerbspolitik auch im sog. öffentlichen Interesse durchgeführt.[222] In der wettbewerbspolitischen Debatte in den USA und der EU steht vor allem der Effizienzgedanke des Wettbewerbs im Vordergrund.

8.2 Aufgaben des Wettbewerbs

Die Wirtschaftsordnungen der EL müssen ebenso wie die der IL Lösungen für die ökonomischen Grundprobleme finden und festlegen, wie die einzelnen Wirtschaftspläne der Bürger optimal aufeinander abzustimmen sind, d.h. wie sicherzustellen ist, daß die knappen Ressourcen optimal genutzt werden. *Ein wirksamer*

---

221 Vgl. HAY(1993).

222 So z.B. in Großbritannien: Es sei nicht im öffentlichen Interesse, wenn BP von der Regierung in Kuwait kontrolliert werde; auch Auswirkungen von Fusionen auf die Höhe der Beschäftigung fallen hierunter.

Wettbewerb erfüllt in diesem Zusammenhang die folgenden ökonomischen Funktionen:[223]

- **Steuerungsfunktion**: Der Wettbewerb sichert die Konsumentensouveränität und sorgt dafür, daß das bereitgestellte Angebot den Konsumentenpräferenzen entspricht.
- **Allokationsfunktion**: Ein Wettbewerb sichert die optimale Faktorallokation, d.h. Unternehmer erhalten einen Anreiz, jene Produktionsverfahren anzuwenden, die die Effizienz der Faktoreinsätze sichern. Knappe Ressourcen werden zum bestmöglichen Wirt gebracht! Durch Wettbewerb wird eine Kostenminimierung erreicht, d.h. die Produkte werden zu den günstigsten Stückkosten erstellt.
- **Verteilungsfunktion**: Ein Wettbewerb gewährleistet leistungsgerechte Einkommen. Die Produktionsfaktoren werden entsprechend ihrer am Markt bewerteten Leistungen entlohnt. Damit entspricht die funktionale Einkommensverteilung dem Prinzip der Leistungsgerechtigkeit.
- **Kontrollfunktion**: Die Wirtschaftssubjekte beider Marktseiten kontrollieren sich gegenseitig bei der Verfolgung ihrer Eigeninteressen. Damit wird die wirtschaftliche Macht der einzelnen Marktteilnehmer begrenzt. Da bei wirksamem Wettbewerb jeder Marktteilnehmer unter verschiedenen Transaktionspartnern wählen kann, wird jedwede Machtposition ständig gefährdet. Franz Böhm bezeichnete den Wettbewerb daher als "das genialste Entmachtungsinstrument der Geschichte".

Allokations-, Kontroll-, Steuerungs- und Verteilungsfunktionen werden als statische Funktionen des Wettbewerbs bezeichnet. *Ferner erfüllt der Wettbewerb die folgenden dynamischen Funktionen:*

- **Innovationsfunktion**: Der Wettbewerb stellt sich quasi als Motor des technischen Fortschritts dar. Firmen versuchen, im Wettbewerb durch Innovationen einen Vorteil zu erringen. So können kostengünstigere Produktionsverfahren (Verfahrensinnovationen) sich schneller durchsetzen. Ebenso werden neue Produkte in kürzeren Produktentwicklungszyklen angeboten (Produktinnovation).

---

[223] Vgl. LACHMANN(1995), S. 133 ff.; ebenso: TOLKSDORF(1994); vgl. auch: OLTEN (1995).

- **Anpassungsfunktion**: Unternehmen werden bei funktionierendem Wettbewerb gezwungen, sich an veränderte Marktgegebenheiten unverzüglich anzupassen. Jedes Unternehmen ist bestrebt, sein Überleben zu sichern, was eine häufige Anpassung der Aktionsparameter an die situativen Erfordernisse verlangt.

Neben diesen ökonomischen Funktionen wird noch die gesellschaftliche Funktion der Freiheit (**Freiheitsfunktion**) betont. Allen Marktteilnehmern eröffnet sich ein größerer Freiraum als in bürokratischen Ordnungen.

Obgleich alle Bürger von einem funktionierenden Wettbewerb über eine hohe Güterversorgung zu kostenminimierenden Preisen profitieren, haben sie wenig Interesse daran, sich für ihn einzusetzen. Es ergibt sich das bekannte Problem des „Trittbrettfahrens“ (free-rider). Wenn andere die Wettbewerbsregeln einhalten, ist es zudem möglich, daß bestimmte Gruppen durch Nichtbeachtung der Regeln zu Lasten anderer Bürger höhere als marktgerechte Einkommen erzielen. Daher ist der Wettbewerb immer gefährdet. Er ist keine sich im freien Spiel der Kräfte ergebende Marktform. Freier Wettbewerb kann im Rahmen des Liberalismus zu Machtmißbrauch und eventueller Markt-Anarchie führen. Daher sind, insbesondere nach der deutschen Konzeption der Sozialen Marktwirtschaft, flankierende staatliche Maßnahmen zur Sicherung des Wettbewerbs notwendig. Sicherung und Erhalt des Wettbewerbs werden damit zu einer staatlichen Aufgabe.

8.3 Wettbewerbsprozeß und Leitbilder der Wettbewerbspolitik

Rivalisieren die Marktakteure um Geschäftsabschlüsse und haben sie dabei Auswahlmöglichkeiten, liegt Wettbewerb vor. Unternehmen wollen expandieren, weil sie ihre Marktposition verbessern möchten oder sie gegenüber Wettbewerbern verteidigen müssen. Sie erreichen eine Verbesserung ihrer Wettbewerbsfähigkeit durch Innovationen, die in Prozeß- und/oder Produktinnovationen bestehen können. Unternehmer, die solche Innovationen durchführen, werden als "Pioniere" bezeichnet. Durch ihre Innovationen erhalten sie kurzfristig ein Monopol, da die Innovationen meistens nicht sofort nachgeahmt werden können (z.B. bei Patentschutz). Größere Marktanteile bzw. höhere Gewinne veranlassen nun andere Unternehmer, im Wettbewerbsprozeß die Innovationen der Pioniere durch ähnliche Leistungen nachzuahmen oder zu übertreffen. Somit kommt es zur Wettbewerbsdynamik durch den Mechanismus „Vorstoß und Verfolgung".

Nach Sschumpeter kommt es im Wettbewerb zu einem Prozeß der schöpferischen Zerstörung.[224] Alte Produktionsverfahren und -anlagen werden wertlos durch die Entdeckung neuer Produktionsverfahren. Überholte Techniken werden überwunden und veraltete Produkte durch bessere ersetzt. Von Hayek bezeichnet diesen Wettbewerb als "Entdeckungsverfahren", weil Unternehmen bemüht sind, für betriebswirtschaftliche Probleme neue Lösungswege zu finden.[225] Im Rahmen des Ordoliberalismus wurde als Leitbild des Wettbewerbs die vollkommene Konkurrenz angesehen, da hier alle Marktteilnehmer vollkommen machtlos sind und gemäß dem mikroökonomischen Ansatz die statischen Optimalbedingungen für die größtmögliche gesellschaftliche Wohlfahrt sorgen.

Dieses Leitbild steht jedoch nicht im Einklang mit dem oben geschilderten Wettbewerbsprozeß. Ohne auf die unterschiedlichen wettbewerbspolitischen Leitbilder einzugehen, soll nur darauf hingewiesen werden, daß oligopolistische Wirtschaftsstrukturen eher dazu geeignet sind, den Wettbewerbsprozeß bei hoher **Wettbewerbsintensität** aufrecht zu erhalten.[226] Ist ein Oligopol jedoch zu eng, dann kann es zu einem abgestimmten Verhalten der Oligopolisten kommen, da sie ihr Verhalten entsprechend der ähnlich gelagerten Interessen abstimmen können. Auf einem Markt mit vielen kleinen Unternehmen wird es nur wenige zusätzliche Nachahmer geben und die Innovationsfähigkeit wird sinken. Ein weites Oligopol läßt hingegen eine hohe Reaktionsintensität der einzelnen Marktteilnehmer erwarten, da Auswirkungen der Konkurrenten an Umsatz und Gewinn schnell spürbar werden, ohne daß es zu einem abgestimmten Verhalten kommt. Die Anbieter haben ein großes Interesse, einen Wettbewerb, der der ganzen Branche schaden könnte, zu vermeiden und Absprachen zu treffen bzw. zu fusionieren. Daher soll kurz auf die Gefährdungen des Wettbewerbs eingegangen werden.

---

224 Vgl. SCHUMPETER(1964); SCHUMPETER(1980).
225 Vgl. HAYEK(1968).
226 Vgl. BARTLING(1980); ebenso MANTZAVINOS(1994).

8.4 Gefährdungen des Wettbewerbs

In einem Oligopol besteht die Gefahr der Bildung von Gruppensolidarität mit „Konzertierten Aktionen". Die „Konzertierten Aktionen" können spontan entstehen, als Teil einer Aktions-Reaktionsverbundenheit; sie können aber auch auf gezielten Absprachen beruhen. Wettbewerbsbeschränkungen ergeben sich somit durch Tendenzen zum Kollektiv- bzw. Individualmonopol, wenn sich einzelne Wettbewerber zusammenschließen. *Ein Kollektivmonopol kann durch folgende Maßnahmen zur Auswirkung kommen und Wettbewerb behindern:*

❶ **Kartelle**: Hierunter versteht man vertragliche Absprachen verschiedener Unternehmen über ihre wirtschaftlichen Verhaltensweisen. Bekanntermaßen bedürfen Verträge nicht der Schriftform; auch mündlich getroffene Absprachen fallen daher unter das Kartellverbot. Die Absprachen können verschiedenen Inhaltes sein, so daß unterschieden wird zwischen:

- Preiskartellen, wenn Absprachen speziell die Preisgestaltung betreffen,
- Quotenkartellen, wenn Vereinbarungen über die zu produzierenden Mengen getroffen werden,
- Gebietskartellen, wenn sie Vereinbarungen zur Aufteilung des Absatzgebietes beinhalten,
- Konditionenkartellen, in welchem allgemeine Geschäfts-, Lieferungs- und Zahlungsbedingungen festgelegt werden oder
- Rabattkartellen, in welchen sich die Konkurrenten verpflichten, gleiche Rabattstaffelungen usw. zu gewähren.

Durch Kartelle verpflichten sich Konkurrenten zur Beschränkung bei ihren Wettbewerbsparametern. *Weitere Beschränkungen des Wettbewerbs ergeben sich aus:*

❷ **Preisbindung der Zweiten Hand**: Hersteller verpflichten die Abnehmer, beim Weiterverkauf bestimmte vom Hersteller vorgegebene Preise einzuhalten.

❸ **Ausschließlichkeitsbindung**: Hierdurch wird ein Geschäftspartner verpflichtet, bestimmte Güter nur vom Partner zu beziehen. Damit wird ihm untersagt, günstigere Produkte von Konkurrenten zu erwerben.

❹ **Vertriebsbindung**: Hierdurch werden vertraglich bestimmte Vertriebsmöglichkeiten vorgesehen und andere damit ausgeschlossen.

❺ **Verwendungsbeschränkungen**: Bei Investitionsgütern können beispielsweise Vereinbarungen getroffen werden, die beinhalten, daß diese Geräte nur mit bestimmten Materialien bzw. Ersatz- oder Zusatzgeräte, die vom Hersteller geliefert werden, verwendet werden dürfen, weil ansonsten die Herstellergarantie erlischt.

⑥ **Abgestimmtes Verhalten**: Formlos vereinbarte Wettbewerbsbeschränkungen der Anbieter, die ein zwar formelles Kartell vermeiden, aber durch die Abstimmung des eigenen Verhaltens mit dem der Konkurrenten den Wettbewerbsprozeß ausschalten. Oft werden sie als "Frühstückskartelle" oder "Gentlemen's Agreements" bezeichnet.

Neben den Tendenzen zum Kollektivmonopol ergeben sich solche zum Individualmonopol durch eine Fusion von zwei oder mehreren Unternehmen, die dadurch ihre wirtschaftliche Selbständigkeit verlieren.[227] Allerdings muß nicht jede Fusion wettbewerbsbeschränkend wirken. Fusionen können zum Erreichen der kostenoptimalen Betriebsgröße oder zur Schaffung von Möglichkeiten, Forschung und Entwicklung gemeinsam zu betreiben, den Wettbewerb fördern. So ist bei der Beurteilung der mit einer Fusion zu erwartenden Änderung der Wettbewerbsintensität (Rivalität) die Abgrenzung des jeweils relevanten Marktes von entscheidender Bedeutung. Zurückgehend auf das Leitbild eines weiten Oligopols für den Wettbewerbsprozeß, ließe sich für die Wirtschaftspolitik folgern, daß kleine Unternehmen fusionieren sollten, um wettbewerbsfähiger zu sein, während große Unternehmen unter Umständen sogar entflochten werden müßten.

Die allgemeinen Erkenntnisse der Wirtschaftspolitik zum Konflikt zwischen Skalen- und Wettbewerbseffizienz gelten auch für EL. Wenngleich die Zusammenhänge zwischen Marktstruktur, Marktverhalten und Marktergebnis relativ komplexer Natur sind, so kann doch festgestellt werden, daß bei einer großen Zahl von Anbietern (polypolistische Struktur) in einem Markt gegebener Größe nur im Grenzfall die optimale Güterversorgung (Allokationseffizienz) erreicht wird, da die „vielen kleinen“ Unternehmen tendenziell zu klein sind, um die betriebsoptimale Betriebsgröße zu erreichen. Die aufgrund von Skaleneffekten zwangsläufig ineffiziente Produktionsweise in den Kleinunternehmen senkt die

[227] Neben Fusionen gibt es noch die Möglichkeit von Behinderungs- und Verdrängungspraktiken wie beispielsweise Gruppenboykott, Liefer- oder Bezugsverweigerung etc.

gesamtwirtschaftliche Allokationseffizienz. Auch in EL ist bei wettbewerbspolitischen Empfehlungen darauf zu achten, daß allein eine große Anzahl von Unternehmen in einem Markt noch keine Aussagen zur Optimalität der Marktform zuläßt.

8.5 Wettbewerbspolitik in Entwicklungsländern: Eine Bestandsaufnahme[228]

Probleme der Wettbewerbspolitik sind auch in der Dritten Welt facettenreich. Auf der einen Seite kann die Wettbewerbspolitik in die Handelspolitik integriert werden, sie hat insoweit vornehmlich eine außenwirtschaftliche Ausrichtung. Hierbei geht es um Probleme der Diskriminierung von ausländischen Anbietern gegenüber inländischen. Die OECD hat in ihrer Wettbewerbspolitik diese Ausrichtung auf Handelsgesichtspunkte, die WTO unterstreicht ebenfalls die internationalen Aspekte einer Wettbewerbspolitik, wobei im Rahmen des GATT fast ausschließlich staatliche diskriminierende Maßnahmen behandelt werden. Die Wettbewerbspolitik kann andererseits auch rein binnenwirtschaftlich orientiert sein und damit die ökonomische Effizienz erhöhen. Einige Staaten haben dies durch eine Antikartell- bzw. Antitrust-Politik betrieben und auch Maßnahmen gegenüber unlauterem Wettbewerb gesetzlich geregelt.

Die Wettbewerbspolitik selbst kann wiederum zwei verschiedene Stoßrichtungen nehmen. Auf der einen Seite ist eine nationale Gesetzgebung zum Schutz gegen unfairen Wettbewerb erforderlich (Restrained Business Practices). Eine andere Stoßrichtung kann in der Kontrolle großer Unternehmen, Fusionen und Kartellen erfolgen (Merger Policy). Probleme der Fusionskontrolle werden wir nur am Rande behandeln, dafür schwerpunktmäßig auf die möglichen Beschränkungen eines funktionierenden Wettbewerbs eingehen.[229]

In Genf versammelt sich seit 1980 unter der Schirmherrschaft der UNCTAD die "Intergovernmental Group of Experts on Restrictive Business Practices" (IGE), um Maßnahmen zur Kontrolle wettbewerbsschädlicher Handelspraktiken zu

[228] Die Ausführungen dieses Abschnitts und der beiden folgenden greifen zurück auf: LACHMANN(1996).

[229] Zum Problem von Fusionen in Entwicklungsländern vgl.: DHANJEE(1992).

diskutieren.[230] Von dieser Gruppe stammt auch ein Rahmenvorschlag für ein Gesetz gegen Beschränkungen des Wettbewerbs.[231] Mehr als 20 Staaten der Dritten Welt hatten im Jahre 1995, obgleich oft nur auf dem Papier, Gesetzgebungsmaßnahmen ergriffen, die als Beginn einer Wettbewerbspolitik bezeichnet werden können.[232] Für Wettbewerbsfragen in IL ist die OECD zuständig; für solche der Dritten Welt das UNCTAD-Sekretariat. Von der UNCTAD wird ein "Handbook of Restrictive Business Practices Legislation" publiziert, in welchem Gesetze von EL nebst Kommentierungen dokumentiert werden.[233] *Folgende Staaten der Dritten Welt haben u.a. bisher gesetzliche Maßnahmen gegen Wettbewerbsbeschränkungen erlassen:*[234]

(Siehe: Tab. 8-1.)

---

230 Der mir vorliegende letzte Bericht stammt aus der 14. Sitzung: UNCTAD(1995a).

231 Vgl. UNCTAD(1994).

232 In Lateinamerika und der Karibik waren es die folgenden Staaten: Argentinien, Brasilien, Chile, Kolumbien, Costa Rica, Jamaika, Panama, Peru, Venezuela; in Afrika: Kenia, Gabun, Südafrika, Tunesien, Sambia; in Asien und im Pazifik: China, Fidji, Indien, Pakistan, Süd-Korea, Sri Lanka, Thailand, Taiwan. In Vorbereitung waren Gesetzgebungsmaßnahmen in: Bolivien, El Salvador, Guatemala, Paraguay, Trinidad und Tobago, Ghana, Marokko, Simbabwe, Indonesien, Malaysia, Philippinen. Quelle: UNCTAD(1996b), S. 10. In einigen dieser genannten Länder gibt es höchstens Anfänge gesetzlicher Initiativen zur Verhinderung wettbewerbsbeschränkenden Verhaltens. Fast alle lateinamerikanischen Länder bereiten Gesetze gegen Wettbewerbsbeschränkungen vor oder haben welche erlassen. In Argentinien, Brasilien und Chile stehen Novellierungen an. Die UNCTAD übt eine große Aktivität bei der Hilfe zur Implementierung von Gesetzen gegen Wettbewerbsbeschränkungen aus. Auch die DSE und das Bundeskartellamt sind hierbei, oft in Zusammenarbeit mit der UNCTAD, involviert. Vgl. z.B. UNCTAD(1996a). Allein 24 Delegationen waren im Zeitraum 1995 - Mai 1996 zu Gast beim Bundeskartellamt; ein Mitglied der Federal Trade Commission of Korea arbeitet für zwei Jahre beim Bundeskartellamt. Mitglieder des Bundeskartellamtes haben in jüngster Zeit Seminare über die Implementierung einer Wettbewerbsgesetzgebung in Bolivien, Pakistan, Ukraine, Vietnam, Ungarn, Kasachstan und Peru gehalten.

233 Zur Terminologie: Die OECD verwendet, wie viele Industriestaaten, den Begriff "Wettbewerbspolitik" (Competition Policy). In den USA wird der Begriff "Antitrust" offiziell verwendet. Englischsprachige Staaten außerhalb der USA sprechen von "Restrictive Trade Practices", die amerikanische Literatur verwendet dafür den Begriff "Restrictive Business Practices". Einige Staaten (z.B. Korea, Japan, Sri Lanka) folgen dem britischen Beispiel und sprechen von "Fair Trade".

234 Vgl. zum folgenden: GRAY(1991).

Tab. 8-1: Länder, die wettbewerbsbeschränkendes Verhalten kontrollieren

Land	Gesetzgebung	In Kraft getreten im Jahre	zuständige Behörde
Indien	Monopolies and Restrictive Trade Practices Act	1969	Monopolies and Restrictive Trade Practices Commission
Kenia	Restrictive Trade Practices Monopolies and Price Control Act	1987	Restrictive Trade Practices Tribunal
Pakistan	Monopolies and Restrictive Trade Practices (Control and Prevention) Act	1970	Monopoly Control Authority
Sri Lanka	Fair Trading Commission Act	1987	Fair Trading Commission
Argentinien	Act for the Defence of Competition	1980	National Commission for the Defence of Competition
Brasilien	Restrictive Business Practices Act	1962	Administrative Council for Economic Defence
Chile	Anti-Monopolies Act	1973	Adjudicatory Commission, Central Preventive Commission
Korea	Monopoly Regulation and Fair Trade Law	1980 (Amended 1994)	Fair Trade Commission
Tunesien	Competion Legislation	1991	Council of Competition, Competition Commission (1995)

[Quelle: GRAY(1991) sowie Ergänzungen aus UNCTAD-Dokumentationen]

In EL wird der Wettbewerb auch durch das dualistische Wirtschaftssystem beeinflußt: Im informellen Sektor herrscht freier Wettbewerb vor, auf der anderen Seite findet man im formalen Sektor Großunternehmen, welche durch restriktive Vorschriften vor ausländischen und inländischen Wettbewerbern geschützt sind, wobei die Protektion der Großunternehmen oft stärker ist als in den Industriestaaten. Bei den dort geschützten Unternehmen handelt es sich oftmals um Staatsunternehmen. Wettbewerbsbeschränkungen werden in der Dritten Welt oft durch staatliche Interventionen hervorgerufen. Lizenzen für Investitionen, Diskriminierungen bei Devisenzuteilungen zugunsten von Staatsunternehmungen, zeitintensive Antragsverfahren für den Erwerb notwendiger Devisen und Investitionsgenehmigungen, Konzessionen an große ausländische transnationale Konzerne sind Beispiele staatlicher Interventionen in den Marktprozeß.

Bei den Ursachen von Wettbewerbsbehinderungen muß daher zwischen den Interventionen der Regierung und den wettbewerbsbeschränkenden Maßnahmen der privaten Firmen unterschieden werden. *Typische staatliche Interventionen bestehen in:*

- Lizenzen und Konzessionen für Investitionen und Importe,
- Finanzmarktregulierungen,
- Preiskontrollen sowie staatliche Festlegung von Gewinnaufschlägen,
- Devisenkontrollen.

Manche Staaten verlangten von ausländischen Firmen, die einen Markt betreten wollen, ein "No-Objection"-Zertifikat von auf dem Markt tätigen Produzenten (Wettbewerber). Um Investitionen durchzuführen, hat der Unternehmer oft lange Dienstwege der Bürokratie zu durchschreiten. Daneben gibt es die typischen Absprachen von Produzenten. Der Aufbau von privater wirtschaftlicher Macht wurde in der Dritten Welt anfänglich kaum unter Wettbewerbsgesichtspunkten untersucht. Das Hauptinteresse in der Dritten Welt lag im Produzentenschutz - weniger im Schutz der Konsumenten. Bis vor kurzem existierten kaum Verbraucherschutzverbände.

Anfänglich zögerten die EL noch mit der Überwachung des Wettbewerbs. Obgleich Indien und Pakistan schon 1969/1970 Gesetze und Institutionen zur Regulierung von Monopolen einführten, waren die meisten EL bei der Implementierung und Durchsetzung sehr zurückhaltend. *Folgende Gründe lassen sich dafür ausmachen:*[235]

- Der Industriesektor ist mit Hilfe staatlicher Maßnahmen forciert worden, so daß die Regierung ein Interesse an dessen Erfolg hatte, auch wenn er zu Lasten der Wettbewerbsfähigkeit ging.
- Es wurde eine zu geringe Marktgröße unterstellt, um einen funktionsfähigen Wettbewerb zu erlauben. EL gingen davon aus, daß sie (wegen unterstellter

[235] Vgl. GRAY(1991), S. 429 f.

Skaleneffekte) mit monopolistischen bzw. oligopolistischen Marktstrukturen leben müßten.

- Gleichzeitig fürchtete man bei funktionierendem Wettbewerb die Bildung von Überkapazitäten, was als ökonomische Vergeudung knapper Ressourcen angesehen wurde und ggf. Gefahren der Arbeitslosigkeit mit sich brächte.
- Die Regierungen der EL trauten der Bürokratie die Findung der gesellschaftlich akzeptablen Preise eher zu als dem Wettbewerbsprozeß. Man vermutete, daß die staatliche Bürokratie die notwendigen Informationen leichter zur Verfügung hätte und damit der Wirtschaft die gesellschaftlich erwünschten "Preisbänder" vorschlagen müsse.
- Es wurde unterstellt, daß Großunternehmen eher mit den Wettbewerbern der Industriestaaten wettbewerbsfähig sein könnten. Man unterlag dem Irrtum, daß Größe auch gleichzeitig Wettbewerbsfähigkeit impliziere.

Zu Beginn der 90er Jahre kam es zu einem Umschwung der Vorstellungen zur **Wettbewerbspolitik** in der Dritten Welt. Man vermutete, daß nationaler Wettbewerb die Firmen auch international wettbewerbsfähig machen könne. Die Anstrengungen der mittel- und osteuropäischen Länder im Rahmen der Umstrukturierung führten nun auch dazu, daß viele EL verstärkt Wettbewerbsbeschränkungen abbauen wollten. *Als zusätzliche Gründe für diesen Umschwung lassen sich die folgenden nennen:*[236]

- Die schlechte Performance der öffentlichen Unternehmen (unter Berücksichtigung des Diktats knapper Kassen der öffentlichen Hände) erzwang eine Umorientierung in Richtung Wettbewerbsfähigkeit.
- Notwendig war eine bessere Versorgung der Konsumenten, die man dann über einen funktionierenden Wettbewerb und den Abbau von Importrestriktionen erreichen wollte.
- Überschußkapazitäten wurden nicht mehr als "Vergeudung" angesehen, sondern als ein notwendiges Phänomen des funktionierenden Wettbewerbsprozesses.
- Preiskontrollen haben per se negative ökonomische Auswirkungen, denen man sich nicht mehr verschließen konnte: Investitionen wurden damit behindert,

[236] Vgl. GRAY(1991), S. 431 f.

Firmen haben ihre Kapitalbestände abgebaut, der bürokratische Aufwand zur Kontrolle der negativen Auswirkungen war erheblich.

- Ebenfalls haben sich in vielen EL mittlerweile Verbraucherverbände gegründet, die sich im verstärkten Maße für unternehmerischen Wettbewerb aussprechen.

Anfänglich waren die meisten Regierungen der EL besorgt über den Einfluß transnationaler Konzerne. Um deren wirtschaftliche Macht zu kontrollieren, wurden die erwähnten Preiskontrollen durchgeführt und als Gegengewicht eigene Staatsunternehmen gegründet. Zusätzlich kam es zu einer hohen Regulierung ausländischer Investitionen und damit zur Behinderung des Technologietransfers. Statt eine erfolgreiche Kartellpolitik durchzuführen, wurde verstärkt bürokratisch interveniert (Prozeßpolitik). Viele EL verfolgten dabei einen pragmatisch-flexiblen Ansatz und betonten lange die Notwendigkeit der Kontrolle der Produktion, insbesondere bei internationalen Konzernen. Angestrebt wurde eine Mißbrauchskontrolle, welche zwar Ausnutzung von Marktmacht verhindern sollte, obgleich Fusionen nicht verhindert werden konnten. Die staatliche Wirtschaftspolitik unterstellte, daß eine Modernisierung der Wirtschaft (i.S.v. Industrialisierung) nur mit Hilfe großer Unternehmen möglich wäre. Wettbewerbspolitische Aktivitäten waren meist daraufhin ausgerichtet, die Übernahme von heimischen Firmen durch Ausländer zu verhindern. In der entwicklungspolitischen Diskussion wurde des öfteren betont, daß es im frühen Stadium des Entwicklungsprozesses notwendig sei, ein Monopol einzurichten, um eine gewisse Produktionseffizienz zu erreichen.

8.6 Problembereiche der Wettbewerbspolitik in Entwicklungsländern

Probleme der Durchführung einer effektiven Wettbewerbspolitik zeigen sich in der:

- Festlegung eines wettbewerbstheoretischen Leitbildes,
- Festlegung von Kriterien der Wettbewerbsbeschränkung,
- Ermittlung von Daten innerhalb betroffener Branchen,
- Beurteilung von Kooperationen für die Wettbewerbssituation der jeweiligen Branche,

- Formulierung eines widerspruchsfreien Gesetzes gegen Wettbewerbsbeschränkungen und unlauteren Wettbewerb,
- Implementierung des Gesetzes durch den Aufbau einer nationalen Kartellbehörde.
- mangelhaften Ausbildung von Richtern und in der geringen Erfahrung der Judikative bei der Durchsetzung der Wettbewerbskontrolle.

Je nach Leitbild der Wettbewerbstheorie ergeben sich unterschiedliche Bewertungen bezüglich bestimmter Verhaltensweisen von Unternehmen. Kooperationen und Fusionen werden im Regelfall den Wettbewerb eher behindern; in speziellen Fällen ist jedoch auch eine wettbewerbsfördernde Wirkung möglich. Kooperationen können z.B. Innovationen fördern; ein Verbot solcher Kooperation, insbesondere im Bereich Forschung und Entwicklung, kann die Wettbewerbsfähigkeit hemmen, wie z.B. die gut dokumentierten amerikanischen Erfahrungen zeigen.[237]

Im Hinblick auf die Beurteilung der Wettbewerbsintensität, könnten für EL bekannte **Konzentrationsmaße** übernommen werden, wie beispielsweise die sog. Konzentrationsraten (CR-n, d.h. concentration ratio), die sich auf die Marktanteile der „n" größten Unternehmen beziehen. Unter Berücksichtigung der Verfügbarkeit statistischer Daten werden im internationalen Vergleich meist die Konzentrationsraten CR-4 sowie CR-8 in den USA bzw. CR-3 und CR-6 in Deutschland angegeben. Ein Überschreiten des Marktanteils der vier größten Anbieter von mehr als 75 % könnte dann als grundsätzlich wettbewerbsgefährdend eingestuft werden.

Der **Herfindahl-Hirschman-Index** (HHI) summiert die Quadrate der einzelnen Marktanteile.[238] So wurde z.B für Marokko festgestellt, daß 54 % der 98 Industriesektoren einen HHI über 1'800 aufwiesen und nur 28 % unter 1'000 lagen. In den USA wird bei einem HHI von über 1'800 ein wettbewerbsbeschränkender Konzentrationsprozeß angenommen, bei einem HHI unter 1'000

[237] Vgl. JORDE/TEECE(1990). Siehe auch: PERES(1994).

[238] Der HHI-Index hat eine Bandbreite von 0 (vollständige Konkurrenz) bis 10'000 (Monopol = 100·100). Eine Firma mit einem Marktanteil von z.B. 25 % bekommt die Zahl 625 (=25·25) zugewiesen.

besteht kein staatlicher Handlungsbedarf. Bei einem HHI zwischen 1'000 und 1'800 werden je nach Branchensituation zusätzliche Kriterien in Betracht gezogen, um die Notwendigkeit eines staatlichen Handlungsbedarfs zu überprüfen.

Meist wird bei der Beurteilung von Marktmacht ein "case-by-case-Ansatz" gewählt. Im Einzelfall muß dann zwischen Kosten und Nutzen von wirtschaftlicher Macht entschieden werden. Die Theorie des Zweitbesten zeigt, daß in einer imperfekten Welt generelle Regeln die soziale Wohlfahrt nicht unbedingt erhöhen. Fallweise Entscheidungen über staatliche Eingriffe bei vorhandener Monopolmacht wären notwendig.[239] *Solche fallweisen Entscheidungen (rule of reason) zeigen folgende Schwierigkeiten:*

- Ein pragmatischer Ansatz benötigt einen Evaluierungsmaßstab zur Festlegung des öffentlichen Interesses, der jedoch kaum konkretisierbar ist.
- Ökonomische Schwierigkeiten bestehen bei der Festlegung von Kosten und Nutzen der wirtschaftlichen Dezentralisierung. EL-Verwaltungen sind i.d.R. überfordert, hier relevante Kalkulationen anzustellen.

Im allgemeinen werden folgende Prinzipien für die Implementierung einer Wettbewerbspolitik vorgeschlagen:

- Prävention ist besser als Korrektur. Rechtzeitig muß gegen Kartelle und Monopole vorgegangen werden. Es ist politisch schwieriger, sie zu brechen, wenn sie erst einmal entstanden sind.
- Einige monopolistische Tendenzen lassen sich durch die Gesetzgebung in den Griff bekommen, beispielsweise Fusionen, Kartelle, Absprachen.
- Ein natürliches Monopol kann nur mit einem pragmatischem Ansatz überwacht werden. Wie in Deutschland wäre auch in EL nur eine Mißbrauchsaufsicht vorteilhaft.

Wenige EL haben bisher eine Wettbewerbspolitik konsequent verfolgt. Pakistan hat z.B. in seiner Wettbewerbsgesetzgebung eine Monopolkontrollbehörde (Monopoly Control Authority: MCA), welche die Politik und Praktiken der Unternehmen im Sinne des öffentlichen Interesses überwachen soll. Um

[239] Auch in Deutschland gibt es die Ministererlaubnis, die aus übergeordneten gesellschaftlichen Gesichtspunkten Monopole genehmigen kann, die das Kartellamt ablehnt.

Monopolmacht zu verhindern, ist es ratsam, Technologien zu fördern, die mittelständische Unternehmen zur Verbesserung ihrer spezifischen Wettbewerbsposition benötigen. Die Übernahme westlicher Technologien kann durch deren schwerpunktmäßige Anwendung in Großunternehmen evtl. bestehende Tendenzen zur Monopolbildung noch erhöhen.

Eine weitere Möglichkeit kann darin gesehen werden, daß die Regierung die **Lizenzpraxis** zur Bekämpfung von Monopolmacht einsetzt. Indien hat dieses Mittel benutzt und bei der Lizenzerteilung große Konzerne diskriminiert. Dabei besteht allerdings die Gefahr, die Lizenzen ineffektiv einzusetzen, so daß dadurch schließlich neue Wettbewerbsschwächungen eintreten. Viele EL haben versucht, Monopolmacht über **Preiskontrollen** in den Griff zu bekommen, wobei meist die Kosten ermittelt und ein Gewinnaufschlag festgesetzt wurde. Dieser Ansatz widerspricht der Philosophie des Wettbewerbs und schützt nicht vor X-Ineffizienzen.

Einige EL haben die **Nationalisierung** großer Konzerne verfolgt. Dabei ist allgemein bekannt, daß öffentliche Unternehmen ebenfalls deutliche Ineffizienz-Tendenzen aufweisen und nicht unerhebliche Marktmacht ausüben sowie in einem hohen Maße das staatliche Budget belasten.[240] Die angestrebte Privatisierung darf jedoch nicht dazu führen, daß öffentliche Monopole in private Monopole umgewandelt werden. Schwierigkeiten haben EL bei der Implementierung und Durchsetzung einer stringenten Wettbewerbspolitik. Eine international abgestimmte Kooperation der Wettbewerbsbehörden und ein Informationsaustausch auf bilateraler, regionaler und multilateraler Ebene ist notwendig, um Wettbewerbsbeschränkungen großer transnationaler Konzerne zu begegnen. Ausländische Direktinvestitionen in EL sind ambivalent: Oft haben sie Effekte einer Erhöhung des Wettbewerbs, sie können ihn aber auch reduzieren. Generell läßt sich sagen, daß die Eintrittsbarrieren ausländischer Investitionen gesenkt werden sollten, um eine größere Diversifizierung bei der Herkunft ausländischer Investitionen zu erreichen und damit den Wettbewerb zu fördern.[241]

---

[240] Vgl. hierzu: JONES(1982).
[241] Vgl. auch UNCTAD(1995b).

Ein weiteres Problem tut sich bei der juristischen Ausgestaltung des Wettbewerbsrechts auf. Folgt man dem amerikanischen Wettbewerbsrecht, muß entschieden werden, ob man einer sog. "rule of reason" folgt. Demnach sind solche wettbewerbsbeschränkenden Handlungen rechtswidrig, wenn sie sich als "unreasonable" darstellen. Als Alternative gelten „per-se-rules", die klare Eingreifkriterien für das Tätigwerden der Wettbewerbsaufsicht definieren. Per-se-Verstöße sind allerdings sehr eng gefaßt und umfassen lediglich Problemfelder wie z.B. Preisabsprachen, Preisbindung der zweiten Hand, Marktaufteilung oder Gruppenboykotte. Per-se-Regeln werden angesichts des Einfallsreichtums von Unternehmen, welche die wettbewerbspolitische Kontrolle unterlaufen wollen, oft als rigide angesehen, so daß eine Tendenz zu rule-of-reason-Standards zu beobachten ist.

8.7 Beispiele der Ausgestaltung der Wettbewerbspolitik in Ländern der Dritten Welt

Insbesondere die lateinamerikanischen Staaten haben fast alle mit der Implementierung von wettbewerbspolitischen Maßnahmen begonnen oder wenden bereits wettbewerbspolitische Gesetze an. Die ersten Staaten mit einer Wettbewerbspolitik waren Argentinien, Brasilien und Chile. Ihre Gesetzesvorhaben sollen novelliert werden, wobei die Novellierungen z.Zt. wegen politischer Widerstände nicht vorankommen. Partikularinteressen stehen auch in der Dritten Welt im Vordergrund der wirtschaftspolitischen Auseinandersetzungen.

Zu den positiven Auswirkungen des marktwirtschaftlichen Wettbewerbs auf das Wirtschaftswachstum gehören u.a.:

- Produzenten werden gezwungen, effizient zu produzieren,
- nationale Industrien werden in die Lage versetzt, Exportmärkte aggressiv zu erobern,
- Produzenten, die nicht wettbewerbsfähig sind, müssen den Markt verlassen und stellen ihre knappen Ressourcen damit effizienten Wettbewerbern zur Verfügung.

Auf die Implementierung der Wettbewerbspolitik in einigen ausgewählten EL soll nun kurz eingegangen werden.

Seit dem 1.8.1980 ist in Argentinien ein Gesetz gegen Wettbewerbsbeschränkungen in Kraft, das den Antimonopol Akt von 1946 ablöste. In der Zeit von 1946-1980 sind 105 Fälle gemeldet worden, die jedoch nur zu einer einzigen Verurteilung führten. In den ersten sieben Jahren des neuen Gesetzes (ley de defensa de la competencia) wurden 144 Verfahren angestrengt, wobei in 27 % der Fälle Sanktionen verhängt wurden. Zu den häufigsten Verstössen gehörten: Preisfestsetzungen, Ausnutzung von Marktmacht und Lieferverweigerung, wobei selbst Staatsunternehmen belangt wurden.[242]

Indische Behörden veröffentlichten Berichte, die Hunderte von Verstößen gegen Wettbewerbsbeschränkungen beinhalten, wobei u.a. zwischen folgenden Verstößen unterschieden wurde:[243]

- Gebietsaufteilungen,
- Lieferbindungen,
- Lieferbeschränkungen,
- Preisdiskriminierungen,
- Ausschließlichkeitsverpflichtungen,
- Preisbindungen,
- abgestimmtes Verhalten bei Preisangeboten,
- überhöhte Preise.

Die indischen Behörden strebten an, durch einen freien Wettbewerb die Produktion nach gerechten bzw. ethischen Preis- und Verteilungssystemen unter stärkerer Berücksichtigung der Konsumenteninteressen zu organisieren. Typisch für EL berücksichtigt die indische Wettbewerbspolitik neben dieser Hauptzielsetzung auch Bereiche der Regionalentwicklung, der Exportförderung und der heimischen Kontrolle der Produktionskapazitäten. Die Wettbewerbsphilosophie ist somit auch durch nationale Töne geprägt und nicht ausschließlich darauf gerichtet, die Situation für die Verbraucher zu verbessern.[244]

---

[242] Vgl. GRAY(1991).
[243] Nach: GRAY(1991).
[244] Dieser Vorwurf läßt sich selbstverständlich auch gegenüber den Industriestaaten erheben!

In Korea wird seit 1981 eine Wettbewerbspolitik verfolgt, bei der die Reduzierung von wirtschaftspolitischen Verzerrungen und die Verschwendung knapper Ressourcen im Vordergrund steht. Durch die Förderung des Wettbewerbs sollen Konsumenten geschützt und die Kreativität der Wirtschaft stimuliert und Innovationen gefördert werden. Durch den "Monopoly Regulation and Fair Trade Act" (MRFTA) vom Dezember 1980 wurde die "Korea Fair Trade Commission" gegründet, die auch Strafen festlegen konnte. Wettbewerbsvergehen konnten geahndet werden durch eine Warnung, eine Korrekturempfehlung, einen Korrekturbefehl, der Anordnung einer Geldbuße und einer Anklageerhebung. Je nach Ausmaß der Wettbewerbsbeschränkung waren Geldbußen bis 100 Mio. Won (ca. 125'000 US$), Strafen bis 200 Mio. Won (ca. 250'000 US$) oder Haftstrafen bis zu drei Jahren möglich.[245] Art 3 des MRFTA verbietet marktbeherrschenden Unternehmen überhöhte Preise. Als Kriterium der Marktbeherrschung wird ein Marktanteil des größten Unternehmens von über 50 % oder ein Marktanteil der drei größten Unternehmen von über 75 % angesehen, wenn die gesamten Umsätze mindestens 50 Mrd. Won betragen. Im Jahre 1993 gab es in Korea in 140 Märkten 335 Unternehmen, die eine marktbeherrschende Stellung innehatten. Auch in Korea ist die Tendenz zu beobachten, von Per-se-Standards auf "rule-of-reason-Regeln" überzugehen.

Die wettbewerbspolitischen Maßnahmen dienen insbesondere zur Überwindung der nachteiligen Auswirkungen der bürokratisch ausgerichteten Wirtschaftspolitik, die zu Verzerrungen bei der Ressourcenallokation (insbesondere beim Faktor Kapital) führte, zur Schwächung von Privatinitiative und Unternehmertum, zu einer Überkonzentration ökonomischer Macht in Händen der nationalen Konzerne und zu unfairen Handelspraktiken durch monopolistische Betriebe. Dadurch kam es zu einer Abnahme der internationalen Wettbewerbs-fähigkeit der heimischen Industrie. Eine verbesserte Wettbewerbspolitik wurde als wesentliches Instrument angesehen, Ungleichgewichte, die während des starken Industrialisierungsprozesses entstanden, abzubauen. Mit Hilfe der Wettbewerbspolitik soll ein sich selbst erhaltendes Wachstum angestrebt werden.

[245] Vgl. LEE(1995). Dort finden sich weitere Hinweise über die Entwicklung der koreanischen Wettbewerbspolitik.

Kenia war das erste afrikanische Land (mit Ausnahme von Südafrika), das eine Gesetzgebung gegen Wettbewerbsbeschränkungen verabschiedete. Ziel war der Schutz der Konsumenten. Als Hauptinstrument jedoch dient die Preiskontrolle, wobei sich die Regierung scheute, trotz hoher allgemeiner Inflationsraten Preiserhöhungen in bestimmten Sektoren zuzulassen. Die negativen ökonomischen Folgen führten auch in Kenia zur Notwendigkeit eines wettbewerbspolitischen Umdenkens in der Wirtschaftspolitik, das nur langsam vorankommt. Insbesondere werden die Nahrungsmittelpreise noch immer durch das Kabinett festgelegt. Die Bürokratie war kaum in der Lage, gegenüber dem Einfluß der Lobbyisten wettbewerbspolitische Maßnahmen durchzusetzen. Probleme ergeben sich durch das rent-seeking-Verhalten führender Politiker.

Jamaika begann 1982 mit seinem Transformationsprozeß. Bis dahin war die Wirtschaft stark reguliert und von der Regierung kontrolliert worden. Im Jahre 1990, als Teil eines allgemeinen strukturellen Anpassungsprogramms, verkündete die Regierung die Ausarbeitung eines Wettbewerbsgesetzes. Trotz heftiger Kritik wurde 1993 der "Fair Competition Act" verabschiedet. Vorgesehen ist eine Fair Trade Comission mit weiten Handlungsmöglichkeiten. Geschäftsräume können durchsucht, relevante Dokumente beschlagnahmt und Personen verhört werden etc. Dem Mißbrauch marktbeherrschender Unternehmen kann ebenfalls begegnet werden, wobei monetäre Sanktionen durch den Supreme-Court möglich sind. Ziel der Wettbewerbsgesetzgebung ist der Schutz der Konsumenten und eine Hilfe für kleinere Unternehmen. Aus der Erfahrung Jamaikas wird deutlich, daß die Wettbewerbspolitik ein Teil der wirtschaftlichen Liberalisierung ist, eine notwendige Ergänzung zur Handelsliberalisierung, Privatisierung sowie Einführung freier Marktpreise.[246]

Von Anfang an hat sich die Privatwirtschaft in Jamaika und auch die Rechtsanwaltsvereinigung (Jamaica Bar Association) gegen die vorgesehene Gesetzesinitiative gewandt. Sie erreichte auch eine Abschwächung der ursprünglichen Regierungsvorlage. Vom Gesetzgeber ist daher nur noch eine Mißbrauchaufsicht gegenüber marktbeherrschenden Unternehmen vorgesehen. In der wettbewerbspolitischen Diskussion wurde damit argumentiert, daß ein kleines Land ein

[246] Vgl. UNCTAD(1995).

Wettbewerbsgesetz nicht benötige. Ebenfalls wurde mit Argumenten der "Chicago School" auf das Ziel der Maximierung der Konsumentenwohlfahrt hingewiesen.[247] Die Wirtschaft Jamaikas befürchtete komparative Nachteile und forderte eine Harmonisierung der Wettbewerbspolitik in den CARICOM-Ländern. Das vorgegebene Ziel der Wettbewerbspolitik Jamaikas ist die Erreichung ökonomischer Effizienz, Konsumentenschutz und die Beschränkung wirtschaftlicher Macht.

Erfolgreiche EL, wie z.B. Korea, gingen davon aus, daß der Entwicklungsprozeß - zumindest anfänglich - durch effiziente Monopole oder Oligopole gefördert werden kann und daß später durch eine Deregulierung schließlich mehr Wettbewerb erreicht werden könne. Frühere Überlegungen zur optimalen Unternehmensgröße mit dem Inhalt, daß große Unternehmen besonders effizient produzieren können, werden heute zunehmend skeptisch beurteilt: die mit zunehmender Unternehmensgröße in der Tat realisierbaren Vorteile der Kostendegression werden durch zunehmenden innerbetrieblichen Bürokratismus („lange Entscheidungswege“) erkauft. Die größtmögliche Effizienz wird oft bci Unternehmen mittlerer Größenordnung erreicht.

Erwähnt werden sollte, daß die empirischen Befunde kein klares Bild liefern: Einige Staaten haben durch effektive Monopole und staatliche Förderung wirtschaftliche Entwicklung erreicht, andere haben mit vergleichbaren Maßnahmen zu einer Verschlechterung der wirtschaftlichen Situation beigetragen. Ziel nationaler wettbewerbspolitischer Anstrengungen müßte eine Bewegung in Richtung größerer Wettbewerbsintensität sein; die bloße Korrektur von Marktstrukturen ist noch nicht hinreichend für das Erreichen von gesamtgesellschaftlich erwünschten Verhaltensweisen.

Soweit staatliche Wettbewerbsbeschränkungen eine Rolle spielen, müßten Deregulierungen und Privatisierungen in höherem Maße erfolgen, einschließlich einer schonungslosen Demonopolisierung, so daß auch neue Anbieter realistische Marktzugangschancen haben, ohne durch wettbewerbsaverse Maßnahmen übermächtiger Staatsunternehmen (z.B. Quersubventionierung) wieder vom Markt

[247] Zu den unterschiedlichen Wettbewerbsleitbildern in den Industrieländern, vor allem in Europa und den USA, vgl.: SCHMIDT/BINDER(1996).

verdrängt zu werden. Das Ziel der Wettbewerbspolitik sollte es sein, allen Unternehmen die grundsätzliche Möglichkeit zu geben, in alle Märkte frei einzutreten, um als tatsächliche oder auch nur potentielle Konkurrenten die etablierten Anbieter einem ständigen Wettbewerbsdruck auszusetzen. Beachtet werden sollte dabei, daß Wettbewerb und Konsumentenschutz komplementäre Ziele darstellen.

8.8 Konsequenzen für die entwicklungspolitische Beratung

Die zunehmende Globalisierung der Wirtschaftsbeziehungen durch den Abbau internationaler Wettbewerbsbeschränkungen lassen eine effektive Wettbewerbspolitik auch bzw. gerade für EL notwendig erscheinen. In Verbindung mit der weiter fortschreitenden Reduktion der Transport- und Informationskosten erschwert sie es allen Staaten, national begrenzte wirtschaftspolitische Sonderwege zu gehen. Um Entwicklungschancen zu nützen, müssen auch Unternehmen der Dritten Welt rasch und flexibel auf Änderungen der Umweltvariablen reagieren, um im weltweiten Wettbewerbsumfeld bestehen zu können.

In diesem Zusammenhang sind die wettbewerbspolitischen Auswirkungen der zunehmenden **Handelsliberalisierung** zu beachten: Hohe Zollschranken hatten in der Vergangenheit nationale wettbewerbsbehindernde Maßnahmen, die nur Anbieter auf einem nationalen Markt betrafen, global gesehen als unwichtig erscheinen lassen. Als Ergebnis der GATT-Runden sind zwischenzeitlich die den grenzüberschreitenden Handel begrenzenden Zollsätze auf ein historisches Tief gesunken, so daß andere wettbewerbsbehindernde Maßnahmen (non-tarifäre Handelshemmnisse) erkennbar werden, die auch den internationalen Handel behindern.

Die Unternehmenspolitik internationaler Konzerne kann ebenfalls wettbewerbsbeschränkend wirken z.B. durch ihr Forschungsengagement, unterschiedliche Direktinvestitionen, Bevorzugung des Stammlandes des Konzerns oder auch der internen Preisgestaltung (d.h. interne Verrechnungspreise bei grenzüberschreitendem innerbetrieblichem Leistungsaustausch). Auf der anderen Seite haben Maßnahmen der nationalen Wettbewerbspolitik auch Auswirkungen auf die Wirtschaft der Handelspartner. Hierdurch wird die notwendige Vernetzung von nationaler Wettbewerbspolitik und Handelspolitik unterstrichen.

Ein erhebliches Problem liegt darin, daß kein einheitliches Leitbild für die Wettbewerbspolitik vorhanden ist.[248] Insbesondere die wettbewerbspolitischen Vorstellungen der Vereinigten Staaten und der Europäischen Union weichen in manchen entscheidenden Bereichen voneinander ab, z.B. in der Beurteilung vertikaler Integrationen. Auch in der Bewertung von Kartellen sind enorme Unterschiede feststellbar. Auch innerhalb der EU liegen unterschiedliche Wettbewerbsvorstellungen vor.[249] Die Vielfalt der wettbewerblichen Leitbilder und das teilweise Versagen der praktizierten Wettbewerbspolitik der IL (viele Ausnahmebereiche) erschweren eine erfolgreiche wettbewerbspolitische Beratung.

In Deutschland werden vom Bundesministerium für Wirtschaft und vom Kartellamt regelmäßig wettbewerbspolitische Beratungen im Rahmen eines ganzheitlichen ökonomischen Ansatzes durchgeführt.[250] *Die Politikberatung im Bereich der Wettbewerbspolitik sollte - in IL wie EL - folgende Schwerpunkte berücksichtigen:*

❶ Begründung für eine wirksame Wettbewerbspolitik: Den EL müssen die langfristigen Vorteile für ihre Industrialisierung und ihr wirtschaftliches Wachstum über wettbewerbsfähige Unternehmen dargelegt werden. Die volkswirtschaftlichen Folgen der Wettbewerbsbeschränkungen sollten aufgearbeitet und analysiert werden. Notwendig ist die Entwicklung einer Wettbewerbskultur (Competition Advocacy).

❷ Den Parlamenten in EL sollte Hilfen für die Formulierung von Gesetzen zur Wettbewerbsbeschränkung und insbesondere ihrer Implementierung gegeben werden. Im Rahmen der UNCTAD sind diesbezüglich Vorleistungen erbracht worden. So wurden Arbeiten in Richtung allgemeiner Grundzüge für eine Wettbewerbsgesetzgebung begonnen, welches verschiedenen Ländern als Orientierungsrahmen dienen könnte.[251]

---

248 Zu den einzelnen Leitbildern der Wettbewerbspolitik vgl. MANTZAVINOS(1994); ebenso: HERDZINA(1993); grundlegend auch: BARTLING(1980).

249 Vgl. SCHMIDT/BINDER(1996).

250 Das Schwergewicht liegt bei der Beratung der Transformationsländer. Vgl. WANGEMANN(1994). Über Vermittlung und in Zusammenarbeit mit der UNCTAD werden Seminare ca. 2 mal im Jahr auch in EL angeboten, die eine Verstärkung der Wettbewerbsbehörden und eine Unterstützung der öffentlichen Meinung für eine effektive Wettbewerbspolitik zum Ziel haben.

251 UNCTAD(1996); UNCTAD(1995b).

- Erläuterung des Verhältnisses von Privatisierung und Wettbewerb. Es muß aufgezeigt werden, daß Privatisierung allein noch nicht zu Wettbewerb und Wettbewerbsfähigkeit führt. Eine Privatisierung staatlicher Unternehmen wirkt nur dann wohlstandsfördernd, wenn dieses privatisierte Unternehmen sich gleichzeitig im Wettbewerbsprozeß behaupten muß.
- Hilfen beim Aufbau von Wettbewerbsbehörden: Zur wirkungsvollen Implementierung der Gesetze gehören Überwachungsbehörden, wie in Deutschland das Bundeskartellamt. Den EL müssen Aufbauhilfen angeboten werden, um diese Behörden schlagkräftig zu machen. Neben Ausbildungsbeihilfen für das Personal von Wettbewerbsbehörden müssen EL darauf Wert legen, daß zur effektiven Implementierung der Wettbewerbsüberwachung <u>unabhängige</u> Wettbewerbsbehörden geschaffen werden müssen.

Die stärkere Vernetzung der Weltwirtschaft und der stärkere Wettbewerb von gesamten nationalen Systemen sowie der fortschreitende Einfluß von transnationalen Konzernen machen es notwendig, daß nationale Behörden in der Wettbewerbspolitik miteinander kooperieren, um grenzüberschreitende Wettbewerbswirkungen auf verbundenen Märkten durch international abgestimmte Wettbewerbspolitik zu behandeln.

Probleme ergeben sich dabei durch die unterschiedliche Ausgestaltung der wettbewerbspolitischen Regeln und Leitbilder, so daß Tatsachen, die in einem Land als Verstoß gegen den Wettbewerb angesehen werden, in einem anderen Lande akzeptiert sind. Eine starke Verflechtung der Wirtschaft führt dazu, daß nationale Behörden auf Informationen von Behörden anderer Staaten angewiesen sind. Eine <u>nationale</u> Wettbewerbspolitik führt nicht immer automatisch auch zu einer <u>internationalen</u> Wettbewerbsfähigkeit. Es kann zwischen beiden Bereichen ein Konflikt entstehen. Durch eine Reduzierung des binnenländischen Wettbewerbs über strategische Allianzen in einer bestimmten Branche kann die internationale Wettbewerbsfähigkeit der Wirtschaft eines Landes erhöht werden.

Auf einen möglichen Konflikt zwischen Wettbewerb und Wettbewerbsfähigkeit muß noch hingewiesen werden. Sollte der einheimische Markt so klein sein, daß „economies of scope and scale" nur durch Kartellbildung und Fusionen möglich sind um dadurch internationale Wettbewerbsfähigkeit zu erreichen, sind

Ausnahmen zu ermöglichen. Jedoch ist die empirische Evidenz, daß Fusionen Effizienzgewinne hervorbringen, gering. Zusätzliche Probleme für die Wettbewerbsintensität (i.S.v. Rivalität) ergeben sich auch durch internationale Fusionen, denen nur mit Investitionskontrollen begegnet werden kann.

Die Notwendigkeit einer Wettbewerbspolitik für EL kann nur dann überzeugend dargestellt werden, wenn auch IL die oben skizzierten Regeln der Wettbewerbspolitik praktizieren und insbesondere im internationalen Handelsbereich ihre protektionistischen Maßnahmen zu Lasten der Dritten Welt abbauen.

9 Steuerstruktur im Entwicklungsprozeß

Auch für EL gilt, daß die vom Staat zu erfüllenden *Aufgaben* mit nicht unerheblichen *Ausgaben* verbunden sind, die durch entsprechende *Einnahmen* finanziert werden müssen. Der Unterschied zwischen IL und EL liegt weniger in den Aufgaben und Zielen der Regierung, sondern in den Beschränkungen, denen sie sich bei der Aufgabenerfüllung gegenübersieht. Der unzureichende Organisationsgrad und das geringe faktische Durchsetzungsvermögen der Finanzverwaltung, die kaum ausgeprägte Erfahrung mit Steuern und Steuergesetzen, der Steuerwiderstand der Bevölkerung, ferner die spärliche Verbreitung von Buchhaltungskenntnissen sowie der niedrige Monetarisierungsgrad machen es vielen EL schwer, ein gleichermaßen effizientes Besteuerungssystem durchzusetzen wie in IL.

Der Staat hat die Möglichkeit, mit Hilfe von **Steuern** und sonstigen **Abgaben** seine Ausgaben zu finanzieren; er kann sich aber auch um andere Einnahmen bemühen wie Gewinne staatlicher Unternehmen,[252] oder Förderabgaben für Mineralien erheben. Die Möglichkeit, staatliche Ausgaben „über die Notenpresse" zu finanzieren (Vgl. Kap. 10) bzw. Schulden im Ausland aufzunehmen ist in der Praxis ebenfalls weit verbreitet.

Wir werden in diesem Kapitel nach einer kurzen Behandlung des Problems der inländischen Ressourcengenerierung die Möglichkeiten und Grenzen der Finanzpolitik, die Steuerstruktur in EL und schließlich die Steuerpolitik im Wandel der wirtschaftstheoretischen Erkenntnisse behandeln. Dabei ist festzustellen, daß die Regierungen die Steuersysteme entsprechend der jeweiligen Zielsysteme unterschiedlich ausrichten. Ziel der Steuerpolitik ist nicht nur die Einkommenserzielung (fiskalische Zielsetzung), in der Regel werden auch Ziele aus den Bereichen *Allokation*, *Distribution* und *Stabilisierung* berücksichtigt. Das Steueraufkommen soll in unseren Überlegungen jedoch im Vordergrund stehen.

[252] Ende des letzten Jahrhunderts hatte der preußische Staat bspw. einen großen Teil seiner Ausgaben über die Gewinne der staatlichen Eisenbahnen finanziert. Auch andere öffentliche Unternehmen waren damals profitabel.

9.1 Das Problem der inländischen Ressourcengenerierung

Die Teufelskreise der Kapitalknappheit wurden bereits in Kapitel 3 behandelt; viele EL sind durch chronischen Kapitalmangel gekennzeichnet. Die Armut der EL erlaubt es kaum, eigene Ersparnisse zu bilden. Die These wurde als nicht restlos schlüssig verworfen.[253] In diesem Kapitel soll es nun um staatliche Instrumente der inländischen Ressourcengenerierung gehen.

Bei der hohen Verschuldung der EL, verbunden mit chronischer Devisenknappheit, ist es einsichtig, daß eine sichere finanzielle Basis, die auf inländischen Ressourcen beruht, einer ausländischen Finanzierung vorzuziehen ist. Mit welchen Mitteln können solche Ressourcen gewonnen werden? Die sich hierfür anbietenden finanzpolitischen Möglichkeiten können von der *Ausgaben-* oder *Einnahmenseite* her betrachtet werden. Auch eine zunehmende Staatsverschuldung ist eine Möglichkeit für den Staat, Finanzmittel zu erhalten. Die Inflation ist eine Quasi-Steuer auf Finanzaktiva, die ebenfalls eingesetzt werden kann, wenn das vorhandene Steuersystem nur unzureichend in der Lage ist, die notwendigen Mittel einzutreiben und die Regierung das Haushaltsdefizit durch die Notenpresse alimentieren läßt.

In den siebziger Jahren ergab sich, bedingt durch die Erhöhung des Ölpreises seitens der OPEC und der damit verbundenen Einnahmen und ihrer Einlagen bei international tätigen Banken, eine hohe internationale Liquidität. EL hatten daher einen verhältnismäßig leichten Zugang zu ausländischen Krediten. Die internationale Verschuldungskrise hat den betroffenen EL gezeigt, daß sie auf inländische Ressourcen zurückgreifen müssen. Im Rahmen von Umschuldungsmaßnahmen gehörte zu den Reformpunkten des IWF auch eine Erhöhung der heimischen Steuereinnahmen.

Die staatlichen Einnahmen sollten verhältnismäßig stabil sein. Auch aus IL ist bekannt, daß die Steuereinnahmen im Verlauf des Konjunkturzyklus schwanken. Die ärmeren EL erfahren jedoch eine größere Instabilität ihrer **Steuereinnahmen**. So wurden z.B. von Marokko Mitte der 70er Jahre, als deutliche Preis-

[253] Für eine Betrachtung der Determinanten der Ersparnisbildung wird auf Kap. 4 verwiesen.

steigerungen für Primärgüterexporte die Steuereinnahmen kräftig ansteigen ließen, die Staatsausgaben massiv ausgeweitet. Als sich jedoch bei später wieder sinkenden Weltmarktpreisen auch die Steuereinnahmen reduzierten, bestätigte sich auch für dieses Land die Erkenntnis, daß Staatsausgaben leichter ausgedehnt als zurückgefahren werden können.[254] Insbesondere bei ärmeren EL beobachtet man eine große Instabilität ihrer Steuereinnahmen.[255] Ziel der Reformen des Steuersystems und der Steuerverwaltung ist die Erhöhung und Stabilisierung der Steuereinnahmen. Dabei müssen wir uns zuerst mit möglichen Bemessungsgrundlagen beschäftigen.

9.2 Möglichkeiten und Grenzen der Finanzpolitik

Die möglichen steuerlichen Einnahmequellen öffentlicher Haushalte in EL beruhen auf folgenden Steuerarten:

- **Steuern auf die Einkommens-Entstehung sowie auf das Vermögen**
  - Einkommensteuern (Einkommen natürlicher und juristischer Personen)
  - Steuern auf Vermögensbesitz (Grundsteuer, Vermögensteuer)
- **Steuern auf die Einkommens-Verwendung**
  - Spezielle Verbrauchsteuern, d.h. der Verbrauch von Gütern wie Tabak, Alkohol, Mineralöl gilt als Steuertatbestand
  - Allgemeine Verbrauchsteuer, d.h. Steuern auf den nationalen Handel (sie werden in der Regel als Umsatzsteuern bzw. Mehrwertsteuer (Value Added Tax) erhoben)
- **Zölle, d.h. Steuern auf den internationalen Handel** [256]

Die Möglichkeiten, in EL Steuereinnahmen zu erzielen, werden im wesentlichen von fünf Determinanten bestimmt:[257]

❶ Höhe des realen Einkommens,

❷ Ausmaß der Ungleichheit der Einkommensverteilung,

[254] Vgl. NEWBERY(1988), S. 180.
[255] Vgl. BLEANY(1995).
[256] Auf weitere Feinheiten der Steuersystematik (z.B. Steuern auf den Vermögensverkehr) wird hier verzichtet. In Kapitel 14 werden Steuern und Abgaben auf umweltrelevante Tatbestände behandelt.
[257] Vgl. TODARO(1994), S. 613.

❸ Produktionsstruktur bzw. relative Bedeutung der unterschiedlichen wirtschaftlichen Aktivitäten (Relevanz des Außenhandels, Bedeutung des modernen Sektors, Ausmaß ausländischer Direktinvestitionen, Gewicht des Subsistenzsektors),

❹ Gesellschaftliche Bedeutung (Machtposition) unterschiedlicher Gruppierungen von Wirtschaftssubjekten (Grundbesitzer, landlose Arbeitskräfte, gewerkschaftlich organisierte Facharbeiter, Kleinunternehmer etc.),

❺ Steuermoral, Steuerwiderstand bzw. Möglichkeiten der Wirtschaftssubjekte zu Ausweichreaktionen (z.B. Kapitalflucht, Migration etc.).

Das Schwergewicht der Steuern lag und liegt in den EL bei den Verbrauchsteuern; wegen der geringen Steuerzustimmung (Tax Compliance) in EL ist die Erhebung von Einkommensteuern schwierig. Hohe Steuersätze erbrachten geringe Steuereinnahmen. Steuerreformen, die seit Mitte der 80er Jahre angestrebt wurden, versuchten über eine Senkung der Spitzensteuersätze und eine Verbreiterung der Steuerbasis zu einer höheren Steuerquote zu gelangen. In diesem Zusammenhang ist die Steuerergiebigkeit (**Tax Buoyancy**) untersucht worden. Die Ergiebigkeit der Steuer stellt auf den gesamten Einnahmeeffekt einer Steuer ab.[258] Die Änderung des Steueraufkommens bei Variation der Bemessungsgrundlage (**built-in-flexibility**) wird mit der **Steueraufkommenselastizität** ($\varepsilon_{T,Y}$) gemessen. Für jede Steuerart sowie für das gesamte Steuersystem können Tax Buoyancy und Aufkommenselastizität ermittelt werden.

Für Tansania wurde für den Zeitraum 1979 - 89 eine gesamte Steuerelastizität von 0,8 und eine Buoyancy von 1 ermittelt. Bei Umsatzsteuern lag die Elastizität nur bei 0,7 und die Buoyancy in der Nähe von 1. Steuersatzänderungen führen also zu einer Erhöhung der Steuereinnahmen. Zölle hatten eine Elastizität von 1 und eine **Steuerbasiselastizität** (tax-to-base-elasticity) von 0,9, was auf eine hohe Effizienz bei der Steuererfassung hinweist. Die Buoyancy lag bei 1,3. Zollsatzänderungen haben also einen hohen Einnahmeeffekt für das Land.

[258] Die Tax Buoyancy gibt Auskunft über die Möglichkeiten, das Steueraufkommen (mit welchen Mitteln auch immer) zu erhöhen. Insbesondere kann es am politischen Willen der Regierung liegen, eine Erhöhung des Steueraufkommens auch durch Variationen der Steuersätze zu erreichen. Die Aufkommenselastizität gibt einen Hinweis auf die automatische Erhöhung des Steueraufkommens bei steigender Steuerbasis aber unveränderten Steuersätzen. Die Tax Buoyancy ermöglicht es also, quantitativ zu ermitteln, inwieweit insgesamt eine Erhöhung des Steueraufkommens in EL möglich ist.

Demzufolge hat der Zoll zu wenig zur Mobilisierung inländischer Ressourcen beigetragen.[259] Die Regierungen sind in der Lage, Steuereinnahmen zu erzielen, die bei Ländern mit niedrigem Einkommen im Durchschnitt ca. 16 % des BSP, bei Ländern mit mittlerem Einkommen 18,7% und bei Ländern mit hohem Einkommen ca. 29 % des BSP ausmachen.[260] Die **Steuerquote** ist somit in EL deutlich niedriger als in IL, in denen in der Regel knapp ein Drittel des BSP in Form von Steuereinnahmen an die öffentlichen Haushalte fließt.[261] *Im zeitraumübergreifenden Vergleich von durchschnittlichen (ungewichteten) Steuerquoten in EL und IL ergibt sich folgender empirische Befund:*

Tab. 9-1: Steuerquoten in EL und IL

Längsschnittanalyse 1980 / 1994 (N=103)	**Anteil der Steuereinnahmen am Volkseinkommen**	
Länder mit niedrigem und mittlerem Einkommen (N=80)	**1980**	**1994**
Mittelwert	**17,34 %**	**18,99 %**
Standardabweichung	7,71	7,92
Minimum	3% (Uganda)	2,6% (China)
Maximum	46,5% (Ungarn)	38% (Elfenbeinküste)
Länder mit hohem Einkommen (N=23)	**1980**	**1994**
Mittelwert	**27,26 %**	**29,22 %**
Standardabweichung	10,84	10,13
Minimum	2,3% (Kuwait)	1,3% (Kuwait)
Maximum	44,6% (Israel)	44,7% (Niederlande)

[Quelle: WEB(1996), Tab. 14, S. 248 f.; Berechnungen: *Eckhard Schulz*]

Hieraus können zum Niveau der Steuerquote vier Ergebnisse festgehalten werden:[262]

❶ Das Niveau der Besteuerung ist im Beobachtungszeitraum in allen Ländergruppen im Durchschnitt angestiegen.

❷ In Ländern mit hohem Einkommen ist die Steuerquote im (ungewichteten) Durchschnitt höher als in Ländern mit niedrigem PKE.[263]

---

259 Vgl. hierzu: MORRISSEY(1995).

260 Bei der Analyse von Daten aus dem Jahre 1994 wurden 18 Länder mit niedrigem Einkommen, 25 Länder mit mittlerem Einkommen und 23 Länder mit hohem Einkommen berücksichtigt. Datenquelle: WEB(1996), Tab. 14, S. 248 f.

261 Vgl. BURGESS/STERN(1993); insbesondere S. 819.

262 Als weiterer Einnahmeposten sind sog. „nichtsteuerliche Einnahmen" zu berücksichtigen.

❸ Der Abstand zwischen EL und IL beim relativen Steueraufkommen hat sich in dem Beobachtungszeitraum von 9,92 % auf 10,23 % leicht vergrößert.
❹ Die durchschnittliche jährliche Wachstumsrate der Steuerquote lag in den EL mit +0,49 % niedriger als in den IL mit +0,65 %.

EL-Regierungen verausgaben in Ländern mit niedrigem Einkommen jährlich durchschnittlich 27 % des BSP und 28,7 % in Ländern mit mittlerem Einkommen.[264] Permanent negative Finanzierungssalden resultieren aus Staatsausgaben, denen keine Deckung durch Einnahmen der öffentlichen Haushalte gegenüberstehen. Im Jahre 1994 entsprach in 40 betrachteten Ländern mit niedrigem und mittlerem Einkommen das Gesamtdefizit der öffentlichen Haushalte 2,38 % des BSP.[265] Möglichkeiten zur Verbesserung der Steuereinnahmen werden uns daher zuerst beschäftigen, bevor wir im nächsten Kapitel auf Möglichkeiten des „deficit spending" eingehen werden.

Das Hauptziel der Steuerreformen in EL liegt in der Erhöhung von **Staatseinnahmen**; Nebenziel der EL-Steuerpolitik ist das *steuern* von Verhaltensweisen der Wirtschaftssubjekte, was Konsum, Investition, Ersparnisbildung, Arbeitsangebot etc. angeht. Das Hauptaugenmerk wird im Folgenden auf die *Einnahmenpolitik* gerichtet.[266]

9.3 Die Steuerstruktur in den Entwicklungsländern

Grundsätzlich muß zwischen einer indirekten Besteuerung (Steuerschuldner und Steuerträger sind verschieden) und einer direkten Besteuerung (Steuerträger und Steuerschuldner sind identisch) unterschieden werden.[267] In der Steuerstatistik wird zwischen Steuern auf Einkommen, Gewinne und Kapitalgewinne, Inlands-

[263] Die in den Ländergruppen jeweils feststellbare Heterogenität findet ihren Niederschlag in Standardabweichung bzw. Bandbreite und reduziert die Stringenz der Aussage deutlich.

[264] Durchschnittswerte gemäß den im WEB(1995), Tab. 10, S. 206 f. enthaltenen Angaben; Berichtsjahr: 1993.

[265] Durchschnittswerte gemäß WEB(1996), Tab. 14, S. 248 f.

[266] Zu weiterreichenden Fragestellungen - etwa der Steuerinzidenz - sei auf die finanzwissenschaftliche Fachliteratur verwiesen.

[267] Die Abgrenzung von direkten und indirekten Steuern ist in der finanzwissenschaftlichen Literatur keineswegs unumstritten; zur Verwendbarkeit des Überwälzbarkeitskriteriums vgl. als locus classicus: FÖHL(1953/54), S. 88 ff.

steuern auf Güter und Dienstleistungen, Steuern auf Außenhandel und internationale Transaktionen sowie Sozialversicherungsbeiträgen unterschieden. Die staatlichen Einnahmen von EL zeigen im periodenübergreifenden Vergleich der 1972 - 1993 folgende Strukturen auf:

Tab. 9-2: Die Einnahmen ausgewählter Länder {1972/1989, 1980/1993}

Jahre	Steuern auf Einkommen		Sozialversicherungs-beiträge		Inlandssteuern auf Güter und Dienstleistungen		Außenhandelssteuern		Nichtsteuerliche Einnahmen		Gesamteinnahmen [in % des BIP]	
Jahre	**1972**	**1989**	**1972**	**1989**	**1972**	**1989**	**1972**	**1989**	**1972**	**1989**	**1972**	**1989**
Malawi	31,4	38,9	0	0	24,2	35,4	20	15,8	23,8	9,5	16,0	21,2
Nepal	4,1	11,7	0	0	26,5	36,1	36,7	30,5	13,7	16,2	5,2	9,5
Nigeria	43,0	44,2	0	0	26,3	6,4	17,5	16,4	13,0	47,4	9,4	15,7
Indien	21,3	13,5	0	0	44,5	35,5	20,1	26,7	13,2	23,9	10,2	15,4
Ghana	18,4	28,7	0	0	29,4	28,3	40,6	35,2	11,5	7,8	15,1	13,8
Peru	16,0	16,8	0	0	34,0	54,5	14,0	18,3	10,0	4,5	14,6	6,9
Ecuador	19,6	48,9	0	0	19,1	24,8	52,4	18,4	3,8	3,1	13,6	14,1
Türkei	30,8	43,3	0	0	31,0	29,5	14,6	6,3	17,5	17,7	20,6	19,0
Mexiko	37,3	35,8	18	10,5	32,2	56,7	13,6	8,0	6,8	8,2	10,1	15,8
Indonesein	45,5	55,9	0,0	0,0	22,8	24,5	17,6	5,6	10,6	8,3	13,4	18,4
Tunesien	15,9	12,9	7,1	11,1	31,6	20,1	21,8	27,9	15,7	22,8	23,6	32,1
Korea	29,0	34,8	0,7	4,4	41,7	32,4	10,7	10,9	12,6	12,2	13,1	18,1
Jahre	**1980**	**1993**	**1980**	**1993**	**1980**	**1993**	**1980**	**1993**	**1980**	**1993**	**1980**	**1993**
Nepal	5,5	9,9	0,0	0,0	36,8	36,7	33,2	30,8	16,2	17,1	7,8	9,6
Indien	18,3	18,7	0,0	0,0	42,5	32,1	22,0	24,9	16,6	23,9	11,7	14,4
Ghana	20,5	16,8	0,0	0,0	28,2	33,9	44,2	26,8	6,9	22,6	6,9	16,9
Simbabwe	46,2	44,4	0,0	0,0	27,9	26,3	4,4	19,0	20,2	9,3	24,4	31,8
Peru	25,9	18,3	0,0	0,0	37,2	52,3	27,1	11,0	7,7	13,8	17,9	10,8
Türkei	49,1	35,6	0,0	0,0	19,7	32,4	6,0	4,3	20,7	25,3	22,3	18,7
Tunesien	14,6	12,6	9,3	12,4	23,9	23,7	24,7	28,5	22,0	18,3	32,3	29,9
Indonesein	78,0	49,3	0,0	0,0	8,6	26,4	7,2	5,2	4,9	15,9	22,2	19,4
Korea	22,3	31,4	1,1	8,3	45,9	34,2	15,0	5,8	12,5	12,6	18,0	18,9

[Quelle: WEB(1995), Tab. 11, S. 208 f. und WEB(1991), S. 268 f.]

Die Tabelle zeigt, daß die **indirekten Steuern** (Inlandssteuern auf Güter und Dienstleistungen) häufig den größten Anteil der Staatseinnahmen ausmachen.

Auch sind die Steuern auf den Außenhandel i.d.R. fiskalisch bedeutender als die direkten Steuern. Sozialversicherungsbeiträge werden in EL kaum erhoben.

Dafür haben die sog. **„nicht-steuerlichen Einnahmen“** ein hohes Gewicht - diese Einkommensart des Staates hat zum Teil die gleiche quantitative Bedeutung wie die Steuern auf den Außenhandel.[268] In EL mit niedrigem Einkommen tragen die laufenden nicht-steuerlichen Einnahmen mit 19,73 % (1993) zum Staatshaushalt bei; in den Ländern mit mittlerem Einkommen sind es durchschnittlich 20,07 %, während in Ländern mit hohem Einkommen lediglich 15,23 % aus dieser Einnahmenart zu Buche schlagen.

Die **Steuern auf den internationalen Handel** (d.h. Zolleinnahmen) lagen bei den Ländern mit niedrigem und mittlerem Einkommen 1993 bei 34,68 %, bei den IL-Staaten bei durchschnittlich 1,52 %.

Generell läßt sich zur **Steuerstruktur** festhalten, daß in EL die direkten Steuern im allgemeinen niedriger liegen als in IL. Rd. zwei Drittel der Steuereinnahmen kommen in EL über indirekte Steuern, die ungefähr gleichmäßig zwischen inländischen Steuern und Außenhandelssteuern (Zölle) aufgeteilt sind. In IL werden hingegen zwei Drittel der Steuereinnahmen aus direkten Steuern erwirtschaftet. In IL fließen demgegenüber vergleichsweise hohe finanzielle Beiträge von den privaten Wirtschaftssubjekten an die Sozialversicherungsträger. In EL sind direkte Steuern sowie Sozialversicherungssysteme von nachrangiger Bedeutung. In vielen Ländern Afrikas südlich der Sahara werden keine Sozialversicherungsbeiträge erhoben. Anders ist die Situation bei asiatischen und lateinamerikanischen EL: Korea erreichte 1980 1,1%, 1992 5,3 % und 1993 8,3 % der Staatseinnahmen aus der Sozialversicherung, in Venezuela waren es 1993 6,6 % und in Brasilien sogar 28,6 %.[269]

---

[268] Zu den sog „nicht-steuerlichen Einnahmen zählen alle Einnahmen, die keine obligatorischen, nicht-rückzahlbaren Zahlungen für öffentliche Zwecke sind. (Unternehmereinkommen aus Staatsbetrieben, Verwaltungsgebühren, Bußgelder etc.) vgl. WEB(1996), S. 269.

[269] Das Land mit dem weltweit höchsten Sozialversicherungsbeitrag als Anteil an den Staatseinnahmen ist die Bundesrepublik Deutschland mit 46,2 % (1993); allerdings mit abnehmender Tendenz (1980 waren es noch 54,2 %), gefolgt von Frankreich mit 44,5 % (1993). Die Zahlenangaben stammen aus WEB(1995), Tab. 11, S. 208 f., bzw. WEB(1996), Tab. 14, S. 248 sowie eigene Berechnungen.

9.4 Entwicklungsfreundliche Steuerpolitik

Durch eine Steuererhebung werden Ressourcen dem Konsumbereich entzogen; gleichzeitig werden Investitionstätigkeit und Ersparnisbildung begünstigt. In EL wird dies mit Hilfe **indirekter Steuern** (Umsatz- und Verbrauchsteuern sowie Zölle) erreicht. Ein Steuersystem mit einem hohen Anteil indirekter Steuern würde diejenigen Wirtschaftssubjekte mit einer hohen Konsumneigung besteuern. Eine derartige Konsumsteuer in Form allgemeiner oder spezieller Verbrauchsteuern träfe aber die Armen relativ härter und hätte negative Auswirkungen auf Ernährung, Humankapital und damit langfristig auf das Arbeitspotential. Es muß also zwischen gesamtwirtschaftlicher Effizienz und Besteuerung nach dem Grundsatz der Leistungsfähigkeit und den daraus resultierenden Distributionswirkungen abgewogen werden.

Indirekte Steuern erhöhen den Preis für die dem Steuersatz unterworfenen Güter. In Abhängigkeit von den konkreten Angebots- und Nachfrageelastizitäten wird die Steuertraglast zwischen Konsument und Anbieter aufgeteilt. In der Finanztheorie wird eine Erhöhung der indirekten Steuer als eine Verschiebung der Angebotskurve nach oben dargestellt, weil der Anbieter die indirekte Steuer bezahlen muß.

Abb. 9-1: Wirkung einer Wertsteuer auf Preise und Mengen

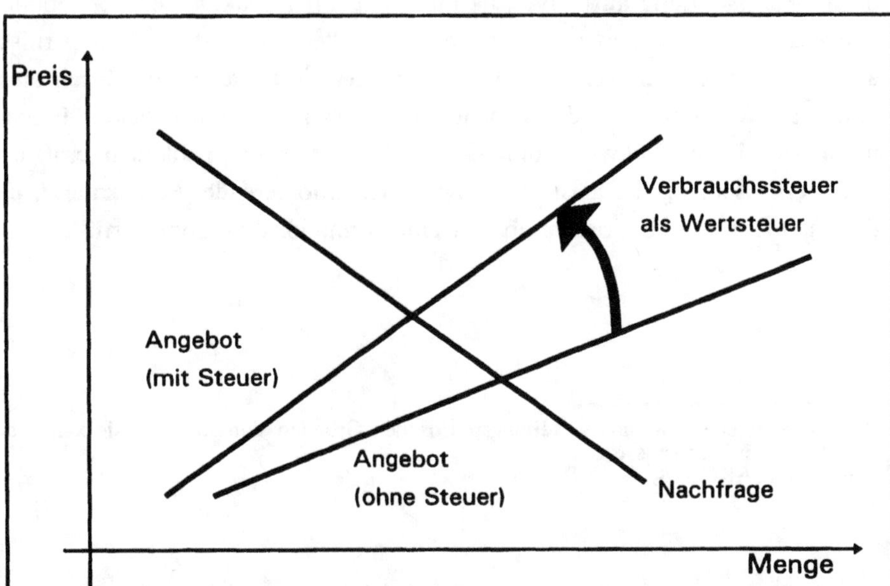

Eine **indirekte Steuer** führt zu einem Preisanstieg und auch zu einem Umsatzrückgang. Um Steuerumgehung durch Gütersubstitution zu vermeiden, müssen relevante Substitutionsgüter gleichermaßen besteuert werden.[270]

Welche Argumente sprechen für eine indirekte Besteuerung? [271]

❶ In EL geht das niedrige PKE üblicherweise mit einer hohen Konsumquote einher. Durch indirekte Besteuerung kann daher vergleichsweise einfach ein gewisses Steueraufkommen erzielt werden. Außerdem läßt sich der Subsistenzsektor anderweitig kaum steuerlich erfassen.

❷ Indirekte Steuern sind verwaltungsmäßig leicht zu handhaben, was bei der geringen Leistungsfähigkeit der Finanzverwaltung der EL von Bedeutung ist (Kosten der Steuererhebung) .

❸ Substitutionseffekte sind bei indirekter Besteuerung gering; die Alternativenwahl „Sparen versus Investieren" wird davon c.p. nicht betroffen.

❹ Indirekte Steuern können auch selektiv, d.h. mit unterschiedlichen Steuersätzen, die einzelne Konsumgütergruppen unterschiedlich belasten, erhoben werden und damit eine progressive Wirkung entfalten. Luxus- und Importgüter haben oft höhere Steuersätze, was sich positiv auf die Handelsbilanz auswirken kann. Allerdings wird damit oft eine Veränderung der Konsumgewohnheiten hervorgerufen.

❺ Indirekte Steuern wie z.B. allgemeine **Verbrauchsteuern** besteuern den Konsum. Die mit der Steuer verbundene Verteuerung der Konsumgüter macht die Ersparnisbildung attraktiver, da diese Form der Einkommensverwendung zunächst nicht versteuert wird; erst wenn in späteren Perioden die Ersparnisse aufgelöst und konsumiert werden, greift wieder die Besteuerung. Durch diese temporale Verschiebung der Besteuerung können Verbrauchsteuern Ersparnisse generieren, die wiederum größere Investitionsmöglichkeiten eröffnen. Die Voraussetzung dafür ist allerdings ein funktionierender Finanzmarkt, der die unter Abschnitt 5.2 beschriebenen Transformationsfunktionen erfüllt.

[270] Eine Luxussteuer mag aus verteilungspolitischen Gründen sinnvoll sein; sie kann aber zu Lasten der Ersparnisse gehen.

[271] Vgl. GHATAK(1978), S. 93 ff.

Welche Argumente sprechen gegen eine indirekte Besteuerung ?

❶ Indirekte Steuern wirken regressiv; sie treffen also vornehmlich die Armen. Trotz der Möglichkeit, Luxusgüter höher zu besteuern als etwa Grundnahrungsmittel, ergäbe sich keine wesentliche Änderung der Vermögens- und Einkommensverteilung in Richtung größerer Gleichheit.

❷ Indirekte Steuern verzerren je nach Ausgestaltungsweise die Produktions- und Nachfragestruktur und führen zu einem Verlust an Konsumenten- bzw. Produzentenrente.

❸ Die Investitionsstruktur kann vor allem bei spezifischen Verbrauchsteuern negativ beeinflußt werden. Hohe Steuern auf Luxusimporte erhöhen den Zollschutz für die inländische Produktion, was c.p. zu erhöhten Investitionen in der Luxusgüterproduktion führen kann. Sie entfalten somit nicht die sozial erwünschte Wirkung im Bereich der Massenproduktion (Bedürfnisbefriedigung der Armen); vielmehr gehen hiermit negative Allokationsverzerrungen in der Produktionsstruktur einher.

❹ Exportsteuern erschweren die internationale Wettbewerbsfähigkeit der Exportindustrie der EL.[272]

Trotz dieser negativen Aspekte wird die indirekte Steuer wegen ihrer hohen Steuerelastizität, dem Einnahmeeffekt und der administrativen Einfachheit für die meisten EL weiterhin eine wesentliche Einnahmequelle bleiben. Viele EL haben in den letzten Jahren eine **Mehrwertsteuer** eingeführt. Wegen der hohen Analphabetenquote und der geringen Steuermoral und dem je nach der Industriestruktur hohen administrativen Aufwand wird eine Mehrwertsteuer wohl nicht für alle EL in Frage kommen und insbesondere im informellen Sektor auf erhebliche Widerstände stoßen.

Welche Möglichkeiten bzw. Grenzen ergeben sich für den Einsatz von direkten Steuern in EL?

Indirekte Steuern begünstigen im Gegensatz zu direkten Steuern die nichtkonsumtive Einkommensverwendung (Ersparnisbildung); die indirekten Steuern wirken jedoch tendenziell *regressiv*, d.h. die weniger leistungsfähigen Wirtschaftssubjekte müssen bei vergleichbaren Konsumschemata einen höheren

[272] Diese Steuerart findet in der Praxis nur selten Anwendung.

Anteil ihres verfügbaren Einkommens in Form von Verbrauchsteuern abführen. Eine Vermeidung dieses Verteilungseffektes führt zu einem unelastischen Steueraufkommen, d.h. es wächst bei steigendem Volkseinkommen unterproportional ($\varepsilon_{T,Y} < 1$). Deshalb ist es erforderlich, die indirekte Steuer durch ein System wachstumselastischer direkter Steuern zu ergänzen, wodurch Konsum und Ersparnisse bzw. Einkommensentstehung und -verwendung insgesamt gleichmäßig besteuert würden.

Die Erhebung direkter Steuern wirft jedoch große administrative Probleme auf. Die Erhebungskosten sind entsprechend den erhöhten Anforderungen an die Steuerverwaltung relativ hoch. Um den relativen Rückgang des indirekten Steueraufkommens auszugleichen, muß die Aufkommenselastizität der direkten Steuer größer als eins sein, damit die Steuerlastquote im Zeitablauf nicht sinkt. Vorzuschlagen ist eine progressive Einkommensteuer, deren Aufkommen mit steigender wirtschaftlicher Leistung wächst.

Um eine Besteuerung des Einkommens effizient durchführen zu können, müssen folgende Voraussetzungen erfüllt sein:

❶ Die Volkswirtschaft muß überwiegend monetarisiert sein.
❷ Die Alphabetisierungsrate unter den Steuerzahlern muß hoch sein.
❸ Buchhaltungskenntnisse müssen weit verbreitet und Buchhaltungsunterlagen ehrlich und verläßlich geführt werden und einer externen Überprüfung standhalten können .
❹ Steuerzahler müssen zu Art und Umfang der Besteuerung zustimmen (tax compliance).
❺ Steuern dürfen nicht als Bedrohung der individuellen Position aufgefaßt werden.
❻ Eine effiziente Steuerverwaltung muß vorhanden sein, die verläßlich und ohne Korruption arbeitet.

Diese Rahmenbedingungen sind in den meisten EL kaum gegeben. Die administrativen Schwierigkeiten in EL führen dazu, daß nur ein geringer Teil der Bevölkerung der Einkommensteuerpflicht unterliegt.[273] Deshalb sind spezifische

[273] Hierzu einige Beispiele aus der Vergangenheit: UN-Ermittlungen ergaben für 1955 folgende Steuerzahlen bzgl. der Steuerextensität: In Argentinien unterlagen 1,5 %, in

Einkommensteuern vorgeschlagen worden, wie die begrenzte und die beschränkte Einkommensteuer. Das Ziel der **begrenzten Einkommensteuer** ist es, die Besteuerung erst bei hohem Einkommen einsetzen zu lassen. Dies kann durch hohe *Freibeträge* bzw. allgemeiner durch die Ausgestaltung des *Tarifs* erreicht werden. Schwierigkeiten ergeben sich bei der Feststellung der potentiellen Steuerzahler. Veranlagungs- und Erhebungsschwierigkeiten werden kaum zu überwinden sein. Leichter durchführbar ist die **beschränkte Einkommensteuer**. Hier werden *Steuertatbestand* und seine *Bemessungsgrundlage* auf einfache Fälle reduziert. Solche Steuern können in Grundsteuern (Besteuern der Einkünfte aus Grund und Boden)[274] sowie Kapitalertragssteuern (Besteuerung der Einkünfte aus Kapitalanlagen; z.B. Industriebesitz) bestehen.

Als die wichtigsten direkten Steuern der EL gelten Einkommen-, Körperschaft-, Grund- und Vermögensteuer. Bei der Vermögen-, Körperschaft- und Einkommensteuer ergeben sich bei hohen marginalen Steuersätzen sog. **Disincentive-Effekte**: Es wird weniger gespart und ausländische Direktinvestitionen werden erschwert. Um Steuermoral und -basis zu erhöhen, sind in den letzten Jahren in vielen EL Steuerreformen durchgeführt worden. So sind Steuersätze gesenkt, die Steuerbasis erhöht und Ausweichmöglichkeiten reduziert worden.[275]

Wie ist die Erhebung einer Grundsteuer zu beurteilen, wenn die Zielsetzung verfolgt wird, einen "economic surplus" im landwirtschaftlichen Bereich zu mobilisieren?

Für die Erhebung einer Grundsteuer sprechen:[276]

❶ Während andere Einkunftsarten z.T. verschleiert werden können, kann Landbesitz kaum verborgen werden, so daß die Festsetzung der Steuergrundlagen

Chile, Kolumbien und Venezuela 0,9 %, in Sri Lanka 0,6 %, in Brasilien und Indien 0,5 % und in Peru 0,05 % der Bevölkerung progressiven Steuern. In Indien wurde im Haushaltsjahr 1957/58 mehr als die Hälfte der Einkommensteuer von nur 7'000 Personen aufgebracht - bei einer damaligen Bevölkerung von 600 Mio Einwohnern.

274 Der Begriff Grundsteuer wird in der entwicklungspolitischen Literatur anders als in der finanzwissenschaftlichen Diskussion verwendet. In IL sind Grundsteuern Steuern auf Vermögensbestände, hier im speziellen auf das Vermögen Boden. In EL werden unter Grundsteuern auch solche gefaßt, die den Ertrag aus dem Vermögen (hier Boden) besteuern. Die Unterscheidung in Substanz- und Ertragsteuern wird nicht vorgenommen.

275 Vgl. auch JENKINS(1991).

276 Vgl. GHATAK(1978), S. 92 f.

einfacher ist als bei der Einkommensteuer, bei der gewisse Spielräume bei der Deklaration von Einkünften vorhanden sind.

❷ Eine hohe Kapitalertragsteuer kann zur Kapitalflucht ins Ausland führen. Eine Grundsteuer kann nicht bewirken, daß Grund und Boden ins Ausland transferiert werden.

❸ Die Grundsteuer kann durch Steuersatzdifferenzierung nach der konkreten Nutzungsart (Brachland, Subsistenzlandwirtschaft, Plantagenbau, Gewerbegrundstücke, Wohnbebauung etc.) erhoben werden. Zusätzlich ist durch Steuersatzdifferenzierung eine Beeinflussung der Nutzung des Landes möglich (intensivere oder extensivere Bodennutzung).

❹ Im Vergleich zu anderen Kapitalgütern ist Grund und Boden in EL von relativ großer Bedeutung. Eine Grundsteuer in EL setzt an einer relativ breiten Bemessungsgrundlage an.

❺ Vom Verteilungsstandpunkt her gesehen ist ein Verkauf von Grund und Boden von Großgrundbesitzern wünschenswert, was erreicht werden kann, wenn die Grundsteuer progressiv gestaltet wird. Der Übergang von Grundbesitz sollte dabei nicht besteuert werden.

❻ Nimmt die Produktivität des Landes mit wachsender Größe ab, ist eine Umverteilung auf kleinere Areale auch aus Effizienzgründen wünschenswert. Kleinbauern arbeiten arbeitsintensiver als Großbauern, so daß positive Beschäftigungseffekte zu erwarten sind.

❼ In einer Subsistenzwirtschaft kann eine Grundsteuer die Monetarisierung der Volkswirtschaft fördern.

<u>Gegen die Erhebung einer Grundsteuer sprechen die folgenden Argumente:</u>

❶ Es bestehen nur selten formelle Eigentumsrechte für Grundstücke (fehlende Katasterämter, keine Grundbücher). Da die Eigentumsverhältnisse schwierig zu ermitteln sind, kann die Feststellung der Bemessungsgrundlage zu einem administrativen Problem werden.

❷ Die geeignete Bewertungsgrundlage ist nicht unumstritten: Soll die Grundsteuer am Output, an der Produktivität oder am Kapitalverkehrswert ansetzen? Bodenerträge mögen nicht ausreichen, um die Steuerzahlungen bestreiten zu können.

❸ Eine proportionale Pro-Hektar-Steuer würde Produktivitäts- bzw. Fruchtbarkeitsunterschiede ignorieren. Tendenziell könnte sich ein geringes Steueraufkommen ergeben, wenn bei einer pauschalen Besteuerung die Richtsätze „nach dem schwächsten Kettenglied", d.h. entsprechend den Gegebenheiten unproduktiver Betriebe ausgerichtet würden.

❹ Die politische Bedeutung der Landbesitzer erschwert die Erhebung einer Grundsteuer.

Ein Abwägen dieser Argumente kann dennoch für den Ausbau der Grundsteuer in vielen EL sprechen. Verschiedene Länder haben tatsächlich eine differenzierte Form der Grundsteuer eingeführt: In Nicaragua wurde sie in Abhängigkeit von der Bodenfruchtbarkeit erhoben. In Honduras und Guatemala wird ungenutztes Land stärker besteuert als genutztes. Die Ergebnisse der „Grünen Revolution" haben in manchen Teilen der EL den Wert des Grund und Bodens erhöht. Bedenkt man die geringe Steuerbasis bei der direkten Einkommensteuer und die gestiegenen Gewinne und Einkünfte aus landwirtschaftlichem Vermögen, ist es nicht nur vom Standpunkt der Effizienz, sondern auch von dem der Gerechtigkeit verständlich, wenn die Gewinner der „Grünen Revolution" stärker besteuert werden.

9.5 Neuere Aspekte der Steuerpolitik in Entwicklungsländern

Steuerstruktur und Steuereffizienz in EL sind oftmals untersucht worden, wobei die nachfolgend dargestellten Befunde erwähnt werden sollen:[277] DUE[278] hat schon 1970 auf die relativ große Bedeutung indirekter Steuern in EL hingewiesen. In einer Studie von BIRD[279] werden diese Daten im großen und ganzen für 1983 bestätigt. 56 von 95 EL bezogen mehr als 50% der gesamten Staatseinnahmen aus indirekten Steuern. Von 39 untersuchten EL Afrikas erhoben 28 Länder indirekte Steuern und erzielten damit über 50 % ihrer Einnahmen; in 20 Ländern wies die **Außenhandelssteuer** einen Anteil an den Staatseinnahmen von über 30 % auf. Die Steuern auf den Außenhandel werden auch weiterhin für die EL von großer Bedeutung bleiben; allerdings wurde mittlerweile in vielen EL eine Mehrwertsteuer eingeführt, wodurch sich die Steuerstruktur verändert.

[277] Vgl. BIRD(1987), SHOUP(1988), MANSFIELD(1988), SICAT/VIRMANI(1988).
[278] Vgl. DUE(1970).
[279] Vgl. BIRD(1987), S. 1151 ff.

MUSGRAVEs Aussage, daß der Grad der fiskalischen Abhängigkeit von Steuern auf den Außenhandel hoch mit dem Grad der wirtschaftlichen Entwicklung korreliert ist, ist grundsätzlich auch heute noch richtig.[280] Von BIRD wurde die Bedeutung einer allgemeinen Umsatzsteuer im Vergleich zu selektiven Steuern untersucht. Die undifferenzierte Behauptung, daß Einkommensteuern „besser" seien als Umsatzsteuern und daß eine spezielle Verbrauchsteuer (z.B. auf Lebensmittel) jeweils regressiv sei, ist heute nicht mehr haltbar. Empirische Studien zeigen, daß es von der konkreten Ausgestaltung der Umsatzsteuer abhängt, ob sie verteilungspolitisch bedenklich ist. Tabak- und Alkoholsteuern wirken nur regressiv gegenüber Rauchern und Alkoholkonsumenten. In vielen EL sind Lebensmittel von der Umsatzsteuer befreit oder zumindest einem reduzierten Steuersatz unterworfen, so daß in einigen Fällen eine Umsatzsteuer sogar progressiv wirken kann.

SHOUP[281] weist darauf hin, daß vor 30 Jahren noch kein einziges EL eine **Mehrwertsteuer** kannte. Heute werden in über 70 Länder Mehrwertsteuern erhoben und als eine wesentliche Einnahmeart geschätzt. Er führt ferner aus, daß die Mehrwertsteuer für Länder, die bestimmte Eigenschaften erfüllen (bei denen der Außenhandel eine geringere Rolle spielt, in welchen der Anteil der Subsistenzlandwirtschaft hoch ist, in welchen der Handel fragmentiert ist, in denen es kaum eine vertikale Integration von Produzenten, Händlern und Großhändlern gibt, in denen eine Diskriminierung gegen Investitionsgüter keine Rolle spielt, in welchen Buchführungskenntnisse kaum vorhanden sind, und die noch keine effiziente Steuerverwaltung haben), nicht geeignet ist. In solchen Ländern mag eine einfache Allphasen-Umsatzsteuer der Mehrwertsteuer vorzuziehen sein.

MANSFIELD[282] betont, daß das **Steuersystem** der EL in der Theorie dem der IL ähnelt. In der Praxis gibt es jedoch einen großen Unterschied zwischen den Steuergesetzen und ihrer Anwendung. Die meisten EL besteuern in Wirklichkeit bevorzugt diejenigen Tatbestände, die einfach zu verwalten sind. Das typische Steuersystem der EL muß unter den Aspekten der Stabilisierung, Allokationseffizienz und Distribution reformiert werden. Die Steuerbasis (Bemessungs-

[280] Vgl. MUSGRAVE(1969).
[281] Vgl. SHOUP(1988).
[282] Vgl. MANSFIELD(1988).

grundlage) ist oft zu eng gefaßt. Es gibt viele Ausnahmen zur Steuerpflicht; die Besteuerung ist oft ein Zufallsprodukt. Die persönliche Einkommensteuer ist hauptsächlich eine Steuer auf Lohneinkommen im formellen Sektor, die den traditionellen Bereich vernachlässigt. Einkünfte aus selbständiger Arbeit werden kaum erfaßt, da selten Grundsätze ordnungsmäßiger Buchführung beachtet werden. Die hohe Abhängigkeit von Steuern auf den Außenhandel ist aus stabilitätspolitischen Gründen ebenfalls bedenklich.

Nach dem Zweiten Weltkrieg, als viele ehemaligen Kolonien selbständige Staaten wurden, wollten ausländische Ratgeber den EL beim Aufbau von Steuerverwaltungen helfen. Anfänglich ging man davon aus, daß die Landwirtschaft besteuert, sowie der Konsum reduziert werden müsse, um Ersparnisse zu generieren. Nach dem zweiten Ölpreisschock (1979/80) begann man damit, Staatsunternehmen zu privatisieren und die negativen Anreizeffekte hoher Steuern zu berücksichtigen. Ökonomische Effizienz und Verschwendung im öffentlichen Bereich waren die wesentlichen Kritikpunkte.[283] Bis Mitte der siebziger Jahre wurde eine progressive Steuer angestrebt, um die bestehende Ungleichheit in Einkommen und Vermögen zu reduzieren. Heute zielt man eher auf eine proportionale Steuer, bei welcher die Ärmsten von den regressiv wirkenden indirekten Steuern verschont werden. Als ideale Steuer wurde lange Zeit die Einkommensteuer (als „Königin der Steuern" bezeichnet) angesehen. Die Enttäuschung über die negativen Erfahrungen mit der Einkommensteuer haben dazu geführt, daß man ab den achtziger Jahren für niedrigere Steuersätze optierte. Eine allgemeine **progressive Einkommensteuer** würde nur zu einer milden Progression für Lohneinkommen im modernen Sektor führen.

Generell kann man sagen, daß die Art der Steuererhebung einen aussagekräftigen Indikator der wirtschaftlichen Entwicklung eines Landes darstellt. Viele Beraterdelegationen vom IMF mußten erfahren, daß ihre Steuervorschläge nicht bzw. nur unzureichend realisierbar waren. Die aufstrebenden Staaten der Dritten Welt waren allerdings in der Lage, ihre eigenen Steuerverwaltungen aufzubauen. Technische Hilfe ist nur für die Niedrig-Einkommensländer in Asien und Afrika

[283] Vgl. GOODE(1993).

notwendig. Heute werden EL ähnliche Steuerreformvorschläge wie IL unterbreitet.

MENCK weist am Beispiel eines fortgeschrittenen Landes auf die Rolle der **Unternehmensbesteuerung** für die Investitionstätigkeit hin:[284] In Singapur hob sich der Anteil der Investitionen am BSP von den Werten anderer EL deutlich ab; ursächlich hierfür war eine Steuerpolitik, die die Bildung von Sachkapital massiv förderte (Economic Expansion Incentives). Sog. „Pionierunternehmen“, die für die ökonomische Entwicklung Singapurs einen besonderen Beitrag leisten, sind für fünf Jahre vollständig von der Einkommensteuer befreit; danach gelten vergleichsweise moderate Steuersätze. Obwohl weithin bekannt ist, daß Steuern nicht die Hauptdeterminante von Investitionsentscheidungen darstellen, so ist für viele - insbesondere nicht-asiatische - EL im Bereich investitionsfreundlicher Besteuerungssysteme noch ein „gewisser“ Verbesserungsbedarf festzustellen.

9.6 Auswirkungen der Besteuerung auf die ökonomische Entwicklung

Zwischen der ökonomischen Entwicklung und der Steuererhebung bestehen vielfältige Interdependenzen; z.B. durch:

- Ressourcentransfer vom privaten zum öffentlichen Sektor,
- positive bzw. negative Leistungsanreize,
- Überwälzung der Steuerlast,
- Entscheidungen über Konsum oder Ersparnisbildung bzw. Investition,
- Entscheidungen über die angebotene Arbeitsmenge,
- Einfluß auf die internationale Wettbewerbsfähigkeit etc.

Welche EL-spezifischen Anforderungen müssen bei der Ausgestaltung des Steuersystems bzw. einzelner Steuerarten beachtet werden, um dem Prozeß der ökonomischen Entwicklung nicht abträglich zu sein ?[285]

---

[284] Vgl. MENCK(1990), S. 49 - 54.
[285] Vgl. NEWBERY(1988), S. 175 ff. sowie MUSGRAVE(1988).

9.6.1 Besteuerung der nicht-agrarischen Primärgüterproduktion

Bei der Besteuerung der Produktion mineralischer Rohstoffe sind vor allem ausländische Investoren oder Staatsunternehmen betroffen. Eine Besteuerung der Primärgüterindustrie hätte somit negative Anreizwirkungen für ausländische Direktinvestitionen (FDI) zur Folge, was dem entwicklungsförderlichen Zufluß von ausländischem Kapital sowie Know-how abträglich wäre. Die Auswirkungen auf die internationale Wettbewerbsfähigkeit sind zu beachten. Auch die fiskalische Zielsetzung - je nach Ausgestaltung - wird nur sehr unbefriedigend erfüllt: Bei einer Besteuerung des Exportwertes sind die stark schwankenden Weltmarktpreise ursächlich für unstetige Steuereinnahmen. Z.B. trug in Papua-Neuguinea die stark weltmarktpreisabhängige Besteuerung des Exportgutes Kupfer zeitweilig bis zu rd. einem Drittel zu den gesamten Staatseinnahmen bei. Das Problem der schwankenden Haushaltsmittel wurde nur gemildert durch einen eigens für Papua-Neuguinea geschaffenen Buffer-Fund, aus dem in einem Haushaltsjahr maximal das durchschnittliche Steuervolumen vorhergehender Jahre an den Staatshaushalt überführt wurden.[286]

9.6.2 Steuererhebung im Bereich der Agrarwirtschaft

In der jüngeren Diskussion[287] spielt vor allem die bereits oben thematisierte Gundsteuer eine Rolle, bei welcher der durch ein preisunelastisches Angebot gekennzeichnete Produktionsfaktor Boden besteuert wird, ohne daß aufgrund der gegebenen Faktorimmobilität mit Ausweichreaktionen (wie sie etwa bei der Besteuerung von Finanzkapital bekannt sind) zu rechnen wäre.

Trotz der fiskalischen Vorteile wie Ergiebigkeit und Stetigkeit der Grundsteuer sind die typischen Nebenwirkungen zu beachten: Mit der Verteuerung des landwirtschaftlichen Outputs (Grundnahrungsmittel für den Binnenmarkt) werden insbesondere die armen urbanen Bevölkerungsschichten[288] mit einer Konsum-

---

[286] Vgl. NEWBERY(1988), S. 175 ff.

[287] Vgl. HOGENDORN(1992), S. 116, AHMAD/STERN(1991), S. 255 ff., GOODE(1984), S. 136 ff. sowie MUSGRAVE(1988), S. 261 ff.

[288] Ausgenommen von der Besteuerung sind Bereiche der Selbstversorgung mit Grundnahrungsmitteln im Subsistenzbereich.

quote nahe eins betroffen, deren Bedarf hauptsächlich aus heimischer Nahrungsmittelproduktion gedeckt wird; ferner sinkt die internationale Wettbewerbsfähigkeit der agrarischen Exportgüter, sofern die Grundsteuer zu Preiserhöhungen führt. Zu beachten ist zudem die relativ hohe Ungleichverteilung an Bodenbesitz, der in vielen EL insofern Probleme aufwirft, da die Eliten in agrarwirtschaftlich geprägten Gebieten ihren politischen Einfluß nutzen (Lobbyismus), um der Besteuerung von Großgrundbesitz und einer umverteilend wirkenden Ausgestaltung des Steuersystems Widerstand entgegenzusetzen.

Bei den Ausgestaltungsoptionen zeigt sich die Variantenvielfalt der Grundsteuer: z.T. findet sich ein linearer Tarif, bei dem der Grundbesitz einem Steuersatz pro Flächeneinheit unterworfen wird. Weit verbreitet sind auch progressive Tarife (in Abhängigkeit von der Betriebsgröße variierende Durchschnittssteuersätze), die im Regelfall Freibeträge aufweisen, wodurch Kleinbetriebe am Rande des Existenzminimums steuerlich bevorzugt werden sollen. Neben einer Flächensteuer, die keine Rücksicht auf die Bodennutzung nimmt und gewisse Anforderungen an die Verwaltung (Führung eines Katasterregisters) stellt, gibt es auch Ausgestaltungsmöglichkeiten, die am Ertragswert des Grundbesitzes ansetzen: zum einen kann der Brutto-Produktionswert der Agrarproduktion herangezogen werden; daneben gibt es die Möglichkeit, Steuern auf vermarktete Agrargüter (cash crops wie Tee, Kaffee, Baumwolle etc.) zu erheben. Analog obiger Ausführungen zum Verlust an internationaler Wettbewerbsfähigkeit sind auch hier negative Auswirkungen für die Produzenten zu erwarten (Absatzrückgang). Schließlich ist mit einem entwicklungsschädlichen Verlust an Arbeitsplätzen im Agrarsektor zu rechnen, sofern die Erhebung einer Grundsteuer zur Umwandlung von Anbauflächen in Brachland führt.

9.6.3 Besonderheiten der Besteuerung in dualistisch geprägten Wirtschaftsstrukturen

Die verwaltungstechnische Durchführbarkeit der Besteuerung ist im informellen Sektor i.d.R. nicht gegeben, da im Bereich der „Schattenwirtschaft" per se die Steuereintreibung an Grenzen der Praktikabilität stößt (Analphabetismus der

Steuerpflichtigen, bewußte Steuerhinterziehung[289] sowie Unmöglichkeit der Ermittlung von Bemessungsgrundlagen im Bereich der ländlichen Subsistenzwirtschaft). Die für viele EL typische **dualistische Wirtschaftsstruktur** hat einerseits Auswirkungen auf das gesamte Steuersystem und wird andererseits selbst durch das Steuersystem geprägt bzw. verfestigt. Die Interdependenzen zwischen der dualistischen Struktur und dem Steuerwesen sollen anhand eines Zwei-Sektoren-Modells aufgezeigt werden:[290]

Auf dem Arbeitsmarkt kann das Ausmaß der Marktsegmentation bei Beschäftigungsverhältnissen im formellen bzw. im informellen Sektor durch Steuern auf Lohneinkommen von unausgebildeten Arbeitskräften beeinflußt werden, da diese Gruppe von Arbeitnehmern sowohl im informellen als auch im formellen Sektor Beschäftigungsmöglichkeiten nutzen kann (hohe intersektorale Mobilität), während die Gruppe der höher qualifizierten Arbeitskräfte Beschäftigungsverhältnisse im formellen Sektor sucht. Es wird angenommen, daß die nominalen Lohnsätze (w) dem Grenzprodukt der Arbeit (GPA) entsprechen und daß die (unausgebildeten) Arbeitskräfte ihre Entscheidung, ob sie im formellen oder informellen Sektor arbeiten ausschließlich von der Höhe ihres Lohneinkommens nach Steuern abhängig machen. Die Funktionen D^I bzw. D^F repräsentieren die Nachfrage nach Beschäftigungsverhältnissen mit niedrigem Qualifikationsniveau im informellen bzw. formellen Bereich. Der geknickte Funktionsverlauf der Arbeitsnachfrage im formellen Sektor (D^F) ergibt sich aus der Tatsache, daß nur dann Beschäftigungsverhältnisse im formellen Bereich realisiert werden, wenn der erzielbare Netto-Lohnsatz höher ist als derjenige im informellen Bereich.

(Siehe: Abb. 9-2.)

289 Vgl. weiterführend: AHMAD/STERN(1989), S. 1030 und insbesondere 1033 ff.
290 Vgl. NEWBERY(1988), S. 175 ff.

Abb. 9-2: Intersektorale Auswirkung einer Steuer auf Lohneinkommen

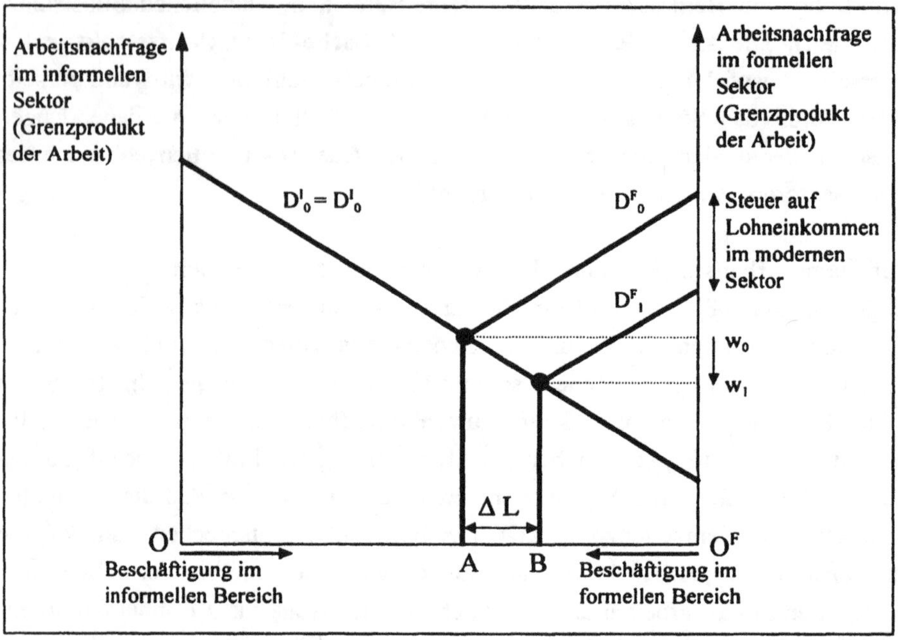

In der Ausgangslage ergäbe sich bei einem Nach-Steuern-Lohnsatz w_0 ein Arbeitseinsatz von O^IA im informellen bzw. von O^FA im formellen Sektor. Von der Möglichkeit der Arbeitslosigkeit wird hierbei abstrahiert, was der Tatsache Rechnung trägt, daß in Ländern mit Arbeitslosenversicherung kaum offene Arbeitslosigkeit festzustellen ist. Der informelle Sektor muß die ansonsten Arbeitslosen auffangen. Wird nun eine Steuer auf die Lohneinkommen der im modernen Sektor Beschäftigten erhoben, so sinkt der Nach-Steuern-Lohnsatz auf w_1; die Beschäftigung geht im formellen Sektor um ΔL auf O^FB zurück, während der informelle Sektor notwendigerweise eine Ausweitung um ΔL auf O^IB erfährt. Da im informellen Sektor eine höhere Arbeitsintensität als im modernen Sektor anzutreffen ist, führt die beschriebene Umalloziierung von Arbeitskräften zu einer Abnahme der gesamtwirtschaftlichen Produktionseffizienz (c.p.), da der Grenznutzen der Arbeitskraft im formellen Sektor höher ist als im informellen Bereich. Diese beschäftigungspolitische Nebenwirkung der indirekten Besteuerung ist unter entwicklungsökonomischen Aspekten jedoch nicht wünschenswert.

10 Geld- und Stabilisierungspolitik

Auch in der Dritten Welt hat der Staat erhebliche Mittel aufzuwenden, um seine gesellschaftlichen Aufgaben zu erfüllen. In Kapitel 9 haben wir gesehen, wie schmal die Steuerbasis in EL beschaffen ist. Insbesondere zu Beginn des Entwicklungsprozesses sind hohe staatliche Ausgaben erforderlich, z.B. im Bereich der Infrastruktur, die kaum durch heimische Steuereinnahmen gedeckt werden können. Der Staat muß bei hohen Ausgaben und geringen Steuereinnahmen ein hohes staatliches Defizit in Kauf nehmen, welches prinzipiell über Kapitalmärkte finanziert werden könnte. Diese sind in vielen EL jedoch nur rudimentär vorhanden, weshalb das Staatsdefizit oft über die Schaffung von Zentralbankgeld alimentiert wird. Die damit verbundenen Inflationsgefahren sind offensichtlich. In den EL lag die **Inflationsrate** im Durchschnitt der Jahre 1978 - 87 bei 27,4 %. 1990 betrug sie für alle EL 61,8 %. Bis 1995 konnte sie auf durchschnittlich 19,8 % zurückgeführt werden. Insbesondere von Strukturalisten ist behauptet worden, daß zumindest moderate Inflationsraten den Wachstums- und Entwicklungsprozeß fördern würden. Dagegen hat sich weit Ende der 80er Jahre zunehmend die Auffassung durchgesetzt, daß Inflationen den Wachstumsprozeß behindern; vereinzelt kam es deshalb zu Stabilisierungsbemühungen, die jedoch nicht immer erfolgreich waren.

In diesem Kapitel werden wir uns zuerst mit den Staatsausgaben und ihrer Wirkungsweise in EL beschäftigen, dann werden wir uns mit dem Problem der Finanzierung des Wachstumsprozesses über die Geldpolitik auseinandersetzen und anschließend analysieren, inwieweit eine Inflation ein Entwicklungshemmnis darstellt oder zur Überwindung struktureller Engpässe dienen kann. Abschließend werden wir uns mit den Möglichkeiten einer Stabilisierungspolitik in EL beschäftigen und die Notwendigkeit einer unabhängigen Zentralbank zum Erreichen des geldpolitischen Zieles herausarbeiten.

10.1 Deficit Spending und Staatsverschuldung im Entwicklungsprozeß

Bisher haben wir uns nur mit der Einnahmenseite der Finanzpolitik beschäftigt. Der Staat kann aber auch als sparende und investierende Einheit angesehen werden. Wegen der vorliegenden Interdependenzen zwischen privater Ersparnis und staatlicher Steuererhebung sind positive gesamtwirtschaftliche Spareffekte nicht eindeutig zu erwarten; die Nettoauswirkungen auf das Wachstum sind unbestimmt. Die Regierung kann auch bei konstanten Einnahmen durch eine reine Umstrukturierung **öffentlicher Ausgaben** (Transferzahlungen können abgebaut und der staatliche Konsum gesenkt werden) auf die Kapitalbildung Einfluß nehmen. Da in EL Transferzahlungen relativ gering ausgeprägt sind und wichtigen verteilungspolitischen Aufgaben (Humankapitalbildung bzw. produktiver Konsum) dienen, liegen hier nur geringe Einsparungsmöglichkeiten vor. Bestimmte staatliche Ausgaben (Prestigeobjekte) böten jedoch Chancen zu einer Umstrukturierung zugunsten wachstumsförderlicher Investitionen.

Wegen der Unfähigkeit der meisten EL, ausreichende binnenländische Ressourcen zu mobilisieren, und der tendenziell geringen Steuerelastizität sowie der daraus resultierenden unzureichenden Steueraufkommen spielen Überlegungen zum **deficit spending** in El eine große Rolle. Ein deficit spending kann nur erfolgreich sein, wenn das gesamtwirtschaftliche Angebot elastisch auf Nachfrageerhöhungen reagiert, da sonst Inflationen drohen. Die ökonomischen Gewinne aus dieser Ressourcenmobilisierung sind dann den Verlusten der möglichen Inflation gegenüberzustellen. Zu den gesellschaftlichen Kosten gehören die Verzerrungen aufgrund veränderter realer Ertragsraten und der daraus zu erwartenden Ineffizienz der Allokation, aber auch eine stärkere Ungleichheit der Einkommens- und Vermögensverteilung und letztlich auch Auswirkungen auf die Importnachfrage sowie Beschäftigungseffekte.[291]

Eine stärkere Ungleichheit in der Verteilung erhöht prinzipiell Gewinnaussichten, was Investitionen fördern und das Wachstum beschleunigen kann (solange Gewinne reinvestiert werden). Führt die erhöhte Nachfrage jedoch zu vermehrten Importen, dann kann das deficit spending die Arbeitslosigkeit nicht senken und das inländische Wachstum sogar hemmen. Die empirischen Ergebnisse sind nicht eindeutig, so daß mit beiden Effekten gerechnet werden muß.

[291] Zu den Folgen und Kosten der Inflation vgl.: LACHMANN(1995), Kap. 6.2, S. 172 ff.

Während in der klassischen und monetaristischen Theorie die Inflationsrate allein vom Wachstum der Geldmenge abhängig gesehen wird, ist in letzter Zeit von verschiedenen Autoren das **Staatsdefizit** für die Höhe der Inflation verantwortlich gemacht worden. Selbst wenn wir davon ausgehen, daß die Geldmenge zumindest kurzfristig eine exogene Größe darstellt, ergibt sich bei dynamischer Betrachtung noch ein weiteres Problem: Die Staatsausgaben wachsen mit der Inflationsrate, die Staatseinnahmen dagegen mit einer geringeren Geschwindigkeit, was auf den sog. "**collection lag**" zurückzuführen ist.[292] Dieser collection lag führt zu einem weiteren Defizit im Staatshaushalt, dessen Deckung oft nur mittels naiver geldpolitischer Maßnahmen möglich ist und die Inflation weiter anheizt.[293] Die Inflation kann also auch zu einer Erhöhung des Defizits beitragen und damit wiederum die Inflation beschleunigen.[294] Nur starke budgetäre Maßnahmen zur Konsolidierung können diese Teufelskreise durchbrechen. Von AGHEVLI und KHAN ist diese These für EL getestet worden, wobei die empirischen Daten diesen Überlegungen nicht widersprechen.

Die Zunahme der Staatsausgaben im Laufe der wirtschaftlichen Entwicklung hat in IL eine lange Tradition. Schon 1890 hat Adolph WAGNER die Theorie aufgestellt, daß mit zunehmendem Einkommen die Nachfrage nach öffentlichen Gütern überproportional im Vergleich zum Volkseinkommen ansteigt. So kommt es zu einer stetig wachsenden Staatsquote. EL weisen heutzutage noch einen geringeren Staatsanteil am Volkseinkommen auf als die OECD-Staaten. Allerdings variieren die Anteile zwischen 7 % und 72 % des BSP soweit es die Staatsausgaben betrifft und 7 % und 45 % soweit es den Staatskonsum betrifft.[295] Im Vergleich mit der historischen Erfahrung der IL haben heutige EL einen höheren Staatsanteil als die IL in vergleichbarer Entwicklungsphase.

[292] Zum collection lag und zur Inflationssteuer vgl. die Ausführungen in: DIXIT(1991).
[293] Die Erosion des realen Werts der Steuereinnahmen über hohe Inflationen wird auch als "Olivera-Tanzi-Effekt" bezeichnet. Der Zeitraum zwischen der Steuerzahlung und der Steuerfälligkeit führt bei hoher Inflation zu einer Abnahme der realen Steuereinnahmen. Vgl. hierzu auch: DORNBUSCH(1992).
[294] Vgl. AGHEVLI/KHAN(1978).
[295] Vgl. LINDAUER/VELENCHIK(1992), S. 66.

Wie erklärt sich der tendenziell zunehmende Staatsanteil (Staatsquote) in vielen EL?

Von der Nachfrageseite stellt sich die Frage, wieso die Gesellschaft einen höheren Staatsanteil anstrebt? Hier ist zunächst auf Wagners Gesetz hinzuweisen. Die Einkommenselastizität der Nachfrage nach öffentlichen Gütern ist größer eins. Da die Durchschnittskosten der staatlichen Güter im Zeitablauf zunehmen (der öffentliche Sektor ist weniger produktiv als der private), erklärt sich der Zuwachs der Staatsquote c.p. Die Theorie der Bürokratie in der Public Choice-Literatur zeigt das Bemühen der Bürokraten auf, ihre Aufgabengebiete auszuweiten, was zusätzliche staatliche Ausgaben zur Folge hat. Bürokraten suchen die Unterstützung der Wähler, wobei insbesondere der Median-Wähler ausschlaggebend ist. Er votiert für Parteien, die ihm höhere staatliche Zuwendungen versprechen. Es ist jedoch fraglich, ob diese Theorien des Public Choice ohne Einschränkungen auf EL übertragen werden können. Die demokratischen Institutionen in EL haben nicht die gleiche Wirksamkeit wie sie für IL angenommen wird.

Für die Angebotsseite wird darauf hingewiesen, daß der Produktivitätsfortschritt im öffentlichen Sektor - wo hauptsächlich Dienstleistungen erbracht werden - geringer ist als im privaten Sektor, da hier kaum technischer Fortschritt zu beobachten ist. Da jedoch allen Beschäftigten ähnliche Lohnsteigerungsraten anstreben, ergibt sich ein zunehmender Anstieg der staatlichen Ausgaben. Außerdem ist die öffentliche Produktion ineffizient im Vergleich zur privaten Produktion wegen der sog. „weichen Budgets"; d.h. der Staat steht wegen leicht zugänglichen Refinanzierungsmöglichkeiten kaum unter Rationalisierungsdruck.

Die Auswirkungen staatlicher Ausgaben auf die Geldmenge läßt sich durch ein einfaches Modell wie folgt darstellen: Es wird unterstellt, daß sich der Gütermarkt im Gleichgewicht befindet, wobei die Konsumgüternachfrage abhängig ist von der Realkasse und dem Nettovolkseinkommen. Das gesamtwirtschaftliche Angebot sei abhängig von den staatlichen Ausgaben. Für den Gütermarkt erhält man dann die folgende Gleichgewichtsbedingung:

$$\boxed{c(M, f(G)-G) + G - f(G) = 0}$$

Die Wirkung der Staatsausgaben auf die Geldmenge ergibt sich nach Ableitung (implizites Funktionentheorem) wie folgt:

$$dM/dG = (c_2-1)(1-f')/c_1$$

Die marginale Konsumneigung ist kleiner als 1, so daß der erste Ausdruck negativ wird. Die Höhe der Geldnachfrage wird dann bestimmt durch den zweiten Ausdruck im Zähler. Dieser Ausdruck gibt die Angebotswirkung der Staatsausgaben an. Bei steigenden Staatsausgaben steht den Konsumenten ein niedrigeres Nettoeinkommen zur Verfügung, so daß die Nachfrage nach Geld sinkt. Sind die Staatsausgaben jedoch zu niedrig, sinkt das Volkseinkommen; liegen die Staatseinnahmen über dem Optimum, so tritt der umgekehrte Effekt ein.

Die Wohlfahrt eines Landes läßt sich grundsätzlich aus der Höhe des privaten Konsums ermitteln. Soll der private Konsum (unter Vernachlässigung der nutzentheoretischen Komponente) maximiert werden, erhalten wir:

$$\text{Max! } c = f(G) - G$$

Konsummaximierung führt zu der Bedingung:

$$dc/dG = f' - 1$$

Wird eine abnehmende Grenzproduktivität zusätzlicher Staatsausgaben unterstellt, müssen die Staatsausgaben so lange erhöht werden bis gilt: $f' = 1$.

Ist $f' < 1$ sind die Staatsausgaben zu hoch; ist $f' > 1$ sind die Staatsausgaben zu niedrig. Staatsausgaben wirken nur dann inflationär, wenn sie über dem optimalen Niveau liegen. Dann ist der Nachfrageeffekt der Staatsausgaben größer als der Angebotseffekt. Liegen die öffentlichen Ausgaben unter dem Optimum, dann führt die Staatsausgabenerhöhung zu einem Angebotseffekt, der höher ist als der Nachfrageeffekt, so daß das Preisniveau c.p. sinken wird.

Im Gegensatz zu den gängigen makroökonomischen Theorien, in welchen Staatsausgaben nur Nachfrageeffekte haben, müssen in EL die produktiven Auswirkungen der Staatsausgaben berücksichtigt werden. In EL ist der Staat aufgefordert, die Infrastruktur zu verbessern und die Industrialisierung zu fördern, so daß der Angebotseffekt der Staatsausgaben in einer makroökonomischen Analyse nicht vernachlässigt werden darf. Erwähnt werden soll noch das **SAYsche Gesetz der Staatsausgaben**: Öffentliche Ausgaben werden demnach durch die Verfügbarkeit der Einnahmen bestimmt.

Die Entwicklungstheorie muß zwei empirische Fakten erklären:

- Die Staatsquote in EL ist höher als die der ehemaligen IL bei gleichem Entwicklungsstand;
- Der Staatsanteil nimmt tendenziell weiter zu.

Zu beachten ist dabei, daß die staatliche Leistungserstellung heutzutage deutlich höheren Ansprüchen genügen muß, als diejenige des 18. und 19. Jahrhunderts. Die Staaten haben inzwischen Aufgaben übernommen, die damals noch nicht zu erbringen waren (z.B. Steuerverwaltung, öffentlicher Gesundheitsdienst, Luftkontrolle, Zollverwaltung).

In den vierziger und fünfziger Jahren betonten Entwicklungsökonomen die Bedeutung des „**Marktversagens**". Das führte zu zunehmenden Aufgaben der Regierungen: Programme mit kritischen Minimaleinsatz, Big-Push, gleichgewichtiges Wachstum, Umverteilung mit Wachstum und auch Grundbedürfnisstrategien - sie alle erfordern höhere Staatsausgaben.[296] Ebenso ist eine Zunahme der staatlichen Ausgaben im Bildungs- und Gesundheitsbereich zu beobachten. Erwähnt werden sollte, daß die multilaterale und bilaterale Zusammenarbeit hauptsächlich mit öffentlichen Trägern arbeitet. Darüber kommt es zusätzlich zu einem Anstieg der staatlichen Ausgaben.

Die empirische Bestandsaufnahme ist jedoch nicht eindeutig. Erfolgreiche EL haben teilweise niedrige Staatsquoten (Korea, Taiwan), andere hohe Staatsquoten (Botswana, Malaysia). Dies deutet darauf hin, daß nicht die *Höhe* der Staatsaus-

[296] Vgl. LACHMANN(1994), Kap. 9.

gaben allein das entscheidende Wachstumskriterium darstellt, sondern daß gefragt werden muß, *wie* der Staat seine Ressourcen verwendet! Auf die fiskalpolitischen Möglichkeiten kommen wir gegen Ende des Kapitels zurück. Zuerst wollen wir uns mit den Möglichkeiten der Eigenfinanzierung über Instrumente der Geldpolitik auseinandersetzen.

10.2 Eigenfinanzierung mittels Geldpolitik

Neben den finanzpolitischen Maßnahmen können auch die geldpolitischen für die Entwicklung der EL wichtige Aufgaben übernehmen. *Hierbei sind grundsätzlich drei Bereiche von Bedeutung:*

❶ Organisatorische Maßnahmen zur Verbesserung der Geld-, Kredit- und Finanzmärkte, wie schon in Kap. 5 behandelt,
❷ Zinspolitische Maßnahmen, die ebenfalls in Kap. 5 behandelt wurden
❸ und Ausweitung der Geldmenge.

Oft wird behauptet, daß Geldschöpfung für die wirtschaftliche Entwicklung in EL wichtiger sei als in IL, da Kredit- und Wertpapiermärkte weniger stark entwickelt seien. Geld wird somit als Produktionsfaktor angesehen. Für IL hat man jedoch geringe Produktionselastizitäten des Geldes festgestellt, die in den USA kaum über 0,02 lagen. Auch in einigen EL ist die Produktionselastizität des Geldes gering. In einer Studie von PAUL/BHATTACHARYAY wurden für Pakistan und Indien Produktionselastizitäten ermittelt, die unter 0,03 lagen.[297] KUMAR hat ein formales Modell zum Wachstum der Geldmenge im Entwicklungsprozeß à la McKINNON entwickelt, das aber die Gefahren einer Inflation aufzeigt. Der reale Beitrag der Geldmengenveränderung zum Wachstum ist jedoch nicht hoch.[298]

In vielen EL werden Staatsausgaben durch **Geldschöpfung** (Inflationssteuer) finanziert. Ihre einfache Erhebung macht sie attraktiv. 1983 wurden in Argentinien 75,6 % der Ausgaben der Zentralregierung und in Chile 1973 ca. 54 % des BIP als **Inflationssteuer** erhoben.[299] Die Finanzierung der Staatsausgaben über die Inflationssteuer spart administrative Kapazitäten ein. In Bolivien hat die

---

[297] Vgl. PAUL/BHATTACHARYAY(1986).
[298] Vgl. KUMAR(1983).
[299] Vgl. SOELLNER(1991).

Inflationssteuer real die anderen Steuern fast verdrängt.[300] Sie hat den politischen Vorteil, daß die Inflation nicht der Regierung angerechnet wird. Über Inflationssteuern vermeidet die Regierung Streiks und Aufruhr, die sich durch andere Steuern ergeben können. Insbesondere politisch instabile Regierungen versuchen, über Inflationssteuern ihre Ausgaben zu finanzieren (SOELLNER). Jedoch ist eine Inflationssteuer nur kurzfristig und unter bestimmten Voraussetzungen wirksam. Die langfristigen Folgen können das politische Regime auch destabilisieren. Wegen der raschen Ressourcenübertragung präferierten Strukturalisten eine Inflationssteuer.

Klassisch-monetaristische Vorstellungen beziehen sich auf die **FISHERsche Quantitätsgleichung**:

$$\mathbf{M \cdot V = P \cdot X = Y}$$

Geldmenge (M) mal Umlaufgeschwindigkeit (V) gleicht dem Realeinkommen (X) mal Preisniveau (P), das definitionsgemäß dem Nominaleinkommen (Y) entspricht. Empirisch ist festgestellt worden, daß sich die Wachstumsraten der Geldmenge und des Nominaleinkommens in gleicher Richtung bewegen, sie also in einer engen positiven Korrelation stehen. Befürworter einer Geldmengenexpansion wollen Investitionen daher via Geldschöpfung finanzieren. Durch das erwartete höhere nominelle Volkseinkommen soll sich ein höheres Sparvolumen ergeben, so daß die Investitionen ex post finanziert werden können.

Zwei Probleme ergeben sich dabei: Es kommt auch zu einer Erhöhung des Preisniveaus. Die Erhöhung des Nominaleinkommens kann allein aufgrund von Preissteigerungen entstehen, der reale Effekt bliebe dann aus. Es muß gefragt werden, woher in diesem Falle Realersparnisse kommen könnten. Werden durch die staatliche Kreditaufnahme nur private Kreditmöglichkeiten reduziert (crowding-out-Hypothese), dann bleibt der Wachstumseffekt ebenfalls gering, wenn die staatlichen Investitionen nicht produktiver wirken als die privaten. Bei einer reinen Geldmengenexpansion über ein sog. „deficit financing" ist also Vorsicht geboten, da die Folgen der Inflation oft übersehen werden. In der Literatur wird

[300] Unter der Inflationssteuer wird der Transfer von realen Ressourcen von der Öffentlichkeit an die Regierung mittels Geldschöpfung verstanden.

darauf hingewiesen, daß mit Hilfe der Inflation Ersparnisse generiert werden können, die den Entwicklungsprozeß zu beschleunigen vermögen. Daher müssen wir uns mit den Auswirkungen der Inflation auf das Wirtschaftswachstum beschäftigen.

10.3 Inflation - Motor oder Hemmnis der Entwicklung?

Während die meisten Ökonomen in aktuellen Publikationen davon ausgehen, daß Inflationen langfristig negative Effekte auf die wirtschaftliche Entwicklung aufweisen, war man in den 70er Jahren noch der Meinung, daß es einen trade-off zwischen Inflation und Wachstum/Beschäftigung gäbe. Betont wurden die positiven Effekte der Inflation bei der Strukturanpassung. *So ist es nicht verwunderlich, daß viele EL hohe Inflationsraten aufwiesen:*

Tab. 10-1: Inflationsraten in ausgewählten Regionen {in %; 1978 - 1996}

Regionen/ Länder	Ø 1978-87	1988	1990	1992	1994	1996
EL	27,4	50,8	61,8	35,7	46,8	13,3
Afrika	15,6	16.4	15,6	31,7	36,8	21,3
Sub-Sahara	20,3	21,2	21,1	44,6	59,3	28,7
Asien	7,6	11,6	6,6	6,9	13,4	7,9
"Tiger"-Staaten	7,9	5,2	7,0	5,9	5,6	4,8
mittlerer Osten und Europa	20,9	25,6	21,9	25,9	31,5	25,6
Lateinamerika	76,9	233,2	438,7	151,5	210,9	20,4
IL	6,5	3,6	4,3	3,2	2,0	1,9
EU	8,4	4,3	5,3	4,4	2,6	2,4

Bezüglich der Ursachen der hohen Inflationsraten (insbesondere in Lateinamerika) stritten in den 50er und 60er Jahren Strukturalisten und Monetaristen miteinander. *Die Strukturalisten gaben folgende Inflationsgründe an:*

- geringe Nahrungsmittelproduktion bei steigender Nachfrage,
- Außenhandelsbeschränkung (Devisenknappheit),
- fiskalische Beschränkungen (das Staatsdefizit, welches durch die Notenpresse alimentiert wurde, erzwang hohe Inflationsraten).[301]

[301] Vgl. hierzu auch den Überblicksaufsatz von GEMMELL(1987).

Die Monetaristen hingegen sehen die Ursache der Inflation in der hohen Geldmengenausweitung. Für die Strukturalisten ist die Geldmengenerhöhung indessen nur ein Symptom von strukturellen Rigiditäten und nicht die Ursache der Inflation. Die Inflation ist eher eine Ursache für die starke Geldvermehrung. Monetaristen betonen dagegen das Versagen der Wirtschaftspolitik, welches zu den oben angeführten Inflationsgründen und Rigiditäten führt. Die staatliche Niedrigpreispolitik führte zu einer Abnahme der Nahrungsmittelproduktion bei steigender Nachfrage; die fixen Wechselkurse mit überbewerteten Währungen führten zur Außenhandelsbeschränkung usw. Die Monetaristen verstehen Geld als eine exogene Größe; hingegen fassen die Strukturalisten die Geldmenge als endogene Größe auf, die daher nicht verursachend für die Inflation sein kann.

Die negativen Auswirkungen der Inflation werden heute zunehmend erkannt: Z.B. hat GREGORIO in einer ökonometrischen Studie herausgefunden, daß ein Absenken der Inflationsrate um 17 % die Wachstumsrate um 0,4 % erhöhe.[302] Während die Monetaristen die Inflation als unabdingbar für hohes Wirtschaftswachstum ansahen, wird heute verstärkt über die wachstumsschädlichen Konsequenzen der Inflation in EL nachgedacht.

Hohe Inflationsraten

❶ beeinträchtigen die Signal- und Lenkungsfunktion der Preise. Steigende Preise signalisieren nicht notwendigerweise günstigere Produktions- und Investitionsmöglichkeiten. Durch Scheingewinne wird eine in der Wirklichkeit nicht vorhandene Rentabilität vorgetäuscht. Die Allokationseffizienz nimmt ab.

❷ vermindern als Nachfrageinflation die Intensität des Wettbewerbs, da der Kampf um den Marktanteil entfällt, wenn die Anbieter bei steigenden Auftragsbeständen und Lieferfristen nicht in der Lage sind, die gegebene Nachfrage zu befriedigen. Der Verkäufer wird zum König des Marktes.

❸ sind häufig mit negativen Realzinsen verbunden, was die Neigung vermindert, in Nominalwerten (Sparguthaben, Termindepositen, festverzinsliche Wertpapiere) zu sparen. Stattdessen wird eine Flucht in Sachwerte (Hortung) präferiert.

[302] Vgl. GREGORIO(1992).

❹ erschweren den Export und fördern den Import. Wegen begrenzter Devisenreserven müssen die Importe in zunehmendem Maße durch Devisenbewirtschaftung eingeschränkt werden.

❺ senken das Realeinkommen der Arbeiter. Die soziale Lage der Arbeitslosen und Rentner verschlechtert sich. Hohe Inflationsraten führen zur Verschärfung des Dualismus zwischen Reich und Arm in EL, zwischen denen, die in der Lage sind, sich den negativen Folgen der Inflation zu entziehen und solchen, die dazu nicht imstande sind. Im Normalfall werden die Arbeitnehmer die Leidtragenden hoher Inflationsraten sein, weshalb die Inflation oft als „unsozial" bezeichnet wird.[303]

Bei den Wirkungen der Inflation ist die Höhe der Inflationsrate mitentscheidend. SAREL[304] hat kürzlich in einer empirischen Untersuchung festgestellt, daß Inflationsraten bis 8 % keine signifikanten negativen Auswirkungen auf das Wirtschaftswachstum haben. Erst wenn die jährliche Inflationsrate den kritischen Wert von 8 % überschreitet, ist mit hohen negativen gesellschaftlichen Kosten der Inflation zu rechnen.[305]

Bei beginnender Inflation unterliegt die Bevölkerung noch in einem hohen Maße der **Geldillusion**. Arbeitskontrakte werden für einen längeren Zeitraum abgeschlossen, wobei i.d.R. keine inflationsorientierte Anpassung der Nominallöhne vereinbart wird. Kontrakteinkommensbezieher verlieren somit während des Inflationsprozesses Realeinkommen. Bei Neuverhandlungen versuchen sie, einen Inflationsausgleich durch Lohnerhöhungen usw. durchzusetzen. Die Reallohnentwicklung der Arbeitnehmer verläuft daher unstetig. Hält die Inflation an und steigen die Inflationsraten, werden die Gewerkschaften sich darum bemühen, die Tarifvereinbarungen für kürzere Laufzeiten festzulegen. Die Inflationsraten werden sich dann schneller anpassen können, da die Nominallohnerhöhungen rascher erfolgen und zu schnelleren Preissteigerungen beitragen. So ergibt sich dann eine Inflationsspirale, die in EL meistens durch Einkommenspolitiken

303 Vgl. DÜRR(1991), S. 23 f.

304 Vgl. SAREL(1996).

305 Sarel hat konstatiert, daß die Nichtberücksichtigung von strukturellen Umbrüchen in der Inflation dazu führt, daß die Auswirkungen hoher Inflationsraten auf das wirtschaftliche Wachstum um den Faktor 3 reduziert wird. Daher erklären sich auch Ergebnisse strukturalistischer Studien, die für Inflationsraten anfänglich kaum negative Auswirkungen empirisch feststellen konnten.

(staatlich reglementierte Festschreibungen von Löhnen und Preisen) gebrochen werden soll. Länder, die zum Schutz der Arbeitnehmer eine Indexierung der Löhne vornehmen, gefährden die Stabilität des Geldwertes, da es in diesem Falle noch rascher zu Kostensteigerungen kommt, die wiederum in höheren Preisen weitergegeben werden, wodurch sich der Inflationsprozeß beschleunigt. Einer einmal begonnenen Inflation ist also ein dynamischer Prozeß zu eigen.

Hohe Inflationsraten führen bei festen Wechselkursen außerdem zu einer **Überbewertung** der Währung, die Importe begünstigt und Exporte erschwert. Eine Anpassung der Wechselkurse in Form einer Abwertung der heimischen Währung führt zu einer kurzfristigen Verbesserung der Wettbewerbsposition inländischer Firmen. Da jedoch gleichzeitig die Preise für Importe ansteigen, die wiederum einen Inflationsschub verursachen, der durch Lohnerhöhungen an Arbeitnehmer abgefedert werden muß, führt auch eine Abwertung zu einer Verstärkung des Inflationsprozesses.[306] *Mit Hilfe gesamtwirtschaftlicher Angebots- und Nachfragekurven können die Folgen der Inflation anschaulich erörtert werden.*

(Siehe: Abb. 10-1.)

Eine **expansive Geldmengenpolitik** erhöht anfänglich die gesamtwirtschaftliche Nachfrage. Je nach Steigung der Angebotskurve und ihrer evtl. Verschiebung hat diese Politik einen expansiven Realeffekt (Rechtsverschiebung der Nachfragekurve), einen Preiseffekt und damit einhergehend einen kontraktiven Angebotseffekt (Linksverschiebung der Angebotskurve). Entscheidend ist, *welche* Ausgaben durch die Geldmengenerhöhung finanziert werden (Investitionen oder Konsumausgaben). Aus der Makrotheorie ist bekannt, daß Inflationen negative Auswirkungen auf die optimale Allokation der Produktionsfaktoren haben. Eine hohe Inflationsrate kann die Angebotskurve nach innen verschieben, weil wichtige Ressourcen gehortet statt für produktive Zwecke zur Verfügung gestellt werden.

---

[306] Zu den Folgen der Kontrakte und Wechselkursanpassungen auf die Entwicklung der Inflationsraten, vgl. DORNBUSCH(1992); ebenso IMF(1996). Dort wird auf S. 115 gezeigt, daß in EL die Wechselkursanpassungen und die Geldmengenerhöhungen Auswirkungen auf die Inflationsrate haben. Wechselkursanpassungen führen insbesondere zu einer kurzfristigen Erhöhung der Inflation während des ersten Jahres; Erhöhungen der Geldmenge haben erst nach drei oder mehr Jahren Auswirkungen auf die Inflationsrate. IMF(1996) beschäftigt sich unter dem Titel „The Rise and Fall of Inflation" umfassend mit dem Phänomen der Inflation.

Abb. 10-1: Geldmengenausweitung, Investition und Konsequenzen für das Preisniveau

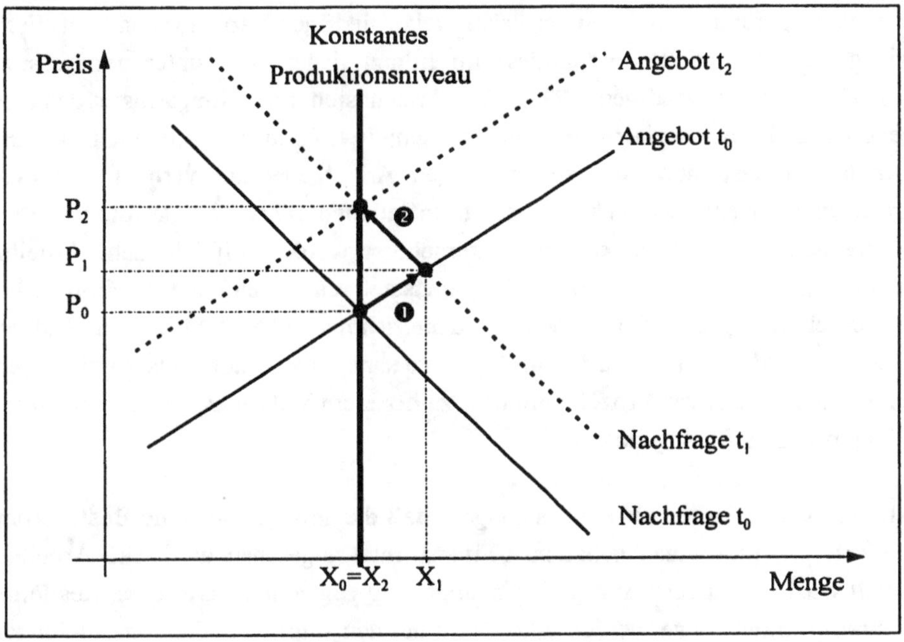

❶ Durch Geldmengenerhöhung bedingte Nachfragesteigerung
❷ Durch erhöhte Inflationsrate bedingte Angebotsreduktion

Die Verkürzung der Vertragszeiten bei hoher Inflation führt ebenfalls zu verstärkten Kosten. Nicht nur Tarifpartner, sondern alle am Wirtschaftsleben Beteiligten werden sich darum bemühen, möglichst kurzfristige Verträge abzuschließen, so daß für die Vertragsverhandlungen mehr Zeit und Ressourcen aufgewendet werden müssen als bei vorliegender Preisstabilität. Bei hohen Inflationsraten verliert Geld seine typischen Geldfunktionen, so daß vermehrt auch auf Realtausch ausgewichen wird. Falls vorhanden und möglich, wird die Funktion des einheimischen Geldes durch ausländisches Geld ersetzt. Verträge und Preise werden dann in US-$ ausgehandelt (auch „**Dollarization**" genannt). Nach dem Prinzip gesellschaftlicher Alternativkosten kann daher nicht von einer gesellschaftlich rentablen Allokation der Faktoren gesprochen werden. Welche Gründe sprechen nun für bzw. gegen eine Inflation?

Inflation als Zwangssparen - monetäre Aspekte:

In vielen EL finden wir einen vergleichsweise niedrigen Kapitalbestand vor. Freiwillige und öffentliche Ersparnisse im Inland liegen weit unter der gesamtwirtschaftlich notwendigen Höhe. Wie lassen sich reale Ersparnisse dennoch generieren? Da aus sozialpolitischen Gründen die Lohnsätze relativ hoch sind und oftmals Mindestlohnsätze bestehen, fragen Arbeitgeber nur vermehrt Arbeitskräfte nach, wenn der Reallohn sinkt. Inflationen führen bei konstanter Produktivität zu Reallohnsenkungen. Unternehmer werden folglich mehr Arbeiter einstellen und so c.p. einen höheren Güterausstoß realisieren können. Mit dem Erlös dieser Mehrproduktion stehen den Unternehmern höhere Mittel zur Kapitalbildung zur Verfügung. Durch die Inflation kann es also durchaus zu einem erwünschten expansiven Prozeß kommen, zu höherem Volkseinkommen und einem höheren Beschäftigungsniveau.

Allerdings ist hierbei zu berücksichtigen, daß die Inflation als eine Besteuerung der von den Individuen gehaltenen Finanzmittel angesehen wird. Die Arbeiterschaft wird sich außerdem mittel- bis langfristig gegen den Verlust des Reallohns wehren. Mindestlöhne werden erhöht und bei den folgenden Tarifverhandlungen werden sogar noch weiter steigende Inflationsraten antizipiert, so daß der aus den Reallohnsenkungen erwartete Gewinn zunichte gemacht wird.

Kurzfristig kann die Inflation wachstumsfördernd wirken; langfristig (besonders im Falle von Hyperinflationen) wirkt sie hingegen wachstumshemmend. Dies gilt insbesondere für die öffentlichen Ersparnisse: das Staatsbudget wird durch die Preissteigerungen stark belastet. Die Staatsausgaben in EL steigen im Falle der Inflation stärker an als die Staatseinnahmen (collection lag wegen geringer built-in-flexibility des Steuersystems bei Ansteigen des nominalen Volkseinkommens), was die Inflationsrate zusätzlich ansteigen läßt. Nur solange Arbeitnehmer einer Geldillusion unterliegen, lassen sich über Inflationen Wachstumseffekte erzielen.

Sektorale Starrheiten und Engpässe als Ursachen der Inflation:

Wie aus Abb. 10-1 ersichtlich, ist die Frage nach der Elastizität des Angebots an Gütern und Dienstleistungen für die Beurteilung der gesamtwirtschaftlichen Auswirkungen der Geldpolitik entscheidend. Eine niedrige Elastizität führt zu einer steilen Angebotsfunktion, so daß Produktionsanreize nur über hohe Preissteigerungen möglich sind.

Eine niedrige Angebotselastizität ist Ausdruck eines Mangels an Flexibilität, da es vor allem an dynamischen Unternehmern fehlt, die Marktchancen sehen und nutzen. Die Teilmärkte eines Landes sind unvollständig integriert; traditionelle Sozialschranken behindern den Marktzutritt. Der für den Entwicklungsprozeß notwendige Strukturwandel läßt sich nur über deutliche Preissteigerungen (Signalwirkungen) erreichen. Inflation ist demnach eine Folge der Unterentwicklung (strukturalistische Position)! Preisveränderungen verlaufen in der Regel asymmetrisch: Die Preise lassen sich sukzessive erhöhen; Preissenkungen sind seltener anzutreffen. Durch hohe Preissteigerungen in bestimmten Sektoren ließe sich der Strukturwandel beschleunigen - und von daher könnte der Entwicklungsprozeß durch gezielte Preissignale positiv beeinflußt werden.

Wie sind nun die behaupteten sektoralen Starrheiten zu bewerten?

Statistische Untersuchungen zeigen, daß der Anteil der Landwirtschaft am BIP im Laufe der wirtschaftlichen Entwicklung abnimmt, derjenige der Industrie und insbesondere der des tertiären Bereichs zunimmt. Je weniger reibungslos dieser Strukturwandel verläuft, desto stärker sind Inflationsimpulse. Engpässe können sich im landwirtschaftlichen Bereich ergeben. Da sich eine wirtschaftliche Entwicklung ohne Industrialisierung kaum vorstellen läßt. Müssen Arbeitskräfte aus dem traditionellen Bereich abgezogen werden. Die Landwirtschaft muß mit weniger Arbeitskräften mindestens die gleiche Menge an Agrarerzeugnissen hervorbringen. Die Nachfrage nach Nahrungsmitteln steigt, was zu Preissteigerungen führt. Die anfängliche Veränderung der intersektoralen terms of trade zugunsten der Industrie kann durch eine Inflation konterkariert werden; die Verbesserung der terms of trade für die Industrie führt jedoch zu einem neuen Inflationsimpuls.

Ähnliche Argumente ergeben sich für die einzelnen industriellen Bereiche: Die Nachfrage nach industriellen Konsumgütern steigt unterschiedlich an. Geringe Angebotselastizitäten lassen Preissteigerungen eher erwarten als Mengenanpassungen. Gleiches gilt für den öffentlichen Bereich: Wegen der geringen Steuerelastizität bleibt dem Staat nur die Möglichkeit, Infrastrukturinvestitionen über ein Deficit Spending zu finanzieren, wenn er nicht auf den Ausbau von Infrastrukturen verzichten will. Auch außenwirtschaftliche Engpässe können inflationär wirken. Steigende Importgüternachfrage führt zu Devisenknappheit, und damit können wichtige Investitionsgüter nicht erworben werden. Da ein Strukturwandel nur über Preissteigerungen erreichbar ist, kann in diesem Fall eine Inflation dazu verhelfen, den Entwicklungsprozeß zu beschleunigen.

Soziale Konflikte im Inflationsprozeß

Zu den sektoralen Engpässen kommen soziale Konflikte zwischen den verschiedenen Einkommensbeziehern der einzelnen Sektoren und denen verschiedener funktioneller Einkommen. Inflationsimpulse, die denen der IL gleichen, sind zu erwarten. Soziale Spannungen wirken wie ein Selbstverstärkungsmechanismus, da jede soziale Gruppe versucht, sich gegen die Folgen der Inflation (Minderung des Realeinkommens) zu schützen. Je stärker sie eine Begünstigung der anderen Gruppe vermuten, desto energischer werden sie eine Absicherung ihrer Position betreiben. Solche "Teufelskreise" können aus sektoralen inflatorischen Impulsen eine allgemein inflatorische Bewegung entstehen lassen. In EL fehlt oft ein **Sozialkonsens** über den verteilungspolitischen Spielraum. Zudem finden wir oft eine heterogene ethnische Zusammensetzung der Bevölkerung vor, welche, verbunden mit einer polarisierten Sozialstruktur aus dem kolonialen Erbe, den Verteilungskampf stärkt, so daß man von einer **Aggressionstheorie der Inflation** sprechen kann.

Aus den obigen *theoretischen* Überlegungen ergibt sich die Schlußfolgerung, daß die Inflation sowohl wachstumsfördernd als auch wachstumshemmend wirken kann. Bei differenzierter Betrachtung wird unter Berücksichtigung empirischer Befunde deutlich: Hohe Preissteigerungen haben meist einen negativen Effekt auf das Wachstum und niedrige Preissteigerungsraten zu Beginn des Inflationsprozesses positive Auswirkungen. Die Inflation erhöht die Einnahmen, die in den öffentlichen Sektor gehen. Unter der Voraussetzung, daß der Staat diese Ersparnisse in die Infrastruktur investiert und höhere Produktivitätsfortschritte erzielt als der private Sektor, ergibt sich dann die Frage nach der optimalen Inflationsrate, die z.B. in den 70er Jahren Objekt intensiver Forschung war.[307]

In der Literatur wird die optimale Inflationsrate aus der folgenden Verhaltensgleichung entwickelt:[308]

$$S/Y = a + b\cdot(\Delta P/P) - c\cdot(\Delta P/P)^2$$

Die optimale Inflationsrate ergibt sich dann als:

$$(\Delta P/P) = -\, b/2c$$

Aus einer Querschnittsanalyse für 43 EL und 18 IL hat THIRLWALL(1974) die optimale Inflationsrate für EL als 28% und für IL als 6% errechnet.[309]

Bei Abwägung aller Argumente kann gefolgert werden, daß die Begrenzung der Inflationsrate ein wichtiges wirtschaftspolitisches Ziel auch für EL sein sollte, da die langfristigen negativen Auswirkungen die möglichen kurzfristigen positiven überwiegen. Unsere Vermutung ist in einer Studie von JOHNSON bestätigt worden.[310] Weitere empirische Forschungen unterstützen die These, daß EL mit niedrigen Inflationsraten zumindest langfristig höhere Wachstumsraten des BIP erreichen. Einige Studien kommen zu dem Ergebnis, daß niedrigere Inflationsraten positiv mit steigenden Wachstumsraten korreliert sind. Die strukturalistische These, daß Inflation wachstumsanregend wirkt, gilt damit bestenfalls nur äußerst kurzfristig und für niedrige Inflationsraten.

10.4 Stabilisierungspolitik in den Tropen

Marktversagen induziert oft politische Entscheidungen, die wiederum zu Politikversagen führen können. Während in den sechziger Jahren im Rahmen der

---

[307] Vgl. exemplarisch: THIRLWALL(1983), S. 272 ff. sowie THIRLWALL(1974), S.154ff.

[308] Vgl. HESSE/SAUTTER(1977), S. 111 ff.

[309] Die statistische Absicherung ist allerdings sehr unbefriedigend. Bei 5%iger Irrtumswahrscheinlichkeit erhalten wir einen Konfidenzintervall von 15% bis 41%.

[310] Vgl. JOHNSON(1984).

keynesianischen wirtschaftstheoretischen Vorstellungen das Marktversagen durch Eingriffe des Staates korrigiert werden sollte, hat sich nach dem Versagen keynesianischer Wirtschaftspolitik das Interesse auf das Staatsversagen konzentriert. Politisches Fehlverhalten wird als wichtige Ursache für hohe Inflationen, Zahlungsbilanzprobleme und hohe Arbeitslosigkeit in EL erachtet. Das Zentralproblem der Wirtschaftspolitik liegt in der Entwicklung von wirtschaftspolitischen Maßnahmen und Instrumenten, die Bürokraten und Politiker davor bewahren, die Ökonomie zu inflationieren und zur zunehmenden Staats- und Außenverschuldung beizutragen.

Insbesondere in den siebziger und achtziger Jahren, in welchen deutlich wurde, daß die EL über ihre Verhältnisse lebten und eine Stabilisierung ihrer Ökonomien notwendig war, begann die Suche nach tragfähigen Stabilisierungsprogrammen. Der IWF sah die Ursache der Inflation in der hohen Geldversorgung, den hohen Staatsdefiziten sowie in der Überbewertung der Währungen. Daher sollten die Staatsausgaben reduziert, monetäre Reformen angestrebt und flexible Wechselkurse eingeführt werden. Ebenso sprach man sich für eine Politik des "Getting-Prices-Right" aus. Die Erfolge solcher Strategien waren unbefriedigend. Oft gelang es, kurzfristig die Inflation zu senken, die meisten Programme jedoch scheiterten und führten langfristig zu weiteren Inflationen. Die Strukturalisten kritisierten diese orthodoxen Stabilisierungsmaßnahmen und schlugen eine Kombination von keynesianischer Einkommenspolitik und neoklassischer Stabilisierungspoltik vor.[311]

Kritisiert wurden die IWF-Vorschläge deshalb, weil sie nur in einer Situation der Überschußnachfrage sinnvoll seien; im Falle von Überangeboten und fehlender Nachfrage führt eine Restriktionspolitik, wie sie der IWF vorschlug, zu weiteren Ungleichgewichten, insbesondere zu hoher Arbeitslosigkeit, so daß die meisten Anpassungsprogramme politisch gestoppt werden mußten. Orthodoxe Stabilisierungsprogramme verlangten also im allgemeinen eine monetäre Kontraktion, fiskalische Zurückhaltung, Abwertung, Handelsliberalisierung und steigende Zinssätze. Strukturalisten behaupten, daß diese Stabilisierungsprogramme keinen Erfolg haben. Den Interdependenzen zwischen Inflation,

[311] Vgl. ARIDA/TAYLOR(1989), TAYLOR(1981) sowie TAYLOR(1987).

finanzieller Balance und der Rolle des Staates ist, insbesondere unter dem Aspekt der unsicheren Erwartungen, nicht entsprochen worden. Ein entscheidender Punkt sind die hohen persistenten Inflationsraten, die zwar kurzfristig gesenkt werden konnten, langfristig und mittelfristig aber schnell wieder in Erscheinung traten.[312]

Die strukturalistische Antwort auf das Versagen orthodoxer Stabilisierungsprogramme bestand in der Kombination der orthodoxen Maßnahmen in Verbindung mit Maßnahmen von Preis- und Lohnkontrollen. Mit Hilfe dieser heterodoxen Strategie wäre es möglich, die Inflationsmentalität der Wirtschaftssubjekte zu brechen, die Inflationsrate schnell zu senken und durch den Erfolg Vertrauen in die Stabilisierungsmaßnahmen der Regierung zu gewinnen. Hohe Inflationserwartungen sind u.a. das Ergebnis hoher Inflationen in der Vergangenheit. Erst wenn die Regierung in der Lage sei, für einige Monate die Inflationsbekämpfung erfolgreich durchzustehen, ist mit langfristigem Erfolg zu rechnen.

Demgegenüber strebten populistische Strategien eine Stabilisierung mit Hilfe von Lohn- und Preiskontrollen an, wodurch die Inflation allenfalls kurzfristig eingedämmt werden konnte. Da populistische Strategien jedoch nicht auf expansive Geld- und Fiskalpolitik verzichteten, war das Scheitern stets vorprogrammiert: wirtschaftliche Knappheiten, massive Preissteigerungen und Schwarzmärkte sind nur die augenfälligsten Auswirkungen.[313]

Heterodoxe Stabilisierungsmaßnahmen wollten die Probleme der orthodoxen und der populistischen Strategie vermeiden. Insbesondere sollte der Bevölkerung keine extreme Schocktherapie zugemutet werden, wie sie im Rahmen von IWF-Programmen die Folge waren. In Simulationsmodellen haben Strukturalisten

[312] Die Monetaristen weisen jedoch darauf hin, daß die Stabilisierungsmaßnahmen allenfalls halbherzig durchgeführt worden seien. Insbesondere seien kaum Versuche unternommen worden, das Budgetdefizit zu senken. Die hohe Staatsverschuldung führte dann letztlich wieder zu steigender Geldversorgung und damit zu einem Anstieg der Inflationsrate, der dann wegen extrapolierender Erwartungsbildung zu raschen Anpassungsreaktionen der Bürger führte, wodurch sich eine besonders rasche Inflationsakzeleration ergab. Ein langfristig ausgeglichenes Budget ist also notwendige Voraussetzung für eine finanzielle Stabilität. Vgl. hierzu auch: DORNBUSCH(1992).

[313] Vgl. zur Erfahrung Argentiniens: SCHRÖDER(1990).

sanfte Anpassungen der Ökonomien an inflationsfreie Gleichgewichte angestrebt, ohne daß es zu hohen Outputverlusten und Kapitalabflüssen kommen muß.[314]

Der Unterschied zwischen orthodoxen und heterodoxen Programmen liegt in der Art der Inflationsbekämpfung. In orthodoxen Programmen kommt es zu einem langsamen Absinken der Inflationsrate; in heterodoxen dagegen zu einem schnellen Abfall. Das Anti-Inflations-Programm der israelischen Regierung aus dem Jahre 1985 und der mexikanische Pacto de Solidaridad von 1987/88 gelten als erfolgreiche Beispiele heterodoxer Maßnahmen. Die populistischen Programme, z.B. der Cruzado-Plan der 80er Jahre in Brasilien und das peruanische Programm von 1985, nutzten Lohn- und Preiskontrollen und fixierten ihre Wechselkurse; jedoch wurde die fiskalische Seite vollständig vernachlässigt, so daß sie letztlich scheiterten.[315]

Die Erfahrung lehrt, daß eine fiskalische Zurückhaltung für den Erfolg einer Stabilisierung notwendig aber nicht hinreichend ist. Die mexikanischen Erfahrungen vor dem Pacto de Solidaridad (1987) bestätigen diese Behauptung. 1981 lag das Staatsdefizit bei 11 % des BSP; bis 1983 wurde es drastisch reduziert. Die Reduzierung des Defizits wurde durch hohe Abwertungen erreicht, die dann die Inflationsrate von 28 % 1981 auf 100 % in 1983 ansteigen ließ. In dem Versuch, die Inflation zu senken, wurde 1984 der Wechselkurs als nominaler Anker festgesetzt. Allerdings stieg die Inflationsrate bis 1986 weiter an, so daß die Wechselkursbindung aufgehoben wurde. Die Inflation nahm selbst im Jahr 1987 kontinuierlich zu, einem Jahr, in welchem Mexiko sogar einen Budgetüberschuß erzielte![316]

Lohn- und Preiskontrollen sind hilfreich, um hohe Inflationsraten ohne hohe wirtschaftliche Kosten zu senken. Die orthodoxen Programme hatten einen großen Verlust an Arbeitsplätzen und Volkseinkommen zur Folge. Der Erfolg der heterodoxen Programme ist nur gewährleistet, wenn die fiskalischen An-

314 Vgl. AMBLER/CARDIA(1992) sowie CUKIERMAN/LIVIATAN(1992).

315 Zur Darstellung der Stabilisierungsbemühungen in Brasilien siehe: NÁZMI(1995). In dieser Studie wird für Brasilien aufgezeigt, daß auch die politischen Rahmenbedingungen (insbesondere beim Übergang zur Demokratie) die Implementierung eines erfolgreichen Stabilisierungsprogramms erschweren. Fehlende politische Stabilität gefährdet dann den Erfolg ökonomischer Stabilisierungsbemühungen.

316 Vgl. KIGUEL/LIVIATAN(1992).

passungen über einen längeren Zeitraum fortgesetzt werden. Es ist verhältnismäßig einfach, in einem ersten Schub die Inflation zu senken; schwieriger ist es, bei niedrigen Inflationsraten zu bleiben. Die rasche Reduzierung der Inflationsrate führt dazu, daß der Staat einen Budgetüberschuß erzielt. Wegen der verzögerten Eintreibung der Steuern wird der Staat noch einige Zeit eine hohe Steigerung seiner Steuereinnahmen erfahren, seine Ausgaben richten sich jedoch schon nach den niedrigeren Preisen und Löhnen.

Die **Einkommenspolitiken** sind ökonomisch umstritten. Sie sollten nur kurzfristig eingesetzt werden, um die Inflationsmentalität zu brechen. Die Regierung sollte daran interessiert sein, daß sich die Preise möglichst schnell an die sich verändernden wirtschaftlichen Gegebenheiten anpassen können. Eine verantwortungsvolle Fiskalpolitik ist am Anfang notwendig, um Vertrauen in die Stabilisierungspolitiken des Staates aufzubauen. Niedrige Inflationsraten ermöglichen eine Kalkulation über die Höhe des Budgetdefizits und machen Wirtschaftspolitik transparent. Bei hoher Inflation ist es kaum möglich, die Höhe des Budgetdefizits zu schätzen.

Heterodoxe Politiken sind insbesondere bei hohen Inflationsraten notwendig. Sie geben eine Chance, sofern verantwortlich wahrgenommen, ein Land langfristig zur Stabilität zurückzuführen - allerdings nicht ohne wirtschaftliche Kosten. Werden die Maßnahmen mißbraucht, dann können die mit der Anpassung verbundenen Kontrollen zu einer zusätzlichen Verschärfung des Stabilisierungsproblems führen. Es mag interessant sein, daß auch Ludwig Erhard 1948 vereinzelt zu staatlichen Zwangsmaßnahmen griff, um die Inflation (z.B. im Bereich der Textilien) zu senken und sein wirtschaftspolitisches Programm nicht zu gefährden. In analoger Weise muß der Staat auch heute prozeßpolitische Maßnahmen kurzfristig mit dem Ziel einsetzen, langfristig hauptsächlich über ordnungspolitische Maßnahmen Wirtschaftspolitik zu betreiben.

10.5 Die Bedeutung unabhängiger Zentralbanken

Bis vor einigen Jahren hatten sich vergleichsweise wenige Staaten für unabhängige Notenbanken entschieden. Erst seit knapp 10 Jahren ist das Thema "Unabhängigkeit einer Zentralbank" in der internationalen Diskussion wieder aufgegriffen worden. Zuvor war dieses Thema im wesentlichen auf Diskussionen deutschsprachiger Ökonomen beschränkt geblieben. Insbesondere in frankophonen und angelsächsischen Ländern stieß der Gedanke der Unabhängigkeit der Zentralbank auf wenig Verständnis. Einige wichtige Studien haben mittlerweile die positiven Beziehungen zwischen dem Grad der Zentralbankunabhängigkeit und der Höhe der Inflationsraten aufgezeigt: Insgesamt ist ein Konsensus zu beobachten, daß der Schlüssel für niedrige Inflationsraten in der Etablierung unabhängiger Zentralbanken liegt, welche die Geldpolitik vom politischen Prozeß trennt und damit effektiv werden läßt.[317]

Das neuerliche Interesse an der Unabhängigkeit der Zentralbank hat seinen Ausgangspunkt in der tatsächlichen Wirtschaftsentwicklung, insbesondere in der weltweiten Beschleunigung des Preisauftriebs während der 70er Jahre. Man stellte sich die Frage, wie man diese Preisauftriebe kontrollieren könne. Die Rolle der Zentralbank für die Entwicklung von Preissteigerungen wurde neu untersucht und die Bedeutung der Geldpolitik bei der Bekämpfung der Inflation vermehrt anerkannt. Vertreter monetaristischer Grundpositionen führen das Scheitern bei der erfolgreichen Bekämpfung der Inflation auf die Unwilligkeit des politischen Systems zurück, Kompetenzen für die Wirtschafts- und insbesondere die Geldpoltik aus der Hand zu geben.

Der Monetarismus spricht sich für **Geldmengenregeln** aus und versucht den Wirtschaftspolitikern die Hände zu binden. Der keynesianische Stabilisierungsansatz hingegen bietet Politikern einen ausgezeichneten Rahmen zur Legitimierung staatlicher Eingriffe. Monetaristische Maßnahmen lassen sich nämlich für die politischen Machthaber kaum verwerten, selbst für die akademische Intelligenz war eine durch das Vertrauen auf Marktkräfte gekennzeichnete monetaristische Politik nicht sonderlich attraktiv, weil sie kaum gestaltbar war. Da Geldmengenregeln keinen Verfassungsrang besitzen (ein Wunschbild der Monetaristen), lassen sich Gefahren der Inflation nur dauerhaft bekämpfen, wenn die Preisstabilität im Pflichtenheft der Zentralbanker an erster Stelle steht. In wirtschaftlichen Krisenzeiten werden Notenbanken von Regierungen leicht zu inflationstreibender Geldschöpfung durch die Notenpresse genötigt. Daher ist es

[317] Vgl. hierzu beispielsweise: GRILLI/MASCIANDARO/TABELLINI(1991) sowie ALESINA/ SUMMERS(1993).

notwendig, die Zentralbank gegen Pressionen dieser Art immun zu machen, um eine glaubhafte Preisniveaustabilität auf Dauer zu ermöglichen.

In letzter Zeit ist ein Anstieg wissenschaftlicher Untersuchungen zur Unabhängigkeit der Zentralbank zu verzeichnen. Notenbankgesetze wurden ausgewertet, Indikatoren für die politische Unabhängigkeit konstruiert (z.B. wurden Zentralbanker über ihr Verhältnis zur Regierung befragt, um eine Meßgröße für die Unabhängigkeit der Notenbank zu ermitteln), die dann zusammen mit Kennziffern der Wirtschaftsentwicklung des betreffenden Landes ausgewertet wurden, um den trade-off zwischen Zentralbankunabhängigkeit und ökonomischer Entwicklung zu erforschen.[318] Die Behauptung „Je unabhängiger eine Zentralbank, desto niedriger ist in der Regel die durchschnittliche Inflationsrate und desto geringer sind die Schwankungen in der Preisentwicklung eines Landes“ wird durch eine Vielzahl empirischer Studien gestützt. Deutschland nimmt in solchen Untersuchungen regelmäßig einen Spitzenplatz in der Unabhängigkeitsliste ein und besitzt auch eine der stabilsten Währungen der Welt.[319]

Die Unabhängigkeit einer Zentralbank ist jedoch kein Ziel an sich, sondern lediglich Mittel zum Zweck der **Geldwertstabilität**, die in einem Papierwährungssystem nur erreicht werden kann, wenn die Geldproduktion die Höhe der Güterproduktion auf Dauer nicht übersteigt.[320] Ein Notenbankgesetz, daß einer Zentralbank Unabhängigkeit verleiht, ist jedoch keine automatische Garantie für Stabilität und Wachstum eines Landes. Die Übertragung geldpolitischer Verantwortung auf Zentralbanken garantiert noch keine erfolgreiche Geldpolitik. Eine solche Unabhängigkeit der Zentralbank ist weder notwendig, noch hinreichend zur Erreichung von Geldwertstabilität. Eine unabhängige Zentralbank hat allerdings höhere Chancen, das Ziel der Geldwertstabilität unbeeinflußt von politischen Pressionen verfolgen zu können. Geldwertstabilität ist nur erreichbar, wenn die Zentralbank Haushaltsdefizite des Staates nicht qua Gesetz durch Kredite ab-

---

[318] Vgl. FISCHER(1995), AKHTAR(1995), DE-HAHN/STURM(1992); ferner ALESINA/SUMMERS(1993) sowie SCHIEMANN/ALSHUT(1994). Kritisch wird insbesondere von englischen Ökonomen die Unabhängigkeit der Zentralbank betrachtet; vgl. dazu: JENKINS(1996).

[319] Für geschichtliche Aspekte der Unabhängigkeit von Zentralbanken vgl.: VICARELLI (1988).

[320] Vgl. auch: WOLL(1991).

decken muß, sie also neben der Geldwertstabilität nicht noch andere wirtschaftspolitische Ziele in ihrem Zielkatalog vorfindet.[321]

Es stellt sich die Frage, ob eine unabhängige Zentralbank auch EL zu einer größeren Stabilität verhilft. In diesem Zusammenhang ist auf zwei Möglichkeiten hingewiesen worden:

(a) Wegen der unausgereiften finanziellen Infrastruktur sei es effektiver, den Wechselkurs an eine stabile Währung festzuzurren, so daß die einheimische Währung die Stabilität der ausländischen übernehmen kann. Der Wechselkurs des argentinischen Peso ist per Gesetz auf einen US-Dollar festgelegt worden. Beide Währungen werden in Argentinien als vollwertig akzeptiert. Viele Länder des frankophonen Afrika haben ihre monetäre Stabilität der Anbindung an den Französischen Franken zu verdanken. In der Gruppe der IL ist Österreich zu nennen, das mit der festen Bindung des Schillings an die D-Mark die Praktikabilität von Ankerwährungen unter Beweis stellt. Wegen der fehlenden Finanzmärkte läßt sich in den EL keine einfache Kausalität zwischen unabhängiger Zentralbank sowie Geldwertstabilität herleiten.[322] So wird für einige Länder - hilfsweise - auf die generell konservative Verhaltensweise des Bankensektors hingewiesen, der eine Lobby für Geldwertstabilität darstelle. Da ein hinreichend entwickelter Privatbankensektor in EL nur ausnahmsweise anzutreffen ist, fehlt eine wichtige Institution zur Verfolgung des Zieles der Geldwertstabilität.

(b) Ebenso wird auf das Problem der mangelnden politischen Stabilität hingewiesen. In einer intensivem Analyse haben CUKIERMAN und WEBB gezeigt, daß der politische Einfluß auf die Zentralbank Auswirkungen für die Geldwertstabilität hat. Die Unabhängigkeit der Zentralbank messen sie durch den "turnover" des Zentralbankpräsidenten nach einem politischen Wechsel in der Regierung.[323] Die Studie zeigt, daß es sehr schwierig ist, die Unabhängigkeit der

---

[321] In diesem Zusammenhang spricht man von einer funktionellen Unabhängigkeit. Ferner müssen die Beschlußorgane der Zentralbank autonom über die Geldpolitik entscheiden können, ohne daß Zentralbankmitglieder, die keine regierungsgenehmen Positionen vertreten, mit einer Abrufung aus dem Amt rechnen müssen (personelle Unabhängigkeit). Erforderlich ist auch, über die Instrumente der geldpolitischen Steuerung uneingeschränkt entscheiden zu können (instrumentelle Unabhängigkeit).

[322] Vgl. hierzu: MAS(1995).

[323] Vgl. CUKIERMAN/WEBB(1995).

Zentralbank quantitativ zu erfassen: Für EL helfen Maßstäbe der legalen Unabhängigkeit weniger als in IL. Generell wird festgestellt, daß Zentralbanken in EL stärker abhängig sind als in IL.

Politische Instabilität reduziert den Zeithorizont der politischen Wettbewerber. Jede neue Regierung möchte die Zentralbankpolitik insoweit beeinflussen, daß sie so lange als möglich in der Regierungsverantwortung bleibt, wobei sie wenig Interesse an langfristigen Auswirkungen hat. In der genannten Studie finden Cukierman und Webb eine negative Signifikanz zwischen ihrer Meßzahl der Zentralbankunabhängigkeit und der Inflationsrate in EL.[324] Diverse andere Studien zeigen die Schwierigkeit der Etablierung einer unabhängigen Zentralbank auf. Meist wird jedoch ausgeführt, daß die erfolgreiche Implementierung einer unabhängigen Geldpolitik die langfristigen wirtschaftlichen Möglichkeiten eines EL positiv beeinflußt, so daß auch in EL unter entwicklungspolitischen Aspekten verstärkt auf unabhängige Zentralbanken Wert gelegt werden sollte.

[324] Natürlich kann die lange Amtsdauer eines Zentralbankpräsidenten auch ein Hinweis sein, daß er der jeweiligen Regierung sehr willfährig gesonnen ist.

11 Bildungspolitik

Die Bildungspolitik, verstanden als Gesamtheit der finanziellen, institutionellen und organisatorischen Maßnahmen, die das Bildungswesen betreffen, wird weltweit als wichtige staatliche Aufgabe verstanden. Wegen der positiven Auswirkungen des Gutes "**Bildung**" auf die gesamtwirtschaftliche Produktivität und wegen ihres Charakters als *öffentliches Gut*, wodurch die am Markt geäußerte Nachfrage nach Bildung nicht dem gesellschaftlich erwünschten Ausmaß entspricht, werden in den meisten Staaten große Bereiche der Bildung von der öffentlichen Hand zur Verfügung gestellt. Wie aus Tabelle 11-1 zu ersehen, wenden viele Staaten einen nicht unerheblichen BSP-Anteil für das Erziehungswesen auf.

Der ungewichtete Mittelwert der staatlichen Ausgaben für Erziehung betrug in EL 3,94 % (2,4 %) und in EL 3,51 % (2,03 %)[325]. Die Spannweite des staatlichen Bildungsausgabenanteils am BSP lag in EL mit (Min. = 0,2 % - Max. 9,73 %) leicht über den Werten der IL mit (Min.=0,27 % - Max. 6,02 %). Die absoluten Bildungsausgaben pro Kopf sind hoch mit den PKE korreliert.

(Siehe: Tab. 11-1 sowie Abb. 11-1.)

[325] In den Klammern werden die jeweiligen Standardabweichungen ausgewiesen.

Tab. 11-1: Bildungsinvestitionen {1993, Länderrangfolge: aufsteigendes PKE}

Land	PKE in US$	Anteil der Erziehungsausgaben am BSP	Anteil der Erziehungsausgaben an den Staatsausgaben	Anteil der Staatsausgaben am BSP	Pro-Kopf-Ausgaben für Erziehung in US$
Nepal	190	2,04 %	10,90 %	18,70 %	3,88
Madagaskar	220	2,77 %	17,20 %	16,10 %	6,09
Kenia	270	5,43 %	18,80 %	28,90 %	14,66
Jemen	280	9,73 %	19,20 %	50,70 %	27,26
Indien	300	0,37 %	2,20 %	16,90 %	1,11
Nicaragua	340	5,61 %	14,20 %	39,50 %	19,07
Mongolei	390	0,68 %	2,70 %	25,30 %	2,65
Ghana	430	4,62 %	22,00 %	21,00 %	19,87
Pakistan	430	0,26 %	1,10 %	24,00 %	1,12
China	490	0,20 %	2,20 %	9,20 %	0,98
Ägypten	660	4,80 %	10,30 %	46,60 %	31,68
Indonesien	740	1,89 %	10,00 %	18,90 %	13,99
Kamerun	820	4,84 %	18,00 %	26,90 %	39,69
Philippinen	850	2,88 %	15,90 %	18,10 %	24,48
El Salvador	1320	1,43 %	12,80 %	11,20 %	18,88
Paraguay	1510	2,87 %	22,10 %	13,00 %	43,34
Tunesien	1720	5,81 %	17,50 %	33,20 %	99,93
Thailand	2110	3,44 %	21,10 %	16,30 %	72,58
Botsuana	2790	8,20 %	20,40 %	40,20 %	228,78
Brasilien	2930	0,92 %	3,60 %	25,60 %	26,96
Malaysia	3140	5,42 %	20,30 %	26,70 %	170,19
Chile	3170	3,03 %	13,40 %	22,60 %	96,05
Uruguay	3830	1,93 %	6,60 %	29,20 %	73,92
Oman	4850	8,05 %	12,60 %	63,90 %	390,43
Korea, Rep.	7760	2,87 %	16,80 %	17,10 %	222,71
Irland	13000	6,02 %	12,80 %	47,00 %	782,08
Israel	13920	5,26 %	11,90 %	44,20 %	732,19
Singapur	19850	4,39 %	22,30 %	19,70 %	871,42
Frankreich	22490	3,19 %	7,00 %	45,50 %	717,43
Deutschland	23560	0,27 %	0,80 %	33,60 %	63,61
Schweden	24740	3,93 %	7,30 %	53,90 %	972,28
Vereinigte Staaten	24740	0,48 %	2,00 %	23,80 %	118,75

[Quelle: WEB(1995), Tab. 10, S. 206, Tab. 1, S. 188 f. und eigene Berechnungen: *Eckhard Schulz*]

Abb. 11-1: Entwicklungsstand und Bildungsinvestitionen

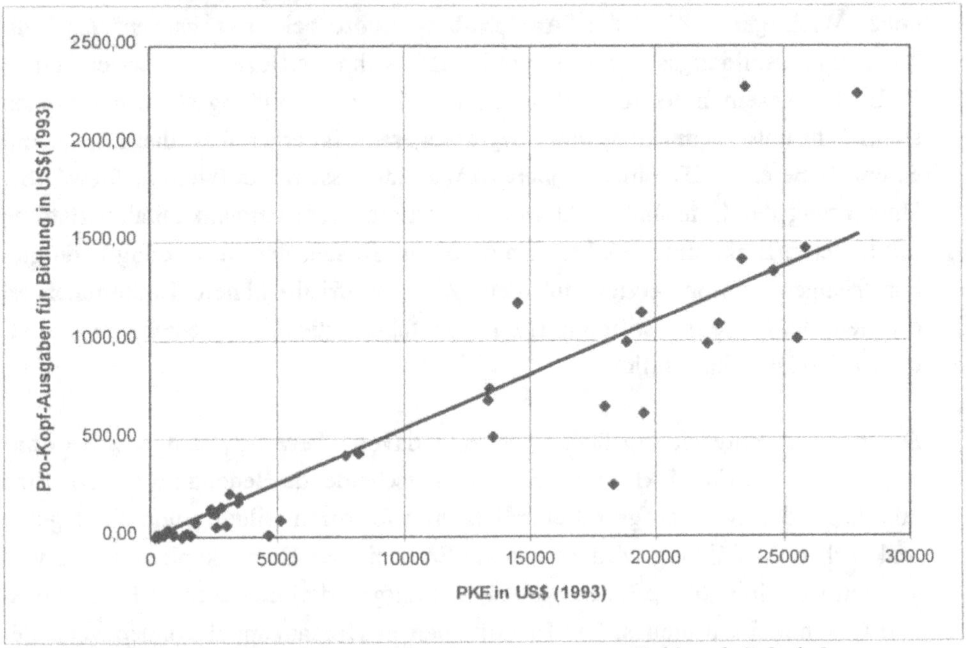

[Länderdaten aus WEB (1995); eigene Berechnungen: *Eckhard Schulz*]

Für ausgewählte Länder (N=50) erhalten wir als Korrelationsgleichung:

Pro-Kopf-Bildungsausgaben = 0,0549·PKE; mit $R^2 = 0{,}8235$

Der durch diese formale Beziehung ausgedrückte, mit dem PKE-Anstieg verbundene Zuwachs an **Ausbildungsinvestitionen** kann inhaltlich nicht nur durch die finanzielle Restriktion begründet werden, daß arme EL aus eigener Kraft lediglich geringe finanzielle Mittel für die Ausbildung zur Verfügung stellen können. Daneben ist zu berücksichtigen, daß die Ausbildungsprofile in Ländern unterschiedlichen Entwicklungsstandes stark variieren: in den am wenigsten entwickelten Ländern sind dringend notwendige Alphabetisierungsprogramme mit niedrigeren Kosten verbunden als die komplexen Ausbildungssysteme in IL, die große Etats verschlingen.

In vielen EL ist eine Verbesserung der Basisausbildung (primary education) von hoher Wichtigkeit. Wird die "**Analphabetenquote** bei Erwachsenen" als Indikator des Ausbildungsstandes verwendet, läßt sich eine Beziehung zwischen dem PKE und diesem Indikator feststellen, wobei der Ausbildungsstand der Frauen signifikant unter dem der Männer liegt. Insgesamt ist erkennbar, daß Länder mit einem höheren PKE einen höheren Ausbildungsstand aufweisen; bzw. (bei Umkehrung der Kausalitätsrichtung) geht eine bessere Humankapitalausstattung mit höheren Einkommen einher. Ein durch die Kosten der Ausbildung bedingter kurzfristiger Konsumverzicht mit dem Ziel, langfristig höhere Einkommen zu erzielen, stellt eine Investition in Humankapital dar; die Analogie zur Realkapital-Investition ist offensichtlich.

Die meisten Entwicklungsökonomen sind davon überzeugt, daß das **Humankapital** für den Entwicklungsprozeß eine entscheidende Bedeutung besitzt. Eine höhere Produktivität aufgrund einer besseren formalen Bildung und einer guten praktischen Ausbildung wird ebenso als Ergebnis der Humankapitalbildung verstanden wie eine höhere Leistungsfähigkeit aufgrund eines besseren Ernährungs- und Gesundheitszustandes. Die Investitionen in Humankapital können verschiedene Formen annehmen.[326] So wird zwischen der formalen Bildung (education) und der praktischen Ausbildung (on-the-job-training) unterschieden. Zur formalen Bildung gehören sowohl die Unterweisung in die Fähigkeit des Lesens und Schreibens als auch die Ausbildung an einer Universität, mit anderen Worten: der gesamte Schul- und Hochschulbereich. Das on-the-job-training umfaßt alle Kenntnisse und Fähigkeiten, die während der Berufsausbildung und -ausübung erworben werden, wozu insbesondere die Lehrlingsausbildung zählt.

SCHULTZ[327] hat auf die besondere Bedeutung des Humankapitals im Agrarsektor hingewiesen. Über Bildungsinvestitionen und den damit verbundenen technischen Fortschritt kommt es zu einer Verschiebung der Produktionsfunktion nach oben, so daß das Gesetz der abnehmenden Grenzerträge durch den technischen Fortschritt kompensiert wird und somit zunehmende Skalenerträge im Agrarbereich beobachtet werden können. Berufliche und formale Ausbildung gehören damit zu den wichtigsten Motoren der wirtschaftlichen Entwicklung. Durch

326 Vgl. wegweisend: BECKER(1964).
327 Vgl. SCHULTZ(1988).

Bildungsinvestitionen wird die Durchschnittsproduktivität der Arbeit erhöht. Die zunehmenden *Skalenerträge*, die durch spezifiziertes Humankapital verursacht werden, sind jedoch nur temporär. Durch weitere Spezialisierung werden zwar zunehmende Skalenerträge möglich, diese Steigerung stößt jedoch auf Grenzen.

11.1 Humankapital und Wachstum

Anfänglich hat man positives Wirtschaftswachstum durch eine steigende Pro-Kopf-Kapitalausstattung erklärt. Unter Verwendung einer neoklassischen Produktionsfunktion wollte man den Einfluß der Produktionsfaktoren auf das Wirtschaftswachstum ermitteln. Zur großen Überraschung konnte das Wachstum der Produktionsfaktoren nur einen geringen Teil des Wirtschaftswachstums in den IL erklären. Der in diesen Studien auftretende "unerklärte Rest", der sich durch die Regressionsanalyse nicht bestimmen ließ, wurde anfangs dem sog. „technischen Fortschritt“ zugeordnet. Frühe Wachstumsmodelle vermittelten das zunächst seltsame Bild, daß sich der größte Teil des Wachstums auf den nicht erklärbaren technischen Fortschritt bezog, wobei die Ökonomien quasi ohne Ressourceneinsatz in den Genuß des technischen Fortschritts gelangten. Später erfolgte eine intensivere Analyse der bislang unerklärten Varianz. Denison hat die im Zeitablauf zunehmende Verbesserung der Qualität von Arbeit und Kapital als wesentlichen Wachstumsfaktor erkannt.[328] Das „Maß der Ignoranz“, wie der unerklärte Rest teilweise bezeichnet wurde, konnte damit reduziert werden.

Neben makroökonomischen Analysen wurden für IL auch Kohortenanalysen durchgeführt, um mikroökonomisch die Ertragsraten der Bildungsinvestitionen zu messen. Die Ertragsraten für Bildungsinvestitionen im Schulbereich lagen zwischen 10 % und 40 %; für die Universitätsausbildung waren sie etwas niedriger.[329] Aufgrund der hohen positiven Ertragsraten fand man eine steigende Nachfrage nach Bildungsinvestitionen vor, wobei die einzelnen Regionen unterschiedlich schnell ihre Investitionen im Bereich der schulischen Bildung aus-

---

328 Vgl. beispielsweise DENISON(1967); ein guter Überblick über die Wachstumstheorie findet sich in: WAN(1971). Auch die moderne Wachstumstheorie greift teilweise auf Humankapitalbildung als Ursache des Wachstums zurück.

329 Vgl. den Übersichtsaufsatz von SCHULTZ(1988b).

dehnten. Wir beobachten in den letzten 50 Jahren in den meisten Ländern dieser Erde einen deutlichen Anstieg an Humankapitalinvestitionen.

Die Bildungsinvestitionen können auch als öffentliches Gut gedeutet werden. Die gesellschaftlichen Erträge von Investitionen in Schulausbildung liegen erheblich höher als die privaten Erträge (positive externe Effekte). Dies mag die Beobachtung erklären, daß die Zunahme der Primärausbildung breiter Bevölkerungsschichten in den meisten Ländern zeitgleich mit erhöhten ökonomischen Wachstumsraten auftrat. Die Bildungsmöglichkeiten zwischen IL und EL gleichen sich tendenziell zunehmend an; auch die in verschiedenen Ländern unterschiedlich stark ausgeprägte Bildungsungleichheit zwischen Frauen und Männern nimmt in der Tendenz ab. Auch in EL weist die Grundschulausbildung höhere (marginale) gesellschaftliche Ertragsraten auf als die Gymnasialausbildung; Bildungsinvestitionen für Frauen zeigen höhere Erträge als die für Männer; die allgemeine Schulausbildung zeigt höhere Ertragsraten als die (technisch orientierte) Berufsschulausbildung.[330]

Anhand eines einfachen Modells soll die Wirkung von Bildungsinvestitionen auf das Humankapital erläutert werden. Die Erhöhung des Realkapitals soll den Realersparnissen gleichen, wobei ein bestimmter Anteil des Nettoeinkommens (Volkseinkommen minus Staatsquote) gespart wird. Wir erhalten die Gleichung:

(1) $\boxed{\dot{K} = s \cdot (1 - \gamma) \cdot Y}$ wobei: $\dot{K} = \partial K / \partial t$ (Zeitableitung)

Unterstellt wird, wie in der Wachstumstheorie üblich, eine neoklassische Produktionsfunktion in den Produktionsfaktoren Arbeit (L) und Kapital (K). Bildungsinvestitionen erhöhen den Effizienzgrad der einfachen Arbeit (A). Unterstellt wird eine Produktionsfunktion vom Homogenitätsgrad 1, d.h. eine proportionale Erhöhung aller Produktionsfaktoren führt zur gleichen proportionalen Veränderung des Volkseinkommens.

(2) $\boxed{Y = F(A \cdot L, K)}$

[330] Vgl. hierzu: PSACHAROPOULOS(1994).

Der Effizienzgrad der Arbeit wachse aufgrund getätigter Humankapitalinvestitionen des Staates. Der Einfachheit halber wird angenommen, daß diese Humankapitalinvestitionen durch die Höhe der Staatsquote (γ) bestimmt werden:

(3) $\boxed{A^* = h(\gamma) \text{ mit } h(\gamma_0) = 0}$ mit: $A^* = (\dot{A} / A)$ (Wachstumsrate)

Die effiziente Kapitalintensität (d.h. das pro Person zur Verfügung stehende Kapital dividiert durch den Effizienzgrad der Arbeit) sei definiert als:

(4) $\boxed{k = K / (A \cdot L)}$

Durch logarithmisches Differenzieren dieser Gleichung wird die folgende Beziehung zwischen den Wachstumsraten ermittelt:

(5) $\boxed{k^* = K^* - A^* - L^*}$

Aus Vereinfachungsgründen nehmen wir an, daß die Bevölkerung und damit auch die Anzahl der Arbeitskräfte nicht wächst. Eine Einbeziehung der Bevölkerungswachstumsrate mit dem darauf folgenden Angebotsanstieg an Arbeit ändert die Ergebnisse im wesentlichen nicht. Wegen der konstanten Bevölkerung ($L^* = 0$) folgt:

(6) $\boxed{\dot{k} = s(1-\gamma)f(k) - h(\gamma) \cdot k}$

Dieses Ergebnis erhalten wir durch Multiplikation der Gleichung (5) mit k; Gleichung (1) sowie Gleichung (2) werden in Gleichung (5) eingesetzt. Wegen der linearen Homogenität in der Produktionsfunktion läßt sich die Gleichung (2) umformulieren in:

(7) $\boxed{Y = (A \cdot L) \cdot F(1, K / (A \cdot L)) = A \cdot L \cdot f(k)}$

Dabei stellt f(k) die Pro-Kopf-Produktion in Effizienzeinheiten dar.[331]

[331] In der wachstumsökonomischen Literatur wird diese Produktionsfunktion oft als Produktionsfunktion in intensiver Form bezeichnet.

In der Wachstumstheorie interessiert generell die Möglichkeit eines gleichgewichtigen Wachstums. Aus diesem Grunde wird nun Gleichung (6) gleich Null gesetzt. Die Kapitalintensität in Effizienzeinheiten soll konstant bleiben. Für ein gleichgewichtiges Wachstum (steady state) ergibt sich für eine Veränderung des Staatsanteils der folgende Gleichgewichtsmultiplikator:[332]

(8) $$\frac{dk}{d\gamma} = \frac{sf + kh'}{s(1-\gamma)f' - h} < 0$$

Da der Nenner negativ und der Zähler positiv ist, sinkt die Kapitalintensität in Effizienzeinheiten, obgleich die Wachstumsrate steigt. *Dieses Ergebnis läßt sich geometrisch wie folgt darstellen:*

Abb. 11-2: Auswirkungen von Humankapitalinvestitionen in einem Wachstumsansatz

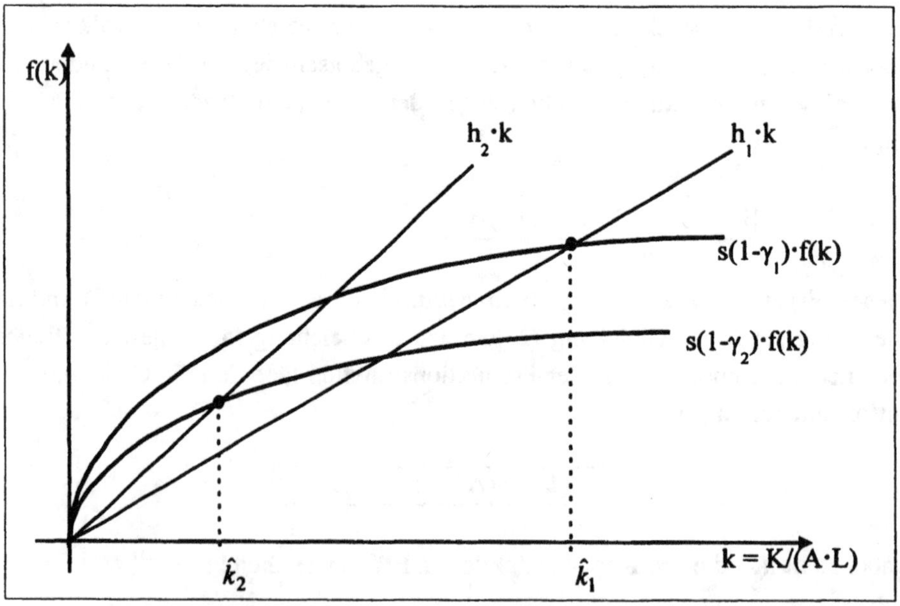

[332] Im steady state ist h>(s-γ)f '. Die Erhöhung der Staatsausgaben wird durch eine Erhöhung der Staatsquote gekennzeichnet.

Die Schnittpunkte der beiden Kurven geben jeweils den steady state wieder. Die Nettoinvestitionen sind dann ebenso hoch wie die Nettoersparnisse. $s(1-\gamma)f(k)$ stellt die Nettoersparnisse dar und $h(\gamma)\cdot k$ die Nettoinvestitionen. Eine Erhöhung der Staatsquote (konkret: Bildungsinvestitionen) verschiebt die Nettoersparnisfunktion nach unten, weil wegen der höheren Staatsausgaben weniger gespart werden kann. Die höhere Wachstumsrate der Arbeit in Effizienzeinheiten führt zu einem steileren Verlauf der h·k-Kurve. Die gleichgewichtete Kapitalintensität in Effizienzeinheiten sinkt von $\hat{k}_1$ auf $\hat{k}_2$.

Um die entwicklungsökonomischen Auswirkungen von staatlichen Bildungsausgaben abzuschätzen, ist es interessant, die Entwicklung des PKE bei Humankapitalinvestitionen zu untersuchen. Wir erhalten für den Pro-Kopf-Konsum die folgende Gleichung:

(9) $$\boxed{c = A \cdot (1-s)(1-\gamma) \cdot f(k)}$$ mit: $c = C/L$.

Aus Gleichung (3) erhalten wir durch Integration einen Ausdruck für A(t), nämlich:

(10) $$\boxed{A(t) = \exp\{h(\gamma)\,(t_0)\}}$$ wobei $A(t_0) = 1$

Für die Veränderung des PKE wird folgendes Ergebnis ermittelt:

(11) $$\boxed{\frac{dc}{d\gamma} = -A(1-s)f + A(1-s)\cdot(1-\gamma)\frac{dk}{d\gamma} + c\cdot(t-t_0)h'}$$

Eine Erhöhung der staatlichen Ausgaben für Bildungsinvestitionen führt anfänglich zu einem niedrigen PKE. Die Reduktion des PKE wird im Laufe der Zeit durch ein höheres Wachstum überlagert. Der erste Ausdruck der Gleichung (10) bezeichnet den direkten Verlust, der aus der Steuererhöhung resultiert, der zweite Summand gibt den PKE-Verlust aus der niedrigen Kapitalintensität in Effizienzeinheiten an, der dritte Summand zeigt den ständig steigenden Wachstumseffekt, der durch die Bildungsausgaben entstanden ist. Für $t = t_0$ erhalten wir nur die ersten beiden negativen Effekte; in späteren Perioden können positive Effekte überwiegen. Dieser Tatbestand kann durch Schaubild 11-3 verdeutlicht werden:

Abb. 11-3: Entwicklung des PKE im Zeitablauf bei Bildungsinvestitionen im Zeitpunkt t_0

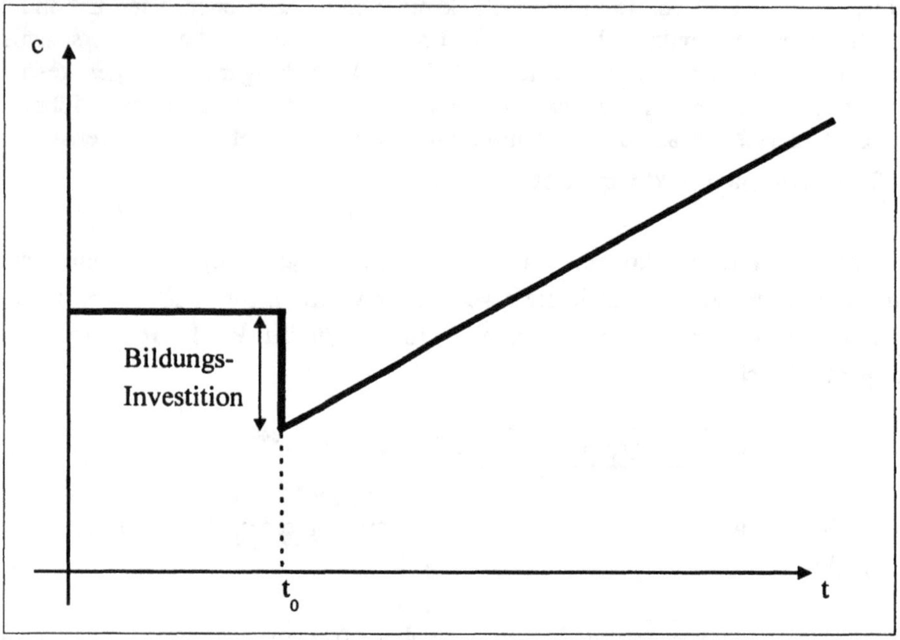

Aus der makroökonomischen Analyse wird deutlich, daß **Bildungsinvestitionen** anfänglich zu einer Reduktion des PKE führen; langfristig findet durch bildungsinduzierte Humankapitalaugmentierung ein höheres Wachstum statt, das dann die Lebensumstände der Bevölkerung verbessert. Jedoch hängt der Ertrag von Bildungsinvestitionen von der Art der Investitionen ab. Gerade für EL, in diesem Zusammenhang wäre insbesondere Schwarzafrika zu nennen, muß sorgfältig überprüft werden, welche Art von Bildungsausgaben für den Entwicklungsprozeß im jeweiligen Stadium notwendig sind.[333]

11.2 Fehlentwicklungen in der Bildungspolitik

Menschliche Ressourcen sind die eigentliche Grundlage für die Wohlfahrt der Volkswirtschaften. Realkapital ist passiv, ermöglicht zwar als notwendige

[333] So wurde für Schwarzafrika ein heterogeneres Bild der Bildungsinvestitionen ermittelt. Vgl. hierzu BENELL(1996).

Nebenbedingung gewisse Entwicklungsprozesse; letztlich entscheidend ist jedoch der Mensch, der aktiv Handelnde, der Kapital ansammelt, den Entwicklungsprozeß vorantreibt, die gesellschaftlichen und organisationsmäßigen Grundlagen gestalten muß. Eine Verbesserung des formalen Bildungssystems wird deshalb grundsätzlich als wachstumsnotwendig angesehen. Dementsprechend wurden viele Ressourcen in die formale Bildung investiert. Der Einkommensunterschied zwischen EL und IL weitet sich dennoch weiter aus. In vielen EL sind absolute Armut, Arbeitslosigkeit und Unterbeschäftigung noch weit verbreitet; gleichzeitig ist in vielen EL ein Überangebot an Arbeitskräften mit höherer Schulbildung festzustellen (Akademiker-Arbeitslosigkeit).

Zwischen den Bereichen der **Primärausbildung** und denen der **Hochschulausbildung** muß unterschieden werden. Mehr als 50% der gesamten Bildungsausgaben, und damit fast 10% der jährlichen Staatsausgaben, entfielen auf die sog. Grundausbildung (primary education), d.h. die ersten vier Jahre der schulischen Ausbildung. 1990 wurden von EL durchschnittlich 4,36 % ihres Sozialprodukts[334] in die Primärschulausbildung gesteckt - mit geringem Erfolg. Das Bildungssystem der IL ist nämlich von den EL ohne länderspezifische Modifikation übernommen worden. In EL kommen ca. 70% der Schüler aus dem ruralen Bereich, von denen wiederum rd. 80% ihren Lebensunterhalt auf dem Lande verdienen werden (z.T. als ungelernte Arbeiter). Für diese Zukunftsaussichten werden die Kinder nicht ausgebildet. Hygiene-, Ernährungs- und Landwirtschaftskenntnisse werden kaum vermittelt. Die Primärstufe ist vielmehr als Vorbereitung für die Sekundarstufe ausgerichtet. Mathematik, Sprachen usw. stehen im Vordergrund; Auswendiglernen und Wiederholungen bestimmen den Schulunterricht; praxisorientierte Problemlösungen werden vernachlässigt.

Ca. 15% der Schüler verlassen nach einem Jahr die Schule, weitere 10% im folgenden Jahr usw. Nur die Hälfte der Schüler schließt den ersten Ausbildungszyklus ab. Ca. 10% der Schüler schaffen es, auf weiterführende Schulen zu kommen, wovon wiederum nur die Hälfte diesen Zyklus abschließt. Die gleiche Kritik gilt auch für die Universitätsausbildung: Viele Akademiker werden für Berufsbilder qualifiziert, die am Arbeitsmarkt in EL nicht gefragt sind. Rechts-

[334] Vgl. WORLD BANK(1994) und eigene Berechnungen.

anwälte sowie Geistes- und Sozialwissenschaftler stehen im Übermaß zur Verfügung; aber es gibt zu wenige Agrarökonomen, Ingenieure oder Architekten.

Aus welchen Gründen ist in vielen EL eine unverhältnismäßig hohe Nachfrage nach formaler Bildung anzutreffen? Durch eine höhere Formalbildung ist es möglich, einen besser bezahlten Beruf zu bekommen. Sie dient meist nur der Vorauslese bei der Auswahl von Aspiranten auf eine Stelle. Der Höchstausgebildete erhält den Zuschlag, unabhängig davon, ob eine Überqualifikation vorliegt. Nur mit höchstmöglicher Formalausbildung gelingt es, einen Arbeitsplatz im modernen Sektor zu bekommen.

Die Nachfrage nach Ausbildung hängt in erster Linie vom Lohn- und Einkommensdifferential zwischen dem modernen Sektor und dem traditionellen Sektor ab. Je höher dieses Lohndifferential, desto größer die Nachfrage nach Formalbildung. Je höher die Wahrscheinlichkeit, eine hochbezahlte Stelle im modernen Bereich zu erhalten, desto größer wird das Arbeitskräfteangebot im diesem Sektor. Zugleich steht die Nachfrage nach Ausbildung im inversen Verhältnis zur Arbeitslosigkeit der formal Ausgebildeten. Zu berücksichtigen sind weiterhin die direkten Kosten der Ausbildung und des Lebensunterhalts, die ein Student zu tragen hat, sowie die Opportunitätskosten. Je niedriger diese sind, desto größer die Nachfrage nach Formalbildung, wobei eine hohe Arbeitslosigkeit die Opportunitätskosten auf Null senkt. Die Ausgaben für Lehrer (die Gehälter von Lehrern sind gegenüber den anderer Berufsgruppen in den letzten Jahren relativ zurückgefallen) bedeuten niedrigere Opportunitätskosten, wodurch der Aufwand für Bildungsinvestitionen reduziert wird.

Das Lohn- und Einkommensgefälle zwischen modernem und traditionellem Sektor ist in vielen EL sehr hoch. In EL wird der Lohnsatz durch die formale Ausbildung bestimmt, nicht durch die für die Stelle notwendige Qualifikation. Bei einem Überangebot an Arbeitskräften werden Arbeitgeber den formal höher ausgebildeten Kandidaten bevorzugen. Da die Schulausbildung in EL i.d.R. kostenfrei angeboten wird und die privaten Kosten nur als Opportunitätskosten (die bei vorhandener Arbeitslosigkeit niedrig sind) anfallen, ist die Nachfrage nach formaler Bildung in EL relativ hoch.

Die Ironie des Problems liegt darin: je geringer die Arbeitsplatzchancen eines Bewerbers mit einem bestimmten Bildungsniveau sind, desto höher ist die Nachfrage nach Bildung. Wegen der häufig anzutreffenden Ausbildungsfreiheit weitet sich die Differenz zwischen privaten und sozialen Kosten aus, so daß die Nachfrage nach Bildung kontinuierlich steigt. Zur Lösung des Problems wäre es notwendig, die Ausbildungskosten stärker zu privatisieren, um Ressourcen für ausbildungsbezogene Infrastrukturprogramme auf dem Lande zur Verfügung zu haben.

Oftmals behindern Art und Struktur der Bildung in EL den Wachstumsprozeß mehr als daß sie ihn fördern. Zugleich werden soziale Ungleichheiten verschärft, da oft nur Wohlhabende in der Lage sind, längere Zeiten der Arbeitslosigkeit finanziell zu überbrücken, um eine qualifikationsadäquate Beschäftigung zu finden. Dagegen müssen die Armen jede sich bietende Beschäftigung annehmen. Da die meisten Akademiker aus der Eliteschicht kommen, wird bei freier Universitätsausbildung die soziale Ungleichheit weiter verstärkt, weil die Armen die Ausbildung der Reichen finanzieren. Das Bildungssystem vieler EL hat einen urbanen Bias, d.h. eine urbane Schlagseite, die aus der unangepassten Übernahme des Bildungssystems der IL herrührt, und Ressourcen im städtischen Bereich bindet, die bei bedarfsorientierter Ausbildung in ruralen Gebieten weitaus nutzbringender angelegt wären. Eine ländlich geprägte Gesellschaft, die im Aufbruch zur Industrialisierung steht, braucht ein anderes Bildungssystem als eine industrialisierte, verstädterte, mit modernster Technologie ausgestattete Gesellschaft.

11.3 Entwicklungsländerspezifische Bildungspolitik

Bei der Konzeption des **Bildungssystems** müssen Auswirkungen externer Effekte berücksichtigt und ggf. auch internalisiert werden. Private Kosten sind an die gesellschaftlichen anzugleichen. Die Empfänger von Bildungsinvestitionen sollten, in Abhängigkeit vom Bildungsniveau, einen spürbaren Anteil der Ausbildungskosten tragen, z.B. in Form von Stipendien, die auf Kreditbasis gegeben werden. Daneben wäre die Senkung des Einkommendifferentials zwischen dem modernen und traditionellen Sektor hilfreich. Insbesondere staatliche Stellen sollten die Höhe der Entlohnung von den Qualifikationsanforderungen des jeweiligen Betätigungsfeldes und nicht von der formalen Ausbildung des Bewerbers abhängig machen. Hierdurch könnten die oben genannten Fehlentwicklungen reduziert werden.

Bei der zukünftigen Ausgestaltung ihres Bildungssystems haben die EL die Wahl zwischen folgenden Alternativen:

❶ Sie fahren damit fort, ihr formales (an IL ausgerichtetes) Bildungssystem <u>quantitativ</u> mit nur geringen Modifikationen in den Curricular-, Lehr- und Unterrichtsmethoden sowie Prüfungen und Lehrinhalten zu erweitern. Bleibt die institutionelle Struktur des Arbeitsmarktes ebenso erhalten wie die kostenlose Zurverfügungstellung von Bildungsmöglichkeiten, dann werden hohe Bildungsinvestitionen nicht den erhofften Entwicklungsprozeß initiieren.

❷ EL können aber auch damit beginnen, ihr Ausbildungssystem <u>qualitativ</u> zu reformieren. Sowohl von der Angebots- als auch der Nachfrageseite ist eine verstärkte Berücksichtigung der Möglichkeiten und Notwendigkeiten der EL angebracht. Wollen EL die Probleme der Unterbeschäftigung bzw. der Arbeitslosigkeit, Armut und Ungleichheit, von ländlicher Stagnation sowie der internationalen intellektuellen Dominierung durch IL lösen, brauchen sie ein dazu qualitativ geeignetes Bildungssystem. Da das bisherige Bildungssystem allein nur die ökonomischen und sozialen Strukturen einer Gesellschaft reflektiert und reproduziert, sind tiefgreifende **Bildungsreformen** notwendig, um das Bildungssystem zu ändern.

Bei einer grundsätzlichen Reform des Bildungswesens müßte an zwei Stellen gleichzeitig begonnen werden:

❶ Die *Nachfrage nach Bildung* muß beeinflußt werden. Die ökonomischen und sozialen Signale, die außerhalb des Bildungssystems liegen, müssen geändert werden. Sowohl Höhe, Struktur und Orientierung der privaten Nachfrage benötigen eine Korrektur.

❷ Die *interne Anreizstruktur* bedarf einer Veränderung. Der Inhalt der Ausbildung muß den Anforderungen ruraler Entwicklung angemessen sein. Es muß ferner ein ausgewogenes Verhältnis zwischen öffentlicher und privater Finanzierung gefunden werden.

Änderungen der Nachfragesignale im Bildungsbereich: Die falsch gelagerten Anreize sowie die politischen Beschränkungen der Mobilität von Arbeitskräften in EL bedürfen einer Korrektur. Dadurch stünden mehr Mittel für Aufgaben zur Ver-fügung, die zu einer Verbesserung der ländlichen Lebensqualität und damit zu einer Verringerung der Landflucht beitragen könnten. Bei bestimmten staatlichen Stellenbesetzungsverfahren sollten keine Ausbildungszertifikate mehr ausschlaggebend sein. Damit könnte für private Unternehmen ein Zeichen gesetzt werden, auch ihre Nachfrage nach Arbeit an der praxisverwertbaren Qualifikation des Bewerbers statt an seiner formalen Ausbildung auszurichten.

Interne Anpassungsmaßnahmen des Bildungssystems: Bildungsbudgets in EL sollten in ihrer Struktur verändert werden. Einige Teilbudgets sollten langsamer wachsen als in der Vergangenheit: die eingesparten Mittel sollten in besser geeignete Verwendungsmöglichkeiten umgeleitet werden. Eine Umstrukturierung der Ausgaben zur Verbesserung der Primärausbildung ist anzustreben; die formale Sekundärbildung und auch die Universitätsausbildung sollten verstärkt privatisiert werden. Eine Aufwertung der praktisch-technischen Ausbildung, die auf die ländliche Lebens- und Arbeitsweise bezogen ist, erscheint dringend geboten. Die finanzielle Ausbildungsunterstützung für höhere Ausbildungsgänge (staatliche Stipendien) ist herabzusetzen; der Nutznießer der Ausbildung sollte einen größeren Teil der Kosten selbst tragen (user-price-principle). Entwicklungspolitiker schlagen vor, daß die Ausbildung der Armen verstärkt subventioniert wird, insbesondere dort, wo hohe Opportunitätskosten einer höheren Schulausbildung im Wege stehen, weil die Schüler für den Lebensunterhalt arbeiten müssen.

Anzustreben ist eine Produktivitätssteigerung der ländlichen Bevölkerung, was bedeutet, daß die technische und handwerkliche Ausbildung gefördert werden müßte. Die Fähigkeiten, das Land besser zu bestellen, kleinere Reparaturen selber durchzuführen oder die Ernährungssituation zu verbessern, müssen primär gefördert werden. Kleinbetriebe in der Agrarwirtschaft, im Handwerk und der Kleinindustrie bekämen dadurch Entwicklungsimpulse. TODARO[335] schlägt vor, daß zum Ausgleich der großen Ungleichheiten des existierenden formalen Schul-

[335] Vgl. TODARO(1994), S. 391.

systems Quoten eingeführt werden sollen, so daß ein gewisser Anteil der Studienplätze für Studenten aus den ärmeren Schichten der Bevölkerung zur Verfügung gestellt werden kann. Hier wäre zu überprüfen, ob durch andere indirekte Anreize nicht das gleiche Ziel erreicht werden könnte, da in einer marktlich geprägten Ordnung Quoten eine Einschränkung der Wahlfreiheit und letztlich eine Einschränkung des Entwicklungspotentials bedeuten können.

11.4 Brain Drain-Problem

Wegen des Überangebots an gut ausgebildeten Akademikern kommt es zu einer Emigration dieser Personen in IL (sog. **brain drain**). Die EL tragen die Kosten der Ausbildung ihrer Akademiker (es sei denn, die Ausbildung wird mit Geldern der Entwicklungshilfe finanziert.); die IL haben später den Nutzen dieser kostspieligen Ausbildung. Wo keine externe Migration vorliegt, kann es zu einer "**internen Migration**" kommen, beispielsweise wird eine Einladung zu einem wissenschaftlichen Vortrag in den westlichen Hauptstädten der Arbeit an Lösungen lokaler ökonomischer Probleme vorgezogen.

In der modelltheoretischen Literatur gilt die internationale Migration als eine Möglichkeit, die weltweite Wohlfahrt zu erhöhen. In diesen Gleichgewichtsanalysen gibt es keine Verzerrungen, keine Informationsprobleme, keine Migrationshindernisse. Die realen Märkte in der Dritten Welt ordnen sich allerdings nicht dem neoklassischem Muster unter. Es kommt nicht zu dem Ausgleich der Grenzerträge aller Arbeitskräfte in allen Sektoren.

Wegen der erörterten fehlerbehafteten Bildungspolitik gibt es Personen mit hohem Humankapital, die im eigenen Land keine ausbildungsadäquate Anstellung finden. Die Entlohnungen im Ausland sind höher; es ist verständlich, daß der einzelne Mensch versucht, sein Lebenseinkommen durch Migration und Aufnahme eines Beschäftigungsverhältnisses im Ausland zu erhöhen. Hierdurch kommt es zwar zu einem Absenken der Arbeitslosenquote im Heimatland (für Personen mit hohem Humankapital); gleichzeitig verliert das in die Ausbildung seiner Bürger investierende Heimatland Humankapital an das Auswanderungsland. Man kann in gewisser Weise von einem Transfer des Humankapitals von EL an IL sprechen.

Es gibt verschiedene Schätzungen darüber, wie hoch die durch brain drain eingesparten Bildungsausgaben der IL sind. Für Kanada hat man für den Zeitraum 1967 - 1973 einen Beitrag von bis zu 2,4 Mrd. kanadische $ errechnet; etwa dem zehnfachen Betrag, den Kanada im gleichen Zeitraum für Entwicklungshilfe bereitgestellt hat. Der Gewinn der USA durch derartige **Bildungsimporte** wird auf mehrere 10 Mrd. US$ geschätzt.[336] Diese Ergebnisse sind - bedingt durch Abgrenzungsprobleme - nicht unumstritten. Insbesondere die Überweisungen ausländischer Arbeitnehmer in ihre Heimatländer sollten bei einer Abschätzung des Netto-Effektes des brain drain berücksichtigt werden, da die Devisen-Überweisungen der Auswanderer in einigen Ländern die Kosten der Ausbildung deutlich übertreffen.

In der neoklassischen Analyse dient die **Faktorwanderung** dem Ausgleich der Faktorpreise (sektoral sowie regional bzw. international). Nur wenn die Faktorentlohnungen in allen Ländern gleich hoch sind (c.p.), gibt es keinen lohndifferenzbedingten Anlaß für internationale Wanderungsbewegungen. In der Realität vollzieht sich die Abwanderung von qualifizierten Fachkräften ins Ausland in verschiedenen Formen: Bei der Wahl der Arbeitsstätte wirkt der „Sog höherer Gehälter" als eine von mehreren möglichen Determinanten. Daneben werden auch politische Gründe angeführt, die Akademiker zum Verlassen des Heimatlandes bewegen. Besonders problematisch ist der brain drain in medizinischen Berufen, da hier extrem großer Bedarf im Heimatland z.B. an Ärzten und sehr attraktive Verdienstmöglichkeiten im Ausland zum Teil erhebliche Diskrepanzen zwischen individuellen und gesellschaftlichen Nutzenkalkülen implizieren. Es sind im Regelfall die besonders gut ausgebildeten Fachkräfte, welche EL verlassen, um in anderen Staaten bessere Verdienstmöglichkeiten nutzen zu können. Die einzelwirtschaftlich rationale Entscheidung wirkt sich gesamtwirtschaftlich negativ auf den Humankapitalstock desjenigen EL aus, welches hohe Ausbildungskosten (über ein System von staatlichen Stipendien für die Teilnahme an bestimmten Studiengänge) getragen hat. Die negative Wirkung besteht in Produktionseinbußen durch den Verlust an ausgebildeten Technikern, Führungskräften und sonstigen qualifizierten Arbeitskräften.[337]

---

[336] Vgl. WEB(1983), S. 125 ff.
[337] Vgl. HEMMER(1988), S. 176 f. sowie SCHULTZ(1988b), S. 613 f.

Als positive Folgewirkungen sind neben den bereits genannten Rücküberweisungen (an Familienangehörige) auch weitere - teilweise erst langfristig einsetzende - positive Effekte zu berücksichtigen: wenn Migranten nach einigen Jahren Auslandseinsatz wieder in ihr Heimatland zurückkehren, so gewinnt das Heimatland erfahrene Arbeitskräfte, die auf interessanten Auslandsstationen wertvolle Kenntnisse sammeln konnten, die bei einer Beschäftigung im Heimatland nicht hätten erworben werden können (Know-how-Transfer).

Welche Maßnahmen werden von EL ergriffen, um ein brain drain zu verhindern bzw. zu verlangsamen ?

❶ Von Auswanderungwilligen wird die Hinterlegung einer Kaution im Heimatland verlangt, die an das Heimatland fällt, sofern der Migrant nicht mehr zurückkehrt.

❷ Das Heimatland erhebt hohe Paßgebühren für ausgebildete Arbeitskräfte, mit denen ein Teil der Ausbildungskosten gedeckt werden kann.

❸ Daneben wird eine „Auswanderungssteuer" diskutiert, welche die grenzüberschreitende Arbeitnehmermobilität erschweren soll. Deren praktische Umsetzung stößt jedoch auf Schwierigkeiten: Neben der Problematik grenzüberschreitender Steuererhebung haftet den Vorschlägen ein Beigeschmack der „ökonomischen Leibeigenschaft" an. Als Begründung der Steuer dient der Vermögensgewinn wohlhabender Staaten, welcher zu einer Kompensation derjenigen Länder Anlaß gibt, die die Aufwendungen für Humankapitalinvestitionen tragen mußten. Einkünfte der Emigranten sollten demnach besteuert und diese Einnahmen für nationale Entwicklungspläne der Herkunftsländer verwendet werden. Gegen diesen Vorschlag werden große Bedenken erhoben, da der einzelne Mensch und dessen Einkünfte nicht Eigentum seines Heimatstaates sind; das Individuum sollte alle Rechte bezüglich seiner Ausbildung sowie seiner Wohn- und Arbeitsplatzwahl behalten.

Welche Anreize können Staaten setzen, um bereits abgewanderte, qualifizierte Arbeitskräfte zur Rückkehr in das Heimatland zu bewegen?

❶ Finanzielle Anreize, d.h. Anhebung der Lohnsätze an das internationale Niveau ist. Da kostenintensiv, sind sie nur selektiv möglich.

❷ Repatriierungs-Programme, welche die Rückkehr attraktiver machen sollen: z.B. verbesserte Regelungen bei der Deviseneinfuhr, welche die Migranten nicht länger durch verfälschte Wechselkurse „bestrafen".

❸ Berücksichtigung einer im Ausland erworbenen Altersversorgung.

❹ Arbeitsplatzgarantien, z.B. durch Anstellungen im öffentlichen Dienst, was z.B. von Sri Lanka oder der Republik Korea mit Erfolg praktiziert wurde.

❺ In Fällen der Abwanderung aus „politischen Gründen" kann nur eine glaubwürdige Änderung der politischen Ordnung (Demokratisierung) mit - entsprechenden gesetzgeberischen Maßnahmen - zu einer Rückkehr des intellektuellen Potentials führen.

Das brain drain-Problem läßt sich am effektivsten lösen, wenn in EL eine marktwirtschaftliche Ordnungspolitik betrieben wird. Dadurch ergeben sich wettbewerbsfähige Arbeitmärkte, auf denen dann auch besser Ausgebildete aus EL einen adäquaten Arbeitsplatz in ihrem Heimatland finden. Verwiesen sei auf die in Kapitel 2.5 schon genannten Modelle vom TODARO und HARRIS-Typ.[338] Sie zeigen ökonomische Gründe für die **lohnsatzinduzierte Migration** innerhalb eines Landes auf (interne Migration), welche auf die Spezifika internationaler Wanderungsbewegungen erweitert werden können.

[338] Vgl. TODARO(1969), HARRIS/TODARO(1970) und ferner: WILLIAMSON(1988), S. 443.

12 Gesundheitspolitik

Die Verbesserung des Gesundheitszustandes und der Gesundheitsversorgung der Bevölkerung spielt im Rahmen der Entwicklungsbemühungen eine dominierende Rolle. Sie sind gleichzeitig eine wichtige *Voraussetzung* für wirtschaftliche Entwicklung und zugleich ein *Ziel* der Entwicklungspolitik. Die Gesundheit steht in einer vielfältigen Verflechtung mit anderen Aspekten des gesellschaftlichen Lebens.

Ein höheres Gesundheitsniveau erlaubt einen Anstieg der Arbeitsproduktivität und beeinflußt auch die Geburtenrate. Der **Gesundheitszustand** ist seinerseits abhängig vom Ernährungsgrad, dem Vorhandensein sauberen Wassers und sanitärer Anlagen, von den Wohnverhältnissen und dem Ausbildungsstand, also von Größen, die alle wiederum mit dem PKE korreliert sind. Eine angemessene **Gesundheitsversorgung** ist daher ein bedeutendes wirtschaftspolitisches Ziel; Gesundheitseinrichtungen sind lebenswichtige Dienstleistungen und zählen zu den **Grundbedürfnissen** (basic needs).

Der zirkuläre Zusammenhang von Wirtschaftswachstum und **Gesundheitsinvestitionen** kann durch nachfolgende Abbildung veranschaulicht werden:

Abb. 12-1: Reduzierung der Armut und Gesundheitsinvestitionen

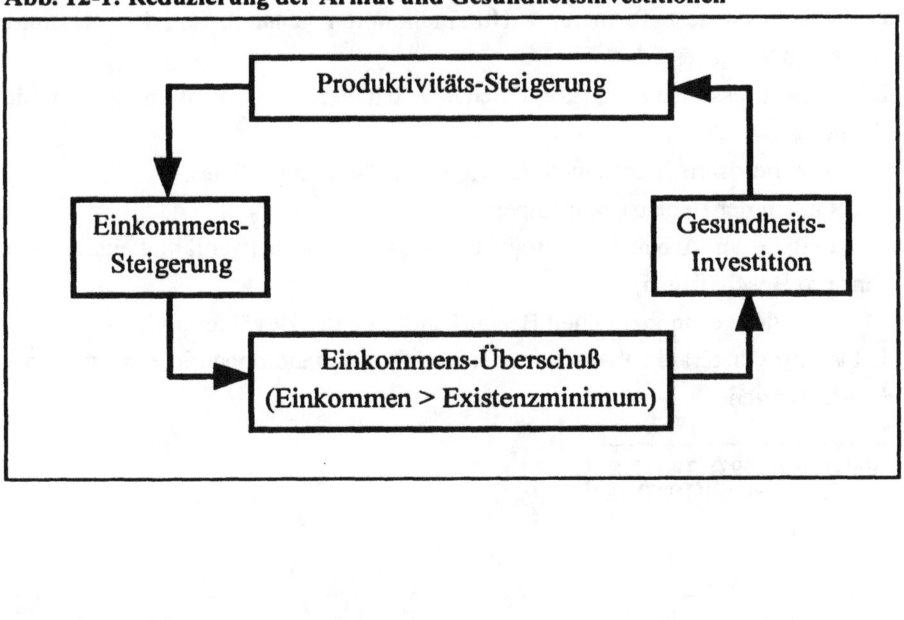

Die **Gesundheitspolitik** in EL versucht, in drei Haupt-Zieldimensionen gleichzeitig Erfolge zu erreichen:[339]

- Bessere Gesundheit für alle,
- medizinische Versorgung benachteiligter Gruppen,
- Kostendämpfung im (kurativen Gesundheitswesen).

Zwischen der ersten und zweiten Zieldimension besteht eine grundsätzliche Zielharmonie. Unter Berücksichtigung der in EL für die Gesundheitsfürsorge besonders knappen Ressourcen wird deutlich, daß zwischen dem dritten Ziel und den beiden ersten Zieldimensionen ein im Vergleich zu IL besonders massiver Zielkonflikt angelegt sein kann. Eine Umschichtung der Gesundheitsausgaben in Richtung präventiver Maßnahmen kann den Zielkonflikt abschwächen.

12.1 Gesundheitlicher Status quo

Die Weltgesundheitsorganisation (WHO) definiert: "Gesundheit ist der Zustand des völligen körperlichen, seelischen und sozialen Wohlbefindens, und nicht nur die Abwesenheit von Krankheit und Gebrechen".[340] Dieser Zustand ist schwierig zu messen und zu erreichen; für die gesundheitspolitische Diskussion ist er wohl kaum hilfreich. Die oft - in Ermangelung besserer Indikatoren - verwendeten Sterblichkeitsziffern geben keinen befriedigendes Bild der vor dem Exitus vorhandenen Gesundheits- bzw. Lebensqualität. In der gesundheitspolitischen Literatur werden deshalb mehrere Hilfsindikatoren genannt, um den „Gesundheitszustand“ zu messen:

- Klinische Messungen von körperlichen Attributen (z. B. Erblindung, Mißbildungen),
- anthropometrische Messungen (Gewicht, Größe, Armumfang),
- Messungen der Lebenserwartungen,
- Messungen der Arbeits(un)fähigkeit (Anzahl der Arbeitsunfähigkeitstage pro Jahr pro Beschäftigen)
- Messung der gesundheitlichen Beeinträchtigung der Bevölkerung,
- Erfassung der Krankenhaustage oder sonstige Behandlungen in medizinischen Einrichtungen,

339 Vgl. WEB(1993), Tab. 3, S. 17.
340 Vgl. LEISINGER(1987), S. 9.

- Messung des gesundheitlichen Wohlbefindens (subjektive Indikatoren).
- Erfassung der **DALYs** (krankheitsbereinigte Lebensjahre), eine Kennzahl, welche die durch vorzeitigen Tod verlorenen gesunden Lebensjahre sowie die durch Behinderungen eingebüßte Zeit berücksichtigt.

Diese Konzepte scheitern zumeist an der unzureichenden Qualität der verfügbaren Daten. Nur bei wenigen Indikatoren ist ein direkter Vergleich möglich.[341] Die gebräuchlichsten Indikatoren zum gesundheitspolitischen Ländervergleich sind die "**Lebenserwartung** bei Geburt" und die "**Säuglingssterblichkeit**" (Sterbefälle pro 1000 Geburten) sowie die "**Kindersterbeziffer** bis zum 5. Lebensjahr" (je 1000 Geburten). *Die folgenden Tabellen geben einen ersten Überblick:*

Tab. 12-1: Lebenserwartung {bei der Geburt in Jahren; 1994}

Afrika südlich der Sahara	52
Ostasien und Pazifik	68
Südasien	61
Europa und Zentralasien	68
Naher Osten und Nordafrika	66
Lateinamerika und Karibik	68
Maximum: Japan	79
Minimum: Guinea-Bissau	38
Zum Vergleich: Deutschland	76

Gesamte Welt	67
Länder mit hohem Einkommen	77
Länder mit mittlerem Einkommen	67
Länder mit niedrigem Einkommen	63

[Quelle: WEB(1996), Tab. 1, S. 222 f.]

Tab. 12-2: Säuglingssterbeziffer {je 1000 Lebendgeburten; 1994}

Afrika südlich der Sahara	92
Ostasien und Pazifik	35
Südasien	73
Europa und Zentralasien	23
Naher Osten und Nordafrika	49
Lateinamerika und Karibik	41
Maximum: Sierra Leone	163
Minimum: Japan, Schweden	4
Zum Vergleich: Deutschland	6

Gesamte Welt	53
Länder mit hohem Einkommen	7
Länder mit mittlerem Einkommen	40
Länder mit niedrigem Einkommen	58

[Quelle: WEB(1996), Tab. 6, S. 232 f.]

[341] Bei Zugrundelegung von Daten aus WEB, HDR bzw. WHO: World Health Report.

Tab. 12-3: Kindersterbeziffer {Kinder bis zum 5. Lebensjahr je 1000 Lebendgeburten; 1993}

Afrika südlich der Sahara	172
Ostasien und Pazifik	61
Südasien	124
Europa und Zentralasien	37
Naher Osten und Nordafrika	70
Lateinamerika und Karibik	52
Maximum: Sierra Leone	284
Minimum: Japan, Schweden, Finnland	6
Zum Vergleich: Deutschland	7

Gesamte Welt	75
Länder mit hohem Einkommen	9
Länder mit mittlerem Einkommen	57
Länder mit niedrigem Einkommen	103

[Quelle: WEB(1995), S. 240f.]

Der empirische Befund belegt insgesamt das große Gesundheitsgefälle zwischen EL und IL. Materielle Armut der Bevölkerung eines Landes führt c.p. zu einem schlechtem Gesundheitszustand der Bevölkerung. Einige Länderbeispiele zeigen jedoch, daß auch Staaten mit niedrigem PKE verhältnismäßig gute Gesundheitsversorgungssysteme aufbauen konnten. So zeigt der direkte Vergleich zwischen den Vereinigten Arabischen Emiraten (PKE_{1993} = 214'30 US \$) und der Mongolei (PKE_{1993} = 390 US \$), daß in der Mongolei mit nur 389 Einwohnern pro Arzt und 209 Einwohnern pro Krankenschwester eine weitaus höhere Versorgungsdichte besteht als in den Vereinigten Arabischen Emiraten, wo auf einen Arzt 2'042 Einwohner; auf eine Krankenschwester 568 Einwohner kommen.[342]

Für den Vergleich des Gesundheitszustandes und der Gesundheitssysteme in einzelnen Ländern spielt auch die Krankheits- bzw. Morbiditätsstruktur eine wichtige Rolle. *Die folgende Tabelle zeigt die wichtigsten Todesursachen in verschiedenen Ländergruppen auf:*

[342] Die Daten wurden dem HDR(1996), Tab. 12, S. 190 sowie dem WEB(1995), Tab. 1, S. 222 f. entnommen. Neben dem Vergleich der reinen „Kopf"-Relationen wäre bei differenzierender Betrachtungsweise auch eine Berücksichtigung der materiellen Ausstattung des medizinischen Personals mit Diagnose- und Behandlungsgerät angezeigt; hierüber liegen aber keine validen Daten vor.

Tab. 12-4: Vergleich der Morbiditätsstrukturen in IL und EL

Krankheiten	IL	EL
Infektionskrankheiten, parasitäre Krankheiten und Krankheiten der Atemwege	10,8 %	43,7 %
Krebs	15,2 %	3,7 %
Krankheiten des Kreislaufsystems	32,2 %	14,8 %
Unfälle	6,8 %	3,5 %
andere Krankheiten	3,5 %	34,3 %

[Quelle: LEISINGER(1987), S. 12; unter Verwendung von Daten der Weltbank]

Für die Gruppe der IL sind nach wie vor die typischen "Industrieländerkrankheiten" (wie z.B. Krebs oder Krankheiten des Kreislaufsystems) als vorherrschend zu verzeichnen, die jedoch nicht mehr nur auf IL beschränkt sind; in den letzten Jahren breiteten sich diese Krankheitsbilder auch in Ländern mit mittleren Einkommen immer stärker aus. In weiten Teilen der Bevölkerung von Schwellenländern werden sowohl Infektionskrankheiten als auch "Industrieländerkrankheiten" beobachtet. In den Ländern mit niedrigen Einkommen herrschen "Armutskrankheiten" vor. Der gegenwärtige globale gesundheitliche Zustand kann durch sieben Teilbereiche beschrieben werden, die Fortschritte sowie Rückschläge bei den weltweiten Anstrengungen zur Verbesserung der Gesundheitszustandes und damit letztlich zur Erhöhung der Lebensqualität aufzeigen:[343]

➊ **Fertilität**

Im Jahre 1995 wurden weltweit rd. 139 Mio. Kinder geboren, wobei 16 Mio. Lebendgeburten in IL und 123 Mio. in EL zu verzeichnen waren. Die Zahl der Geburten pro Frau sank von 4,7 (1970) über 3,7 (1980) auf 3,3 (1990) und lag 1995 bei nur noch 3,0. Als ursächlich für diese Entwicklung wird der zunehmende Gebrauch von Kontrazeptiva angesehen.

[343] Vgl. WHO(1996).

❷ **Kinder- und Säuglingssterblichkeit**

Die Kindersterblichkeit (definiert als Ablebens-Wahrscheinlichkeit von Kindern bis zum 5. Lebensjahr) betrug 1995 im globalen Durchschnitt 81,7 pro 1000 Lebendgeburten, wobei in den IL der relative Anteil bei 8,5 und in den EL bei 90,6 pro Tausend liegt. In absoluten Zahlen ausgedrückt: 11 Millionen Todesfälle bei Kindern in EL. 81,8 % dieser Todesfälle waren mit Infektionskrankheiten verbunden; durch Impfungen wäre der Exitus bei jedem 4. Kind vermeidbar gewesen. In Afrika beträgt der Anteil der Kinder unter 5 Jahren bezogen auf die Gesamtzahl der Todesfälle rd. 40 %. Die Quote der Säuglingssterblichkeit beträgt in IL 6,9 pro 1000 und in den am wenigsten entwickelten Ländern 106,2 pro 1000 Lebendgeburten; weltweit starben 1995 rd. 8.4. Mio. Kinder ohne das erste Lebensjahr vollenden zu können.

❸ **Sterblichkeit (generell)**

Im Jahre 1995 starben weltweit 52 Mio. Menschen. Die Mortalitätsrate sank von 20 pro 1000 Menschen im Jahre 1960 auf 9 pro 1000 im Jahre 1995, wobei der Rückgang bei jungen Menschen besonders stark ausfiel. Die vergleichsweise höchsten Mortalitätsraten sind in Afrika vorzufinden. Weltweit lassen sich rd. 17 Mio. Todesfälle auf Infektionskrankheiten zurückführen.

❹ **Lebenserwartung**

Im Jahre 1960 lag die durchschnittliche Lebenserwartung in Ländern mit niedrigem Einkommen bei 42 Jahren, in Ländern mit mittlerem Einkommen bei 54, in IL bei 69, in Deutschland bei 69 Jahren.[344] Die durchschnittliche Lebenserwartung stieg über 62 Jahre (1985) auf 65 Jahre (1995) an. In IL können die Menschen derzeit mit mehr als 75 Jahren Lebenszeit rechnen, in EL sind es durchschnittlich 64 Jahre und in den am wenigsten entwickelten Ländern lediglich 52 Jahre. Die Lebenserwartungsdifferenz zwischen IL und EL ging von 25 Jahren (1955) auf 13,3 Jahre (1995) zurück. Allerdings ist im gleich Zeitraum innerhalb der Gruppe der EL eine Zunahme der Lebenserwartungsdifferenz zwischen den am wenigsten entwickelten Ländern und den anderen EL von zunächst 7 auf nun 13 Jahren zu konstatieren. Der Unterschied wird am konkreten Ländervergleich besonders deutlich: Sierra Leone: 40,0 Jahre, Japan: 79,7 Jahre durchschnittliche

[344] Die Daten wurden WEB(1979) und WEB(1980) entnommen.

Lebenserwartung. Beim Geschlechtervergleich (weltweit) ergibt sich für Frauen eine um durchschnittlich 4 Jahre höhere Lebenserwartung als für Männer, wobei in Europa diese Differenz mit 8 Jahren am höchsten ausfällt; in Asien unterscheiden sich die unterschiedlichen Lebenshorizonte lediglich um 1 Jahr.

❺ **Gesundheitszustand der Kinder**

Die Diagnose „Untergewicht" bei Kindern unter 5 Jahren mußte im Jahre 1995 in 31 % aller Kinder in EL gestellt werden (im Jahre 1985 waren es noch 34 %); allerdings waren zuletzt in den am wenigsten entwickelten Ländern noch ca. 40 % aller Kinder untergewichtig. In Afrika südlich der Sahara sind im Jahre 1995 ca. 6,7 Mio. mehr Kinder unterernährt als dies noch 1990 der Fall war.

❻ **Zunahme bestimmter Krankheiten (Infektionskrankheiten)**

Innerhalb der letzten 20 Jahre wurden ca. 30 neue Krankheitsbilder mit signifikanter Ausbreitung festgestellt. Von besonderer quantitativer Bedeutung ist der die Immunschwächekrankheit AIDS auslösende HI-Virus: Für 1995 wird die Zahl der Infektionen auf mehr als 20 Mio. Fälle geschätzt; der kumulierte Wert kann nach WHO-Angaben innerhalb der nächsten 5 Jahre auf bis zu 40 Mio. Fälle hochschnellen. In den vergangenen Jahren mußten weitere virale Erkrankungen vom Typus Hepatitis diagnostiziert werden. Die Zahl der chronischen Lebererkrankungen infolge von Hepatitis B wird auf weltweit rd. 350 Mio. Fälle geschätzt; von Hepatitis C sind ca. 100 Mio. Menschen betroffen. Die Malaria ist in 91 Ländern der Erde verbreitet: Mit 500 Mio. Krankheitsfällen und 2 Mio. Todesopfern ist sie eine der großen Geißeln der Menschen in EL. Die Bevölkerung der EL ist einem vergleichsweise hohen Risiko ausgesetzt, von Krankheiten befallen zu werden, welche durch Trinkwasser, Nahrungsmittel, Insekten, Nutztieren etc. übertragen werden können.

Einige - vor einigen Jahrzehnten noch völlig unbekannten Viren - wie z.B. Ebola haben in einigen EL gravierende Auswirkungen: so verliefen in Zaire rd. 80% aller Ebola-Fiebererkrankungen im Jahre 1995 tödlich. Eine nicht zu unterschätzende Gefahr geht von Krankheitsbildern aus, die man bereits unter Kontrolle glaubte: Die Cholera trat in südöstlichen Landesteilen Indiens mit einem besonders gefährlichen Bakterienstamm (Vibrio Cholera) erstmals 1992 auf und hat sich seitdem in weiten Teilen Asiens ausgebreitet. Auch in Lateinamerika, wo die Cholera seit Jahrzehnten unbekannt war, verbreitet sich die Krankheit - seit 1991 von Peru ausgehend - auffällig. Weltweit sind derzeit 120'000 Cholera-Todesfälle (pro Jahr) in ca. 80 Ländern zu konstatieren. Peru war 1995 von einer Gelbfieber-Welle betroffen; die größte Epidemie, die auf dem amerikanischen Kontinent bislang verzeichnet werden mußte.

❼ **Immunisierung**

Zum globalen Impfzustand ist festzustellen, daß immerhin 80% der Kinder weltweit gegenüber sechs Hauptkrankheitsbildern über ausreichenden Impfschutz verfügen: Diphtherie, Kinderlähmung, Tetanus, Tuberkulose, Masern und Keuchhusten. Positive Entwicklungen sind zu verzeichnen, was den weltweiten gesundheitlichen Status quo betrifft, etwa die erfolgreiche Bekämpfung von Lepra, Kinderlähmung (Poliomyelitis), Flußblindheit (Onchocerciasis), Pocken etc.

12.2 Gesundheit als Kapitalgut: Theoretische Aspekte

Der **Gesundheitszustand** der Bevölkerung eines Landes ist für die wirtschaftliche Entwicklung in dreifacher Hinsicht bedeutend:

❶ Er beeinflußt die Quantität des Arbeitsangebots: Je höher der Krankenstand in der Erwerbsbevölkerung, desto niedriger ist die Quantität des Arbeitsangebots. Krankheit vermindert die Möglichkeit effektiv zu arbeiten, da man kaum in der Lage ist, einer regelmäßigen Beschäftigung auf Dauer nachzugehen. Hohe Fehlzeiten senken die Erwerbsmöglichkeiten der Armen

❷ Gesundheit beeinflußt auch die Produktivität von Arbeitskräften: In empirischen Studien können Zusammenhänge der Arbeitsproduktivität mit der Kalorienzufuhr pro Tag sowie anderen Indikatoren zur Gesundheit (z. B. Gewicht in Relation zur Körpergröße) festgestellt werden.[345] Neben der Erhöhung der Quantität kommt es auch zur Erhöhung der Qualität der Arbeit.

❸ Gesundheit erhöht die Produktivität im Bildungswesen: Für den Lernerfolg in der Schule spielt der Gesundheitszustand der Schüler eine wichtige Rolle.

[345] Vgl. BEHRMAN/DEOLALIKAR(1988).

Wie läßt sich staatliches Handeln im Bereich der Gesundheitspolitik in EL rechtfertigen ?

❶ Die Gruppe der Ärmsten kann sich nicht immer die Gesundheitsversorgung leisten, die für Herstellung von persönlichem Wohlbefinden sowie zur Steigerung der Arbeitsproduktivität notwendig wäre. Öffentlich finanzierte (d.h. nicht unbedingt im staatlichen Sektor produzierte) Gesundheitsleistungen könnten sowohl an einer wichtigen Ursache der Armut ansetzen oder zumindest die Folgen der Armut lindern.

❷ Marktversagen in den Bereichen Gesundheitsfürsorge und Krankenversicherung kann durch staatliche Interventionen durchbrochen werden, sofern die staatlichen Aktivitäten darauf gerichtet sind, die Funktionsfähigkeit der Gesundheitsversorgung zu verbessern. Ein bloßer Ersatz privater durch staatliche Monopole wäre jedoch wenig förderlich.

❸ Gesundheit kann auch als öffentliches Gut verstanden werden, das aufgrund der Existenz positiver externer Effekte nicht ohne weiteres über den Marktprozeß zur Verfügung gestellt werden kann, weil bei völlig freiem Spiel der Marktkräfte mit hoher Wahrscheinlichkeit nur ein gesamtwirtschaftlich suboptimales Gesundheitsniveau realisiert werden würde. Die Gesundheitseinrichtungen können daher als ein Teil der materiellen Infrastruktur angesehen werden. Nicht nur der Gesundheitszustand der Erwerbsbevölkerung, sondern auch die Ausgestaltung des Gesundheitswesens hat einen Einfluß auf die wirtschaftliche Leistungsfähigkeit eines Landes. So können z. B. Arbeitsunfälle schneller behandelt und damit Arbeitskosten gesenkt werden, sofern ausreichend Behandlungsmöglichkeiten gegeben sind. Ein gut ausgebautes Gesundheitssystem steigert nebenbei die Standortattraktivität eines Landes für in- und ausländische Unternehmen.

Wie lassen sich optimale Gesundheitsinvestitionen bestimmen ?[346]

Selbstverständlich ist die Entscheidung, wieviel Geld ein einzelner Mensch für die Erhaltung bzw. Wiederherstellung seiner Gesundheit ausgibt grundsätzlich anderen Gesetzmäßigkeiten unterworfen als die gesundheitspolitischen Entscheidung der Regierung eines EL bezüglich der Allokation von knappen Ressourcen in das Gesundheitswesen, die dann (bei gegebener Budgetsumme) nicht mehr für andere staatliche Ausgabenbereiche (z.B. Bildungspolitik etc.) zur Verfügung stehen. Während ein Individuum im Falle einer schweren Krankheit unter Umständen bereit ist, sämtliche verfügbaren finanziellen Ressourcen für die Linderung von Schmerzen bzw. für seine Lebensverlängerung zu verausgaben, können die Entscheidungen der EL-Regierung weitreichende Auswirkungen über „Leben-und-Tod" von vielen Menschen haben: z.B. bezüglich der geographischen Verteilung oder der Art der durchzuführenden gesundheitspolitischen Maßnahmen, der begünstigten Zielgruppe oder auch der Intensität von Impfkampagnen oder der Qualität von Aufklärungsmaßnahmen. Ebenso selbstverständlich ist, daß die Tragweite derartiger Entscheidungen bis weit jenseits des Horizontes rein ökonomischer Betrachtungsweise reicht. Überlegungen zu Kosten und Nutzen von Gesundheitsleistungen stellen Werturteile dar.

Die *Werturteilsproblematik* optimaler Gesundheitsinvestitionen sei an einigen Überlegungen zu Kosten und Nutzen gesundheitspolitischer Maßnahmen verdeutlicht:[347] Die direkten Kosten verschiedener gesundheitspolitischer Maßnahmen lassen sich im Regelfall leicht ermitteln und werden in US $ ausgedrückt: einige Maßnahmen kosten weniger als 1 $ pro Person bzw. pro Anwendung (z.B. bestimmte Impfungen), während andere Maßnahmen Kosten von über 10'000 $ verursachen. Der Nutzen gesundheitsfördernder Maßnahmen wird oft in DALYs ausgedrückt, wodurch eine näherungsweise Vergleichbarkeit der unterschiedlichen Maßnahmen erreicht werden kann. Einige Maßnahmen erhöhen die Lebenserwartung um mehr als zehn zusätzliche gesunde Lebensjahre; andere Maßnahmen bewirken nur ein Plus von wenigen Stunden oder Tagen.

---

[346] Die in der Literatur tradierten theoretischen Modelle zur Optimalität von Gesundheitsinvestitionen sind Legion. Es sei exemplarisch auf SIEGENFÜHR(1993) verwiesen, worin die Modelle von FORSTER, CROPPER, GROSSMAN und MUURINEN dargestellt werden.

[347] Vgl. WEB(1993), S. 74 ff.

Die Auswirkungen gesundheitspolitischer Allokationsentscheidungen auf die Zahl der erhaltenen Menschenleben können an einem praktischen Beispiel verdeutlicht werden:[348] Für Ausgaben im Gesundheitswesen stehen in einer bestimmten Region für einen gewissen Zeitraum lediglich 10'000 $ zur Verfügung. Es ist nun eine Entscheidung zu treffen, wie die knappen Mittel auf die beiden relevanten Maßnahmen „Tuberkulosebekämpfung" oder „Diabetesbehandlung" aufgeteilt werden sollen. Eine Chemotherapie gegen Tuberkulose kostet ca. 200 $ pro Patient; eine Behandlung von Diabetes schlägt mit dem gleichen Betrag zu Buche. Es können also jeweils 500 Patienten der einen oder der anderen Indikation behandelt werden. Der Nutzenbeitrag fällt bei den beiden Maßnahmen allerdings sehr unterschiedlich aus: während die Tuberkulosebekämpfung nicht nur die Zahl weiterer Infektionen reduziert, könnte durch diese Maßnahme ein Gesamtertrag von 35'000 DALYs erzielt werden. Bei der Diabetesbehandlung bleibt die Zahl der Krankheitsfälle unverändert; der Gewinn an DALYs beträgt insgesamt lediglich 400: d.h. jeder der 500 Patienten würde durch ein Behandlungsjahr weniger als ein gesundes Lebensjahr gewinnen. Aus Gründen der ökonomischen Effizienz erscheint eine Behandlung von Tuberkulose gegenüber der Behandlung von Diabetes vorteilhaft zu sein.

An dieser Stelle sind freilich die Grenzen der ökonomischen Analyse erreicht; die Entscheidung über die tatsächliche Verwendung von Ressourcen (d.h. über das Überleben von Tuberkulose- oder Diabetes-Patienten) ist dem subjektiven Urteil der Entscheidungsträger vorbehalten. Wenden wir uns nun - ohne daß die dargestellten Einwände vergessen werden sollen - der Betrachtungsweise auf aggregiertem Niveau zu:

(Siehe: Abb. 12-2.)

Die **gesamtgesellschaftlich optimalen Gesundheitsinvestitionen** lassen sich prinzipiell dadurch ermitteln, indem für die in Mengeneinheiten ausgedrückten Gesundheitsleistungen die jeweiligen Kosten und Nutzen ermittelt werden. Die optimale Allokation (effiziente Gesundheitsausgaben) sind bei derjenigen Kombination erreicht, bei der Grenzkosten für Gesundheitsleistungen genau den

[348] Vgl. WEB(1993), S. 74 ff.

Grenznutzen entsprechen. In der Grafik wird die Gleichheit von Grenznutzen und Grenzkosten durch diejenige Situation gekennzeichnet, bei der die Steigung der Tangenten der beiden Funktionen einander entspricht. An dieser Stelle erreicht der Netto-Effekt von Nutzen abzüglich Kosten der Gesundheitsleistungen den maximal erreichbaren Wert (durch Doppelpfeil gekennzeichnet).

Abb. 12-2: Optimale Gesundheitsinvestitionen

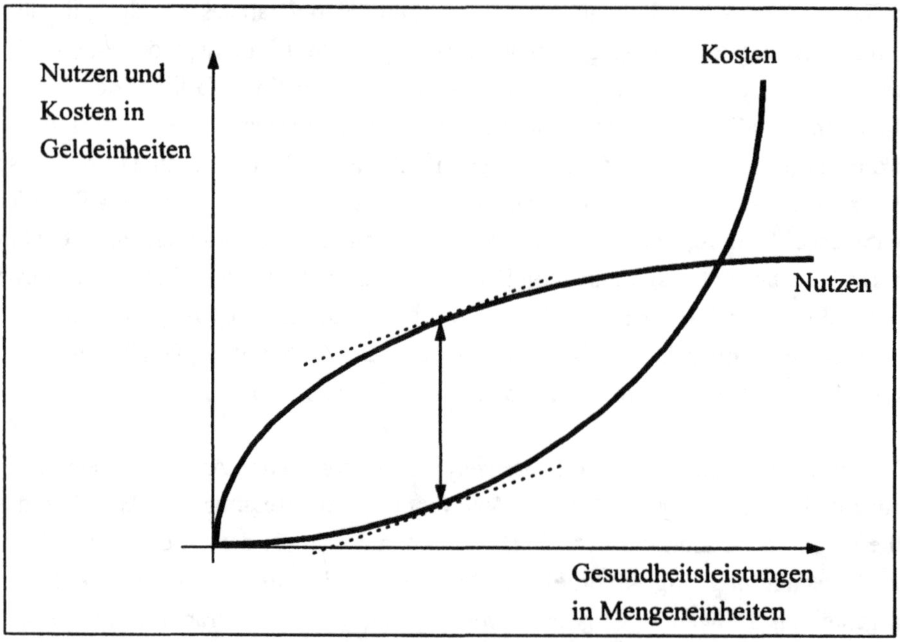

12.3 Das Gesundheitswesen in EL: Schwachstellenanalyse und Anforderungsprofil

Einige EL-typische Schwachstellen reduzieren die Leistungsfähigkeit des Gesundheitswesens und damit die Leistungsfähigkeit der gesamten Volkswirtschaft:[349]

[349] Vgl. WEB(1993), S. 4.

Fehlallokation und Ineffizienz

Knappe finanzielle Ressourcen des EL werden für Gesundheitsmaßnahmen mit geringer Kosteneffizienz (Operationen mit geringem Heilungserfolg) verwendet, während für besonders kosteneffiziente Maßnahmen (vor allem: Bekämpfung von Infektionskrankheiten) oft Mittel in nur sehr begrenztem Umfange bereitgestellt werden. Ein großer Teil der Gesundheitsausgaben wird z.B. verschwendet; anstelle von preisgünstigen Generika werden pharmazeutische Markenartikel eingekauft. Aber auch im Krankenhaus-Management (Personaleinsatz sowie bei der Belegung von Krankenhausbetten) sind erhebliche Ineffizienzen feststellbar.

Kostenexplosion

In einigen EL (mit mittleren Einkommen) steigen die Ausgeben im Gesundheitswesen weitaus stärker an als die Einkommen. Die Nachfrage nach kostspieligen Untersuchungen und Behandlungen wächst begünstigt durch die wachsende Zahl von Ärzten bzw. Kliniken, das Angebot an fortschrittlicher medizinischer Technik sowie die Ausweitung der Krankenversicherung auf Basis der Erstattung von Einzelleistungen.

Regionale Disparitäten (Stadt-Land-Gefälle)

Auch für den Bereich der Gesundheitsdienstleistungen ist der EL-typische Dualismus zu konstatieren.[350] Man kann grundsätzlich zwischen einem modernen Sektor und einem traditionellen Sektor in der Gesundheitsversorgung unterscheiden: Neben einem „Privatmarkt", auf dem Markenarzneimittel internationaler Arzneimittelhersteller, moderne medizinische Dienstleistungen von der Gruppe der wohlhabenden Individuen nachgefragt werden, existiert für weite Teile der Bevölkerung ein „Sozialmarkt" auf dem staatliche und nicht-staatliche Institutionen Dienstleistungen und Medikamente (oft Generika) zu stark subventionierten Preisen bzw. völlig kostenlos abgeben. Ein ernstzunehmendes Problem besteht darin, daß ein nicht unerheblicher Teil der Bevölkerung aus kulturellen, finanziellen oder geographischen Gründen keinerlei Zugang zu Gesundheitsdiensten hat.

---

[350] Vgl. LEISINGER(1987), S. 72.

Das Dualismus-Problem geht mit sechs wesentlichen Schwachpunkten des EL-Gesundheitswesens einher:[351]

❶ Die ärmsten Bevölkerungsschichten, die am meisten von Krankheit und Sterblichkeit bedroht sind, werden nicht bzw. nur unzureichend mit Gesundheitsdienstleistungen versorgt.

❷ Es besteht insbesondere in ländlichen Regionen ein Mangel an ausgebildetem medizinischen Personal.

❸ Die Versorgung mit Basismedikamenten ist - bedingt durch Mängel in der Verwaltung - unzureichend. Der Basisgesundheitsdienst ist allenfalls schwach entwickelt

❹ Das Hilfspersonal wird schlecht ausgebildet, geführt und unterstützt und bringt dementsprechend nur unzureichende Leistungen.

❺ Vorbeugende Maßnahmen (Präventiv-Medizin) werden vernachlässigt.

❻ Die Krankheit und Sterblichkeit verursachenden Rahmenbedingungen sind im ruralen Raum unverändert ungünstig.

Verbesserungen des EL-Gesundheitswesens müssen an den aufgezeigten Schwachpunkten ansetzen, um eine wirkliche Verbesserung insbesondere in der Gruppe der Ärmsten in ländlichen Regionen zu erreichen. Kurzfristig muß daher mit den spärlichen öffentlichen und privaten Mitteln eine „Minimal-Gesundheitsversorgung" finanziert werden, um sichtbare Erfolge zu erzielen; langfristig muß die Gesundheitspolitik eines EL über die nachhaltige Sicherung der Befriedigung der Grundbedürfnisse aller Bevölkerungsgruppen die gesundheitsrelevanten Lebensverhältnisse verändern.[352]

<u>Problemfeld Arzneimittelsektor</u>

Bei der Arzneimittelpolitik versagt das konventionelle Gesundheitssystem in EL in drei Bereichen:

- Qualitätskontrolle der einheimischen und importierten Arzneimittel,
- Arzneimittelgesetzgebung
- und deren Implementierung.

---

351 Vgl. LEISINGER(1987), S. 19 f.
352 Vgl. LEISINGER(1987), S. 22.

In den meisten EL existiert ein durchaus funktionierender privater Gesundheitssektor mit Ärzten und Arzneimittelverkaufsstellen. Neben gut geführten Apotheken existieren allerdings auch Straßenhändler, die im informellen Sektor Arzneimittel stückweise und ohne Beachtung von Verfallsdaten verkaufen; eine richtige Anwendung kann bei Nichtbeachtung von Packungsbeilagen nicht gewährleistet werden. Defizite im Arzneimittelsektor resultieren auch aus der fehlenden professionellen Qualitätskontrolle (Arzneimittelüberwachung) bei der Überwachung der Verteilung von Medikamenten und können nur durch zielgerichtete gesetzgeberische Maßnahmen angegangen werden.[353]

Wie verändert sich das Anforderungsprofil an das Gesundheitswesen im Ver-lauf der ökonomischen Entwicklung ?[354]

Während des Entwicklungsprozesses läßt sich eine idealtypische Veränderung bei der Gewichtung von Krankheitsbildern feststellen, die durch das sog. „**Phasenkonzept der epidemiologischen Transition**“ wiedergegeben werden kann:

Abb. 12-3: Phasenkonzept der epidemiologischen Transition

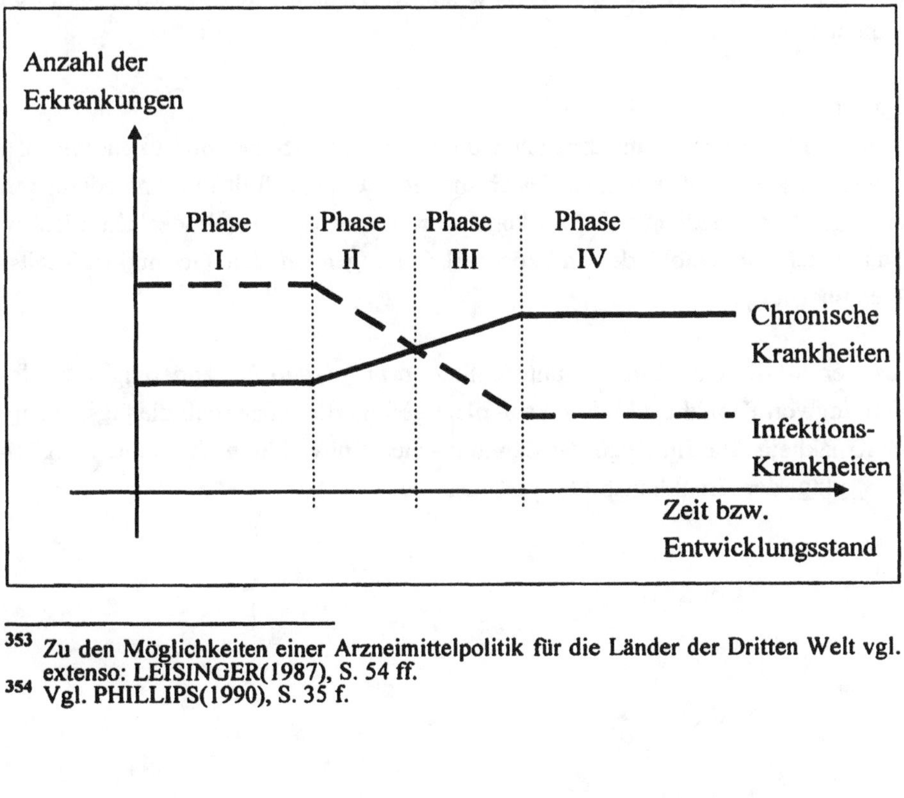

[353] Zu den Möglichkeiten einer Arzneimittelpolitik für die Länder der Dritten Welt vgl. in extenso: LEISINGER(1987), S. 54 ff.

[354] Vgl. PHILLIPS(1990), S. 35 f.

Phase I

In der Ausgangssituation (niedriger Stand ökonomischer Entwicklung verbunden mit einem geringen Versorgungsgrad mit „modernen medizinischen Einrichtungen"; d.h. die Infrastruktur mit Krankenhäusern, Apotheken etc. ist unbefriedigend) ist in einem Land eine hohe Zahl von Infektionskrankheiten (z.B. Cholera) festzustellen; die Anzahl der chronischen Krankheitsfälle (Herz-/Kreislauferkrankungen bzw. Erkrankungen der Atemwege etc.) ist demgegenüber vergleichsweise gering.

Phase II und III

Mit der im Zeitablauf stattfindenden ökonomischen Entwicklung (das Gesundheitswesen wird ausgebaut und modernisiert) nimmt die Anzahl der Infektionskrankheiten ab, während die Zahl der chronischen Krankheitsbilder zunimmt. In der Phase II übersteigt die Zahl der Infektionskrankheiten die Zahl der chronischen Erkrankungen. Der Phasenübergang von der II. zur III. Phase ist durch einen Gleichstand beider Krankheitsgruppen gekennzeichnet. In der III. Phase übersteigt die Zahl der chronischen Krankheiten erstmals die Zahl der infektiösen Krankheiten.

Phase IV

In der Endphase (zwischenzeitlich wurde ein hoher Stand der ökonomischen Entwicklung erreicht und auch das Gesundheitswesen erfüllt die Anforderungen der sog. „Schulmedizin") ist zu konstatieren, daß der Anteil der chronischen Krankheiten die Quote der Infektionserkrankungen an den Gesamtkrankheitsfällen übersteigt.

Aus der in diesem Konzept unterstellten *prinzipiellen* Veränderung der Gewichtung von Krankheitsbildern kann nicht gefolgert werden, daß die Gesamtzahl der Krankheitsfälle im Zuge der ökonomischen Entwicklung abnimmt; lediglich die Struktur der Krankheitsbilder verändert sich.

Wie ist dieser strukturelle Übergang zu erklären ?

Rückgang der infektiösen Krankheitsfälle

- Im Zuge der ökonomischen Entwicklung stehen einem Land mehr finanzielle Mittel zum Ausbau des Gesundheitswesens zur Verfügung.
- Durch flächendeckend durchgeführte Impfungen werden gewisse Infektionskrankheiten an der Ausbreitung gehindert.
- Mit zunehmendem Bildungsstand nimmt auch das Wissen über Infektionswege und Behandlungsweisen zu.
- Mit höherem Entwicklungsstand wird eine bessere infrastrukturelle Ausstattung (Zugang zu sauberem Trinkwasser etc.) erreicht, was die Infektionsgefahr erheblich reduziert.

Zunahme der chronischen Erkrankungen

- Die Steigerung der ökonomischen Leistungsfähigkeit eines Landes geht mit typischen Veränderungen der Arbeitsprozesse einher: Arbeitsbelastung und Streß nehmen zu; damit verbunden treten häufiger Krankheitsbilder aus dem Bereich der Herz- und Kreislauferkrankungen auf.
- Eine Veränderung von Ernährungsgewohnheiten hat ebenfalls eine Zunahme von „Zivilisationskrankheiten" zur Folge.
- Auch die Fälle von Krebs nehmen im Zeitablauf zu. Obwohl sich bei dem aus medizinischer Sicht komplexen Phänomen Krebs keine einfachen „Auslöse-Mechanismen" bestimmen lassen, scheint doch die entwicklungsbedingte Verschlechterung der Umweltqualität einen nicht unerheblichen Einfluß auf die Krebsrate zu haben.
- Für die Zunahme der chronischen Atemwegserkrankungen kann insbesondere die verschlechterte Luftqualität verantwortlich gemacht werden.

Welche Konsequenzen ergeben sich aus dem Konzept der epidemiologischen Transition für die Ausgestaltung des Gesundheitswesens in EL ?

Die Anforderungen an das Gesundheitswesen im allgemeinen und an die Ausstattung mit Arzneimitteln sowie Behandlungs- und Diagnoseausstattungen im besonderen verändern sich im Verlauf der ökonomischen Entwicklung mit der auftretenden strukturellen Veränderung von Krankheitsbildern: während in der

Frühphase der Entwicklung eine Bekämpfung der Infektionskrankheiten im Vordergrund steht, wozu bestimmte Medikamente (Impfstoffe) und Organisationsstrukturen erforderlich sind, muß das Gesundheitssystem im Zeitablauf mit einer ansteigenden Zahl von chronischen Erkrankungen rechnen, die nicht nur andere Anforderungen an Mediziner-Qualifikation, Medikamente-Sortimente, Ausstattung von Krankenhäusern mit Operationseinrichtungen etc. stellen sondern auch mit einer erheblichen Zunahme an Behandlungskosten pro Krankheitsfall verbunden sind. Der Anstieg der chronischen Erkrankungen macht Langzeitbehandlungen notwendig, die gegenüber Infektionskrankheiten z.T. ein Vielfaches an Kosten verursachen. Die Wirtschaftspolitik ist im Zuge der ökonomischen Entwicklung einer Volkswirtschaft gefordert, das Gesundheitssystem in einer Weise weiterzuentwickeln, daß die veränderte Bedarfsstruktur auch ökonomisch verkraftet werden kann.

Besondere Anforderungen an das Gesundheitssystem in EL

Bei der Gestaltung des Gesundheitswesens muß auch die in IL und EL jeweils anders geartete Morbiditätsstruktur berücksichtigt werden. Der - wie zuvor ausgeführt - hohe Anteil der Infektionskrankheiten in EL erfordert z.B. flächendeckend angelegte Impfaktionen. Dies spricht für ein starkes, öffentliches Gesundheitssystem. Die parasitären Krankheiten, die vor allem durch verseuchtes Wasser verbreitet werden, machen die Notwendigkeit einer Verbesserung sanitärer Systeme sichtbar. Eine Verbesserung des Gesundheitszustandes ist nicht allein mit medizinischen Einrichtungen zu erreichen.

Eine Verbesserung sanitärer Anlagen und die Zurverfügungstellung sauberen Wassers stellen wesentliche Komponenten einer erfolgreichen Gesundheitspolitik dar. Medikamente sind allerdings teilweise in der Lage, substitutiv zu wirken. Kenntnisse über Krankheitsursachen können wiederum einen substitutiven Effekt aufweisen. Ist der Bevölkerung der Zusammenhang zwischen verseuchtem Wasser und Krankheiten bekannt, so kann durch das Abkochen des Wassers beispielsweise ein Mangel an Medikamenten und an sanitären Anlagen entgegengewirkt werden. Bildung und Gesundheit stehen also in einem vielfachen substitutiven Verhältnis zueinander.

Die Gesundheitsinfrastruktur wird in der Regel durch „Einwohner pro medizinischem Personal", gesamte "öffentliche Gesundheitsausgaben" (Inputfaktoren) und über „Konsum an Gesundheitsleistungen“ (Arzneimittelverbrauch pro Kopf, Krankenhaustage pro Person) ausgedrückt. Bei der finanziellen Ausstattung zeigen sich drastische Unterschiede zwischen IL und EL.

Tab. 12-5: Anteil der Ausgaben für Gesundheit sowie Verteidigung an den Gesamtausgaben der Zentralregierung {in %; 1993}

LAND	Gesundheit	Verteidigung
Schweden	0,4	5,3
Korea Rep	1,0	20,1
Indien	1,9	14,5
Ägypten	2,1	8,2
Indonesien	2,7	6,2
Philippinen	3,0	10,6
Sri Lanka	5,2	11,4
Brasilien	5,2	2,6
Kenia	5,4	6,2
Uruguay	5,6	8,0
Malaysia	5,7	11,8
Singapur	6,1	24,5
Oman	6,3	34,7
Tunesien	6,6	5,4
Paraguay	7,3	10,7
Papua-Neuguinea	7,9	4,2
Chile	11,5	9,1
Lesotho	11,5	6,5
Österreich	13,4	2,3
Niederlande	13,7	4,2
Großbritannien	14,0	9,9
Frankreich	16,1	6,0
Deutschland	16,8	6,4
Vereinigte Staaten	17,1	19,3

[Quelle: WEB(1995), Tab. 10, S. 206 f.; ausgewählte Länder; Sortierkriterium: Gesundheitsausgaben in aufsteigender Folge]

Welches sind die strukturellen Probleme des Gesundheitswesens in EL?

Es gibt in der Regel nur unzureichende Ausbildungsmöglichkeiten für Ärzte und Apotheker. Der Mangel an medizinischem Personal kann durch die begrenzte finanzielle Ausstattung erklärt werden. Die Ausbildung im Ausland kann dieses Problem nicht lösen, da nicht alle ausgebildeten Ärzte in ihre Heimatländer zurückkehren (in Kapitel 11 wurde die brain drain- Problematik bereits beschrieben). Insbesondere in ländlichen Gebieten sind die Mängel im Gesundheitswesen gravierend. Gut ausgebildete Ärzte und Apotheker scheuen die Niederlassung in ländlichen Regionen, in denen die geringe Besiedlungsdichte zu geringen monetären Einkommen führt. Städtische Regionen werden aus ökonomischen Gründen vorgezogen, wodurch ländliche Gebiete in den Gesundheitsdiensten stark unterversorgt sind.

Hingewiesen sei auch auf den Einfluß von Maßnahmen aus anderen Politikbereichen auf den Gesundheitszustand der Bevölkerung: Bei fehlendem sauberen Wasser kann Ausbildung im Bereich der Hygiene zu einem Rückgang von Infektionen beitragen; eine bessere Ernährung kann die Menschen ebenfalls widerstandsfähiger gegen Infektionskrankheiten machen. Viele Arzneimittel und medizinische Geräte müssen gegen knappe Devisen importiert werden. Die für das Gesundheitswesen notwendigen Devisen stehen in Konkurrenz zu Devisen für den industriellen Aufbau. Eine eigenständige Arzneimittelproduktion ist nur in einigen EL (z.B. Indien, Brasilien, Pakistan) vorhanden. Einige gemeinnützige Organisationen versuchen, Arzneimittel zu ermäßigten Preisen in EL zu verkaufen, langfristig reicht dies nicht aus, um ein zufriedenstellendes Versorgungsniveau zu erreichen. Durch öffentliche Ausschreibungen (zentraler Einkauf wären noch weitere Kostensenkungspotentiale nutzbar).[355]

12.4 Gesundheitspolitische Maßnahmen

Ziel der **Gesundheitspolitik** in EL ist es, Gesundheitsleistungen allen Bevölkerungsschichten zur Verfügung zu stellen. Dabei muß das generelle Bedürfnis nach Gesundheit operationalisiert werden, um effektive Maßnahmen durchführen zu können. Die hierzu auszuwählenden Indikatoren sind dabei je nach Kultur und Entwicklungsstand unterschiedlich. In einem gesundheitspolitischen Zielsystem für EL finden sich üblicherweise folgende Zielformulierungen:

[355] Vgl. ausführlich: WEB(1993), S. 178 ff; insbesondere S. 181, Sonderbeitrag 6.3: „Richtig einkaufen: Wie internationale Agenturen beim Kauf von Arzneimitteln sparen."

- Impfung aller Kinder gegen Diphtherie, Tetanus, Keuchhusten, Masern und Tuberkulose,
- flächendeckende Einrichtung von Gesundheitszentren, die über mindestens 20 essentielle Arzneimittel[356] verfügen,
- in den ärmsten EL soll der Analphabetismus unter den Erwachsenen in den nächsten 20 Jahren unter 30% sinken; insbesondere durch Bildungsinvestitionen, die Frauen bzw. jungen Mädchen zugute kommen, ist eine Anhebung des gesamtgesellschaftlichen Gesundheitsniveaus zu erwarten,
- die durchschnittliche Lebenserwartung soll mindestens 60 Jahre betragen und
- die Säuglingssterbeziffer soll unter 50 pro 1000 gehalten werden.

Die Gesundheitspolitik vieler EL wird seit den 70er Jahren vom Konzept der **Basisgesundheitsversorgung** (Primary Health Care) geprägt; im Gegensatz zur weiterführenden Behandlung und stationären Behandlung in Krankenhäusern der Zentralversorgung, Sekundär- und Tertiärversorgung. Wegweisend ist das 1978 von der WHO konzipierte Programm mit dem Ziel "Gesundheit für alle im Jahre 2000". In der Deklaration von Alma Ata heißt es dazu:

"Primary health care is essential health care based on practical, scientifically, sound and socially acceptable methods and technology made universally accessible to individuals and families in the community through their full participation and a cost that the community and country can afford to maintain at every stage of their development in the spirit of self-reliance and self-determination".[357]

Dieses gesundheitspolitische Ziel wird über Verbesserungen in folgenden Bereichen angestrebt:

- Gesundheitserziehung,
- bessere Ernährung,
- sauberes Wasser und sanitäre Anlagen,
- Pflege von Mutter und Kind sowie Familienplanung,

[356] Unter essentiellen Arzneimitteln versteht man Arzneimittel, die für die Behandlung der häufigsten Krankheiten notwendig sind. Die Liste der WHO umfaßt 280 Medikamente, mit denen ungefähr 90% der häufigsten Krankheiten behandelt werden können.

[357] WHO(1978), S. 3.

- Impfungen,
- Bekämpfung von Infektionskrankheiten,
- angemessene Behandlung weit verbreiteter Krankheiten,
- Versorgung mit den wichtigsten (=essentiellen) Arzneimitteln.

Die Umsetzung dieser Strategie führte in vielen EL zur Einrichtung von "**Gesundheitszentren**", in denen die häufigsten Krankheiten behandelt und einige weitere diagnostiziert werden können. Dort werden Mütter und Kinder betreut und die wichtigsten Medikamente kostenlos zur Verfügung gestellt. Die Zugangsmöglichkeiten zur Gesundheitsversorgung haben sich verbessert, obgleich das Ziel, bis zur Jahrtausendwende allen EL eine angemessene Gesundheitsversorgung zu ermöglichen, in weiter Ferne liegt. Neue Ansatzpunkte ergeben sich aus der **Bamako-Initiative**. In Zusammenarbeit mit UNICEF und der WHO werden Konzepte entwickelt, die Gesundheitsdienste verstärkt mit Patientenselbstbeteiligung (user-price-principle) anzustreben. Man hat erkannt, daß die kostenlose Versorgung nicht jedem, der sie benötigt, zukommt, da die Gesundheitszentren oft schon nach den ersten Monaten eines Jahres ihre Mittel aufgebraucht haben und dann selbst die Bedürftigsten auf privaten Märkten ihre Medikamente zu hohen Preisen kaufen müssen. Eine gewisse Selbstbeteiligung soll einen Beitrag zur Finanzierung leisten und zusätzlich die Nachfrage steuern.

Welche Kosten sind mit den sog. „essentiellen gesundheitsfördernden Maßnahmen" verbunden? [358]

- Die Immunisierung von Kindern gegen sechs wesentliche Krankheitsbilder (Diphtherie, Kinderlähmung, Tetanus, Tuberkulose, Masern und Keuchhusten) ist mit Kosten von 0,5 US$/Kopf verbunden.
- Mit 1,6 US$/Kopf schlagen sog. „integrierte Maßnahmen zur Basis-Versorgung kranker Kinder" zu Buche.
- Gesundheitsfördernde Maßnahmen in der Schule (z.B. Unterrichtung zu gesundheitsrelevanten Themen; Ernährung, Infektionswege, Wurmkrankheiten etc.) sind mit 0,5 US$/Kopf zu veranschlagen.

[358] Die angegebenen Kosten gelten für Länder mit niedrigem Einkommen und wurden WHO(1996) entnommen.

- Die Kosten für Maßnahmen zur Verbesserung der Analyse und Behandlung von Sexualkrankheiten, insbesondere im ländlichen Raum, werden mit 11 US$/Kopf veranschlagt.

Die Nicht-Regierungs-Organisationen (NRO) spielen bei der Gesundheitsversorgung eine bedeutende Rolle. Missionskrankenhäuser haben oft einen besseren Ruf als öffentliche Krankenhäuser, da hier gut ausgebildetes Personal sowie eine vergleichsweise gute Ausstattung vorzufinden sind. Auch die Mitwirkung der traditionellen medizinischen Praktiker kann durch Ausbildungs- und ggf. Überwachungsprogramme (zur Unterbindung unnötiger bzw. gefährlicher Behandlungen) positive Auswirkungen zeitigen; z.B. werden in Thailand „Heilkundige" bei der Malaria-Früherkennung eingesetzt; in Kenia sind traditionelle Heilpraktiker an der Verbreitung von Kontrazeptiva beteiligt und in Bangladesh konnte ein Programm zur Ausbildung von Hebammen und freiwilligen Geburtshelferinnen die Müttersterblichkeit um ca. 60 % absenken.[359]

Es muß das Ziel sein, verstärkt den dualen Weg von öffentlicher und privater Gesundheitsversorgung weiter zu beschreiten. Das öffentliche Gesundheitswesen mit einer Basisgesundheitsversorgung muß auf dem Lande stärker ausgebaut werden; im städtischen Bereich kann verstärkt auf den privaten Sektor ausgewichen werden.

[359] Zu den Leistungen „traditioneller medizinischer Praktiker" sei auf WEB(1993), S: 159 (Sonderbeitrag 5.8, Traditionelle medizinische Praktiker und die Bereitstellung der Grundversorgung im Gesundheitswesen) verwiesen. Zur Rolle der „barefoot doctors" vgl. HOGENDORN(1992), S. 317.

13 Sozialpolitik

Über eine Milliarde Menschen auf dieser Erde leben noch in absoluter Armut. Ihr Leben ist geprägt von schweren Entbehrungen. Dazu kommt die große wirtschaftliche Unsicherheit, die Überlebensfähigkeit dieser Menschen ist kaum gesichert. Zu den zentralen Zielsetzungen einer erfolgreichen Entwicklungspolitik gehört nun die Überwindung dieser absoluten Armut. Anfänglich vermutete man, mit Hilfe wirtschaftlichen Wachstums über "Trickle-down-Effekte" auch diese Armen zu erreichen und ihr Los auf indirektem Wege zu verbessern. In den siebziger Jahren wurde das Scheitern dieses Ansatzes deutlich; stattdessen wollte man die ökonomische Situation der Armen mit Hilfe von "**Grundbedürfnisstrategien**" direkt verbessern. Aber auch die Grundbedürfnisstrategien haben die in sie gesetzten Hoffnungen kaum erfüllen können. Seit Beginn der neunziger Jahre hat man selbst in internationalen Organisationen die Notwendigkeit marktwirtschaftlicher Instrumente zur Überwindung der Armut entdeckt. Der Markt jedoch wird allein nicht in der Lage sein, die absolute Armut zu überwinden; flankierende sozialpolitische Maßnahmen sind notwendig, um die gesellschaftlich erwünschten Zustände zu realisieren.

Sozialpolitische Maßnahmen haben zur Überwindung des Armutsproblems in den IL beigetragen. Bürger der IL finden hochentwickelte sozialpolitische Absicherungssysteme vor, wie Arbeitslosenversicherung, Rentenversicherung, Krankenversicherung, Familienlastenausgleich und ähnliche sozialpolitische Maßnahmen. Ca. 250 Mill. Menschen über 60 Jahre in der Dritten Welt haben dagegen keinerlei staatliche Altersversorgung. Auch Arbeitslosenversicherungen oder Krankenversicherungen stehen in Ländern der Dritten Welt nur einer kleinen Minderheit zur Verfügung. Es ergibt sich daher die dringende Notwendigkeit, das Problem der Armut auch mit sozialpolitischen Maßnahmen anzugehen. Allerdings ergibt sich ein Unterschied zwischen den sozialpolitischen Aufgaben in EL, wo die Armut ein Problem der Mehrheit der Bürger darstellt. Das Armutsproblem in IL betrifft eher eine Minderheit der Bürger. Es ist daher zu fragen, inwieweit EL auf Erfahrungen der IL oder auf eigene Erfahrungen (traditionelle soziale Sicherung) beim Aufbau bzw. Ausbau einer sozialen Sicherung zurückgreifen können.

13.1 Sozialpolitik und wirtschaftliche Entwicklung

Von Beginn der Menschheitsgeschichte an gehören Entbehrungen sowie soziale Probleme zur Lebenserfahrung, die staatliche Maßnahmen auf den Plan riefen. Schon der Kodex Hammurabi (1728 - 1686 v.Chr.) enthielt 282 Paragraphen zur Fürsorge der Armen. Auch das Alte Testament weist viele Schutzvorschriften für Arme, Sklaven, Waisen, Witwen und Tagelöhner auf.[360] Zu nennen wären außerdem Solons Reformen in Griechenland, mit seiner berühmten „seisachteheia“[361], oder der partielle Übergang zum Fürsorgestaat unter Perikles (450 - 429 v.Chr.). In dieser Zeit wurde im Stadtstaat Athen die staatliche Unterstützung auf alle Bürger ausgedehnt, die ihren Unterhalt nicht selbst verdienen konnten.

Auch das Römische Reich erlebte nach den Punischen Kriegen (264 - 129 v. Chr.) eine Proletarisierung weiter Bevölkerungskreise, die zu sozialpolitischen Reformen unter Gracchus (153 - 121 v. Chr.) führten.[362] Durch die verordnete Ermäßigung der Getreidepreise (lex frumentaria) sollte der hauptstädtischen Bevölkerung der Kauf der notwendigen Nahrungsmittel erleichtert werden. An ärmere Bürger wurden seit Publius Clodius Pulcher ab 58 v. Chr. Getreidelieferungen kostenlos abgegeben.[363] Trajan führte 101 n. Chr. die Alimentation im Rahmen von Familienbeihilfen ein. Sowohl in Griechenland als auch im römischen Reich wurden die staatlichen Fürsorgemaßnahmen hauptsächlich aufgrund politischer Überlegungen durchgeführt.

In Europa erfolgte die **Armutsbekämpfung** in drei Etappen.[364] Im Mittelalter wurde zunächst ein paternalistischer Ansatz gewählt. Das treibende Motiv der Armutsbekämpfung war die Nächstenliebe. Der Almosengeber versuchte, über "gute Werke" die Chancen der Armen zu verbessern und versprach sich dafür Belohnungen im jenseitigen Leben. Erst der absolutistische Staat entwickelte einen

---

360 Nächstenliebe galt bei den Juden als religiöse Pflicht. Jahwe war auch ein Gott der Armen, Unterdrückten und Verlassenen.

361 Mit der „seisachteheia“ (Lastenabschüttlung) wurden auf einen Streich alle auf Grundbesitz lastenden Schulden in ganz Attika erlassen. Personen, die wegen Überschuldung in die Sklaverei bzw. Leibeigenenschaft geraten waren, wurden freigelassen. Die Schuldknechtschaft wurde damit aufgehoben.

362 Vgl. FRERICH/FREY(1993).

363 Bis zur Zeit Cäsars stieg die Zahl der Unterstützungsempfänger in Rom auf 320’000 Personen an.

364 Vgl. hierzu auch: FISCHER(1982).

bürokratischen Ansatz der Armutsbekämpfung, der die im Mittelalter übliche Bettelei begrenzen sollte. Die "Poor Laws" in England zwangen heimatlose Bettler in Arbeitshäuser. Die Maßnahmen zur Überwindung der Armut unterlagen einer heftigen Kontroverse. Einige Liberale meinten, daß Faulheit die Ursache der Armut sei und deshalb durch „Disziplinierungsmaßnahmen“ überwunden werden müsse. Andere argumentierten, daß politische und wirtschaftliche Abhängigkeiten der Grund für eine anhaltende Armut breiter Massen sei. Soziale Maßnahmen wurden daher entweder als für die wirtschaftliche Entwicklung förderlich oder hinderlich angesehen.

Kontrovers diskutiert wird die Bedeutung der Sozialpolitik für die wirtschaftliche Entwicklung. So wird beispielsweise behauptet, daß die englische Methode der Armutsbekämpfung (old poor law) die wirtschaftliche Entwicklung unterstützt habe. Arbeitskräfte waren mobil, lokale Anreize für die Kapitalbildung in der Landwirtschaft und die industrielle Entwicklung wurden gegeben sowie das Bevölkerungswachstums kontrolliert. Die zunehmende Zahl von Bettlern und Vagabunden wurde damals in England u.a. als eine Bedrohung der gesellschaftlichen Ordnung angesehen, so daß auch von dieser Seite her ein Druck entstand, das Armutsproblem durch kombinierte Maßnahmen von Zwang und Hilfen zu lösen.

Schon Adam Smith behauptete, daß Freiheit und wirtschaftliche Sicherheit der Menschen sowohl Bedingung als auch Konsequenz des wirtschaftlichen Wachstums sei. Zur Überwindung der Armut unterstrich Smith die Bedeutung hoher Löhne, die er im Widerspruch zum damaligen Zeitgeist nicht als hinderlich für die wirtschaftliche Entwicklung und die Disziplinierung der Armen ansah.[365] Die Armenhilfe Frankreichs im 18. Jahrhundert lag in den Händen von religiösen Institutionen der Nächstenliebe. Turgot sprach sich für eine Umorientierung der Hilfe auf öffentliche Organisationen aus, um die Würde des Menschen zu stärken

[365] Vgl. hierzu und zum folgenden: ROTHSCHILD(1995); auch: SOLAR(1995). Emma Rothschild zeigt auf, wie man in Frankreich und England Armut unterschiedlich überwinden wollte. Hingewiesen wird darauf, daß für Adam Smith hohe Löhne eine Möglichkeit darstellten, der Armut zu entfliehen. Condorcet schlug ein System von Sparkassen vor und ein System sozialer Absicherung, das von Malthus als das Gegenteil erreichend heftig kritisiert wurde. Eine stärkere Absicherung bedeute Faulheit und Kindervermehrung. Im Gegenteil: Not lehre wirtschaftliche Aktivität. Smith hingegen wies darauf hin, daß Zufriedenheit und Gesundheit eine Triebkraft für die Arbeitsamkeit darstelle und das PKE deshalb erhöhe.

und zu wahren. Condorcet betonte, daß eine Deregulierung, Steuersenkungen und freier Handel der beste Weg sei, um ausreichende Ressourcen für die Bevölkerung zur Verfügung zu stellen. Die Menschen wünschten keine Almosen, sondern gute Gesetze, die es ihnen ermöglichen würden, ein ausreichendes Einkommen durch eigene Arbeit zu verdienen.

Während in Europa nach Einführung des Christentums die Kirche lange Zeit für die Armutspflege zuständig war, ging die Kompetenz später zunehmend auf die Städte über. Die Wohlfahrtspflege wurde zunehmend säkularisiert. Der Mensch war vermehrt auf „genossenschaftliche“ bzw. kommunale Selbsthilfe zur Überwindung der Lebensrisiken angewiesen. Die Entwicklung von Nationalstaaten in Europa führte zum Untergang der Zunftordnungen und damit zu einem Verlust genossenschaftlichen Denkens sowie gegenseitiger Fürsorge, so daß die soziale Sicherung im verstärkten Maße von den entstehenden Nationalstaaten zentralinstanzlich geregelt werden mußte. Insbesondere im 19. Jahrhundert verschärfte sich im Zuge der industriellen Revolution das Armutsproblem. Somit entwickelte sich, im dritten Stadium, eine soziale Fürsorge auf nationaler Ebene mit dem Ziel, die Qualität des Lebens aller Bürger zu verbessern.[366]

Im Zuge der industriellen Revolution verschlechterte sich zwar einerseits die ökonomische Lage der Armen; andererseits erfolgte im Rahmen zunehmender Demokratisierung eine stärkere Organisierung der Arbeiterklasse (insbesondere nach der Einführung größerer Freizügigkeit, z.B. durch Vereinsgesetze, die erlassen wurden), wodurch sich ein politischer Druck für sozialpolitische Reformen ergab. Das Stigma der bisherigen sozialpolitischen Behandlung war politisch nicht mehr akzeptabel. So entstand zuerst in Deutschland unter Bismarck eine staatliche Gesetzgebung zur sozialen Sicherung gegenüber den Schicksalsfällen des Lebens wie Krankheit, Arbeitsunfall, Alter und Invalidität.

Der Gesetzgeber griff bereits im 18. Jahrhundert in einige Berufszweige ein und verordnete kollektive Versicherungen auf Gegenseitigkeit, bekannt ist hier insbesondere die Knappschaft. Hierbei hat die staatliche Administration Initiativen

---

[366] Vgl. AHMAD(1991); ebenso SCHINZINGER(1994).

ursprünglich privater Hilfsvereine weiterentwickelt.[367] Menschen in gleichen Lebenslagen und mit gleichen Risiken haben sich häufig gegen Schicksalsschläge durch „Hilfe auf Gegenseitigkeit" abgesichert (Handwerksvereine, Krankenhilfsvereine, Begräbnisgesellschaften usw.). Auch in den Ländern der Dritten Welt wurden Initiativen dieser Art entwickelt.

13.2 Bestandsaufnahme sozialer Sicherungen in Entwicklungsländern

Der Begriff der sozialen Sicherung ist nicht eindeutig definiert. Das generelle Ziel besteht in der Überwindung von temporären sowie langfristigen Notlagen der armen Bevölkerung. Allgemein kann man zwischen traditioneller, informeller und formeller Sicherung unterscheiden.[368]

❶ Die traditionellen Formen verwandtschaftlicher Hilfeleistungen beruhten auf einer überschreitenden Solidarität im Rahmen des Familien-, Dorf-, Glaubens- oder Produktionsverbandes. Für viele Bürger der EL, insbesondere im ländlichen Raum, stellt diese traditionelle Solidarität die einzige Form sozialer Absicherung dar. Insbesondere die traditionelle Großfamilie hat zur Absicherung der Lebensrisiken beigetragen. Nur durch gegenseitige Hilfe und familienübergreifende Solidarität war das Überleben der Gemeinschaft zu sichern. So entstand eine stark an verwandtschaftlichen Beziehungen orientierte Sozialstruktur, wobei für die ursprünglichen Sicherungsformen die soziale Tradition der Gesellschaft eine entscheidende Rolle spielt. Die solidarische Verpflichtung des Einzelnen für die anderen Gruppenmitglieder wird als verbindlich angesehen; ein Ausscheren aus ihr wird von der Gemeinschaft mit Sanktionen belegt. Die Einbindung in die Tradition bietet ein gewisses Maß wirtschaftlicher und sozialer Sicherheit. Solche Sicherungssysteme sind sehr eng mit dem Produktionsbereich verbunden und werden daher oft auf Stammes- oder Landesebene organisiert. Gewohnheitsrechtliche Traditionen stehen im Vordergrund, wobei die materielle Absicherung überwiegend durch Maßnahmen der gemeinsamen Lagerhaltung geschieht. Diese traditionellen Sicherungs-

[367] Zu erwähnen sei jedoch, daß es solche privaten Hilfsvereine zur Überwindung sozialer Notlagen schon im römischen Reich gab.

[368] Vgl. QUEISSER/SCHMIDT(1993); ebenso: AHMAD(1991) sowie ARTICUS(1990).

formen sind typische Maßnahmen des "Risk Pooling". So werden beispielsweise Clanangehörigen zinsfreie Kredite gegeben; kranke Fischer erhalten trotz temporärer Erwerbsunfähigkeit ihren Anteil am Fang usw.

❷ Im Zuge der Auflösung traditioneller Sicherungssysteme (Bedeutungsverlust der Clanstrukturen) entwickelten sich informelle Sicherungssysteme. So entstanden Hilfsvereine auf Gegenseitigkeit, in welchen sich Menschen durch freiwilligen Zusammenschluß gegen gleiche Risiken absichern.

❸ Die zunehmende Monetarisierung einer Gesellschaft erlaubt die quantitative Einschätzung von Risiken, so daß es zum Aufbau formaler Sicherungssysteme, wenn auch auf rudimentärer Basis, kommt. Der stärkere Organisationsgrad führte dazu, daß Industriearbeiter, die als Wählerpotential entdeckt wurden, verstärkt Zugang zu staatlichen Sicherungsleistungen erhielten. So ist es elitären Gruppen (insbesondere in Lateinamerika) gelungen, Privilegien einer formellen Sicherung zu erreichen, womit sie im Gegensatz zu breiten Bevölkerungsschichten über ein hohes Sicherungspotential verfügen.

Bereits um die Jahrhundertwende, in früher Übernahme der Bismarckschen sozialen Reformen, wurden in Brasilien, Chile, Uruguay und anderen lateinamerikanischen Ländern beispielsweise Rentenversicherungen für die Mitarbeiter staatlicher Verwaltungen, für das Militär und die Polizei eingeführt. Insbesondere Privilegierte mit regelmäßigem Einkommen erhielten eine hohe Arbeitsplatzsicherheit. Im Gegensatz zur europäischen Entwicklung erhielten nicht die sozial Armen die Unterstützungen des Staates, sondern die ohnehin Privilegierten.[369] Es ist interessant, daß es in Lateinamerika keine politischen Diskussionsansätze gab, die eine besondere hilfebedürftige Lage abhängig Beschäftigter in den Städten Lateinamerikas zu einer „sozialen Frage" verdichteten. Die Einführung der sozialen Sicherung abhängig Beschäftigter war abhängig von politisch einflußreichen Interessengruppen (pressure group activity).

Während in Lateinamerika verstärkt mit einer Rentenversicherung begonnen wurde, begann die soziale Sicherung Ende der 20er Jahre in den Ländern Asiens

[369] Vgl. für Lateinamerika: MESA-LAGO(1978).

mit Maßnahmen von Berufsunfallversicherungen. Auch in den englischsprachigen Ländern Afrikas wurden in den 40er Jahren und in den französischsprachigen Ländern in den 50er Jahren Arbeitsunfallversicherungen eingeführt.[370] Initiativen der Internationalen Arbeitsorganisation in Genf standen hinter den Bemühungen zur Gesetzgebung sozialer Sicherung in den Ländern der Dritten Welt.[371] In Afrika ist die Entstehung formaler sozialer Sicherung als Teil der Bemühungen nach der Unabhängigkeit der Länder zu sehen, europäische Sicherungssysteme nachzuahmen. Die rasche Ausdehnung solcher Sicherungssysteme nach Erlangung der Unabhängigkeit ging auf den Willen der afrikanischen Eliten zurück, europäische Erfahrungen zur Modernisierung und Sicherung des Wohlstands zu verwirklichen.[372] Während in Lateinamerika die Errichtung sozialer Sicherungssysteme erst nach dem Beginn wirtschaftsstruktureller Anpassungen erfolgte, wurden in vielen Ländern Asiens und Afrikas Bemühungen zur sozialen Sicherung bereits vorher unternommen. Die sozialen Sicherungssysteme wurden somit zu einem Zeitpunkt angestrebt, als wesentliche strukturelle Voraussetzungen des wirtschaftlichen Wandels noch nicht erfolgt waren.[373]

Allerdings sollte erwähnt werden, daß sich zwischen den gesetzgeberischen Intentionen und der Implementierung der sozialen Sicherung eine große Diskrepanz auftut. Auf der einen Seite wird nur ein kleiner Teil der Bevölkerung durch soziale Sicherungssysteme erfaßt, auf der anderen Seite sind Sicherungssysteme, die einen größeren Teil der Bürger im Rahmen von Maßnahmen der Sozialhilfe erfassen sollen, faktisch nicht in der Lage, die Zielgruppe zu erreichen. Es handelt sich bei den rechtlichen Regelungen mehr um ein Ideal als um eine praktische Durchführung. Die Diskrepanz zwischen dem gesetzlichen Schutz und praktischer Durchführung sozialer Sicherung ist insbesondere in der mangelhaften

370 Vgl. ARTICUS(1990), S. 169 f.

371 Die ILO-Konvention Nr. 102 hat Mindeststandards für die soziale Sicherheit festgelegt. Ein Ausgleich der Einkommensverluste durch Krankheit, Mutterschaft, Arbeitsunfälle, Arbeitslosigkeit, Invalidität und Alter sowie medizinische Versorgung sollten gewährleistet sein. Auch Maßnahmen der Familienhilfe bei hohen Kinderzahlen werden aufgeführt.

372 Mauritius versuchte bereits 1964, die Tagelöhner der Zuckerindustrie in ein 1956 errichtetes Rentensystem zu integrieren. In keinem Land Asiens und Afrikas sind zu einem so frühen Zeitpunkt Versuche belegt, Rechtlosen die Möglichkeit sozialer Sicherung zu eröffnen.

373 Zur Praxis moderner sozialer Sicherung in EL vgl. ARTICUS(1990), S. 185 ff.

Verwaltungsstruktur der EL begründet. Mangel an Verwaltungskräften und mangelhafte Ausbildung haben insbesondere in Afrika die Bemühungen zur sozialen Sicherung sowie zur Überwindung der Armut über formelle Absicherungen in der Wirksamkeit beschränkt.

13.3 Staatliche Sozialpolitik in EL: Politikfelder und Prinzipien

Zur sozialen Sicherung der Menschen im informellen Sektor und im Subsistenzbereich ist die Entwicklung von neuen, entwicklungsländerspezifischen Ansätzen notwendig, die sich an den Bedürfnissen und Möglichkeiten der betroffenen Gruppen orientieren. Dabei ist der Staat gefordert, Maßnahmen zum Schutz der Armen zu ergreifen, da die Armen meist nicht in der Lage sind, bei erhöhtem sozialen Risiko selbst für die soziale Sicherung vorzusorgen. Bei derartigen Maßnahmen kann z.T. auf die vorhandene informelle Infrastruktur zurückgegriffen werden. Sparvereine und Kreditgemeinschaften könnten verstärkt vom Staat gefördert werden. Auch die soziale Sicherung in IL begann mit einer Fortschreibung und sukzessiven Verbesserung vorhandener Sicherungssysteme.

Für die ländliche Bevölkerung in EL kann kaum auf eine administrative Grundstruktur zurückgegriffen werden, die eine umfangreiche Risikovorsorge ermöglicht. Gefordert sind dezentrale Maßnahmen, welche die kommunale Verwaltung organisatorisch und fiskalisch stärkt. Ziel der Bemühungen zur sozialen Sicherung sollte es sein, die Selbsthilfekapazitäten der Bürger zu stärken. Gruppenanreize sind erforderlich, um Armen in der Dritten Welt mit geringen Kosten zu helfen. Dennoch bietet sich ergänzend der Aufbau formaler Sicherungssysteme an, die verwaltungsmäßig durch Entwicklungshilfebemühungen von IL gefördert werden könnten. Eine wirkungsvolle und ursachenadäquate Armutsbekämpfung muß aber in einem verbesserten Zugang der armen Bevölkerungsschichten zu den Produktionsfaktoren (Kapital, Boden, Kredit) bestehen. Dadurch wären sie in der Lage, mit eigenen Kräften ihre sozioökonomische Lage zu verbessern.

In EL betrifft die soziale Absicherung Maßnahmen für drei Bereiche:

- soziale Hilfe zur Abschwächung von Notlagen,
- Sozialversicherung mit dem Ziel größerer Sicherheit und einer Verteilung des Einkommens über den Lebenszyklus,
- Transfers, die auch Umverteilungen zwischen verschiedenen Gruppen vornehmen.[374] Allerdings können die Systeme der IL nicht ohne weiteres auf EL übertragen werden.

Warum soll der Staat überhaupt Maßnahmen zur sozialen Sicherung ergreifen? Wirtschaftstheoretisch kann zuerst auf das Problem des Marktversagens hingewiesen werden; ebenso dienen sozialpolitische Maßnahmen zur Umverteilung von Einkommen und Lebenschancen; drittens können politische Gründe zu sozialpolitischen Maßnahmen führen.[375] Sozialpolitisch relevantes Marktversagen wird vor allem auf drei Märkten festgestellt:

- Kapitalmärkte,
- Versicherungsmärkte,
- Arbeitsmärkte.

Funktionierende Kapitalmärkte erlauben es den Menschen, Einkommen zwischen den Perioden zu transferieren, wodurch sie von periodenabhängigen Einkommensbeschränkungen befreit werden. Allerdings haben Arme keine Sicherheiten anzubieten; zukünftige Einnahmen sind kaum abschätzbar, so daß Kapitalmärkte mit Unsicherheit arbeiten. Ein weiteres Problem liegt darin, daß der Gläubiger Risiken nicht übernehmen mag bzw. der Schuldner nur unter hohen Kosten Sicherungen zur Verfügung stellen kann. Dadurch ergibt sich eine Aufgabe für den Staat, Risiken nach dem Gesetz der hohen Zahl abzusichern. Staaten sind ebenfalls besser als Individuen in der Lage, Einkommensansprüche durchzusetzen. Probleme ergeben sich nämlich für das Monitoring. *Moral hazard* läßt einen Versicherungsfall zu eigenen Gunsten beeinflussen und *adverse selection* liegt vor, wenn sich hauptsächlich diejenigen versichern, die mit hoher Wahrscheinlichkeit den Versicherungsfall befürchten.[376] Auch gegen Arbeitslosigkeit kann man sich

---

374 Vgl. ATKINSON/HILLS(1991).

375 Vgl. auch BURGESS/STERN(1991).

376 Die Risikoselektion führt dazu, daß sich gute Risiken nicht an der Vorsorge beteiligen. Deshalb ist der Staat gefordert, mit einer Pflichtversicherung eine Risikomischung zu erreichen, d.h. nationale Solidarität durchzusetzen.

kaum versichern. So darf es nicht verwundern, daß solche sozialen Sicherungen den Armen nicht zur Verfügung stehen und sich hier ein weiteres Aufgabengebiet des Staates eröffnet.

Einen größeren Zugang zu Kreditmöglichkeiten mag den Armen helfen, effektiver zu arbeiten und durch den Kauf von Aktiva ihre langfristige Produktivität zu erhöhen. Auch Innovationen auf den Arbeitsmärkten (Schaffung von öffentlichen Arbeiten und die Förderung von nicht-landwirtschaftlichen Arbeitsmöglichkeiten) kann die soziale Sicherheit erhöhen. Die Beachtung von negativen Externalitäten kann einen Grund darstellen, daß der Staat zur Unterstützung der Armen eingreift. Sollte nackte Selbsthilfe der Bürger zu Lasten der nachfolgenden Generationen gehen (z.B. durch Umweltschädigung), hat der Staat ebenfalls eine Pflicht zur Intervention.

Zur Wohlfahrtssteigerung und zur ökonomischen Absicherung sind redistributive Maßnahmen notwendig. Sie können jedoch politisch kaum durchgesetzt werden, da ökonomische und politische Macht durch Eigentum, Beruf, Klassen-, ggf. auch Rassenzugehörigkeit bestimmt werden. Der Staat muß hier vermittelnd auftreten, wenn „Besitzstände" zur Disposition stehen. Als weitere Probleme werden genannt: Die Individuen sind kaum in der Lage, ihre zukünftigen Risiken richtig einzuschätzen. Es wird daher tendenziell zu einer Unterversicherung kommen, wenn kein kollektiver Risikoausgleich vorgenommen wird. Der Staat hat deshalb die Aufgabe, die Gemeinschaft in einem verstärkten Maße zu schützen. Nach neueren Ansätzen in der Literatur haben Mitglieder einer Gemeinschaft ein fundamentales Recht auf eine Lebensabsicherung. Letztendlich kann der öffentliche Druck aufgeführt werden, der Staaten zur Einführung von Systemen der sozialen Sicherung zwingt. Dies ist in vielen Ländern der Hauptgrund zur Einführung staatlicher Maßnahmen gewesen. Ferner ist darauf hinzuweisen, daß eine soziale Sicherung langfristig die Produktivität eines Landes steigert, wenn dadurch politische Unsicherheiten vermieden werden. Erfolgreiche Sozialpolitik kann zur Stabilisierung des wirtschaftlichen Lebens beitragen.

Die soziale Sicherung läßt sich über staatliche Sozialversicherung, Vorsorgefonds, Arbeitgeberverpflichtungen oder Sozialhilfeleistungen organisieren, wobei die Finanzierung wiederum grundsätzlich nach dem Umlageverfahren oder nach dem Kapitaldeckungsverfahren erfolgen kann. Im Umlageverfahren werden die laufenden Ausgaben der Sozialversicherungssysteme aus Mitteln finanziert, die von der Solidargemeinschaft in der jeweiligen Periode aufgebracht werden. Vorsorgefonds arbeiten nach dem Kapitaldeckungsverfahren. Mitglieder sparen Beiträge an, die bei Eintritt des Versicherungsfalls ausbezahlt werden. Probleme ergeben sich hierbei durch mögliche Inflationen oder staatliche Zugriffe. Insbesondere in Asien sind Vorsorgefonds sehr beliebt. Die Arbeitgeberverpflichtung war in den sozialistischen Staaten und in vielen EL Hauptform formaler sozialer Sicherung. Allerdings ist die finanzielle Belastung für kleine Unternehmen kaum tragbar. Bei einer Orientierung an der sozialen Sicherung von Beschäftigungsverhältnissen geht die Subsistenzwirtschaft und damit die ländliche Bevölkerung leer aus, obgleich ihre Bedürftigkeit in vielen Fällen höher einzuschätzen ist als die der städtischen Bevölkerung.

Der Staat muß sich davor hüten, als einziger Anbieter sozialer Sicherheit aufzutreten. Informationsprobleme, negative Anreizprobleme und das „risc-pooling" müssen in diesem Zusammenhang beachtet werden. Gleichzeitig muß darauf hingewiesen werden, daß nach dem Gesetz der großen Zahl, größere Einheiten leichter einen Schutz gegenüber den Lebensrisiken anzubieten vermag, was für staatliche Interventionen spricht.

Welche Prinzipien sollten bei der Etablierung einer staatlichen Sozialversicherung beachtet werden?[377]

❶ **Systemkonformität:** Die sozialpolitischen Maßnahmen müssen so getroffen werden, daß das vorherrschende wirtschaftspolitische System unterstützt und nicht behindert wird.

❷ **Wirtschaftspolitische Konformität:** Die sozialpolitischen Maßnahmen müssen die Entwicklungs-, Wachstums- und Wirtschaftspolitik des Landes ergänzen und unterstützen.

❸ **Subsidiarität:** Die Hilfe sollte in kleinen Einheiten erfolgen. Nur große Risiken bedürfen einer nationalen Absicherung. Aus dem Gedanken der Subsidiarität folgt eine Bevorzugung lokaler Träger (dezentrale Organisation der Sozialpolitik).

[377] Vgl. LACHMANN(1995a).

- ❹ **Sektorspezifische Absicherung:** Im informellen Sektor sind andere Institutionen zu schaffen als im formalen Bereich. Ein Überstülpen der Systeme der IL auf die Gegebenheiten der EL ist zu vermeiden.
- ❺ **Selbstverwaltung:** Zur dezentralen Organisation gehört, daß die einzelnen Träger ihre Mittel selbst verwalten, wobei der Zentralstaat sozialpolitische Mindeststandards bei der Absicherung vorzugeben hat. Lokale Selbstverwaltung erhöht Bürgernähe und Effizienz.
- ❻ **Partizipation:** Die sozialpolitischen Maßnahmen müssen von der Bevölkerung angenommen werden. Dies erfordert ein Mitentscheidungsrecht, wodurch u.a. Moral-Hazard-Probleme vermindert werden können.
- ❼ **Nachhaltigkeit:** Sozialpolitische Maßnahmen müssen das Ziel haben, sich langfristig möglichst überflüssig zu machen. Dies spricht für den Vorzug von Rehabilitationsmaßnahmen. Sozialhilfe darf nur als letzter Hilfsblock angesehen werden. Zum Prinzip der Nachhaltigkeit gehört auch die Aufgabe, die Produktivität der Armen zu erhöhen durch bessere Zugänge zu Produktionsfaktoren.
- ❽ **Armutsorientiertheit**: Ziel der sozialpolitischen Maßnahmen muß es sein, die Armen in ihrer jeweiligen Situation zu erreichen. Oft haben Privilegierte im politischen Bereich leichter soziale Absicherungen durchsetzen können als die sozial Schwachen.
- ❾ **Frauenorientiertheit:** Eine Überprüfung der Sozialindikatoren in EL legt dar, daß Frauen eine größere Entwicklungslast zu tragen haben und sozial schlechter gestellt sind als Männer. Zur Absicherung gegenüber sozialen Risiken müssen insbesondere die Frauen erreicht werden. Sie sind wesentliche Multiplikatoren, da sie durch ihre neu gewonnenen Fähigkeiten und Kenntnisse in der Lage sind, ihre Kinder so zu erziehen, daß sie später größere Startchancen haben.

13.4 Probleme moderner Sozialpolitik in der Dritten Welt

Eine Nichtbeachtung der genannten Prinzipien hat in IL das System der sozialen Sicherheit an den Rand der Finanzierbarkeit gebracht. In IL sind Reformen notwendig, um das wirtschaftliche System leistungsfähig zu erhalten. Der Grad der wirtschaftlichen Entwicklung ist entscheidend dafür, welche Ausgestaltungsoptionen eines Systems der sozialen Sicherung in einem bestimmten Land finanziert werden können. Ein System der sozialen Sicherheit, das negative Anreizeffekte produziert, kann die wirtschaftliche Entwicklung nachhaltig hemmen.

Uruguay hat schon in den 20er Jahren ein fast perfektes System der sozialen Sicherheit etabliert. Dies führte zur ökonomischen Stagnation und zu einer ständigen Abschwächung der wirtschaftlichen Entwicklung in Uruguay. Auch andere lateinamerikanische Staaten haben durch die Art der sozialen Absicherung wirtschaftliche Schwierigkeiten erfahren. Daher ist es notwendig, solche Systeme der sozialen Sicherheit zu entwerfen, die in allen Bereichen Anreize für die wirtschaftliche Entwicklung setzen, die also eine nachvollziehbare Belohnung für ökonomische Anstrengungen ermöglichen. Angebots- und Nachfrageseiten der sozialen Sicherung müssen beachtet werden, so daß die Gesellschaft als Ganzes eine soziale Balance findet.

Das **Umlageverfahren** ist als Finanzierungsgrundlage nur bei einer wirtschaftlichen Entwicklung ohne strukturelle Brüche geeignet. Unter Beachtung der Tatsache, daß alle Umverteilungsleistungen von der gegenwärtig arbeitenden Bevölkerung erbracht werden, ist es nicht notwendig, einen Kapitalstock aufzubauen, der zur Absicherung der für die Rentenversicherung eingezahlten Beiträge der arbeitenden Bevölkerung dient. Kommt es aber zu Strukturbrüchen ist es nicht sicher, ob der sog. "Generationenvertrag" eingehalten wird. Insbesondere bei abnehmender Kinderzahl und gleichzeitiger Erhöhung der Lebenserwartung wird langfristig ein Finanzierungsproblem auftauchen.[378]

Das **Kapitaldeckungsverfahren** ermöglicht höheres wirtschaftliches Wachstum, wobei die erfolgreiche Bekämpfung der Inflation unabdingbare Voraussetzung ist. Durch die Ansammlung von Kapital werden sich niedrigere Zinsen ergeben, so daß der Realkapitalstock in diesen Ländern höher liegt als bei solchen Ländern, die das Umlageverfahren gewählt haben. Durch den höheren Kapitalstock steigt die gesamtwirtschaftliche Produktivität, so daß ggf. mehr Mittel für die späteren Rentenzahlungen zur Verfügung stehen.

---

[378] Das Konzept des demographischen Übergangs wurde in Kapitel 1 dargestellt.

Ein weiterer psychologischer Aspekt muß noch beachtet werden: Die hohen Beiträge zur Alterssicherung können negative Anreizeffekte (disincentives) bei den Belasteten bewirken. Damit geht wirtschaftliche Dynamik verloren. Werden jedoch die Rentenzahlungen aus den Zinseinnahmen finanziert, bleiben solche negativen Effekte aus. Die arbeitende Bevölkerung wird weniger stark belastet; die Einsicht, für Kapital Zinsen zu bezahlen, die dann wegen des hohen Angebots niedrig sind, schützt vor negativen Anreizeffekten im Kapitalbereich. Gerade in Lateinamerika haben Umlageverfahren bei der sozialen Absicherung zur wirtschaftlichen Krise beigetragen. Chile, in geringem Maße Peru und Kolumbien, haben daher damit begonnen, ihr System der sozialen Sicherung mehr an die marktwirtschaftlichen Möglichkeiten anzupassen.[379]

In den 80er Jahren ergab sich die Notwendigkeit der Anpassung von bürokratisch-sozialistischen Wirtschaftspolitiken zu marktwirtschaftlich orientierten. Die alten wirtschafts- und sozialpolitischen Vorstellungen waren nicht mehr finanzierbar. Die notwendigen Anpassungen wiederum führten zu einer Verschlechterung der sozialen Lage der Armen. Daher war es angebracht, sozialpolitische Maßnahmen zu entwerfen, um eine strukturelle Anpassung in EL erfolgreich durchzuführen.[380]

Bei der Absicherung des Lebenschicksals der Armen ergeben sich prinzipiell zwei Ansätze: Auf der einen Seite kann versucht werden, über ein bürokratisch-technokratisches Programm die Armen zu erreichen. Hier würden die bekannten Ansätze aus der Entwicklungshilfe eingesetzt. Die sog. Target-Gruppe muß ausfindig gemacht werden; Targets-Needs müssen ermittelt und dann kostenminimierende Programme entwickelt werden. Auf der anderen Seite können institutionelle Veränderungen dazu führen, daß den Armen Möglichkeiten zur Selbsthilfe gegeben werden.[381] In diesem Zusammenhang ist zu überprüfen, inwieweit sozialpolitische Hilfsmaßnahmen konsumtive oder auch investive Ausgaben (Humankapitalsteigerung) beinhalten. Für die langfristige Entwicklung wäre es notwendig, den investiven Teil der Sozialpolitik zu erhöhen, weil hier-

379 Vgl. NITSCH/SCHWARZER(1995).
380 Vgl. hierzu: VIVIAN(1995).
381 Hierzu auch: BESLEY(1996).

durch die langfristige Entwicklungsgrundlage verstärkt wird. Wesentlich ist der Aufbau von funktionierenden Institutionen zur sozialen Sicherheit.

Am Beispiel Lateinamerikas sollen abschließend einige Probleme der sozialen Absicherung dargestellt werden.[382] So wird ausgeführt, daß die Rentenversicherung den größten Teil der sozialen Ausgaben ausmache. Arbeitslosenversicherungen sind in Lateinamerika kaum existent und lediglich in Ansätzen in Uruguay zu finden. Fast alle lateinamerikanischen Staaten haben ihre Sozialversicherung auf das Umlageverfahren aufgebaut. Nur Chile hat 1981 sein System vom Umlageverfahren zum Kapitaldeckungsverfahren geändert. In verschiedenen Ländern ist die soziale Absicherung fragmentiert und auf eine größere Gruppe unabhängiger Träger aufgeteilt. Im allgemeinen leidet die soziale Absicherung an den administrativen Unvollkommenheiten und an den Schwierigkeiten, die Einnahmen zu garantieren.

Die meisten sozialen Sicherungssysteme in Lateinamerika waren nicht in der Lage, den Begünstigten eine ausreichende finanzielle Sicherung zu gewährleisten. Insbesondere das Verhältnis von Beitragszahlern und Rentenempfängern hat sich durch demographische Veränderungen in der letzten Zeit verlagert, so daß das Umlageverfahren langfristig nicht mehr aufrechterhalten werden kann. Ein weiterer Aspekt der finanziellen Gefährdung liegt in der Großzügigkeit von Pensionszusagen. Zum Teil wegen Unterschätzung der Lebenserwartung und zum Teil aus arbeitsmarktpolitischen Maßnahmen sind Staatsbedienstete beispielsweise schon frühzeitig in das Rentenversicherungssystem entlassen worden. Zusätzlich sind die Sozialversicherungssysteme häufig zur Finanzierung anderer öffentlicher Ausgaben herangezogen worden. Im allgemeinen läßt sich sagen, daß viele soziale Sicherungssysteme im technischen Sinne bankrott sind. *Die Hauptprobleme der Implementierung sozialer Sicherung in Lateinamerika liegen in:*

- der großzügigen Ausgestaltung bei der Höhe der Pensionen und beim Rentenalter,
- der Entwicklung der demographischen Komponente,
- der Vermeidung der Zahlung der Beiträge zur Sozialversicherung.

[382] Vgl. auch QUEISSER(1993).

Staatliche Unterstützungen von Sozialversicherungssystemen haben regressive Verteilungseffekte, da sie aus dem allgemeinen Budget finanziert werden, das in einem hohe Maße auf indirekte Steuern aufgebaut ist. Die durch soziale Sicherung nicht abgesicherten Armen zahlen deshalb für die Absicherung der Beschäftigten im formalen Sektor! Reformen sind daher auch in Lateinamerika angesagt, um die Finanzierung der sozialen Absicherung langfristig zu sichern. Hierbei ist auf Anreizeffekte bei Empfängern und Zahlern zu achten, so daß die sozialpolitische Absicherung in Einklang mit den ökonomischen Möglichkeiten durchgeführt wird. Aus den gravierenden Problemen der IL können auch diejenigen EL lernen, die derzeit noch keine hohe formale Absicherung ihrer Bevölkerung gegen soziale Risiken eingeführt haben.

14 Umwelt und Entwicklung

Trotz Hungerkatastrophen im Sahel-Gebiet, Chemieunglücken wie in Bhopal[383], der immer wieder beklagten Ressourcenzerstörung durch die wirtschaftliche Entwicklung, der Abholzung der tropischen Regenwälder usw., ist der Umweltbereich erst spät in die entwicklungspolitische Diskussion integriert worden.[384] Der erste Bericht des Club of Rome hat, wenn auch in dilettantischer Weise, schon auf das Umweltproblem hingewiesen.[385] Große Impulse gingen auch vom Bericht des Präsidenten der USA mit dem Titel "Global 2000" aus.[386] Auch in EL ist man auf die Umweltzeitbombe aufmerksam geworden und es gewinnt zunehmend die Einsicht an Boden, Anstrengungen zum Schutz der Umwelt zu unternehmen. Dies gilt insbesondere für EL, die in ihrer wirtschaftlichen Entwicklung schon weiter vorangekommen sind (Schwellenländer).

Beim **Umweltschutz** ist zwischen den lokalen und den globalen Umweltproblemen zu unterscheiden, die jeweils unterschiedliche Ansätze für ihre Bekämpfung erfordern. Globale Umweltprobleme betreffen CO_2-Emissionen (Treibhauseffekt) bzw. das Ozonloch, Schutz der Atmosphäre und auch den Verlust der Artenvielfalt. Lokale Umweltprobleme betreffen die Versorgung mit sauberen Trinkwasser, Abfall- und Müllbeseitigung, die Verfügbarkeit von sanitären Anlagen usw.

Von verschiedenen Gruppen wird ein Wachstumsverzicht gefordert, um die Umwelt zu schonen. Daly hat ein "Unmöglichkeitspostulat" formuliert, in welchem er darlegt, daß es unmöglich ist, daß EL das Wohlfahrtsniveau der IL erreichen.

---

383 Im Dezember 1984 ereignete sich in der indischen Stadt Bhopal im Werk der "Union Carbide" ein Giftgasunfall, an dessen Folgen ca. 3'500 Menschen starben, ca. 1'000 erblindeten und 35'000 schwer verletzt wurden.

384 Vgl. auch: SAUTTER(1992) und SAUTTER(1993).

385 Vgl. MEADOWS(1972); und 20 Jahre später: MEADOWS(1992). Der Club of Rome hatte 1972 die Vorräte bspw. für Blei auf 91 Mio metrische Tonnen geschätzt. Zwischen 1970 und 1989 hat die Welt aber 98,5 Mio metrischer Tonnen verbraucht. 1989 waren noch Vorräte von 125 Mio Tonnen bekannt. Ähnliches gilt für die Zink-, Gas-Vorräte, usw. Die Katastrophenmeldungen haben sich als falsch herausgestellt. Die internen Anpassungsprozesse, hervorgerufen durch relative Preisveränderungen, sind in diesen Studien in keiner Weise berücksichtigt worden. Einige Vorräte hängen auch nicht von den physischen Vorräten ab, sondern von den relativen Preisen.

386 Die deutsche Übersetzung erfolgte 1980 im Verlag 2001, Frankfurt. Auf 1500 Seiten wird die Umweltsituation der Welt geschildert.

Staaten der Dritten Welt lehnen einen Wachstumsverzicht aber vehement ab. Weil sie arm sind, benötigen sie Wachstum - auch zu Lasten der Umwelt. Die Rate der Abdiskontierung der Zukunft liegt wegen der Armut in EL höher als bei IL. Oft ist davon die Rede, daß Armut das größte Umweltproblem sei. Global gesehen sind wenige Fortschritte im Bereich der Umwelt zu vermelden. Insbesondere die Staaten der Dritten Welt müssen zu Lasten der Umwelt ihren Entwicklungsprozeß forcieren. Was sind die Ursachen der Umweltzerstörung? Liegt es wirklich nur an der Armut und der hohen Auslandsverschuldung, daß die Staaten der Dritten Welt keine umweltpolitischen Maßnahmen durchführen können, wie oft behauptet wird?[387] Zuerst soll auf die ökologischen Probleme der EL kurz eingegangen werden.

14.1 Umweltpolitische Probleme der Dritten Welt

Im Weltmodell der US-Regierung (Global 2000) werden im Umweltkapitel Prognosen zum Bevölkerungswachstum, Bruttosozialprodukt, Klimaveränderungen, Technologieentwicklung, Nahrungsmittel- und Landwirtschaftsentwicklung, solche für die maritime Umwelt, Wälder und das Forstwesen, sowie Wasser- und Energie abgegeben. In allen Sektoren liegen globale Gefahren, die auch IL nicht unberücksichtigt lassen dürfen. Das Schwergewicht soll hier auf wichtige lokale Umweltprobleme der EL gelegt werden.

Die EL haben eine hohe **Umweltbelastung** von Luft[388] und Wasser durch Industrie, Energieumwandlung und Transport zu verzeichnen. Die wichtigsten Quellen der Luftbelastung (Emittenten) in den Zentren befinden sich in dem Bereich der verschmutzungsintensiven Grundstoffindustrie, zu der die Kraftwerke, die Eisen- und Stahlwerke, die Düngemittel- und Zementindustrie sowie die Chemieindustrie gehören. Art und Umfang der Emissionen hängen von der

---

[387] So bspw. auf der Tagung 1989 des Vereins Deutscher Wissenschaftler, der sich mit der Fragestellung Entwicklung und Umwelt beschäftigte.

[388] Die Tagesmittelwerte in ppm von Kohlenmonoxyd lagen in Ibadan (Nigeria) bei 10,6, in Caracas zwischen 65 und 30, in Bangkok zwischen 14 und 32 und in Sao Paolo zwischen 12 und 13,5 - wobei die WHO den Grenzwert mit 8,6 beziffert. Die Jahresmittelwerte in $\mu g/m^3$ an Schwefeldioxyd lagen in Ibadan bei 263, in Ankara bei 230, in Seoul bei 470, in Sao Paolo bei 133 und in Mexico City zwischen 100 und 200 bei einem Grenzwert der WHO von 60. Die Daten sind nicht ganz vergleichbar, da unterschiedliche Meßverfahren angewendet wurden. Sie stammen aus BMZ(1987), S. 8.

jeweiligen Industriestruktur des Landes ab. Auch Kraftfahrzeuge sind wichtige Emittenten, die die Luft mit Kohlenmonoxyd, Blei und Kohlenwasserstoffen belasten. Die Großstädte der EL leiden zusätzlich unter dem Rauch aus offenen Feuern, die zum Kochen, Heizen und zur Müllbeseitigung dienen. Viele Menschen in EL sind bei ihrer Trinkwasserversorgung auf Flüsse und Seen angewiesen. Diese werden durch industrielle Einleitungen verschmutzt, somit drohen weitere Gesundheitsgefährdungen. Um alle Menschen in der nächsten Generation mit sauberem Trinkwasser zu versorgen, müssen 3,7 Milliarden Menschen in Stadtregionen und etwa 1,2 Milliarden auf dem Land zusätzlich versorgt werden. Heute haben nur etwa 1,5 Milliarden Stadtbewohner Zugang zu sauberem Trinkwasser. Erst eine Milliarde Menschen in Städten erfreuen sich sanitärer Einrichtungen.[389]

Aber auch der Einsatz von Agrarchemikalien kann gesundheitsgefährdend sein. Im Baumwoll- und Reisanbau werden größere Mengen von Pflanzenschutzmitteln verwendet, aber auch in der Tabak-, Kaffee- und Bananenproduktion. Vergiftungsunfälle resultieren aus genereller Unkenntnis der Gefahren, da Chemikalien oft in ungeeigneten Behältern gelagert werden. Schutzbekleidung fehlt oft bei Spritzarbeiten, die Wiederverwendung von Pestizidbehältern zur Aufbewahrung von Lebensmitteln und Trinkwasser ist ebenso zu bemängeln, wie die fehlende Rücksichtnahme auf Feldarbeiter und Wohnsiedlungen bei der Pestizidbekämpfung durch Flugzeuge. Wälder werden abgeholzt, Wüsten dehnen sich aus, Weiden werden übernutzt, Bergregionen verkarsten und ein Verlust der Bodenfruchtbarkeit ist im Bewässerungsfeldbau festzustellen. Da alle diese Schäden graduell zunehmen, ist es schwierig, sich ein Bild von deren quantitativen Bedeutung zu machen. Verschiedene Schätzungen besagen, daß zwischen 30 und 50% der bewässerten Flächen in Trockengebieten von Versalzung und Versumpfung betroffen sind. Daneben ist noch der Verlust der Artenvielfalt in der Dritten Welt zu beklagen.

Was sind die ökonomischen Ursachen des Umweltproblems und was kann dagegen getan werden? Umwelt und wirtschaftliche Entwicklung müssen kein Widerspruch sein. Nicht umsonst wird in der Literatur in letzter Zeit von einer

[389] Vgl. WEB(1992), S. 53.

"nachhaltigen Entwicklung" (**sustainable development**) gesprochen, einer Entwicklung, die ihre naturgegebenen Voraussetzungen nicht untergräbt. Wie kann eine solche Nachhaltigkeit durchgesetzt werden? Das Wissen über ökonomische und ökologische Zusammenhänge ist häufig unsicher, das politische System dient der Befriedigung kurzfristiger Interessen und bietet kaum Möglichkeiten, langfristige Ziele durchzusetzen. Außerdem wird das Umweltproblem mehr und mehr zu einem globalen Problem und verlangt eine abgestimmte Ökologiepolitik, da nationale Kompetenzen und die geographischen Auswirkungen der Umweltnutzung auseinanderfallen. Die ökologische Krise bekommt die Menschheit nur dann in den Griff, wenn sie nicht nur an den Symptomen herumkuriert, sondern, wenn die Ursachen der Umweltverschmutzung aufgedeckt werden. Erst bei zutreffender Diagnose ist eine erfolgversprechende Therapie möglich. Deshalb muß zuerst eine Ursachenanalyse erfolgen.

14.2 Ursachenanalyse der Umweltverschmutzung

In der Umweltdiskussion werden als wesentliche Verschmutzungsursache die folgenden Aspekte erwähnt:

- zunehmende Industrialisierung,
- Ressourcenzerstörung durch unangepaßte Landnutzung,
- Wachstumsideologie bei politischen Entscheidern,
- armutsbedingte Umweltzerstörung (z.B. Brennholzeinschlag),
- armutsbedingtes Bevölkerungswachstum,
- Weltmarktintegration der EL, die auf Druck der IL erfolgt.

Die Behauptung, daß das Wachstum für die Umweltmisere verantwortlich ist, gilt nur teilweise. Wenn in den EL das BSP wie bisher erwirtschaftet wird, wenn die speziellen Aspekte der Umwelt weiterhin nicht berücksichtigt werden, führt ein größeres Wachstum zu einer höheren Umweltverschmutzung. Das Wachstum ist jedoch nur indirekt an der Umweltverschmutzung beteiligt. Die vorhandenen ökonomischen Regelmechanismen verursachen die große Umweltbelastung. Da das Wachstum nicht direkt und im tieferen Sinne ursächlich für die hohe Belastung der Umwelt ist, kann man EL keinen Wachstumsverzicht empfehlen. Die Struktur des Wachstums ist entscheidend, ökonomische Regelmechanismen zum Einhalt der Umweltverschmutzung werden benötigt.[390]

Bestimmte Bereiche der Umweltverschmutzung (Emissionen) werden in Abhängigkeit vom PKE gesehen. Bei niedrigem PKE steigt mit zunehmendem wirtschaftlichen Wachstum Umweltverbrauch und Umweltverschmutzung besonders drastisch an. Bei hohem PKE wird beobachtet, daß die Umweltverschmutzung trotz Wachstum abnimmt.[391] Bürger der Dritten Welt lehnen Umweltschutz nicht grundsätzlich ab: die Kosten für den Umweltschutz sind jedoch zu hoch, so daß sie sich ihn nicht leisten können. Die Einkommenselastizität der Nachfrage nach Umweltgütern steigt c.p. mit zunehmendem PKE. In diesem Zusammenhang wird auch von einer „ökologischen Transformation" gesprochen. Diese These beinhaltet, daß bei zunehmendem wirtschaftlichen Wachstum zuerst eine Verschlechterung der Umweltbedingungen zu erwarten ist. Bei steigendem Einkommen steigt dann die Nachfrage nach Umweltqualität bzw. Umweltschutz, so daß schließlich ökonomisches Wachstum bei hohem PKE möglich ist mit gleichzeitiger Verbesserung der Umweltbedingungen.[392] Antle/Heidebrink haben in ihrer empirischen Untersuchung festgestellt, daß in einem Bereich von \$ 1'200 - \$ 2'000 PKE dieser Umschwung stattfindet.[393]

Das hohe Bevölkerungswachstum kann ebenfalls zu einer Verschlechterung der lokalen Umweltbedingungen in EL beitragen. Es ist jedoch selbst wieder das Ergebnis der Armut (Circulus Vitiosus). Wegen der geringen sozialen Absicherung versuchen Familien auf dem Lande in EL genug Kinder zu zeugen, um ihr Überleben (im Alter) zu sichern. Dies bedeutet eine stärkere Nutzung der landwirtschaftlichen Ressourcen. Übernutzung des Bodens (verbunden mit Ertragsrückgang bzw. Bodenerosion) verstärkt die Armut und damit den Zwang, weitere Kinder zu erzeugen. Gelegentlich wird behauptet, daß Armutsbekämpfung die beste Maßnahme sei, die Verschlechterung der Umweltbedingungen im lokalen Bereich aufzuhalten.

---

390 Vgl. LACHMANN(1990).
391 Vgl. hierzu auch DASGUPTA/MÄLER(1995); insbesondere S. 2384 ff.; siehe auch: ANTLE/HEIDEBRINK(1995).
392 Vgl. TISDELL(1995).
393 Zu erwähnen sei, daß diese ökologische Transformation nur für industrielle Umweltverschmutzung (pollution) gilt, weniger für den Verbrauch an Ressourcen.

Die genannten Gründe sind nicht ohne weiteres von der Hand zu weisen; sie sind aber nicht der eigentliche Grund für die Übernutzung der Natur. Die Rahmenbedingungen haben wesentlich zur Verschlechterung der Umweltsituation beigetragen. *Der Ökonom wird bei der Ursachenanalyse insbesondere auf drei Aspekte verweisen:*

- Umwelt als freies Gut,
- Problematik der externen Effekte,
- Umweltschutz als öffentliches Gut.

Viele Jahrtausende lang waren Wasser, Land, Natur in weiten Teilen der Welt in einem höheren Maße vorhanden als die Nachfrage ausmachte. Weil die Nachfrage geringer war als das Angebot, benötigte man keine Eigentumsrechte, gab es für die Umwelt keinen Preis. Was nicht knapp ist, hat keinen besonderen Wert, so daß die Menschheit keine institutionellen Regeln setzte, wie mit der Umwelt umzugehen ist und wer an ihr Eigentumsrechte hat. Diese institutionelle Vernachlässigung führte dazu, daß, einzelwirtschaftlich gesehen, z.B. der Unternehmer bei seiner Produktion nicht die gesamten Kosten berücksichtigen konnte. Hat die Umwelt keinen Preis, sind die Umweltkosten nicht bekannt und deshalb wird die Umwelt übergebührlich genutzt. Die sozialen Kosten werden bei der einzelwirtschaftlichen Kalkulation nicht berücksichtigt. Die lange Tradition der Umwelt als freies Gut hat daher zu einer Überbeanspruchung der Umwelt geführt. Obgleich die Natur eines der kostbarsten Güter der Menschheit darstellt, hat sie keinen Preis.

Die Natur wurde lange Zeit in der Gesellschaft gemeinsam genutzt, als Kollektiveigentum angesehen. Hardin[394] hat darauf hingewiesen, daß Kollektiveigentum zur Übernutzung führt. In der heutigen Umweltforschung wird zwischen dem „Open Access" und dem beschränkten Zugang unterschieden. Das Problem der Umwelt als freies Gut (Open Access) ist entscheidend, nicht unbedingt das Kollektiveigentum. Es kommt darauf an, daß Eigentumsrechte durchgesetzt werden, seien es private Eigentumsrechte oder kollektive bzw. staatliche Eigentumsrechte.[395] Die entscheidenenden Ursachen für die Entstehung von Umwelt-

[394] Vgl. HARDIN(1968); siehe auch: CLAPHAM(1993).
[395] Zwischen lokalen und globalen Kollektivgütern muß in diesem Zusammenhang unterschieden werden. Das Problem der Zurechnung von Verfügungsrechten ist

problemen liegen also zum einen in der Eigenschaft als freies Gut (Marktversagen), zum anderen in den fehlenden institutionellen Regelungen (Staatsversagen) begründet!

Die Produktion und der Konsum von Umweltgütern erzeugt **externe Effekte**. Bei ihrem Vorliegen läßt sich über den einfachen Marktmechanismus keine optimale Allokation und Distribution von Gütern erreichen. Beim Verbrauch von Umweltgütern ergeben sich negative externe Effekte, andere Wirtschaftssubjekte haben Teile der Kosten für Konsum oder Produktion zu tragen, ohne daß Schadenersatz geltend gemacht werden kann. Vom gesellschaftlichen Standpunkt aus betrachtet ist die Produktion zu billig. Der Produzent stellt mehr umweltschädigende Produkte her als die Gesellschaft eigentlich wünscht, ähnliches gilt für den Konsum. Eine Internalisierung externer Effekte muß angestrebt werden.

Ein weiteres Problem, Maßnahmen für den Umweltschutz einzuführen, ergibt sich aus dem Charakter als öffentliches Gut - das free-rider-Problem. Maßnahmen zur Verbesserung der Umwelt werden von allen befürwortet. Sollen die Befürworter jedoch zur Kasse gebeten werden, werden sie sich zieren. Bei privaten Gütern ergeben sich dadurch keine Probleme: Wer den Preis für ein Steak nicht bezahlen will, erhält es nicht. Bei öffentlichen Gütern kann man jedoch die Leistung beanspruchen, ohne dafür direkt zu bezahlen. Aus diesem Grunde werden Kollektivgüter oft staatlicherseits zur Verfügung gestellt. So fordern viele Wirtschaftssubjekte mehr Umweltmaßnahmen, lehnen aber gleichzeitig finanzielle Beteiligungen ab - sie verhalten sich wie ein „free-rider", der nur den Nutzen einer besseren Umwelt haben, sich aber an den Kosten nicht beteiligen möchte.

Die lange Tradition der Natur als freies Gut, das Problem externer Effekte und die Eigenschaft der Umwelt als öffentliches Gut haben zu einem großen Teil Um-

---

insbesondere bei den globalen Kollektivgütern nicht lösbar. Bei den lokalen Kollektivgütern wurden im Laufe der Zeit detaillierte Regelungen für ihre Nutzung entwickelt. Nicht jedes Gesellschaftsmitglied hatte uneingeschränkten Zugang zum Kollektiveigentum; oft waren es Privilegierte, die verstärkten Zugang hatten. Im Laufe der Zeit haben sich historische Rechte entwickelt, die zur Nutzung der Kollektivgüter berechtigten. Die zur Nutzung berechtigten haben dann auch ein Interesse daran, diese gemeinsame Ressource zu nutzen. Lokale Kollektivgüter blieben also nicht völlig regelfrei.

weltprobleme verursacht. Welche wirtschaftspolitischen Maßnahmen bieten sich an?

14.3 Mögliche umweltpolitische Maßnahmen

Neben privatwirtschaftlichen Vereinbarungen, die hier nicht weiter verfolgt werden, lassen sich Umweltschutzmaßnahmen über marktliche oder bürokratische Instrumente realisieren, wobei bei marktlichen Ansätzen grundsätzlich zwischen Mengen- und Preislösungen zu unterscheiden ist. Die Preislösungen beinhalten die bekannten Überlegungen zu Umwelt/Öko-Steuern und -abgaben.

Der Umweltschutz wird auch in EL mit bürokratischen, polizeirechtlichen und juristischen Maßnahmen verfolgt. Überwachungen, Auflagen, Gebote und Verbote sind wesentliche Instrumente der Umweltschutzpolitik in IL, die jedoch in EL in dieser Weise nicht möglich sind. Die Umweltpolitik in der Dritten Welt leidet am Fehlen einer leistungsfähigen Umweltverwaltung sowie an fehlender kontinuierlicher Umweltbeobachtung. Ebenso stehen kaum hinreichende eigene finanzielle Mittel für Umweltschutzmaßnahmen in EL zur Verfügung.

Aus ordnungspolitischen Gründen werden solche Umweltmaßnahmen jedoch skeptisch beurteilt. Es werden dabei kaum die Ursachen des wirtschaftlichen Fehlverhaltens bekämpft. Es müßten die sozialen Kosten (Gesamtkosten) der Produktion ermittelt werden, die dann über Öko-Abgaben oder -Steuern dem Verursacher zuzurechnen sind (Verursacherprinzip). Umweltschutzmaßnahmen könnten auch über Subventionen gefördert werden, wie Pigou schon um die Jahrhundertwende aufzeigte, um externe Effekte zu internalisieren. Der Verursacher bekommt durch diese indirekte Maßnahmen die tatsächlichen Kosten seines Verhaltens aufgebürdet bzw. erhält den tatsächlichen Nutzen, den er stiftet, vergütet. Der politische Druck gegen eine stärkere Besteuerung des Einsatzes von Kunstdüngern, Pestiziden, Herbiziden, Insektiziden usw. ermöglicht es aber kaum, die sozialen Kosten der Nahrungsproduktion dem Verursacher aufzubürden. Daher nimmt man Zuflucht zu finanziellen Belastungen solcher Gruppen, die sich im politischen Prozeß dieser Lasten kaum erwehren können.

Fragen des Umweltschutzes werden in EL auch im Zusammenhang mit der Herstellung sozialer Gerechtigkeit behandelt.[396] Wohlhabende Schichten nutzen in verstärktem Maße natürliche Ressourcen und sollten daher nach dem Verursacherprinzip stärker belastet werden. Auch Finanzminister in EL haben ein verstärktes Interesse an Umweltsteuern. In Lateinamerika stand bei der Besteuerung des Straßenverkehrs der fiskalische Effekt im Vordergrund. Auch in Singapur wurde die Nutzung eines Kfz besteuert, um den öffentlichen Nahverkehr durch Preissignale attraktiver zu machen. Gerechtfertigt werden diese Steuern mit dem Argument der negativen externen Effekte; die gesellschaftlichen Kosten des Straßenverkehrs sollen auf den Verursacher gewälzt werden.

Gelegentlich sind Steuererleichterungen, die EL häufig transnationalen Konzernen gewähren, umweltpolitisch kontraproduktiv. So erhalten Investoren aus IL Steuererleichterungen, obwohl sie die natürlichen Ressourcen der EL überdurchschnittlich nutzen. Zu den umweltpolitischen Ungereimtheiten in EL gehören z.T. die Subventionierung von Düngemitteln und Pestiziden, die oft von Umsatzsteuern befreit oder sogar subventioniert werden. Damit kommt es zu einer Überdüngung bzw. Kontamination der Böden, was langfristig deren Ertragskraft schwächen kann.

Umweltsteuern tragen dann zur Armutsbekämpfung bei, wenn sie wohlhabende Schichten dazu zwingt, bei ihrem Konsumverhalten die externen Kosten beim Konsum bestimmter (umweltschädlicher) Güter nicht mehr der Allgemeinheit und damit auch den ärmeren Schichten aufzuerlegen. Gelegentlich wird im Rahmen von Strukturanpassungsprogrammen gefordert, die Ressourcennutzung in EL stärker zu besteuern, um ein „Umweltdumping" zu vermeiden, das zu einer Verzerrung der internationalen Handelsströme führen kann. In Schwellenländern sind die Bedingungen zur Erhebung von Umweltsteuern relativ günstig. Finanzverwaltungen sind oft gut ausgebaut, außerdem stehen gesetzliche Regelungen zur Verfügung, die es erlauben, den bestehende Steueransprüche auch faktisch durchzusetzen. In ärmeren EL sind die Voraussetzungen zur Erhebung von Umweltsteuern allerdings ungünstig. Gerade in dieser Ländergruppe wäre es möglich, anstelle der steuergesetzlichen Regelungen eine marktwirtschaftliche

[396] Vgl. MENCK(1995).

Umweltverschmutzungsrechte-Lösung einzuführen, bei der Umweltverschmutzung durch Zertifikate mit einem Preis belegt und am Markt gehandelt werden könnten. Auf die Vorstellungen von Umweltzertifikaten bzw. -lizenzen soll daher kurz eingegangen werden.

Die Theorie der property rights stellt ein ökonomisch effizientes und ökologisch wirksames Instrument zur Verfügung. Fehlende Eigentumsrechte bewirken ein fehlendes Angebot an Umweltgütern. Daher muß ein Angebot an Umweltgütern künstlich eingeführt werden. Umweltressourcen müssen künstlich verknappt werden, was mit Hilfe von Umweltzertifikaten oder -lizenzen geschehen kann. Bei **Umweltzertifikaten** wird die Nutzung der Natur nur dem gestattet, der ein Zertifikat zur Erlaubnis der Nutzung der Umwelt für einen bestimmten Zeitraum vorlegen kann. Solche Umweltzertifikate können z.B. an Umweltbörsen ersteigert werden. Was sind die Vor- und Nachteile eines solchen Verfahrens?

Ökologisch betrachtet ist ein solches Instrument effektiv. Überwachungsmöglichkeiten vorausgesetzt[397], wird das ökologische Ziel vollständig erreicht. Darüberhinaus wird das ökologische Ziel zu den geringsten wirtschaftlichen Kosten erlangt. Dieses Instrument ist sowohl effizient als auch effektiv. Durch den Handel mit Zertikaten bilden sich Marktpreise für die Nutzung der Umwelt. Marktpreise bei einer Zertifikatslösung signalisieren die Präferenzen der Bevölkerung und geben erwünschte Produktionsmöglichkeiten an. Hingegen können bei Umweltabgaben die sich ergebenden Preise für Umweltgüter zu hoch oder zu niedrig sein, weil der Staat die Marktpreisbildung beeinflußt.

Umweltzertifikate geben einen Anreiz, umweltpolitisch zu handeln, weil Firmen, die Umweltschutzmaßnahmen durchführen, ihre Gewinne steigern können. Bei der Lösung über Auflagen ist die Bürokratie an die vorhandenen technischen Möglichkeiten gebunden, die die Wirtschaft der Bürokratie nicht verraten wird (sog. "Schweigen der Oberingenieure"). Die Zertifikatslösung wird rasche Fortschritte im Umweltschutz ermöglichen, weil sich der Umweltbereich von der technischen Ebene auf die Betriebsleiterebene verlagert. Zertifikate müssen in Konkurrenz mit anderen Nachfragern erworben werden und können hohe Kosten

[397] Dieses Problem der Überwachung findet sich in allen Ansätzen.

verursachen. Um diese Kosten zu reduzieren, wird das Management die Forschungsabteilung ausbauen. Durchbrüche bei umweltfreundlicher Produktion schlagen sich dann in geringeren Produktionskosten nieder. Da diese umweltfreundlichen Techniken noch anderen zur Verfügung gestellt werden können, kann der Anbieter umweltschonender Verfahren zusätzliche Einnahmen erwirtschaften.

Mit Hilfe der Zertifikatslösung wird ein Markt institutionalisiert, auf welchem durch Angebot und Nachfrage der gesellschaftliche Preis der Nutzung der Natur gefunden wird. Die Probleme dieses generellen Vorschlags liegen bei der Implementierung, bei der Ausgestaltung und Überwachung. EL müssten zunächst mit Verboten, bürokratischen und polizeirechtlichen Maßnahmen beginnen, um eine Infrastruktur für die Zertifikatslösung aufzubauen.[398] Lyon betont die ungleichen Grenzkosten der einzelnen Firmen. Der Vorteil der Zertifikatslösung liegt darin, daß ein vorgegebenes Niveau an Umweltschutz mit den niedrigsten Kosten zu erhalten ist. Neben der Kosteneffizienz wird auch die Verteilungsflexibilität betont. Umweltzertifikate erwirtschaften den Regierungen Einnahmen. Politische Probleme ergeben sich dadurch, daß viele öffentliche Unternehmen die größten Umweltverschmutzer sind. Ihre Regulierung wird schwierig durchzusetzen sein. Auch öffentliche Firmen müssen deshalb ihre Lizenzen über den Markt ersteigern und nicht im politischen Prozeß zugeschanzt bekommen

Theoretisch läßt sich vorstellen, daß eine Umweltbehörde, die ähnlich unabhängig ist wie die Bundesbank für die Geldpolitik, ein geeignetes Instrumentarium für die Bewirtschaftung der Umwelt entwickelt und für die Abgabe der Umweltzertifikate zuständig ist. Diese Umweltbehörde muß dazu gesetzlich verpflichtet werden, das ökologische Ziel als Hauptziel zu verfolgen. Eine solche Institution kann flexibel und rasch auf neue Umweltprobleme reagieren und auch lokale und regionale ökologische Verteilungsprobleme lösen.

[398] Vgl. dazu: LYON(1989).

14.4 Probleme einer Umweltpolitik in Entwicklungsländern

Die aus IL bekannten typischen Probleme einer effektiven Umweltpolitik gelten auch für EL. Es ist oft schwierig, rechtzeitig umweltpolitische Probleme zu erkennen, Probleme der Überwachung und der Festlegung von Umweltnormen sind nicht ohne weiteres möglich, geschweige kurzfristig umsetzbar. Auch der politische Druck von Interessengruppen kann zu einer Abschwächung notwendiger umweltpolitischer Maßnahmen führen. Die Entwicklungshilfe wirkt ebenfalls ökologisch oft kontraproduktiv. So hat sie im Sahelbereich nur zu einer Übervölkerung geführt. Für die Menschen war es günstiger, in der Sahel-Zone subventioniert zu leben, statt außerhalb der Zone ohne Subventionen. Hätte die Sahel-Zone keine Entwicklungshilfe bekommen, wären weniger Menschen willens gewesen, in dieser Region zu leben. "Stacheldraht wäre besser gewesen als Brot", hat es SINN genannt.[399]

In der Dritten Welt können die Prioritäten jedoch anders liegen als in den IL. In ärmeren EL gibt es einen Zielkonflikt zwischen der Armutsbekämpfung (Wachstum) und gesunder Umwelt. Die Bewohner der Dritten Welt haben, ökonomisch ausgedrückt, eine hohe Präferenz für den Gegenwartskonsum, so daß Umweltschutzmaßnahmen bei Ländern mit niedrigem PKE nicht die höchste Priorität haben. Genannt werden müssen auch die Informationsdefizite der EL. Im Rahmen der Entwicklungshilfe sollten IL den EL bei der Implementierung einer wirksamen Umweltpolitik beistehen. Der Umweltschutz ist z.T. ein globales Problem geworden. Wo eine globale Aufgabe vorliegt, müssen IL Umweltmaßnahmen mitfinanzieren. Es liegt im Interesse der IL, die Urwälder im tropischen Bereich zu erhalten, weil sie auch Sauerstoff für die IL produzieren. Daher müssen EL für diese globale Leistung kompensiert werden. IL müssen hier ihre Trittbrettfahrerposition verlassen. Bisher haben die armen EL den reichen IL solche Umweltdienstleistungen kostenlos zur Verfügung gestellt. Durch einen Verzicht von Rückzahlungen der Auslandsverschuldung könnte man EL entgegenkommen, wenn dafür Umweltmaßnahmen, die von den IL überwacht werden, in EL durchgeführt werden. Ein teilweiser Schuldenerlaß der brasilianischen Staatsschuld

[399] SINN(1988).

müßte im Gegenzug mit hohen Auflagen bzgl. des Abholzens der Regenwälder gewährt werden.

Beim Umweltproblem muß, wie erwähnt, zwischen mehreren komplexen Aspekten unterschieden werden. Es gibt den Konflikt zwischen den globalen Umweltproblemen (globale Erwärmung, Ozonloch) und den nationalen und lokalen Problemen (Luftverschmutzung, Verfall der Städte, Bodenerosion, Entwaldung, Desertation). In der Umweltanalyse muß daher zwischen den Makroproblemen und den Mikroaspekten in der Auseinandersetzung zwischen Entwicklung und Umweltschutz hingewiesen werden. Auch urbane und rurale Umweltprobleme sind anders geartet.[400] Obgleich die globalen Probleme z.Zt. in den Medien verstärkt behandelt werden, liegen die Aufgaben für EL nicht zuerst bei der Reduzierung des Treibhauseffektes und des Ozonlochs, sondern in der Lösung der lokalen Umweltverschmutzungsprobleme. Bei den globalen Problemen wird ebenfalls noch das Problem der nachhaltigen Entwicklung behandelt, die Beschränkung durch die Endlichkeit der Weltressourcen. Soweit es die EL betrifft, sollten sie verstärkt regionale Probleme in Angriff nehmen. Inwieweit IL im Rahmen der Entwicklungshilfe dazu beitragen können, soll im 4. Band besprochen werden.[401]

14.5 Das Problem der Verstädterung

Die **Verstädterung** ist ein weltweites Phänomen. Zwischen den Jahren 1920 und 1970 stieg der Anteil der Stadtbewohner an der Weltbevölkerung von 19% auf 37%. Bis zum Jahre 2000 kann die Hälfte der Weltbevölkerung in städtischen Gebieten leben. Die Migration vom Land zur Stadt ist eng mit der Industrialisierung verbunden und mit einem weltweit raschen Wandel der kulturellen, sozialen und politischen Verhältnisse.[402]

Bei Ländern mit niedrigem Einkommen stieg der Anteil der Stadtbevölkerung an der Gesamtbevölkerung von 1965 auf 1989 von 17% auf 36%, für China und

[400] Vgl. auch WEB(1992).
[401] Vgl. auch die Ausführungen in: BECKERMAN(1992); weitere Beiträge zum Umweltproblem in der Dritten Welt sind in der Ausgabe April 1992 von World Development enthalten.
[402] Vgl. HEMMER(1988), S. 613 ff.

Indien ergaben sich die Zahlen 18% und 42%. Für die Länder mit mittlerem Einkommen galten 1965 42% und 1989 58% als urbane Bevölkerung. Bei Ländern mit gravierenden Schuldenproblemen ergaben sich die Zahlen 49% und 74%, bei den OECD-Mitgliedern erhält man die Werte 72% und 77%. In Deutschland wohnten 1989 86% der Bevölkerung im städtischen Raum. Die Hauptstädte in EL wachsen besonders schnell. In den Ländern Afrikas südlich der Sahara machen die Bewohner der Hauptstadt 31% der Stadtbevölkerung aus. In Lateinamerika sind es 23%, in den Ländern mit niedrigem Einkommen 15%.[403]

Die Verstädterung in EL unterscheidet sich von derjenigen in IL, wo der Verstädterungsprozeß mehrere Jahrzehnte in Anspruch nahm. Dadurch konnten wirtschaftliche, soziale und politische Institutionen entwickelt werden, so daß die Städte die Aufgaben des Bevölkerungszustroms lösen lernten. Der Verstädterungsprozeß in EL verläuft schneller, die Wachstumsraten sind höher und die Einkommen niedriger. Zwischen den Jahren 1975 und 2000 wird die Stadtmigration in den EL ca. 1 Mrd. Menschen erreichen. Die Wachstumsrate der städtischen Bevölkerung ist im Durchschnitt aller EL doppelt so hoch wie die der Gesamtbevölkerung. Dabei fällt auf, daß immer mehr Menschen in immer größeren Städten wohnen. 1960 gab es 109 Städte mit mehr als einer halben Million Einwohner in EL. 1980 waren es 273, und bis zum Jahre 2000 sollen es 300 Städte mit mehr als einer Mio Einwohner geben, in denen fast eine Milliarde Menschen leben werden, wohingegen es 1975 nur 90 Städte dieser Größenordnung gab.

Hauptprobleme der Verstädterung liegen in der fehlenden Infrastruktur für Abwasser und in der Luftverschmutzung. 70 % der städtischen Bevölkerung auf dieser Welt müssen ungesunde Luft einatmen.[404] Ungesunde Luft reduziert die Produktivität der Bevölkerung, erhöht die Nachfrage nach medizinischen Dienstleistungen und gefährdet die Wälder. Saubere Luft wird gelegentlich als Grundbedürfnis angesehen.

Allerdings sind die Rahmenbedingungen verursachend für die hohe Luftverschmutzung. Energiepreise sind wohl die Schlüsselvariable zur Erreichung der

[403] Quelle: WEB(1991), Tabelle 31, Verstädterung, S. 306 f.
[404] Siehe dazu: HALL(1995).

Luftqualität: In EL wird sowohl Benzin als auch Energie hoch subventioniert. Die Energiepreise decken z.T. nur 60 % der direkten Kosten, die indirekten Kosten sind nicht berücksichtigt. Für die Nutzung der Elektrizität wurde berechnet, daß nur ca. ein Drittel der Produktionskosten den Konsumenten über den Preis auferlegt wird. Die direkten Energiesubventionen in EL betrugen Anfang der 90er Jahre insgesamt $ 230 Mrd. jährlich. Diese Subventionen belasten die Staatshaushalte und geben falsche ökonomische Signale.

Zwischen Stadt und Land gibt es nicht nur ein PKE-Entwicklungsgefälle, sondern auch unterschiedliche Niveaus der Befriedigung der Grundbedürfnisse. Begründet wird das Stadt-Land-Entwicklungsgefälle durch die einseitige Förderung städtischer Entwicklungszentren. Das höhere PKE im städtischen Bereich bedeutet ein höheres städtisches Entwicklungspotential, die höhere Bevölkerungsdichte führt zu einer stärkeren Schaffung von Infrastruktureinrichtungen. Für die absolut Armen ergeben sich im ländlichen Bereich jedoch bessere Wohn- und Ernährungsverhältnisse. Im Bereich der Bildung und der Gesundheitsversorgung scheint es eine Besserstellung der städtischen Armen zu geben. Das Erschei-nungsbild ist also differenziert. Insgesamt muß von einer nicht unwesentlichen Besserstellung der städtischen Armen gegenüber den ländlichen Armen gesprochen werden. Allerdings wird die Armut in den Städten zunehmen. Manche Städte haben jetzt schon Elendsviertel, die 70% und mehr der städtischen Bevölkerung ausmachen. Schätzungen besagen, daß mehr als 200 Mio. Menschen in Slums und Squatter-Siedlungen leben, die zusätzlich hohe Wachstumsraten aufweisen.

Was sind die entwicklungspolitischen Schlußfolgerungen des Verstädterungsprozesses? Nur durch eine stärkere Attraktivität des Landes kann die Landflucht gehemmt werden. Entwicklungs- und umweltpolitische Maßnahmen müssen gleichzeitig bei städtischen und ländlichen Regionen ansetzen.

14.6 Sustainable Development

Der Begriff des "Sustainable Development" wurde in den neunziger Jahren als neues entwicklungspolitisches Paradigma angesehen. Er galt als eine neue Konsensformel für den Interessenausgleich zwischen Nord und Süd. Im politischen Raum hat dieser Begriff eine weite Akzeptanz gefunden. Schwierigkeiten bereitet die Operationalisierung dieses Begriffes. So steht er in der Gefahr, zur inhaltsleeren Phrase zu werden.[405] Schwierigkeiten bereitet allerdings die deutsche Übersetzung. Im Begriff "Sustainability" stecken die drei Attribute "dauerhaft", "tragfähig" und "nachhaltig". Obgleich alle diese Aspekte im englischen Begriff mitschwingen scheint sich in Deutschland der Begriff "nachhaltige Entwicklung" durchzusetzen.[406] Im Grunde genommen handelt es sich bei dem Begriff der "Nachhaltigkeit" um einen Begriff aus der Land- und Forstwirtschaft, der eine bis ins Mittelalter reichende Tradition hat. In Teilbereichen der Land- und Forstwirtschaft ergab sich das Problem, wie ein Teilsystem so genutzt werden soll, daß die langfristige Ertragskraft erhalten bleibt und nicht zerstört wird. So wurde in der Forstwirtschaft gefordert, daß nicht mehr Holz geschlagen werden durfte als nachwuchs. Diese Forderung war z.B. in badischen Forstordnungen schon seit Jahrhunderten aufgeführt.

Auf der Konferenz der Vereinten Nationen zur Umwelt und Entwicklung in Stockholm (1972) kam es zu einer Kontroverse zwischen den Umweltschutzinteressen der IL und den Entwicklungsbedürfnissen der EL. Auf der Suche nach einer für beide Seiten akzeptierbaren Orientierung wurde 1980 der Begriff des "Sustainable Development" geprägt, der dann verstärkt von den wichtigsten multilateralen Organisationen und in die offizielle Rhetorik übernommen wurde. Der **Brundtlandt-Report** führte ihn 1987 verstärkt aus.[407] Auf der UNCED in Rio de Janeiro (1992) erlangte der Begriff hohe Aktualität, da eine nachhaltige Entwicklung in Nord und Süd angestrebt werden soll, um der wachsenden Zerstörung des Globus und der zunehmenden sozialen Verelendung der Menschen Einhalt zu gebieten. Im Mittelpunkt der Brundlandt-Kommission stehen die vordringlich zu befriedigenden Bedürfnisse der Armen, wobei die umweltbedingten Grenzen aufgezeigt werden. Wachstum soll so erfolgen, daß auch zukünftige Generationen ihre Bedürfnisse befriedigen können.

---

405 Zu den methodologischen Problemen und internen Widersprüchen dieses Konzeptes vgl. JACOB(1994).

406 Mitunter wird auch von umweltverträglicher Entwicklung bzw. ökologisch nachhaltiger Entwicklung gesprochen, entsprechend dem englischen Sprachgebrauch "environmentally sound development".

407 Vgl. HAUFF(1987).

Schlüsselbegriffe der Kommission beziehen sich u.a. auf die Schlüsselbereiche:

- Wirtschaftswachstum,
- Armutsbekämpfung,
- Bevölkerungskontrolle,
- Einsatz neuer Technologien,
- Partizipation,
- institutioneller Wandel.

Verfechter von Wachstumsstrategien befürworten eine Fortführung bisheriger Strategien und sehen eine Milderung der ökologischen Folgen lediglich in einem langsameren Wachstumsrhythmus und dem Einsatz moderner, ökonomisch effizienter und ökologisch sanfter Technologien. Bessere Managementmethoden für die Umwelt stehen also im Vordergrund. Kritiker, die eine strukturelle Veränderung der Wirtschaftsbeziehungen befürworten, betonen dagegen die:

- externe Kosten für die Gesellschaft (soziales Kostenproblem),
- Folgen für die zukünftigen Generationen (intergeneratives Kostenproblem),
- Auswirkungen auf die Natur (Umweltkostenproblem).

Einen globalen Verzicht auf Wachstum lehnen Nord und Süd ab, da die Stagnation politisch nicht durchsetzbar erscheint. Allerdings muß die bestehende Wohlstandsasymmetrie zwischen Nord und Süd abgebaut werden. Der Norden sollte Null-Wachstum anstreben, die Dritte Welt braucht aus ethischen Erwägungen weiterhin Wachstum, um die absolute Armut bekämpfen zu können. Betont wird eine gerechtere internationale Einkommensverteilung. Als Kompromiß zwischen der herkömmlichen Wachstumsstrategie und dem völligen Wachstumsverzicht vertritt man auch das Konzept des qualitativen Wachstums, das ressourcenschonenderes Wachstum vorsieht, so daß die sozialen und ökologischen Kosten verringert werden. Eine Strukturveränderung des Wachtums wird angestrebt, die Regenerationsfähigkeit ökologischer Systeme stellt das zentrale Kriterium dar.

Für EL sollen Wachstumsmodelle den Vorzug erhalten, die beschäftigungsintensiv und umweltschonend produzieren. Auch die Weltbank vertritt einen optimistischen Ansatz und betont ökologieverträgliche Formen des Ressourcenmanagements für Wachstum und wirtschaftliche Entwicklung. Nicht weniger zu produzieren, sondern auf andere Weise zu produzieren, lautet die neue Devise für **Sustainability**.

Anfänglich, durch die Studien des Club of Rome bedingt, war die Übernutzung wachstumsstrategischer Rohstoffe (Erdöl, Kupfer) im Vordergrund gestanden. Heute wird die Knappheit aufnahmefähiger Umweltmedien für Abfälle und Schadstoffemissionen in den Vordergrund gestellt. Die Erschöpfung der Tragfähigkeit der globalen Gemeingüter (Treibhauseffekt, Zerstörung der Ozonschicht, Luft-Wasserverschmutzung) steht im Mittelpunkt. Man fürchtet einen neuen Verteilungskampf zwischen Nord und Süd um rapide verknappende Externalisierungsspielräume für die ökologischen Kosten des Wachstums. Die politische Brisanz des Problems zeigt sich an der mangelnden Bereitschaft der IL, Giftmüllexporte in EL einzustellen.

Als Schlüssel für ein erfolgreiches Sustainable Development wird die Eindämmung des Bevölkerungswachstums angesehen. Drei Viertel der Menschheit wohnt in der Dritten Welt. Die wirtschaftlichen Kapazitäten der betroffenen Länder sind überfordert. Ein niedrigeres Bevölkerungswachstum in EL würde die ökologischen Ressourcen weniger stark belasten. Familienplanung in der Dritten Welt und Ausbildungsprogramme für Frauen werden als notwendige Maßnahmen zur Harmonisierung von Entwicklungs- und Umweltpolitik dargestellt. Kritisiert wird in diesem Zusammenhang, daß die Kosten wiederum der Süden zu tragen habe. Verbesserungen in Erziehung, Ausbildung, Gesundheit, Ernährung und der Wohnsituation werden ebenso betont wie die Bildung von "Human Capital". Auch auf der Ebene der internationalen Wirtschaftsbeziehungen liegen Ansatzpunkte vor. Gerechte Handelsbedingungen und Erleichterung der Schuldenlast werden angemahnt. Kritisch wird darauf verwiesen, daß nachhaltiges Wachstum als Allheilmittel für Entwicklungsprobleme dargestellt wird, es aber oft ein phrasenhafter Begriff geworden ist. IL bekennen sich zu einer globalen Umwelt und Entwicklungspolitik, sie sind zu bestimmten finanziellen Kompensationen bereit. Auf der Konferenz in Rio de Janeiro (1992) wurde deutlich, daß in bezug auf Veränderungen des Wertesystems bislang die geringsten Fortschritte erreicht wurden. Eine Selbstbegrenzung in den materiellen Bedürfnissen war von keiner Seite erreichbar.

15 Die Rolle des Energiesektors im Rahmen der nachhaltigen Entwicklung[408]

15.1 Die Bedeutung des Energiesektors für den Entwicklungsprozeß

Inwieweit das Ziel einer nachhaltigen Entwicklung erreicht werden kann, hängt zu einem großen Teil vom Energiesektor ab, was in folgendem Zusammenhang begründet liegt: Einerseits ist die Verfügbarkeit einer ausreichenden Menge an Energie wesentlich für die wirtschaftliche und soziale Entwicklung. So war die Erfindung der Dampfmaschine eine notwendige Voraussetzung für die industrielle Revolution in Europa während des 18. und 19. Jh. Sie ermöglichte auf breiter Basis die Substitution von menschlicher und tierischer Muskelkraft durch mechanische Energie. Andererseits trägt die Bereitstellung von Energie wesentlich zur Umweltbelastung bei. Schon in vorindustriellen Zeiten wurden weite Flächen in Europa zur Feuerholzgewinnung gerodet - auf die gravierenden heutigen Probleme im Zusammenhang mit Energieerzeugung und -verbrauch wird im folgenden eingegangen.

Es besteht somit ein Zielkonflikt zwischen dem nationalen Wachstumsziel und dem Schutz der Umwelt. Durch politische und technologische Optionen kann dieser Zielkonflikt jedoch abgemildert oder sogar beseitigt werden, denn Art und Umfang der zur Deckung des **Energiebedarfs**[409] verwendeten Energieträger entscheiden darüber, inwieweit natürliche Ressourcen beansprucht werden.[410] Zu beachten ist, daß die Verfügbarkeit von Energie nicht nur für das wirtschaftliche Wachstum von Bedeutung ist, sondern auch soziale Entwicklungsindikatoren direkt beeinflußt. Die Situation im Gesundheitsbereich wird bspw. durch die Verfügbarkeit von Kühlmöglichkeiten (Impfstoffe) und von sauberem Wasser durch Trinkwasserpumpen verbessert. Im Haushaltsbereich ermöglicht künstliches Licht Aktivitäten in den Abendstunden, wie Lesen, das Erledigen von Hausaufgaben

---

408 Dieses Kapitel wurde inhaltlich nahezu vollständig von Frau Birgit Eitel erstellt.

409 Energienachfrager benötigen Energie zur Erzeugung von Wärme, Kälte, Kraft und Licht.

410 Als Standardwerk über den Zusammenhang Energie und nachhaltige Entwicklung und eine Darstellung der notwendigen energiepolitischen Maßnahmen empfiehlt sich die Lektüre von GOLDEMBERG(1988).

oder soziale Aktivitäten. Auch die Nutzung der Medien (Fernsehen, Radio) kann zur Erweiterung des Wissens beitragen. Wird dieses Energieangebot produktiv genutzt, so kann von einem produktiven Konsum gesprochen werden. Zudem können Elektrifizierungsprojekte, wie eine Studie am Beispiel Indonesien ergab, zur Armutsminderung beitragen.[411]

15.2 Energieangebot und -nachfrage

Energieträger werden benötigt für die Erzeugung von thermischer, mechanischer und elektrischer Energie. Diese Energie kann mittels verschiedener **Energieträger** gewonnen werden. Folgendes Schaubild zeigt die Hauptenergiequellen der EL im Jahr 1987:[412]

Abb. 15-1: Hauptenergiequellen der EL {1987}

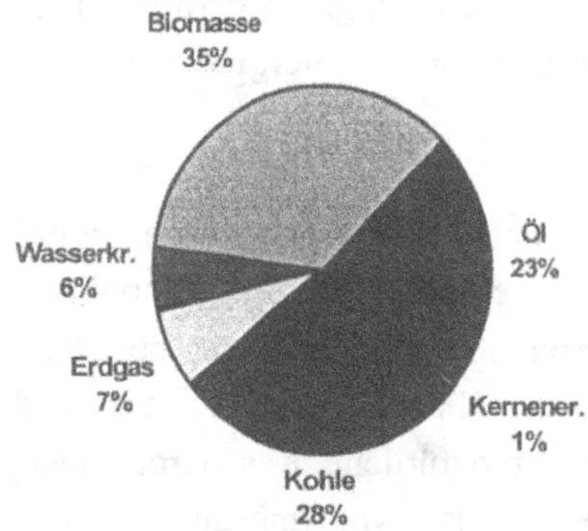

Die Energieerzeugung aus **Biomasse** (u.a. Holz, Stroh, tierische und menschliche Exkremente) nimmt mit 35 % den größten Anteil in EL ein, gefolgt von Kohle, Öl, Erdgas, Wasserkraft und Kernenergie. Jede dieser Energiequellen weist unterschiedliche Umweltauswirkungen auf. Zudem sind sie zwischen den einzelnen Ländern ungleich verteilt, was schon aus der Einteilung in erdölim- und exportierende Länder deutlich wird. Ein Land mit reichhaltigen Energievorkommen

---

411 So kann bspw. der Tourismus in einem bisher nicht elektrifizierten Gebiet gefördert werden. und auch die Bildung von Kleingewerben wird durch die Elektrifizierung ermöglicht. Vgl. dazu EVERS(1994).

412 Quelle: WEB(1992): Entwicklung und Entwicklung, S. 141.

kann seine inländische Energienachfrage abdecken und zusätzlich durch den Export von Energieträgern Devisen erwirtschaften, welche wiederum für notwendige Importe verwendet werden können. Hingegen muß ein EL mit geringen Vorkommen seine knappen Devisen für Energieimporte aufwenden, was nachteilige Folgen für die gesamtwirtschaftliche Entwicklung haben kann.

Nachgefragt werden Primär- und Sekundärenergieträger[413] von der Industrie, dem Dienstleistungsbereich, dem Transportwesen, der Elektrizitätswirtschaft und den privaten Haushalten, wobei die am schnellsten wachsenden Bereiche das Transportwesen und die Stromerzeugung sind. Die Hauptdeterminanten der Energienachfrage sind die Bevölkerungszahl bzw. -entwicklung, die wirtschaftliche Entwicklung und die Effizienz des Energieeinsatzes.

Die Bevölkerungsanzahl und -entwicklung wirkt sich folgendermaßen auf die Energienachfrage aus: Derzeit haben ca. 50% der Bevölkerung in EL keine andere Energiequelle als die Muskelkraft und traditionelle Energieträger (Biomasse) zur Verfügung, wobei bei Biomasse im allgemeinen ein Nachfrageüberhang besteht.[414] Im Laufe der Entwicklung wird diese Situation zu einer steigenden Nachfrage nach höherwertiger Energie führen. Auch der Energiebedarf der Bevölkerungsgruppe die bereits Zugang zu kommerziellen Energieträgern hat, wird mit zunehmendem Wirtschaftswachstum ansteigen. Dieses Problem wird verstärkt, da mit einem nennenswerten Rückgang der hohen Bevölkerungswachstumsraten in absehbarer Zeit nicht zu rechnen ist.

Der Zusammenhang zwischen Wirtschaftswachstum und Energieverbrauch kann mit Hilfe der **Energieintensität** gemessen werden. Diese gibt an, wieviel Energie verbraucht wird, um eine Einheit BSP zu erzeugen. Ändert sich die Energieintensität, so ist dies auf den Strukturwandel, die Änderung der **Energieeffizienz** und/oder die Veränderung des Energiemix zurückzuführen. Während in IL die Energieintensität seit 1970 um durchschnittlich 1,4% gefallen ist, zeigt sich in EL ein differenzierteres Bild. In den wenig industrialisierten Staaten steigt die

---

[413] Primärenergie sind alle Energieträger, die natürlich vorkommen, wie fossile Brennstoffe, Kernbrennstoffe und regenerative Energiequellen. Sekundärenergieträger sind alle Energieträger, die als Ergebnis eines Umwandlungsprozesses - über Raffinerien oder Kraftwerke - aus Primärenergieträgern entstehen.

[414] Auf Basis der Zahlen von 1990; vgl. dazu: WORLD ENERGY COUNCIL(1993), S. 43.

Energieintensität nur langsam an, wohingegen in den schnell wachsenden Staaten ein stärkerer Anstieg beobachtet wird,[415] da der Anteil des energieintensiven sekundären Sektors zunimmt. Aufgrund der Zunahme des tertiären Sektors in heutigen IL fällt die Energieintensität wieder. In EL ist kurz- bis mittelfristig jedoch nicht mit einer Entkopplung[416] des BSP-Wachstums von der Energienachfrage zu rechnen. Im Gegenteil: Die Energieintensitäten werden aufgrund der zunehmenden Industrialisierung voraussichtlich weiter ansteigen.

Die Effizienz des Energieeinsatzes ist in EL meist gering. So weisen Kraftwerke häufig einen niedrigen Wirkungsgrad auf. Die Option der Kraft-Wärme-Kopplung bleibt oft ungenutzt und weitere Maßnahmen zur rationellen Energieverwendung werden selten eingesetzt. Dies ist primär auf eine falsche Anreize setzende Energiepolitik zurückzuführen, worauf im Kap. 15.4 noch explizit eingegangen wird. Wie sich die Effizienz der Energienutzung entwickeln wird, hängt demzufolge entscheidend von den wirtschaftspolitischen Rahmenbedingungen der einzelnen Länder ab.

Aufgrund der oben genannten Faktoren ist insgesamt mit einer stark steigenden Nachfrage nach Energie in EL zu rechnen. Schon von 1971 bis 1991 stieg der Energieverbrauch in Lateinamerika um jährlich durchschnittlich 5%, in Afrika um 6% und in Ostasien um 8% an.[417] Zur Prognose hat die Weltbank ein Szenario bis ins Jahr 2030 entwickelt. Dabei wird von einem effizienteren Einsatz von Energie (rationelle Energieverwendung) ausgegangen, d.h. die Nachfrage nach Primärenergie der EL wächst mit einer Rate, die 1 bis 2 Prozent unter dem langfristigen Wachstumstrend liegt. Trotz dieser Annahme wird nach dieser Prognose der Energiebedarf in EL stärker als in der Vergangenheit ansteigen.

Global gesehen ist heute der Anteil der EL am Gesamtenergieverbrauch jedoch relativ gering. Wird der absolute Energieverbrauch je Ländergruppe im Jahr 1990 herangezogen, zeigt sich folgende Relation: Die IL verbrauchten etwa 46%, Osteuropa und die ehemalige UdSSR ca. 23% und die EL ungefähr 31% der

415 Vgl. dazu OECD(1994), S. 36 ff.
416 Unter „Entkopplungseffekt" wird die Aufhebung der positiven Korrelation zwischen Wirtschaftswachstum und Energieverbrauch verstanden.
417 Vgl. dazu: OECD(1994), S. 21.

weltweiten Energieerzeugung. Betrachtet man den Energieverbrauch pro Kopf, wird der Unterschied zwischen IL und EL noch deutlicher: Jede Person in den IL verbraucht durchschnittlich etwa das zwölffache an Energie als ein Einwohner in einem EL.[418] Trotz des global noch relativ niedrigen Anteils ist in EL jedoch Handlungsbedarf geboten. Die heutigen Umweltprobleme der EL sind gravierend und der prognostizierte Anstieg der Energienachfrage wird die aus der Energieerzeugung resultierenden Umweltprobleme verstärken, wenn keine adäquaten Rahmenbedingungen gesetzt werden.

15.3 Die Auswirkungen der Energieerzeugung auf die Umwelt

Einzelne Energieträger weisen unterschiedliche Umweltauswirkungen auf. Große Wasserkraftanlagen (Staudämme) zerstören oftmals das ökologische Gleichgewicht ganzer Regionen, es besteht ein Überschwemmungsrisiko und häufig müssen Hunderttausende Menschen umgesiedelt werden. Die mit der Kernkraft verbundenen Risiken liegen insbesondere in der Gefahr von Störfällen und dem Problem der Endlagerung radioaktiver Abfälle. Da diese beiden Energiequellen - wie oben dargestellt - lediglich 7% des gesamten Energieangebots in EL betragen, wird im folgenden nur auf die Probleme aufgrund der Nutzung fossiler Brennstoffe (58%) und Biomasse (35%) eingegangen. Die Auswirkungen des Energieverbrauchs zeigen sich auf globaler, regionaler und lokaler Ebene sowie innerhalb der privaten Haushalte.[419]

Von internationalem Interesse sind vor allem die Effekte der energiebedingten Emissionen auf das Klima. So trägt der Energiesektor (einschließlich Verkehr) durch die Verbrennung fossiler Brennstoffe weltweit zu ca. 50% zum zusätzlichen, anthropogen bedingten Treibhauseffekt bei. Dabei sind rund 80% auf CO_2-Emissionen zurückzuführen und ungefähr 20% auf Spurengase wie Methan.[420] Auf einzelne Ländergruppen verteilt, werden folgende Mengen emittiert.[421]

418 Die dargestellten Daten finden sich in: WEB(1992), S. 140.
419 Vgl. dazu insbesondere: WEB(1992).
420 Vgl. dazu: DEUTSCHER BUNDESTAG(1990), S. 123.
421 Quelle: PERTZ(1992), Anhang 4.

Abb. 15-2: Globale CO_2-Emissionen {1980 und 1990 in Mio. Tonnen Kohlenstoff}

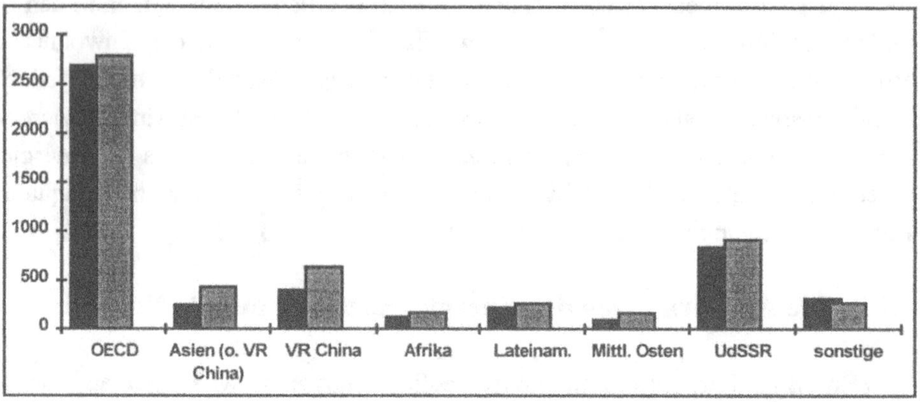

Deutlich heben sich die hohen CO_2-Emissionen der IL hervor. Aufgrund der stark zunehmenden Nachfrage in EL, steigt der EL-Anteil jedoch prozentual wesentlich stärker als der OECD-Anteil.

Auf regionaler Ebene führen energiebedingte Emissionen zu hohen Schadstoffbelastungen der Umwelt. Besonders problematisch sind die Emissionen von Schmutzpartikeln wie Staub und Qualm und die Verwendung verbleiter Kraftstoffe. Durch die rasch ansteigende Anzahl von Motorfahrzeugen in vielen Städten der Dritten Welt nehmen die Bleikonzentrationen aufgrund verkehrsbedingter Emissionen rapide zu. Eine hohe Bleibelastung bei Kindern kann zu neurologischen Schädigungen und einer Verringerung der Intelligenz führen, was sich wiederum auf die Leistungsfähigkeit als Erwachsene auswirkt. Durch die Energieerzeugung entstehen zudem hohe Konzentrationen an Schwefeldioxid, Stickoxid, unverbrannten Kohlenwasserstoffen und Kohlenmonoxid. Schwefeldioxid und Stickoxid verbinden sich in der Atmosphäre mit Wasser, was - teilweise Hunderte von Kilometern vom Emissionsort entfernt - zu saurem Regen führt. Die Folgen sind u.a. eine Versauerung von Flüssen und Seen, Waldsterben und Gebäudeschäden. Da der Energiebedarf ruraler Haushalte zum größten Teil aus Biomasse gedeckt wird, kann es - wenn primär Holz verwendet wird - zur Abholzung ganzer Regionen kommen. In Bergregionen unterstützt dieses Verhalten die Bodenerosion, in semiariden Gebieten wird die Desertifikation beschleunigt und in tropischen Regenwäldern führt dies zur Störung des Regenwaldklimas und zur Reduktion einer wichtigen CO_2-Senke. Häufig sind diese Prozesse irreversibel.

Schädliche Auswirkungen des Energieverbrauchs zeigen sich auch innerhalb der privaten Haushalte. Durch die Verwendung von Biomasse und Kerosin zu Koch- und/oder Heizzwecken entstehen extrem hohe Schadstoffkonzentrationen innerhalb geschlossener Räume, die dem Äquivalent von Dutzenden gerauchter Schachteln Zigaretten entsprechen können. Diese Belastung betrifft vor allem Frauen und Kinder, die die meiste Zeit im Haus verbringen. So trägt der Qualm zu akuten Infektionen der Atmungsorgane bei, auf welche jährlich ungefähr vier Mio. Todesfälle von Kindern und Säuglingen zurückgeführt werden.[422]

15.4 Die Energiepolitik in Entwicklungsländern

In den meisten EL kontrolliert der Staat den Energiesektor, da die Verfügbarkeit von Energie als wesentliche Voraussetzung für die wirtschaftliche und soziale Entwicklung gesehen wird. Der Preis für Elektrizität, Brenn- und Treibstoffe wird auf niedrigem Niveau fixiert und es werden teilweise hohe Subventionsbeträge gezahlt.[423] Der Energiepreis nimmt häufig die Funktion eines "politischen Preises" wahr. Ein niedriger Preis soll die soziale und politische Stabilität durch eine relativ höhere Kaufkraft für andere Güter gewährleisten, die Inflation dämpfen und billige Energie für die Industrialisierung bereitstellen, was die Wettbewerbsfähigkeit auf den Weltmärkten erhöhen und ausländische Direktinvestitionen forcieren soll.

Insbesondere im **Elektrizitätssektor**, der über 50% des weltweiten Kohleverbrauchs und 30% des fossilen Brennstoffverbrauchs in Anspruch nimmt bei stark wachsender Nachfrage in EL (8% p.a.), sollen niedrige Elektrizitätstarife soziale und politische Ziele erreichen helfen. In der Regel wird der Elektrizitätspreis weit unter den Erzeugungskosten staatlich fixiert und liegt beträchtlich unter den Tarifen in OECD-Ländern. Im Durchschnitt wird gerade wenig mehr als ein Drittel der Produktionskosten gedeckt. Zudem wird eine

---

422 Vgl. WEB(1992), S. 63.
423 Vgl. dazu KOSMO(1989).

notwendige Internalisierung sozialer und ökologischer externer Kosten nicht berücksichtigt.[424]

Aus dieser Politik ergeben sich verschiedene negative Auswirkungen. Auf der Nachfrageseite führt sie zur Verschwendung von Energie. Die Nachfrage nach Energie ist höher als zu Marktpreisen und es besteht wenig Anreiz, Energie effizienter einzusetzen und Investitionen in energiesparende Produkt- und/oder Prozeßinnovationen zu tätigen. Insgesamt verbrauchen die EL etwa 20% mehr Energie, als wenn die marginalen Angebotskosten gezahlt werden müßten.[425] Auf der Angebotsseite wirtschaften die Energieversorgungsunternehmen aufgrund der Verfügbarkeit von Subventionen oft nicht kostenorientiert, mit veralteten Technologien und somit hochgradig ineffizient. Es entstehen Übertragungs- und Verteilungsverluste, die bis zu 31% (Bangladesh) der Stromerzeugung betragen können. Diese Verluste führen für EL insgesamt zu einer Erhöhung der Angebotskosten von fast 30 Mrd. Dollar p.a.[426] Je niedriger der Energiepreis ist, desto geringer ist der ökonomische Anreiz, umweltfreundliche Technologien einzusetzen. Diese Energiepreispolitik verursacht eine immense volkswirtschaftliche Ressourcenverschwendung, da Kapital und Energieträger nicht effizient alloziiert werden. Neben den negativen Auswirkungen auf den Außenhandel und den Staatshaushalt wird insbesondere die Umwelt durch den ineffizienten Energieeinsatz stark belastet.

15.5 Ansätze zur Verringerung der Umweltauswirkungen

Die Energiepolitik nimmt eine wichtige Rolle ein, um das sektorübergreifende Ziel einer nachhaltigen Entwicklung zu erreichen. Sie muß versuchen den Zielkonflikt zwischen einer Steigerung des wirtschaftlichen Wachstums und dem Schutz der Umwelt zu minimieren. Eine Reduzierung der Umweltauswirkung aus Energieerzeugung und -verbrauch bei gleicher bereitgestellter Leistung (Wärme, Kälte, Kraft, Licht) kann durch eine Erhöhung der Effizienz der Energieverwendung (z.B. Demand-Side-Management) und den Einsatz von umweltschonenden Energieträgern bzw. Energietechniken erreicht werden. Um diese

[424] Vgl. WEB(1992), S. 142.
[425] Vgl. WORLD BANK(1993), S. 14.
[426] Vgl. WEB(1992), 142 f.

Maßnahmen zu fördern, ist die Implementierung von ökonomischen Instrumenten und institutionellen Reformen notwendig.[427]

Im Zuge der in EL wichtigen Diskussion über die Notwendigkeit der Privatisierung von Staatsbetrieben stellt sich zunächst die Frage, ob nicht auch im Energiebereich die Privatwirtschaft die anstehenden Probleme besser lösen könnte. Davon ist jedoch in diesem Sektor nicht automatisch auszugehen. Die staatliche Regulierung der Elektrizitätsversorgung führt zwar häufig zu Ineffizienzen und einer unzureichenden Versorgung mit Elektrizität; dies impliziert jedoch nicht automatisch eine Deregulierung bzw. Privatisierung. Die Weltbank hat festgestellt, daß insbesondere aufgrund hoher sunk costs, die zu monopolähnlichen Strukturen führen, eine Privatisierung der Energieversorgung nicht empfehlenswert ist. Dem staatlichen Energieversorger sollten statt dessen Anreize zu einer effizienteren Produktionsweise gesetzt ("incentive regulation") und private Initiativen kontrolliert zugelassen werden. Die Regulierung des Elektrizitätssektors soll drei Hauptaufgaben erfüllen: (1) Die Sicherstellung einer effizienten Industriestruktur; (2) Die Kontrolle der Energieanbieter zur Vermeidung der Ausnutzung ihrer Marktposition; (3) Anreize zu einer effizienten Bereitstellung der Energie zu setzen. Generelle Lösungen existieren jedoch nicht und Reformansätze müssen länderspezifisch ausgearbeitet werden.[428]

Als wirtschaftspolitische Maßnahmen für eine Verringerung der Umweltauswirkungen aus Energieerzeugung und -verbrauch sind die Reform der Energiepreispolitik und eine Abschaffung der Subventionen eine notwendige Bedingung. Die Energiepreise sollten mindestens den marginalen Produktionskosten entsprechen und die Fixkosten decken. Optimal wäre eine Internalisierung externer Kosten. Hierbei ist jedoch - insbesondere, wenn langfristige Einflüsse berücksichtigt werden - die Identifizierung, Quantifizierung und Monetarisierung von Externalitäten problematisch. Trotzdem ist eine Internalisierung externer Effekte anzustreben, um ressourcenschonende Technologien langfristig durchzusetzen.

---

427 Vgl. zu energiepolitischen Maßnahmen auch ABDALLA(1994).

428 Diese Diskussion kann hier nur rudimentär behandelt werden. Zur Vertiefung empfiehlt sich die Lektüre von: WORLD BANK(1990) und insbesondere: WORLD BANK (1990a).

In der politischen Realität ist eine Energiepreiserhöhung aufgrund von trade-offs mit anderen politischen, finanziellen oder sozioökonomischen Zielen meist schwer durchzusetzen. Häufig werden graduelle Preiserhöhungen in EL vorgenommen, um die Preise langsam an die marginalen Produktionskosten heranzuführen. Die regionsspezifische Situation muß jedoch berücksichtigt werden. Wird bspw. der Preis für konventionelle Brennstoffe in feuerholzarmen Gegenden angehoben, wird die Abholzung zunehmen und demzufolge das Ziel der Ressourcenschonung in dieser Region verfehlt. Auch die Verringerung der Kaufkraft durch die Preiserhöhung muß für arme Bevölkerungsschichten durch sozialpolitische Maßnahmen aufgefangen werden. Eine Zunahme der Armut ist zu vermeiden, da Armut und Umweltzerstörung oft positiv korrelieren. Die Erhöhung der Energiepreise und ein Abbau der Subventionen im Energiesektor wirkt sich sowohl auf die Angebotsseite als auch auf die Nachfrageseite aus. Die Energieversorgungsunternehmen arbeiten dann kostenorientiert, führen demzufolge effizientere Technologien ein und versuchen Übertragungsverluste zu minimieren. Die Energieverbraucher werden die teurere Energie sparsamer einsetzen. Zudem erhöht sich die Wettbewerbsfähigkeit regenerativer Energieträger (**RE-Techniken**). Notwendig sind zudem Informations- und Bildungsprogramme, um das Bewußtsein für Energieeinsparungen zu schaffen. Zusätzlich können Beratungsinstitutionen Industriebetriebe und private Haushalte hinsichtlich der rationellen Verwendung von Energie unterstützen und den Einsatz von RE-Techniken fördern. Als technologische Optionen sind Maßnahmen sowohl auf der Anbieter- als auch auf der Nachfragerseite erforderlich.

Auf der Anbieterseite kann ein Wechsel der Energieträger die Umweltbelastungen stark reduzieren. Erdgas weist bspw. bei einem gleichen Energieoutput im Vergleich zu Kohle nur etwa ein Tausendstel der Belastung an Schwefeldioxid und Staubpartikeln auf. Auch Technologieverbesserungen verringern die Umweltauswirkungen. Während im 19. Jh. in den heutigen IL nur relativ umweltbelastende Technologien mit geringem Wirkungsgrad zur Verfügung standen, haben die heutigen EL die Möglichkeit, auf umweltschonendere Technologien zurückzugreifen, die in den IL unter dem Druck einer strengeren Umweltgesetzgebung entwickelt wurden. Demzufolge sollte der Transfer dieser Technologien unterstützt werden, um Techniken zur Reduzierung der Emissionen bei konventionellen Brennstoffen bzw. die Verwendung von RE-Techniken zu fördern.

Um die Effizienz der Elektrizitätsgewinnung zu erhöhen, stehen verschiedene Möglichkeiten zur Verfügung - bspw. die Vergrößerung der Kraftwerke, eine Verbesserung der Kontrollen und Verwendung besserer Materialien. Durch Kraft-Wärmekopplung kann die aus der Elektrizitätserzeugung entstehende Abwärme genutzt werden. Gas- und Dampfkraftwerke weisen einen hohen Wirkungsgrad auf. Doch auch relativ einfach durchzuführende Maßnahmen können effektiv sein. Eine Studie für Indien ergab, daß das Waschen von Kohle vor dem Verbrennungsvorgang die Emissionen beträchtlich reduziert und es zudem das kostengünstigste Verfahren zur Verringerung der Treibhausgase darstellt.[429]

Nachfrageorientierte technologische Optionen umfassen verschiedene Bereiche. Bei Gebäuden kann durch Änderungen der Isolierung, Luftfilter oder Fenster Energie eingespart oder durch andere Heiz- oder Kühlanlagen die Effizienz erhöht werden. Der Einsatz von energiesparenden Glühbirnen reduziert den Elektrizitätsbedarf und verbesserte Herde reduzieren insbesondere die Luftverschmutzung in den Haushalten. Im Industriesektor kann durch Prozeßverbesserungen, Produktänderungen und umweltschonendere Rohstoffe Energie gespart werden. Diese Einsparpotentiale können in energieintensiven Bereichen enorm sein. Im Transportsektor müssen Anstrengungen zur Einführung von energiesparenden Autos, Abgaskontrollen und bleifreien Benzins unternommen werden.

15.6 Regenerative Energieträger in EL

Eine wichtige Rolle - insbesondere mittel- und langfristig - werden regenerative Energieträger zur umweltfreundlichen Erzeugung von Energie einnehmen.[430] Unter regenerativen Energien versteht man solare Energiesysteme (Solarthermie zur Gewinnung von Wärme und Photovoltaik zur Gewinnung von Strom), Biomasse, Erdwärme (Geothermie), Wasserkraft (insbesondere Klein- und Kleinstwasserkraft) und Windenergie. Diese Energieträger werden von der Natur reichlich zur Verfügung gestellt. So strahlt die Sonne jährlich zehnmal mehr Energie auf die Erde, als an bekannten fossilen Energieträgern und Uran gespeichert ist. Insgesamt weisen alle regenerativen Energieträger positive Umweltbilanzen auf

---

429 Vgl. ASIAN ENERGY INSTITUTE(1991).
430 Vgl. dazu auch: SKLAR(1993).

und werden aufgrund technischer Fortschritte und signifikanter Kostensenkungen zu einer realen Option, um auf breiter Basis in EL genutzt zu werden, wobei Unterschiede zwischen einzelnen Technologien berücksichtigt werden müssen. Die kommerzielle Entwicklung regenerativer Energien kann nicht nur aus umweltpolitischen, sondern auch aus ökonomischen Gründen gerechtfertigt werden.[431] Die Förderung dieser Technologien stellt auch einen wichtigen Bereich im Rahmen der deutschen Entwicklungszusammenarbeit dar.[432]

Entscheidend für die Wettbewerbsfähigkeit[433] sind jedoch auch hier die makroökonomischen Rahmenbedingungen. Konventionelle Energietechniken, wie bspw. Dieselgeneratoren, weisen oft relativ geringe Anfangsinvestitionen, aber hohe laufende Kosten auf. RE-Techniken dagegen besitzen hohe Anfangsinvestitionen, aber geringe laufende Kosten, da bspw. die Sonneneinstrahlung ein freies Gut darstellt. Setzt der Staat den Preis der fossilen Energieträger unter den marginalen Produktionskosten und ohne Berücksichtigung externer Kosten fest, erscheint ein konventionelles Energiesystem (bspw. Dieselgenerator) für den Investor rentabler. Hingegen würde eine Kalkulation unter Zugrundelegung der Produktionskosten oder sogar der volkswirtschaftlichen Kosten die Konkurrenzfähigkeit von RE-Technologien entscheidend erhöhen.

Regenerative Energien werden sowohl in Form großer Wasserkraftwerke und geothermischer Anlagen zur zentralen Stromversorgung, im Inselbetrieb zur dezentralen Energieversorgung[434] (bspw. Kleinwasserkraft) und im Rahmen individueller Haushaltslösungen (bspw. Photovoltaik) genutzt. Auch in Verbindung mit dem Elektrizitätsnetz werden Kleinkraftwerke, die regenerative Energiequellen nutzen (bspw. Kleinwasserkraft) zunehmend implementiert. Der Einsatz im Netzverbund kann gefördert werden durch eine Einspeisevergütung der Energieversorgungsunternehmen (EVUs) für private oder kommunale RE-Anlagen auf der Basis der "vermiedenen Kosten der Produktion". Darunter werden die Kosten verstanden, die beim EVU durch die Stromeinspeisung aus privaten oder

431 Vgl. WEB(1992), S. 150.
432 Zur deutschen Entwicklungszusammenarbeit im Bereich regenerativer Energien vgl. BMZ(1992).
433 Zu Faktoren, die die Wettbewerbsfähigkeit beeinflussen vgl. PERTZ(1992).
434 Regenerative Energieträger können einen wesentlichen Beitrag im Rahmen der ländlichen Elektrifizierung leisten, worauf in Abschnitt 15.7 noch explizit eingegangen werden wird.

kommunalen RE-Anlagen nicht entstehen (Energieträger und Investitionskosten). Diese Maßnahme wird insbesondere von der Weltbank im Zusammenhang mit neuen Kreditvergaben gefordert.[435]

Aufgrund von Faktoren wie Versorgungssicherheit, lokaler Ressoucenverfügbarkeit und geringer Energiedichte ist es jedoch unwahrscheinlich, daß regenerative Energieträger - zumindest kurz- und mittelfristig - als alleinige Energieträger die Energieversorgung in EL sicherstellen können. Da das Potential jedoch bei weitem noch nicht ausgeschöpft ist, kann ihr Anteil im nationalen Energiemix beträchtlich erhöht werden, um damit dem Ziel einer nachhaltigen Entwicklung näher zu kommen.

15.7 Die Stromversorgung in EL

Aufgrund der Bedeutung der Stromversorgung im Rahmen der nationalen Entwicklung, wird im folgenden auf den **Elektrizitätssektor** explizit eingegangen. Die Elektrizitätsversorgung in EL begann Ende des 19 Jh. zur etwa selben Zeit wie in den IL. Allerdings schritt die Elektrifizierung in EL wesentlich langsamer voran und das Ausmaß der Stromversorgung variiert heute beträchtlich zwischen den einzelnen Nationen. Folgendes Kreisdiagramm zeigt den Anteil einzelner Regionen an der weltweiten Stromproduktion[436]:

(Siehe: Abb. 15-3.)

[435] In Indonesien wurde Anfang 1996 der von der Weltbank im Rahmen des 'second rural electrification program' initiierte 'small power purchase tariff' eingeführt, der ins Netz gespeisten Strom aus Anlagen für regenerative Energien mit den 'avoided costs of supply' des Energieversorgers vergütet.

[436] Quelle: IEA(1995) und eigene Berechnungen.

Abb. 15-3: Anteil an der weltweiten Stromproduktion {in %, 1994}

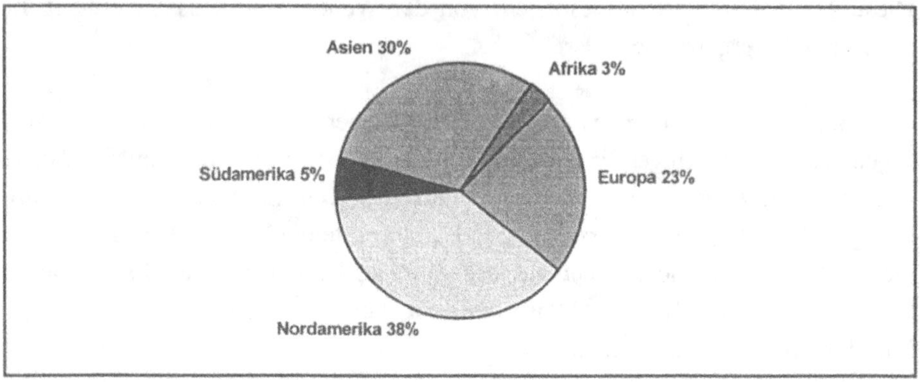

Nordamerika hat somit mit 38% den größten Anteil an der weltweiten Stromproduktion, gefolgt von Asien mit 30%, Europa mit 23%, Südamerika mit 5% und letztendlich Afrika mit 3%. Deutlicher werden jedoch die Unterschiede in der regionalen Stromerzeugung, wenn die Stromproduktion pro Kopf in kwh betrachtet wird.[437]

Abb. 15-4: Die Stromproduktion pro Kopf {in kwh 1994}

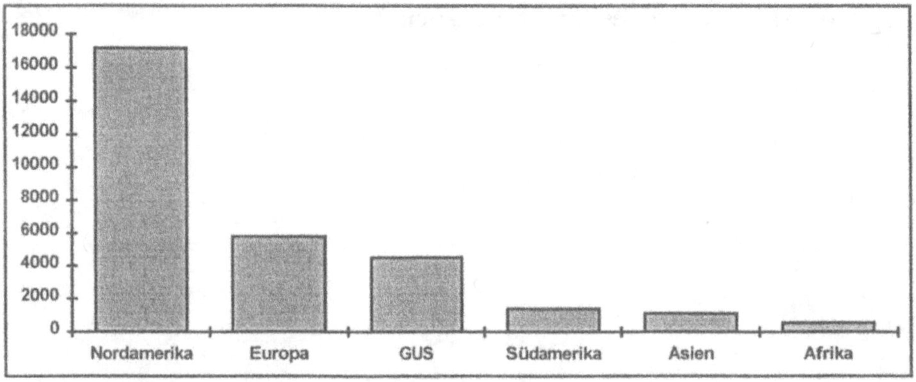

Hier werden die Unterschiede zwischen IL und EL noch deutlicher. Die Stromproduktion pro Kopf liegt in Nordamerika und Europa beträchtlich über der von Südamerika, Asien und Afrika. Auch die eingesetzten Energieträger zur Strom-

[437] Quelle: IEA(1995) und eigene Berechnungen.

erzeugung unterscheiden sich zwischen den einzelnen Regionen. So wurden 1993 in Afrika über 50% und in Asien über 40% der Stromerzeugung von 1993 durch die Verbrennung von Kohle gewonnen, während in Lateinamerika nur gut 2% durch Kohle, dafür jedoch fast 80% durch Wasserkraft abgedeckt wurden.[438]

Interessant für die nationale Entwicklung ist insbesondere die Situation der **ländlichen Elektrifizierung**. Zuerst sind hier jedoch einige Begriffsdefinitionen notwendig, die national stark variieren können, wie die Definition ländlicher Gebiete[439] und ländlicher Elektrifizierung. In einem Land mit einem geringen Elektrifizierungsgrad kann bereits die Stromversorgung von Provinzhauptstädten als ländliche Elektrifizierung verstanden werden und in einem weitgehend elektrifiziertem Gebiet die Versorgung einzelner Farmhäuser. Neben diesen Definitionsschwierigkeiten wird die Erfassung des Ausmaßes der ländlichen Elektrifizierung durch weitere Faktoren erschwert. So werden dezentrale Anlagen[440] zur Stromerzeugung häufig nicht erfaßt, die Energieversorgungsunternehmen führen keine Trennung der Stromversorgung ruraler und städtischer Gebiete durch und zudem existieren keine getrennten Daten über die installierte Kapazität und die daraus resultierende Energiegewinnung.[441]

In Anbetracht dieser Schwierigkeiten ist ein detaillierter statistischer Vergleich des Ausmaßes der ländlichen Elektrifizierung einzelner Regionen nicht möglich. Es kann nur von groben Annahmen ausgegangen werden: So schätzte die Weltbank 1971, daß 23% der ländlichen Gebiete in Lateinamerika elektrifiziert sind, 15% in Asien und Nordafrika, 4% in den übrigen afrikanischen Staaten.[442] Das International Center for Research on the Environment and Development (CIRED) schätzte 1987, daß 27% der ruralen Gebiete Lateinamerikas, 19% in Asien, 21% in Nordamerika und 4% des restlichen Afrikas elektrifiziert wären. Zudem hat das

---

438 Vgl. IEA(1995) und eigene Berechnungen.

439 Zum Beispiel China und Philippinen, vgl. RAMANI/HILLS/ISLAM(1995), S. 14 f.

440 Ländliche Gebiete können entweder über dezentrale oder über zentrale Anlagen elektrifiziert werden. Unter der zentralen Option wird die Netzelektrifizierung über das nationale Versorgungsnetz verstanden, d.h. das Stromnetz wird durch Transmissionsleitungen in rurale Gebiete erweitert. Eine dezentrale Versorgungsoption bedeutet eine Stromversorgung unabhängig vom nationalen Versorgungsnetz. Dazu zählen in erster Linie Dieselgeneratoren und Kleinwasserkraftwerke. Zudem könen auch andere regenerative Stromversorgungsoptionen (z.B. die Windenergie im Inselbetrieb) eingesetzt werden.

441 Vgl. dazu RAMANI/REDDY/ISLAM(1993), S. 16.

442 Vgl. WORLD BANK(1975).

CIRED keine positiven Korrelationen zwischen dem Ausmaß der ländlichen Elektrifizierung und dem PKE einzelner Regionen herausgefunden. Die Determinanten der ländlichen Elektrifizierung sind demzufolge zu heterogen.[443]

Seit den 50er Jahren wird die ländliche Elektrifizierung als ein Hauptfaktor für die ländliche Entwicklung gesehen und insbesondere in den 60er und 70er Jahren wurde ein sehr euphorisches Bild der Auswirkungen ländlicher Elektrifizierung gezeichnet. Eine ländliche Elektrifizierung kann entweder durch eine Ausweitung des nationalen Netzes erfolgen (die sog. Netzelektrifizierung) oder durch die Installation eines Inselnetzes (sog. dezentrale Stromversorgung), welches unabhängig vom nationalen Stromnetz betrieben werden kann. Im Rahmen der dezentralen Stromversorgung ist insbesondere die Kleinwasserkraft interessant, die sowohl soziale, ökonomische und ökologische Vorteile im Rahmen der regionalen Entwicklung ruraler Gebiete aufweist.

Es wurde anfänglich davon ausgegangen, daß eine **Stromversorgung** ruraler Gebiete u.a. die Landflucht und die Armut reduziert, die agrarische Produktion erhöht, die Gesundheits- und Bildungssituation verbessert, Arbeitsplätze schafft (insbesondere im Dienstleistungsbereich), den Strukturwandel fördert und die Lebensqualität insgesamt verbessert. Seit den 80er Jahren wird das Ausmaß dieser Effekte jedoch kritisch diskutiert und empirische Studien kommen zu unterschiedlichen Ergebnissen. Insbesondere die Auswirkungen auf die Landflucht, das Bevölkerungswachstum, die Armutsorientierung und die Einsparung von Feuerholz sind umstritten. So wird zwar eine positive Korrelation zwischen einer Stromversorgung und dem Entwicklungsprozeß festgestellt, jedoch ist der Ursache-Wirkungs-Zusammenhang nicht vollständig geklärt.[444] Mittlerweile setzt sich verstärkt die Überzeugung durch, daß die Stromversorgung eine notwendige, aber keine hinreichende Bedingung für den Entwicklungsprozeß darstellt. Zusätzliche infrastrukturelle Maßnahmen sind erforderlich, um einen dauerhaften Entwicklungsprozeß zu implementieren.

---

[443] Vgl. MENANTEAU(1987).
[444] Vgl. FOLEY(1990), S. 89.

15.8 Fazit

Der Energiesektor spielt im Rahmen der angestrebten nachhaltigen Entwicklung in EL eine wichtige Rolle. Dies liegt einerseits in der Notwendigkeit des Energieverbrauchs für die wirtschaftliche und soziale Entwicklung und andererseits in den Umweltauswirkungen des Energieverbrauchs begründet. Es kann von einem Zielkonflikt zwischen Energieverbrauch und Umweltschutz gesprochen werden, der allerdings durch politische und technologische Optionen abgemildert werden kann. Derzeit sind die Hauptenergiequellen der EL zu fast zwei Dritteln fossile Energieträger und die Nachfrage nach Energie wird aufgrund der Bevölkerungsentwicklung, des Wirtschaftswachstums und der Effizienz des Energieeinsatzes in EL voraussichtlich weiter ansteigen. Damit wird eine steigende Umweltverschmutzung verbunden sein, die sich sowohl auf internationaler, regionaler und Haushaltsebene auswirken wird. Eine Änderung der politischen Rahmenbedingungen kann diese Entwicklung abmildern, wobei hier insbesondere die Preispolitik eine wichtige Rolle spielt. Auch sind Maßnahmen zur Erhöhung der Energieeffizienz anzustreben. Eine generelle Privatisierung der meist staatlichen EVUs ist kritisch zu sehen. Hinsichtlich der Erreichung des Ziels der nachhaltigen Entwicklung können insbesondere regenerative Energieträger eine bedeutende Rolle spielen. Vor allem ist deren Wettbewerbsfähigkeit durch eine Änderung der mikro- und makroökonomischen Rahmenbedingungen zu fördern. RE-Techniken sind auch im Rahmen der ländlichen Elektrifizierung relevant, die in vielen Regionen der EL noch nicht erfolgte. Die Elektrifizierung ruraler Gebiete ist jedoch anzustreben, da eine Stromversorgung eine notwendige Bedingung für die wirtschaftliche und soziale Entwicklung ländlicher Regionen darstellt.

Literaturverzeichnis

ABDALLA(1994): *ABDALLA, Kathleen L.: Energy policies for sustainable development in developing countries. Energy Policy (22:1), 1994, S. 29 - 36*

ADELMAN/BERCK(1990): *ADELMAN, Irma; BERCK, Peter: Food Security Policy in a Stochastic World. JDevE (34:1/2), November 1990, S. 25 - 55*

AGHEVLI/KHAN(1978): *AGHEVLI, Bijan B.; KHAN, Mohsin S.: Government Deficits and the Inflationary Process in Developing Countries. IMF-SP (25:3), September 1978, S. 383 - 416*

AHMAD(1991): *AHMAD, Ehtisham: Social Security and the Poor: Choices for Developing Countries. WBRO (6:1), Januar 1991, S. 105 - 127*

AHMAD(1991a): *AHMAD, Ehtisham et al. (Hg.): Social Security in Developing Countries. Oxford, 1991*

AHMAD/STERN(1989): *AHMAD, Ehtisham; STERN, Nicholas H.: Taxation for Developing Countries. In: HDevEc, Bd. 2, S. 1005 - 1092*

AHMAD/STERN(1991): *AHMAD, Ehtisham; STERN, Nicholas H.: The Theory and Practice of Tax Reform in Developing Countries. Cambridge, 1991*

AKHTAR(1995): *AKHTAR, M. A.: Monetary Policy Goals and Central Bank Independence. BNL (48), Nr. 195, Dezember 1995, S. 423 - 439*

ALAUDDIN/TISDELL(1995): *ALAUDDIN, Mohammad; TISDELL, Clem: Labour Absorption and Agricultural Development: Bangladesh's Experience and Predicament. WD (23:2), Februar 1995, S. 281 - 297*

ALBA ACEVEDO(1990): *ALBA ACEVEDO, Luz del: Industrialization and Employment: Changes in the Patterns of Women's Work in Puerto Rico. WD (18:2), Februar 1990, S. 231 - 255*

ALESINA/SUMMERS(1993): *ALESINA, Alberto; SUMMERS, Lawrence H.: Central Bank Independence and Macroeconomic Performance: Some comparitive Evidence. JMCB (25:2), 1993, S. 151 - 162*

ALSOP(1993): *ALSOP, Ruth: Whose Interests? Problems in Planning for Women's Practical Needs. WD (21:3), März 1993, S. 367 - 377*

AMBLER/CARDIA(1992): *AMBLER, Steve; CARDIA, Emanuela: Optimal Anti-Inflation Programs in Semi-Industrialized Economies: Orthodox versus heterodox Policies. JDevE (38:1), Januar 1992, S. 41 - 61*

AMSDEN/EUH(1993): *AMSDEN, Alice H.; EUH, Joon-Dae: South Korea's 1980s Financial Reforms: Good-bye Financial Repression (Maybe), Hello New Institutional Restraints. WD (21:3), März 1993, S. 379 - 390*

ANTLE/HEIDEBRINK(1995): *ANTLE, John M.; HEIDEBRINK, Gregg: Environment and Development: Theory and International Evidence. EDCC (43:3), April 1995, S. 603 - 625*

ARIDA/TAYLOR(1989): *ARIDA, Persio; TAYLOR, Lance: Short-Run Macroeconomics. In: HDevEc, Bd. 2, S. 855 - 884*

ARTICUS(1990): *ARTICUS, Stephan: Sozialpolitik in Entwicklungsländern: Darstellungen und Analysen sozialer Sicherung in Afrika, Asien und Lateinamerika. Frankfurt am Main, 1990*

ASIAN ENERGY INSTITUTE(1991): *ASIAN ENERGY INSTITUTE: Collaborative Study on Strategies to Limit CO_2-Emissions in Asia and Brazil. 1991*

ATKINSON/HILLS(1991): *ATKINSON, Anthony Barnes; HILLS, John: Social Security in Developed Countries: Are There Lessons for Developing Countries? In: AHMAD(1991a), S. 81 - 111*

AYRES/McCALLA(1996): *AYRES, Wendy S.; McCALLA, Alex F.: Rural Development, Agriculture and Food Security. F&D (33:4), Dezember 1996, S. 8 - 11*

BARLOW(1994): *BARLOW, Robin: Population Growth and Economic Growth: Some More Correlations. PDR (20:1), März 1994, S. 153 - 165*

BARTLING(1980): *BARTLING, Hartwig: Leitbilder der Wettbewerbspolitik. München, 1980*

BECKER(1964): *BECKER, Gary Stanley: Human Capital: A Theoretical and Empirical Analysis, with Special Reference to Education. New York und London, 1964*

BECKERMAN(1992): *BECKERMAN, Wilfred: Economic Growth and the Environment: Whose Growth? Whose Environment? WD (20:4), 1992, S. 481 - 496*

BEHRMAN/DEOLALIKAR(1988): *BEHRMAN, Jere R.; DEOLALIKAR, Anil B.: Health and Nutrition. In: HDevEc, Bd. 1, S. 631 - 711*

BELL(1988): *BELL, Clive: Credit Markets and Interlinked Transactions. In: HDevEc, Bd. 1, S. 762 - 830*

BENELL(1996): *BENELL, Paul: Rates of Return to Education: Does the Conventional Pattern Prevail in Sub-Saharan Africa? WD (24:1), Januar 1996, S. 183 - 199*

BENERÍA(1992): *BENERÍA, Lourdes: Accounting for Women's Work: The Progress of Two Decades. WD (20:11), November 1992, S. 1547 - 1560*

BESLEY(1995): *BESLEY, Timothy: Savings, Credit and Insurance. In: HDevEc, Bd. 3A, S. 2123 - 2207*

BESLEY(1996): *BESLEY, Timothy: Political Economy of Alleviating Poverty: Theory and Institutions. In: Proceedings of the World Bank: Annual Conference on Development Economics (ACDE), 1996, S. 117 - 134*

BHAGWATI/HUDEC(1996): *BHAGWATI, Jagdish Natwartal; HUDEC, Robert E.: Fair Trade and Harmonization: Prerequisites for Free Trade? Bd. 1: Economic Analysis. Cambridge (Mass.), 1996*

BIRD(1987): *BIRD, Richard Miller: A New Look at Indirect Taxation in Developing Countries. WD (15:9), September 1987, S. 1151 - 1161*

BIRDSALL(1988): *BIRDSALL, Nancy M.: Economic Approaches to Population Growth. In: HDevEc, Bd. 1, S. 477 - 542*

BIRDSALL(1989): *BIRDSALL, Nancy M.: Economic Analyses of Rapid Population Growth. WBRO (4:1), Januar 1989, S. 23 - 50*

BLEANY(1995): *BLEANY, Michael et al.: Tax Revenue Instability, with Particular Reference to Sub-Saharan Afrika. JDevSt (31:6), August 1995, S. 883 - 902*

BLISS(1996): *BLISS, Christopher J.: Trade and Competition Control. In: BHAGWATI/HUDEC(1996), S. 313 - 328*

BMZ(1979): *BMZ: Möglichkeiten und Grenzen der Kooperation der Bundesrepublik Deutschland mit Entwicklungsländern auf dem Gebiet der ländlichen Entwicklung: Das Konzept der integrierten ländlichen Entwicklung. (Wissenschaftlicher Beirat beim Bundesministerium für wirtschaftliche Zusammenarbeit), November 1979*

BMZ(1987): *BMZ: Entwicklungspolitik: Materialien Nr. 77: Umwelt und Entwicklung. Bonn, Juli 1987*

BMZ(1992): *BMZ: Förderung erneuerbarer Energie in Entwicklungsländern. Bonn, 1992*

BOLNICK(1992): *BOLNICK, Bruce R.: Moneylenders and Informal Financial Markets in Malawi. WD (20:1), Januar 1992, S. 57 - 68*

BONGAARTS (1996): *BONGAARTS, John: Population Pressure and the Food Supply System in the Developing World. PDR (22:3), September 1996, S. 483 - 503*

BOOMGARD(1992): *BOOMGARD, James J. et al.: A Subsector Approach to Small Enterprise Promotion and Research. WD (20:2), Februar 1992, S. 199 - 212*

BOSERUP(1970): *BOSERUP, Ester: Woman's Role in Economic Development. New York, 1970*

BOSHOFF(1992): *BOSHOFF, A. B. et al.: Entrepreneurship Research: Where are we and where should we be going? DSA(9:1) Februar, 1992, S. 47 - 64*

BRENTANO(1909): *BRENTANO, Lujo: Die Malthussche Lehre und die Bevölkerungsbewegung der letzten Dezennien. 1909; abgedruckt in: BRENTANO(1924), S. 196 - 338*

BRENTANO(1924)
: *BRENTANO, Lujo: Konkrete Grundbedingungen der Volkswirtschaft: Gesammelte Aufsätze von Lujo Brentano. Leipzig, 1924*

BURGESS/STERN(1991): *BURGESS, Robin; STERN, Nicholas H.: Social Security in Developing Countries: What, Why, Who, and How? In: AHMAD(1991a), S. 41 - 80*

BURGESS/STERN(1993): *BURGESS, Robin; STERN, Nicholas H.: Taxation and Development. JEL (31:2), Juni 1993, S. 762 - 830*

CARROLL(1994): *CARROLL, Christopher D. et al.: Are there Cultural Effects on Saving? Some Cross-Sectional Evidence. QJE (109:3), August 1994, S. 685 - 699*

CASSEN(1976): *CASSEN, Robert H.: Population and Development: A Survey. WD (4:10/11), Oktober 1976, S. 758-830*

CHAMBAS/COMBES(1995): *CHAMBAS, Gérad; COMBES, Jean-Louis: Déficit public et épargne privée dans les pays africains de la zone franc. CanJDSt (16:2), 1995, S. 261 - 276*

CHENERY(1953): *CHENERY, Hollis B.: The Application of Investment Criteria. QJE (67:1), Februar 1953, S. 76 - 96*

CLAPHAM(1993): *CLAPHAM, Ronald: Umwelt- und Ressourcenschutz durch die Gestaltung von Property Rights in Entwicklungsländern. In: SAUTTER(1993), S. 15 - 46*

CLARK(1993): *CLARK, Don P. et al.: A Diffusion Model of Industrial Sector Growth in Developing Countries. WD (21:3), März 1993, S. 421 - 428*

CLINE/WEINTRAUB(1981): *CLINE, William R.; WEINTRAUB, Sidney (Hg.): Economic Stabilization in Developing Countries. Washington, D.C., 1981*

COALE(1976): *COALE, Ansley J. (Hg.): Economic Factors in Population Growth: Proceedings of a Conference held by the international Economic Association at Valescure, France. London, 1976*

COATS/KHATKHATE(1980): *COATS, Warren L. jr.; KHATKHATE, Deena R.: Money and Monetary Policy in Less Developed Countries: A Survey of Issues and Evidence. Oxford et al., 1980*

CORBO/SCHMIDT-HEBBEL(1991): *CORBO, Vittorio; SCHMIDT-HEBBEL, Klaus: Public Policies and Saving in Developing Countries. JDevE (36:1), Juli 1991, S. 89 - 115*

COSGEL(1993): *COSGEL, Metin M.: Religious Culture and Economic Performance: Agricultural Productivity of the Amish, 1850 - 80. JEH (53:2), 1993, S. 319 - 331*

CUKIERMAN/LIVIATAN(1992): *CUKIERMAN, Alex; LIVIATAN, Nissan: The Dynamics of Optimal Gradual Stabilizations. WBER (6:3), September 1992, S. 439 - 458*

CUKIERMAN/WEBB(1995): *CUKIERMAN, Alex; WEBB, Steven B.: Political Influence on the Central Bank: International Evidence. WBER (9:3), September 1995, S. 397 - 423*

DAS-GUPTA(1995): *DAS-GUPTA, Arindam et al.: Income Tax Compliance in India: An Empirical Analysis. WD (23:12), Dezember 1995, S. 2051 - 2064*

DASGUPTA/MÄLER(1995): *DASGUPTA, Partha; MÄLER, Karl-Göran: Poverty, Institutions, and the Environmental-Resource Base. In: HDevEc, Bd. 3A, S. 2371 - 2463*

DE-HAHN/STURM(1992): *DE-HAHN, Jakob; STURM, Jan Egbert: The Case for Central Bank Independence. BNL, Nr. 182, September 1992, S. 305 - 327*

DEMETRIADES/LUINTEL(1996): *DEMETRIADES, Paniko P.; LUINTEL, Kul B.: Financial Development, Economic Growth and Banking Sector Controles: Evidence from India. EJ (106), Nr. 435, März 1996, S. 359 - 374*

DEMIRGÜC-KUNT/LEVINE(1996): *DEMIRGÜC-KUNT, Asli; LEVINE, Ross: Stock Markets, Corporate Finance, and Economic Growth: An Overview. WBER (10:2), 1996, S. 223 - 239*

DENISON(1967): *DENISON, Edward F.: Why Growth Rates Differ: Postwar Experience in Nine Western Countries. Washington, D.C., 1967*

DEUTSCHER BUNDESTAG(1990): *DEUTSCHER BUNDESTAG: Schutz der Erde: Eine Bestandsaufnahme mit Vorschlägen zu einer neuen Energiepolitik. (Enquete-Kommission Vorsorge zum Schutz der Erdatmosphäre; Bd. 2), Referat Öffentlichkeitsarbeit, Bonn, 1990*

DEV(1996): *DEV, S. Mahendra: Experience of India's (Maharashtra) Employment Guarantee Scheme: Lessons for Development Policy. DPR (14:3), September 1996, S. 227 - 253*

DHANJEE(1992): *DHANJEE, Rajan: Mergers and Developing Countries: Trends, Effects and Policies. World Competition (16:2), 1992, S. 5 - 32*

DIXIT(1991): *DIXIT, Avinash : The Optimal Mix of Inflationary Finance and Commodity Taxation with Collection Lags. IMF-SP (38:3), September 1991, S. 643 - 654*

DORNBUSCH(1992): *DORNBUSCH, Rudiger: Lessons from Experiences with High Inflation. WBER (6:1), Januar 1992, S. 13 - 31*

DOSHI(1994): *DOSHI, Kokila: Determinants of the Saving Rate: An International Comparison. CEP (12:1), Januar 1994, S. 37 - 45*

DRÈZE/SEN(1989): *DRÈZE, Jean; SEN, Amartya Kumar: Hunger and Public Action. Oxford, 1989*

DSE(1984): *Deutsche Stiftung für internationale Entwicklung (DSE); Zentralstelle für Ernährung und Landwirtschaft (Hg.): Erzeugerorientierte Markt- und Preispolitik in* *den ärmsten Entwicklungsländern. (Bericht einer Tagung vom 8.-10. Oktober 1984 in Feldafing), Bonn, 1984*

DUE(1970): *DUE, John F.: Indirect Taxation in Developing Economies: The Role and Structure of Customs Duties, Excises, and Sales Taxes. Baltimore und London, 1970*

DÜRR(1991): *DÜRR, Ernst (Hg.): Soziale Marktwirtschaft in Entwicklungs- und Schwellenländern. Bern, 1991*

EATWELL(1987): *EATWELL, John et al. (Hg.): The New Palgrave: A Dictionary of Economics. London, 1987*

EDITION DRÄGER-STIFTUNG(1985): *EDITION DRÄGER-STIFTUNG: Zielsetzung Partnerschaft: Die weltwirtschaftliche Bedeutung von Auslandsinvestitionen und Technologietransfer: Dokumente zum Malenter Symposium 84. (Zukunft; Bd. 9), Stuttgart, 1985*

EHRLICH(1993): *EHRLICH, Paul R. et al.: Food Security, Population, and Environment. PDR (19:1), März 1993, S. 1 - 32*

ELKAN(1988): *ELKAN, Walter: Entrepreneurs and Entrepreneurship in Africa. WBRO (3:2), Juli 1988, S. 171 - 188*

ENDERLE(1993): *ENDERLE, Georges: Handlungsorientierte Wirtschaftsethik: Grundlagen und Anwendungen. Bern et al., 1993*

ENTWISLE/WINEGARDEN(1984): *ENTWISLE, Barbara; WINEGARDEN, Calman R.: Fertility and Pension Programes in LDCs: A Model of Mutual Reinforcement. EDCC (32:2), Januar 1984, S. 331 - 354*

EVENSON(1988): *EVENSON, Robert: Technology, Productivity Growth, and Economic Development. In: RANIS/SCHULTZ(1988), S. 486 - 536*

EVERS(1994): *EVERS, Hans-Dieter: Der Beitrag von Elektrizitätsvorhaben zur Armutsminderung: Eine Untersuchung am Beispiel Indonesiens. Kreditanstalt für Wiederaufbau (herausgebende Köperschaft), Frankfurt am Main, September 1994*

FELDERER(1990): *FELDERER, Bernhard (Hg.): Bevölkerung und Wirtschaft. Berlin, 1990*

FISCHER(1982): *FISCHER, Bernhard: Liberalisierung der Finanzmärkte und wirtschaftliches Wachstum in Entwicklungsländern. Tübingen, 1982*

FISCHER(1982a): *FISCHER, Wolfram: Armut in der Geschichte: Erscheinungsformen und Lösungsversuche der "Sozialen Frage" in Europa seit dem Mittelalter. Göttingen, 1982*

FISCHER(1986): *FISCHER, Bernhard: Sparkapitalbildung in Entwicklungsländern: Engpässe und Reformansätze. (Forschungsberichte des Bundesministeriums für wirtschaftliche Zusammenarbeit, Bd. 78), München et al., 1986.*

FISCHER(1990): *FISCHER, Wolfram: Bevölkerung und Wirtschaft in historischer Perspektive. In: FELDERER(1990), S. 29 - 49*

FISCHER(1995): *FISCHER, Stanley: Central-Bank Independence Revisited. AER (85:2), Mai 1995, Papers and Proceedings, S. 201 - 206*

FISCHER/LANGHAMMER(1986): *FISCHER, Bernhard; LANGHAMMER, Rolf J.: Determinanten der Sparbildung in Entwicklungsländern. KonP (32:5), 1986, S. 282-307*

FÖHL(1953/54): *FÖHL, Carl: Kritik der progressiven Einkommensbesteuerung. Finanzarchiv; Bd. 14, (N.F.), 1953/54, S. 88-109*

FOLEY(1990): *FOLEY, G.: Electricity for rural people. London, 1990*

FREEMAN(1993): *FREEMAN, Richard B.: Labor Markets and Institutions in Economic Development. AER (83:2), Mai 1993, S. 403 - 408*

FRERICH/FREY(1993): *FRERICH, Johannes; FREY, Martin: Handbuch der Geschichte der Sozialpolitik in Deutschland; Bd. 1: Von der vorindustriellen Zeit bis zum Ende des Dritten Reiches. München, 1993*

FRY(1988): *FRY, Maxwell J.: Money, Interest, and Banking in Economic Development. Baltimore und London, 1988*

FUNKHOUSER(1996): *FUNKHOUSER, Edward: The Urban Informal Sector in Central America: Household Survey Evidence. WD (24:11), November 1996, S. 1737 - 1751*

GABISCH(1990): *GABISCH, Günter: Konjunktur und Wachstum. In: VAHLENS KOMPENDIUM(1990), S. 323 - 382*

GAGEL(1994): *GAGEL, Dieter (Hg.): Aktionsforschung und Kleingewerbeförderung: Methoden partizipativer Projektplanung und -durchführung in der Entwicklungszusammenarbeit. (Ifo-Studien zur Entwicklungsforschung; Bd. 26), München, 1994*

GALENSON/LEIBENSTEIN(19 55): *GALENSON, Walter; LEIBENSTEIN, Harvey: Investment Criteria, Productivity, and Economic Development. QJE (69:3), August 1955, S. 343 - 370*

GEIS(1975): *GEIS, Heinz-Günter: Die Rolle der finanziellen Infrastruktur bei der Kapitalbildung: Einige Ergänzungen. In: PRIEBE(1975), S. 69 - 78*

GEMMELL(1987): *GEMMELL, Norman: Surveys in Development Economics. Oxford 1987*

GERSCHENKRON(1962): *GERSCHENKRON, Alexander: Agricultural Backwardness in Historical Perspective. Cambridge(Mass.), 1962*

GERSOVITZ(1988): *GERSOVITZ, Mark: Saving and Development. In: HDevEc, Bd. 1, S. 381 - 424*

GHATAK(1978): *GHATAK, Subrata: Development Economics. New York, 1978*

GHEDDO(1973): *GHEDDO, Piero: Why is the Third World Poor? New York, 1973*

GHOSE(1987): *GHOSE, A. K.: Famine. In: EATWELL(1987), Bd. 1, S. 288 - 291*

GLADWIN/McMILLAN(1989): *GLADWIN, Christina H.; McMILLAN, Della: Is a Turnaround in Africa Possible without Helping African Women to Farm? EDCC (37:2), Januar, 1989, S. 345 - 369*

GOLDEMBERG(1988): *GOLDEMBERG, Jose et al.: Energy for a Sustainable World. Daryagny, 1988*

GOODE(1984): *GOODE, Richard: Government Finance in Developing Countries. (Studies of Government Finance; 2. Serie, Nr. 19), Washington, D.C., 1984*

GOODE(1993): *GOODE, Richard: Tax Advice to Developing Countries: An Historical Survey. WD (21:1), Januar 1993, S. 37 - 53*

GRAF(1989): *GRAF, Christoph: Die Förderung von Mikrounternehmen in Entwicklungsländern: Eine Evaluierung; Förderungsprogramme in Kolumbien als praktischer Erfahrungshintergrund. Grüsch, 1989*

GRAY(1991): *GRAY, Clive S.: Antitrust as a Component of Policy Reform: What Relevance for Economic Development? In: PERKINS/ROEMER(1991), S. 403 - 439*

GREENFIELD/STRICKON(1986): *GREENFIELD, Sidney M.; STRICKON, Arnold: A New Paradigm for the Study of Entrepreneurship and Social Change. EDCC (29:3), April 1981, S. 467 - 499*

GREGORIO(1992): *GREGORIO, José de: The Effects of Inflation on Economic Growth: Lessons from Latin America. EER (36:2/3), 1992, S. 417 - 425*

GREGORIO/GUIDOTTI(1995): *GREGORIO, José de; GUIDOTTI, Pablo E.: Financial Development and Economic Growth. WD (23:3), März 1995, S. 433 - 488*

GRIER(1997): *GRIER, Robin: The Effect of Religion on Economic Development: A Cross National Study of 63 Former Colonies. Kyklos (50:1), 1997, S. 47 - 62*

GRIFFIN(1970): *GRIFFIN, Keith: Foreign Capital, Domestic Savings and Economic Development. Bulletin of the Oxford University Institute of Economics and Statistics (32), 1970, S. 99 - 112*

GRIFFIN(1973): *GRIFFIN, Keith: The Effect of Aid and Other Resource Transfers on Savings and Growth in Less Developed Countries: A Comment. EJ (83), September 1973, S. 863 - 866*

GRILLI/MASCIANDARO/TABELLINI(1991): *GRILLI, Vittorio U.; MASCIANDARO, Donato; TABELLINI, Guido: Political and Monetary Institutions and Public Financial Policies in the Industrial Countries. EcPol (6:2), Nr. 13, 1991, S. 341 - 392*

GUERTIN(1993): *GUERTIN, Donald L. et al. (Hg.): Energy technology cooperation for sustainable economic development. Lanham, 1993*

GURLEY/SHAW(1955): *GURLEY, John G.; SHAW, E. S.: Financial Aspects of Economic Development. AER (45:4), September 1955, S. 515 - 538*

GYIMAH-BREMPONG/TRAYNOR(1996): *GYIMAH-BREMPONG, Kwabena; TRAYNOR, Thomas L.: Political Instability and Savings in Less Developed Countries: Evidence from Sub-Saharan Africa. JDevSt (32:5), 1996, S. 695 - 714*

HALL(1995): *HALL, Jane Vise: Air Quality Policy in Developing Countries. CEP (13:2), April 1995, S. 77 - 85.*

HAMMEL(1975): *HAMMEL, Werner: Die Rolle der finanziellen Infrastruktur bei der Kapitalbildung. In: PRIEBE(1975), S. 55 - 68*

HARDIN(1968): *HARDIN, G.: The Tragedy of the Commons. Science, 162, 1968, S. 1243 - 1248*

HARRIS/TODARO(1970): *HARRIS, John R.; TODARO, Michael P.: Migration, Unemployment and Development: A Two-Sector Analysis. AER (60:1), März 1970, S. 126 - 142*

HARTH(1973): *HARTH, Keith: Informal Income Opportunities and Urban Employment in Ghana. Journal of Modern African Studies (11:1), März 1973, S. 61 - 89*

HAUFF(1987): *HAUFF, Volker (Hg.): Unsere gemeinsame Zukunft: Der Brundlandt-Bericht der Weltkommission für Umwelt und Entwicklung. Greven, 1987*

HAY(1993): *HAY, Donald A.: The Assessment: Competition Policy. OREP (9:2), 1993, S. 1 - 26*

HAYEK(1968): *HAYEK, Friedrich August von: Der Wettbewerb als Entdeckungsverfahren, Vortrag im Institut für Weltwirtschaft an der Universität Kiel vom 5. Juli 1968. Wieder abgedruckt in: HAYEK(1969), S. 249 - 265*

HAYEK(1969): *HAYEK, Friedrich August von: Freiburger Studien: Gesammelte Aufsätze von F.A. von Hayek. Tübingen, 1969*

HAZARI/SGRO(1991): *HAZARI, Bharat R.; SGRO, Pasquale M.: Urban-Rural Structural Adjustment, Urban Unemployment with Traded and Non-traded Goods. JDevE (35:1), Januar 1991, S. 187 - 196*

HDevEc: *Handbook of Development Economics. Herausgegeben von: CHENERY, Hollis; SRINIVASAN, T. N. (Bd. 1 und 2), bzw. BEHRMAN, Jere; SRINIVASAN, T. N. (Bd. 3A und 3B), Amsterdam et al., Bd. 1: 1988, Bd. 2: 1989, Bd. 3A und 3B: 1995*

HDR(diverse Jahrgänge): *United Nations Development Programme: Human Development Report (Bericht über die menschliche Entwicklung)*

HEMMER(1988): *HEMMER, Hans-Rimbert: Wirtschaftsprobleme der Entwicklungsländer: Eine Einführung. 2. Aufl., München, 1988*

HEMMER/MANNEL/GÖTTERT(1984): *HEMMER, Hans-Rimbert; MANNEL, Christine; GÖTTERT, Albrecht: Die Bedeutung menschlicher Ressourcen für den Entwicklungsprozeß. (Forschungsberichte des Bundesministeriums für wirtschaftliche Zusammenarbeit; Bd. 55), München, 1984*

HERDZINA(1993): *HERDZINA, Klaus: Wettbewerbspolitik. 4. Aufl., Stuttgart, 1993*

HESSE/SAUTTER(1977): *HESSE, Helmut; SAUTTER, Hermann: Entwicklungstheorie und -politik; Bd. 1: Entwicklungstheorie. Tübingen und Düsseldorf, 1977*

HOFFMAN(1985): *HOFFMAN, Lutz: Technologietransfer in Entwicklungsländer: Analytische Konzepte und wirtschaftspolitische Aspekte. In: EDITION DRÄGER-STIFTUNG(1985), S. 245 - 271*

HOGENDORN(1987): *HOGENDORN, Jan S.: Economic Development. New York, 1987*

HOGENDORN(1992): *HOGENDORN, Jan S.: Economic Development. 2. Aufl., New York, 1992*

HOUSE(1984): *HOUSE, William. J.: Nairobi's Informal Sector: Dynamic Entrepreneurs or Surplus Labor? EDCC (32:2), Januar 1984, S. 277 - 302*

IEA(1995): *International Energy Agency: Energy statistics and balances of non-OECD countries: 1992/93. Paris, 1995*

ILO(1994): *ILO: Yearbook of Labour Statistics. Genf, 1994*

IMF(1996): *IMF: World Economic Outlook. (World Economic and Financial Surveys), Washington, D.C., Oktober 1996*

ISENMAN(1980): *ISENMAN, Paul: Basic Needs: The Case of Sri Lanka. WD (8:3), März 1980, S. 237 - 258*

JACOB(1994): *JACOB, Merle: Toward a Methodological Critique of Sustainable Development. JDevA (28:2), Januar 1994, S. 237 - 251*

JAHRBUCH DRITTE WELT(1993): *JAHRBUCH DRITTE WELT 1993: Daten, Übersichten, Analysen. Deutsches Übersee-Institut, Hamburg, 1993*

JEFFERIS(1995): *JEFFERIS, Keith R.: The Botswana Share Market and ist Role in Financial and Economic Development. WD (23:4), April 1995, S. 663 - 678*

JENKINS(1991): *JENKINS, Glenn P.: Tax Reform: Lessons Learned. In: PERKINS/ROEMER(1991), S. 293 - 311*

JENKINS(1996): *JENKINS, Michael A.: Central Bank Independence and Inflation Performance: Panacea or Placebo? BNL (49), Nr. 197, Juni 1996, S. 241 - 270*

JEVONS(1865): *JEVONS, William Stanley: The Coal Question. London, 1865*

JEVONS(1871): *JEVONS, William Stanley: Theory of Political Economy. London, 1871*

JOHNSON(1984): *JOHNSON, Omotunde E. G.: On Growth and Inflation in Developing Countries. IMF-SP (31:4), Dezember 1984, S. 636 - 660*

JOHNSON(1994): *JOHNSON, D. Gale: Effects of Institutions and Policies on Rural Population Growth with Application to China. PDR (20:3), September 1994, S. 503 - 531*

JOHNSTON/MELLOR(1961): *JOHNSTON, Bruce F.; MELLOR, John W.: The Role of Agriculture in Economic Development. AER (51:4), September 1961, S. 566 - 593*

JONES(1982): *JONES, Leroy P. (Hg.): Public Enterprise in Less-Developed Countries. Cambridge et al., 1982*

JORDE/TEECE(1990): *JORDE, Thomas M.; TEECE, David J.: Innovation and Cooperation: Implications for Competition and Antitrust. JEPer (4:3), 1990, S. 75 - 96*

KAHN(1951): *KAHN, Alfred E.: Investment Criteria and Development Programs. QJE (65:1), Februar 1951, S. 38 - 61*

KAPURIA-FOREMAN(1995)
: *KAPURIA-FOREMAN, Vibha: Population and Growth Causality in Developing Countries. JDevA (29:4), Juli 1995, S. 531 - 540*

KAUNDA/MITI(1995): *KAUNDA, Jonathan M.; MITI, Katabaro: Promotion of Private Enterprise and Citizen Entrepreneurship in Botswana. DSA (12:3), 1995, S. 367 - 377*

KIGUEL/LIVIATAN(1992): *KIGUEL, Miguel A.; LIVIATAN, Nissan: When Do Heterodox Stabilization Programs Work? Lessons from Experience. WBRO (7:1), Januar 1992, S. 35 - 57*

KILLICK(1981): *KILLICK, Tony: Policy Economics: A Textbook of Applied Economics on Developing Countries. London et al., 1981*

KILLICK(1995): *KILLICK, Tony: Flexibility and Economic Progress. WD (23:5), Mai 1995, S. 721 - 734*

KIRKPATRICK/NIXSON(1987): *KIRCKPATRICK, Colin; NIXSON, Frederick: Inflation and Stabilization Policy in LDCs. In: GEMMEL(1987), S. 172 - 202*

KOHNERT(1996): *KOHNERT, Dirk: Magic and Witchcrast: Implications for Democratization and Poverty-Alleviating Aid in Africa. WD (24:8), August 1996, S. 1347 - 1355*

KONDO(1986): *KONDO, Hitoshi: On Pitfalls in the Construction of Family-Based Models of Population Growth: A Note. EER (30), 1986, S. 439 - 447*

KONRAD-ADENAUER-STIFTUNG(1996): *KONRAD-ADENAUER-STIFTUNG (Hg.): Protokoll der 18. Sitzung des Gesprächskreises Wirtschaftspolitik und Entwicklungspolitik vom 22.11.1996*

KOSMO(1989): *KOSMO, Mark: Commercial energy subsidies in developing countries. Energy policy (17:3), 1989, S. 244 - 253*

KUMAR(1983): *KUMAR, Ramesh C.: Money in Development: A Monetary Growth Model à la McKinnon. SEJ (50:1), Juli 1983, S. 18 - 36*

LACHMANN(1981): *LACHMANN, Werner: Das „Food-Stamps-Programme" von Sri Lanka - ein Beitrag zu einer Grundbedürfnisstrategie? Internationales Asienforum (12:4), Dezember 1981, S. 341 - 352*

LACHMANN(1982): *LACHMANN, Werner: Nachfrageaugmentierende Grundbedürfnisstrategien und ihre externe Finanzierung: Dargestellt am Beispiel eines Food-Stamp Programms. ZWS (102:1), 1982, S. 53 - 76*

LACHMANN(1984): *LACHMANN, Werner: Effizienz versus Sozialpolitik: Wirtschaftstheoretische Grundlagen einer armutsorientierten Agrarpreispolitik und empirische Ergebnisse am Beispiel des „Food Stamp Scheme" von Sri Lanka. In: DSE(1984), S. 153 - 172*

LACHMANN(1987): *LACHMANN, Werner: Überwindung der Not in der Dritten Welt durch marktwirtschaftliche Ordnung? Aus Politik und Zeitgeschichte. Beilage zur Wochenzeitung Das Parlament (B8/87) vom 21. Februar 1987, S. 13 - 25*

LACHMANN(1987a): *LACHMANN, Werner: Leben wir auf Kosten der Dritten Welt? 2. Aufl., Wuppertal, 1987*

LACHMANN(1990): *LACHMANN, Werner: Marktwirtschaftliche Instrumente zur Überwindung der Umweltproblematik in der Dritten Welt. In: LEBEN(1990), S. 69 - 87*

LACHMANN(1994): *LACHMANN, Werner: Entwicklungspolitik; Bd. 1: Grundlagen. München, 1994*

LACHMANN(1994a): *LACHMANN, Werner: Entwicklungspolitik; Bd. 3: Außenwirtschaftliche Aspekte des Entwicklungsprozesses. München, 1994*

LACHMANN(1995): *LACHMANN, Werner: Volkswirtschaftslehre 2: Anwendungen. Berlin, 1995*

LACHMANN(1995a): *LACHMANN, Werner: Entwicklungshilfe als Sozialpolitik. In: SCHÄFER(1995), S. 231 - 249*

LACHMANN(1996): *LACHMANN, Werner: Wettbewerbspolitik in der Dritten Welt: Ihre Notwendigkeit für die wirtschaftliche Entwicklung und Beispiele für ihre Ausgestaltung. In: KONRAD-ADENAUER-STIFTUNG(1996)*

LANCASTER(1974): *LANCASTER, Kelvin: Introduction to modern microeconomics. 2. Aufl., Chicago, 1974*

LEBEN(1990): *LEBEN, Burkhard G. (Hg.): Entwicklungsländer zwischen Erfolg und Hoffnungslosigkeit. (Berichte und Studien der Hanns-Seidel-Stiftung e.V.; Reihe Wirtschaftspolitik; Bd. 8), München, 1990*

LEE(1995): *LEE, Kyu-Uck: Competition and Trade in the Post-Uruguay Round Period: The Case of the Republic of Korea. UNCTAD/ITD/11, 10. Februar 1995*

LEISINGER(1987): *LEISINGER, Klaus M.:Armut, Krankheit und Arzeneimittel: Eine unheilige Allianz? Entwicklungspolitik, Gesundheitspolitik und die Rolle von Pharmazeutika in der Dritten Welt. Frankfurt am Main, 1987*

LEVHARI/PATINKIN(1968): *LEVHARI, David; PATINKIN, Don: The Role of Money in a Simple Growth Model. AER (68:4), September 1968, S. 713 - 753*

LEVHARI/SRINIVASAN(1969): *LEVHARI, David; SRINIVASAN, T. N.: Optimal Savings under Uncertainty. REStud (36:2), Nr. 106, April 1969, S. 153 - 164*

LEWIS(1954): *LEWIS, W. Arthur: Economic Development with Unlimited Supplies of Labour. The Manchester School of Economic and Social Studies (22), 1954, S. 139 - 191*

LI(1995): *LI, Jiali: China's One-Child Policy: How and How Well Has it Worked? A Case Study of Hebei Province, 1979 - 88. PDR (21:3), September 1995, S. 563 - 585*

LINDAUER/VELENCHIK(1992): *LINDAUER, David L.; VELENCHIK, Ann D.: Government Spending in Developing Countries: Trends, Causes, and Consequences. WBRO (7:1), Januar 1992, S. 59 - 78*

LING/ZHONGYI(1995): *LING, Zuh; ZHONGYI, Jiang: "Yigong-Daizhen" in China: A new Experience with Labour-intensive Public Works in Poor Areas. DPR (13:4), 1995, S. 349 - 370*

LIST(1841): *LIST, Friedrich: Das nationale System der Politischen Oekonomie. Stuttgart und Tübingen, 1841*

LOCKE/AHMADI-ESFAHANI(1993): *LOCKE, Christopher G.; AHMADI-ESFAHANI, Fredoun Z.: Famine Analysis: A Study of Entitlements in Sudan, 1984 - 1985. EDCC (41:2), Januar 1993, S. 363 - 376*

LYON(1989): *LYON, Randolph M.: Transferable Discharge Permit Systems and Environmental Management in Developing Countries. WD (17:8), 1989, S. 1299 - 1312*

MALTHUS(1798): *MALTHUS, Thomas: An Essay on the Principle of Population as it Affects the Future Improvement of Society, with Remarkes on the Speculations of Mr. Godwin, Mr. Condorcet, and Other Writers. London, 1798*

MALTHUS(1803): *MALTHUS, Thomas: An Essay on the Principle of Population; or, a View of its Past and Present Effects on Human Happiness. London, 1803*

MANSFIELD(1988): *MANSFIELD, Charles Y.: Tax Administration in Developing Countries: An Economic Perspective. IMF-SP (35:1), März 1988, S. 181 - 197*

MANTZAVINOS(1994): *MANTZAVINOS, Chrysostomos: Wettbewerbstheorie: Eine kritische Auseinandersetzung. Berlin, 1994*

MARGLIN(1976): *MARGLIN, Stephen A.: Value and Price in the Labour-Surplus Economy. Oxford, 1976*

MAS(1995): *MAS, Ignacio: Central Bank Independence: A Critical View from a Developing Country Perspective. WD (23:10), Oktober 1995, S. 1639 - 1652*

MAZUMDAR(1976): *MAZUMDAR, D.: The Urban Informal Sector, WD (4), 1976*

McCLELLAND(1966): *McCLELLAND, David C.: Die Leistungsgesellschaft: Psychologische Analyse der Voraussetzungen wirtschaftlicher Entwicklung. Stuttgart et al., 1966 (Dt. Erstausgabe des amerik. Originals: The Achieving Society. Princeton, 1961)*

McKINNON(1973): *McKINNON, Ronald I.: Money and Capital in Economic Development. Washington, D.C., 1973.*

McKINNON(1976): *McKINNON, Ronald I. (Hg.): Money and Finance in Economic Growth and Development. New York und Basel, 1976*

MEAD(1991): *MEAD, Donald C.: Small Enterprises and Development. EDCC (39:2), Januar 1991, S. 409 - 420*

MEADOWS(1972): *MEADOWS, Dennis L. et al.: Grenzen des Wachstums: Bericht des Club of Rome zur Lage der Menschheit. Stuttgart, 1972. Das englische Original erschien unter dem Titel: The Limits to Growth. 20 Jahre später erschien MEADOWS, Dennis L. et al.: Die neuen Grenzen des Wachstums: Die Lage der Menschheit: Bedrohung und Zukunftschancen. Stuttgart, 1992*

MEERMAN(1979): *MEERMAN, Jacob: Public Services for Basic Needs in Malaysia. WD (7:6), Juni 1979, S. 615 - 634*

MEIER(1989): *MEIER, Gerald M. (Hg.): Leading Issues in Economic Development. 5. Aufl., New York, 1989*

MEINHOLD(1962): *MEINHOLD, Peter (Hg.): Johann Hinrich Wichern: Sämtliche Werke; Bd. 1. Berlin und Hamburg, 1962*

MENANTEAU(1987): *MENANTEAU, P.: L' électrification rurale dans les pays du Tiers Monde; les conditions économique d'un projet technique apprprié. CIRED, Paris, 1987*

MENCK(1990): *MENCK, Karl Wolfgang: Mobilisierung interner Ressourcen durch die Steuerpolitik in Entwicklungsländern: Eine Fallstudie für ein fortgeschrittenes Land: Singapur. (HWWA-Report; Nr. 85), Hamburg, 1990*

MENCK(1993): *MENCK, Karl Wolfgang: Steuerpolitik und Umweltschutz in Entwicklungsländern. (HWWA-Report; Nr. 126), Hamburg, 1993*

MENCK(1995): *MENCK, Karl Wolfgang: Umweltsteuern in Entwicklungsländern: Ein Instrument der Umweltpolitik auf dem Prüfstand. HambJWG (40), 1995, S. 197 - 209.*

MESA-LAGO(1978): *MESA-LAGO, Carmelo: Social Security in Latin America: Pressure Groups, Stratefication, and Inequality. Pittsburgh, Pr., 1978*

MEYER(1992): *MEYER, Peter: Ineffizienzen in kleinen und mittleren Unternehmen in Entwicklungsländern: Eine theoretische Analyse unter besonderer Berücksichtigung der X-Effizienz-Theorie. Frankfurt am Main, 1992*

MIKESELL/ZINSER(1973): *MIKESELL, Raymond F.; ZINSER, James E.: The Nature of the Savings Function in Developing Countries: A Survey of the Theoretical and Empirical Literature. JEL (11:1), 1973, S. 1- 26*

MOKYR(1983): *MOKYR, Joel: Three Centuries of Population Change: Review Article. EDCC (32:1), Oktober 1983, S. 183 - 192*

MORRISON(1980): *MORRISON, Barrie M.: Rural Household Livlyhood: Strategies in a Sri Lankan Village. JDevSt (16:4), Juli 1980, S. 443 - 462*

MORRISSEY(1995): *MORRISSEY, Oliver: Political Commitment, Institutional Capacity and Tax Policy Reform in Tanzania. WD (23:4), April 1995, S. 637 - 649*

MUSGRAVE(1969): *MUSGRAVE, Richard A.: Fiscal Systems. New Haven et. al., 1969*

MUSGRAVE(1988): *MUSGRAVE, Richard A.: Tax Reform in Developing Countries. In: NEWBERY/STERN(1988), S. 242 - 263*

MUZIOL(1994): *MUZIOL, Winfried: Realisierung von Fördermaßnahmen. In: GAGEL(1994), S. 45 - 60*

MYRDAL(1980): *MYRDAL, Gunnar: Asiatisches Drama. Eine Untersuchung über die Armut der Nationen. Frankfurt am Main, 1980*

NAFZIGER(1984): *NAFZIGER, E. Wayne: The Economics of Developing Countries. Belmont, 1984*

NAZMI(1995): *NAZMIR, Nader: Inflation and Stabilization: Recent Brazilian Experience in Perspective. JDevA (29:4), Juli 1995, S. 491 - 506*

NEHER(1971): *NEHER, Philip A.: Economic Growth and Development: A Mathematical Introduction. New York et al., 1971*

NELSON(1956): *NELSON, Richard R.: A Theory of the Low-Level Equilibrium Trap in Underdeveloped Economies. AER (46:5), Dezember 1956, S. 894 - 908*

NEUMANN(1994): *NEUMANN, Manfred: Theoretische Volkswirtschaftslehre III: Wachstum, Wettbewerb und Verteilung. 2. Aufl., München, 1994*

NEWBERY(1988): *NEWBERY, David M. G.: Taxation and Development. In: NEWBERY/STERN(1988), S. 165 - 204*

NEWBERY/STERN(1988): *NEWBERY, David M. G.; STERN, Nicholas Herbert (Hg.): The Theory of Taxation for Developing Countries. 2. Aufl. pap., (World Bank Research Publication), Washington, D.C., 1988*

NIEKERK(1986): *NIEKERK, A. S.: African Religion and Development. DSA (3:1), 1986, S. 50 - 66*

NITSCH/SCHWARZER(1995): *NITSCH, Manfred; SCHWARZER, Helmut: Recent Developments in Financing Social Security in Latin America. (Lateinamerika-Institut der Freien Universität Berlin; Diskussionspapier), Berlin, 1995*

NORRIS(1992): *NORRIS, Mary E.: The Impact of Development on Women: A Specific-Factors Analysis. JDevE (38:1) Januar 1992, S. 183 - 201*

NÚÑEZ(1993): *NÚÑEZ, Wilson Peres: Industrial Policy: Where Do We Stand? CEPAL Review, 51, Dezember 1993, S. 35 - 47*

O'BRIEN(1996): *O'BRIEN, Patrick Karl: Path Dependency, or Why Britain became an industrialized and urbanized Economy long before France. EHR (49:2), 1996, S. 213 - 249*

OECD(1994): *OECD: Energy in developing countries: A sectoral analysis. Paris, 1994*

OGAKI(1996): *OGAKI, Masao et al.: Saving Behavior in Low- and Middle-Income Developing Countries: A Comparison. IMF-SP (43:1), Sup., 1996, S. 38 - 71*

OLTEN(1995): *OLTEN, Rainer: Wettbewerbstheorie und Wettbewerbspolitik. München, 1995*

OSTRY/REINHART(1995): *OSTRY, Jonathan D.; REINHART, Carmen M.: Sparen und der Realzinssatz in Entwicklungsländern. F&E, (32:4), Dezember 1995, S. 16 - 18*

PARIKH(1976): *PARIKH, Kirit S.: India in 2001. In: COALE(1976), S. 303 - 323*

PAUL/BHATTACHARYAY(1986): *PAUL, M. Thomas; BHATTACHARYAY, Biswa N.: Can Money Matter in a Developing Economy? JMonE (18), 1986, S. 205 - 207*

PEATTIE(1987): *PEATTIE, Lisa R.: An Idea in Good Currency and How It Grew: The Informal Sector. WD (15:7), 1987, S. 851 - 860*

PERES(1994): *PERES, Wilson: Policies for Competitiveness. CEPAL Review, 53, August 1994, S. 49 - 58*

PERKINS/ROEMER(1991): *PERKINS, Dwight H.; ROEMER, Michael (Hg.): Reforming Economic System in Developing Countries. Cambridge (Mass.), 1991*

PERLMAN(1981): *PERLMAN, Mark: Population and Economic Change in Developing Countries: A Review Article. JEL (19:1), März 1981, S. 74 - 82*

PERTZ(1992): *PERTZ, Klaus: Studie über den Wettberwerb zwischen konventionellen und regenerativen Energiesystemen in Entwicklungsländern. Eschborn, 1992*

PHILLIPS(1990): *PHILLIPS, David Rosser: Health and health care in the Third World. (Longman Development Studies), 1990*

PORTES/SCHAUFFLER(1993): *PORTES, Alejandro; SCHAUFFLER, Richard: Competing Perspectives on the Latin American Informal Sector. PDR (19:1), März 1993, S. 33 - 60*

PRADHAN(1989): *PRADHAN, Rajesh K.: On Helping Small Enterprises in Developing Countries. WD (17:1), Januar 1989, S. 157 - 159*

PRIEBE(1975): *PRIEBE, Hermann (Hg.): Eigenfinanzierung der Entwicklung. (Schriften des Vereins für Socialpolitik; NF, Bd. 84), Berlin, 1975*

PRIEBE/HANKEL(1980): *PRIEBE, Hermann; HANKEL, Wilhelm: Der Agrarsektor im Entwicklungsprozeß: Mit Beispielen aus Afrika. Frankfurt am Main, 1980*

PRITCHETT(1994): *PRITCHETT, Lant H.: Desired Fertility and the Impact of Population Policies. PDR (20:1), März 1994, S. 1 - 55*

PSACHAROPOULOS(1994): *PSACHAROPOULOS, George: Returns to Investment in Education: A Global Update. WD (22:9), September 1994, S. 1325 - 1343*

QUEISSER(1993): *QUEISSER, Monika et al.: Adjustment and Social Development in Latin America during the 1980s: Education, Health Care and Social Security. (Ifo-Studien zur Entwicklungsforschung; Bd. 25), München et al., 1993*

QUEISSER/SCHMIDT(1993): *QUEISSER, Monika; SCHMIDT, Sönke: Soziale Sicherung in Entwicklungsländern. In: JAHRBUCH DRITTE WELT(1993), S 75 - 85*

RAMANI/HILLS/ISLAM(1995): *RAMANI, K. V.; HILLS, Peter; ISLAM, M. Nurul: Rural Development, Energy and the Environment. In: RAMANI/REDDY/ISLAM(1995), S. 11 - 48*

RAMANI/REDDY/ISLAM(1993): *RAMANI, K. V.; REDDY, A. K. N.; ISLAM, M. Nurul (Hg.): Rural Energy Systems in the Asia-Pacific: A survey of their Status, Planning and Management. Kuala Lumpur, 1993*

RAMANI/REDDY/ISLAM(1995): *RAMANI, K. V.; REDDY, A. K. N.; ISLAM, M. Nurul: Rural Energy Planning: A Government Enabled Market-Based Approach. Kuala Lumpur, 1995*

RANIS/SCHULTZ(1988): *RANIS, Gustav; SCHULTZ, T. Paul (Hg.): The State of Development Economics: Progress and Perspectives. Oxford und Cambridge (Mass.), 1988*

RAO(1987): *RAO, S. K.: Agriculture and economic development. In: EATWELL(1987), Bd. 1, S. 71 - 74*

RASHID(1980): *RASHID, Salim: The Policy of Laissez-Faire During Scarcities. EJ (90), September 1980, S. 493 - 503*

RAUCH(1991): *RAUCH, James E.: Modelling the Informal Sector Formally. JDevE (35:1), Januar 1991, S. 33 - 47*

RAVALLION(1992): *RAVALLION, Martin: On „Hunger and Public Action": A Review Article on the Book by Jean Drèze and Amartya Sen. WBRO (7:1), Januar 1992, S. 1 - 16*

REGEHR(1979): *REGEHR, Walter: Die lebensräumliche Situation der Indianer im paraguayischen Chaco: Humangeographisch-ethnologische Studie zu Subsistenzgrundlage und Siedlungsform akkulturierter Chacovölker. Basel, 1979*

REICHEL(1993): *REICHEL, Richard: Die Sparquote in Entwicklungs- und Schwellenländern: Determinanten und Möglichkeiten wirtschaftspolitischer Beeinflussung. (Sozioökonomische Forschungen; Bd. 29), Bern et al., 1993*

RENNE(1995): *RENNE, Elisha P.: Houses, Fertility and the Nigerian Land Use Act. PDR (21:1), März 1995, S. 113 - 126*

RENNSTICH(1978): *RENNSTICH, Karl: Mission und wirtschaftliche Entwicklung: Biblische Theologie des Kulturwandels und christliche Ethik. München, 1978*

ROSALES(1994): *ROSALES, Oswaldo V.: Industrial Policy and Promotion of Competitiveness. CEPAL Review, 53, August 1994, S. 59 - 79*

ROSENZWEIG(1988): *ROSENZWEIG, Mark R.: Labor Markets in Low-Income Countries. In: HDevEc, Bd. 1, S. 713 - 762*

ROSTOW(1960): *ROSTOW, Walt Whitman: The Stages of Economic Growth: A Non-Communist Manifesto. Cambridge, 1960*

ROTHSCHILD(1995): *ROTHSCHILD, Emma: Social Security and Laissez Faire in Eighteenth-Century Political Economy. PDR (21:4), Dezember 1995, S. 711 - 744*

SANTARELLI/PESCIARELLI(1990): *SANTARELLI, Enrico; PESCIARELLI, Enzo: The Emergence of a Vision: The Development of Schumpeter's Theory of Entrepreneurship. HOPE (22:4), 1990, S. 677 - 696*

SAREL(1996): *SAREL, Michael: Nonlinear Effects of Inflation on Economic Growth. IMF-SP (43:1), März 1996, S. 199 - 215*

SAUTTER(1992): *SAUTTER, Hermann (Hg.): Entwicklung und Umwelt. (Schriften des Vereins für Socialpolitik, Gesellschaft für Wirtschafts- und Sozialwissenschaften; N.F., Bd. 215), Berlin, 1992*

SAUTTER(1993): *SAUTTER, Hermann (Hg.): Umweltschutz und Entwicklungspolitik. (Schriften des Vereins für Socialpolitik, Gesellschaft für Wirtschafts- und Sozialwissenschaften; N.F., Bd. 226), Berlin, 1993*

SCHÄFER(1994): *SCHÄFER, Hans-Bernd (Hg.): Armut in Entwicklungsländern. (Schriften des Vereins für Socialpolitik, Gesellschaft für Wirtschafts- und Sozialwissenschaften; N.F., Bd. 234), Berlin, 1994*

SCHÄFER(1995): *SCHÄFER, Hans-Bernd (Hg.): Bevölkerungsdynamik und Grundbedürfnisse in Entwicklungsländern. (Schriften des Vereins für Socialpolitik, Gesellschaft für Wirtschafts- und Sozialwissenschaften; N.F., Bd. 241), Berlin, 1995*

SCHERER(1996): *SCHERER, Frederic Michael: International Competition Policy and Economic Development. (Zentrum für Europäische Wirtschaftsforschung; Discussion paper: Industrial Economics and International Management Series; 96, 26), Mannheim, 1996*

SCHIEMANN/ALSHUT(1994): *SCHIEMANN, Jürgen; ALSHUT, Stephan: Der Grad der Zentralbankautonomie und sein Einfluß im gesamtwirtschaftlichen Prozeß: Eine international vergleichende Bankkorrelationsanalyse. Aussenwirtschaft (49:4), 1994, S. 579 - 600*

SCHINZINGER(1994): *SCHINZINGER, Francesca: "Armut" in wirtschaftshistorischer Perspektive. In: SCHÄFER(1994), S. 91 - 110*

SCHMIDT/BINDER(1996): *SCHMIDT, Ingo; BINDER, Steffen: Wettbewerbspolitik im internationalen Vergleich: Die Erfassung wettbewerbsbeschränkender Strategien in Deutschland, England, Frankreich, den USA und der EG. Heidelberg, 1996*

SCHMIDT/JANNASCH(1988): *SCHMIDT, Martin; JANNASCH, Wilhelm: Das Zeitalter des Pietismus. Wuppertal, 1988*

SCHMIDT-HEBBEL(1996): *SCHMIDT-HEBBEL, Klaus et al.: Saving and Investment: Paradigms, Puzzles, Policies. WBRO (11:1), Februar 1996, S. 87-117*

SCHRÖDER(1990): *SCHRÖDER, Susanne: Die Anpassungspolitik in Argentinien seit 1985 vor dem Hintergrund der Auslandsverschuldung und des Demokratisierungsprozesses. (Schriften zu Regional- und Verkehrsproblemen in Industrie- und Entwicklungsländern; Bd. 52), Berlin, 1990*

SCHUBNELL(1984): *SCHUBNELL, Hermann (Hg.): Population Policies in Asian Countries: Contemporary Targets, Measures, and Effects. Hongkong, 1984*

SCHULTZ(1973): *SCHULTZ, Theodore W. (Hg.): New Economic Approaches to Fertility. JPE (81:2), März/April 1973*

SCHULTZ(1988): *SCHULTZ, Theodore W.: On Investing in Specialized Human Capital to Attain Increasing Returns. In: RANIS/SCHULTZ(1988), S. 339 - 356*

SCHULTZ(1988a): *SCHULTZ, T. Paul: Economic Demography and Development: New Directions in an Old Field. In: RANIS/SCHULTZ(1988), S. 416 - 458*

SCHULTZ(1988b): *SCHULTZ, T. Paul: Education Investments and Returns. In: HDevEc, Bd. 1, S. 543 - 630*

SCHULTZ(1990): *SCHULTZ, T. Paul: Women's Changing Participation in the Labor Force: A World Perspective. EDCC (38:3), April 1990, S. 457 - 488*

SCHUMACHER(1977): *SCHUMACHER, Ernst F.: Die Rückkehr zum menschlichen Maß: Alternativen für Wirtschaft und Technik: „Small ist beautiful". Reinbeck, 1977*

SCHUMPETER(1934): *SCHUMPETER, Joseph A.: Theorie der wirtschaftlichen Entwicklung: Eine Untersuchung über Unternehmergewinn, Kapital, Kredit, Zins und den Konjunkturzyklus. 4. Aufl., Berlin, 1934*

SCHUMPETER(1964): *SCHUMPETER, Joseph A.: Theorie der wirtschaftlichen Entwicklung: Eine Untersuchung über Unternehmergewinn, Kapital, Kredit, Zins und den Konjunkturzyklus. 6. Aufl. (als unveränderter Nachdruck der 1934 erschienenen 4. Auflage), Berlin, 1964*

SCHUMPETER(1980): *SCHUMPETER, Joseph A.: Kapitalismus, Sozialismus und Demokratie. 5. Aufl., München, 1950 (Die englische Auflage ist 1942 in New York unter dem Titel „Capitalism, Socialism and Democracy" erschienen.)*

SCOTESE/WANG(1995): *SCOTESE, Carol A.; WANG, Ping: Can Government Enforcement Permanently Alter Fertility? The Case of China. EcInq (33:4), Oktober 1995, S. 552 - 570*

SCOTT(1985/86): *SCOTT, Alison MacEwen: Women and Industrialisation: Examining the „Female Marginalisation" Thesis. JDevSt (22:4), 1986, S. 649 - 680*

SELL(1988): *SELL, Friedrich L.: IS-LM auch in den Tropen: Zu den gesamtwirtschaftlichen Wirkungen von Zinsreformen in Entwicklungsländern. KonP (34:2), 1988, S. 104 - 121*

SETHURAMAN(1976): *SETHURAMAN, S. V.: The Urban Informal Sector: Concept, Measurement and Policy. ILR (114), 1976*

SHAW(1973): *SHAW, Edward S.: Financial Deepening in Economic Development. NewYork et al., 1973*

SHOUP(1988): *SHOUP, Carl: The Value Added Tax and Developing Countries. WBRO (3:2), Juli 1988, S. 139 - 156*

SICAT/VIRMANI(1988): *SICAT, Gerardo P.; VIRMANI, Arvind: Personal Income Taxes in Developing Countries. WBER (2:1), 1988, S. 123 - 138*

SIDRAUSKI(1967): *SIDRAUSKI, Miguel: Rational Choice and Patterns of Growth in a Monetary Economy. AER(67:2), Mai 1967, Papers and Proceedings, S. 534 - 544*

SIEGENFÜHR(1993): *SIEGENFÜHR, Thea: Optimale Gesundheitsinvestitionen in das Humankapital: Eine mikroökonomisch-dynamische Analyse. (Wirtschaftswissenschaftliche Beiträge; Bd. 85), Heidelberg, 1993*

SINGH(1994): *SINGH, Ram D.: Fertility-Mortality Variations Across LDCs: Woman's Education, Labor Force Participation and Contraceptive-Use. Kyklos (47:2), 1994, S. 209 - 229*

SINN(1988): *SINN, Hans-Werner: The Sahel-Problem. Kyklos (41:2), 1988, S. 187 - 213*

SKLAR(1993): *SKLAR, S.: Renewable Energy: A key to sustainable development. In: GUERTIN(1993), S. 169 - 184*

SMITH(1776): *SMITH, Adam: An Inquiry into the Nature and Causes of the Wealth of Nations. London, 1776*

SMITH(1978): *SMITH, Adam: Der Wohlstand der Nationen: Eine Untersuchung seiner Natur und seiner Ursachen. (Nachdruck der Ausgabe von 1776), München, 1978*

SOELLNER(1991): *SOELLNER, Fritz: The Inflation Tax and its Political Dimension in Developing Countries. KonP (37:4), 1991, S. 228 - 241*

SOLAR(1995): *SOLAR, Peter M.: Poor Relief and English Economic Development before the Industrial Revolution. EHR (48:1), 1995, S. 1 - 22*

SPELLMAN(1976): *SPELLMAN, Lewis J.: Economic Growth and Financial Intermediation. In: McKINNON(1976), S. 11 - 22*

SQUIRE(1981): *SQUIRE, Lyn: Employment Policy in Developing Countries: A Survey of Issues and Evidence. Washington et al., 1981*

STARBATTY(1990): *STARBATTY, Joachim: Dogmengeschichtliches zum Verhältnis von Bevölkerung und Wirtschaft. In: FELDERER(1990), S. 53 - 70*

STARK(1982): *STARK, O.: Research on Rural-To-Urban Migration in LDC's: The Confusion Frontier and Why We Should Pause to Rethink a Fresh. WD (10), 1982*

STEWART/STREETEN(1989): *STEWART, F.; STREETEN, P. P.: Output and Employment Trade-offs. In: MEIER(1989), S. 154 - 161*

STUPPERICH(1988): *STUPPERICH, Robert (Hg.): Reformatorische Verkündigung und Lebensordnung. Wuppertal, 1988*

SUNDRUM(1983): *SUNDRUM, R. M.: Development Economics. A Framework for Analysis and Policy. New York et al., 1983*

SYRQUIN(1988): *SYRQUIN, Moshe: Patterns of Structural Change. In: HDevEc, Bd. 1, S. 203 - 273*

SZRETER(1993): *SZRETER, Simon: The Idea of Demographic Transition and the Study of Fertility Change: A Critical Intellectual History. PDR (19:4), Dezember 1993, S. 659 - 701*

TAM(1996): *TAM, Tony: Reducing the Gender Gap in an Asian Economy: How Important is Women's Increasing Work Experience? WD (24:5), Mai 1996, S. 831 - 844*

TANZI(1988): *TANZI, Vito: Quantitative Charakteristics of the Tax Systems in Developing Countries. In: NEWBERY/STERN(1988), S. 205 - 241*

TAWNEY(1980): *TAWNEY, R. H.: Religion and the Rise of Capitalism. Harmondsworth, 1980 (1. Aufl. 1922)*

TAYLOR(1981): *TAYLOR, Lance J.: IS/LM in the Tropics: Diagrammatics of the New Structuralist Macro Critique. In: CLINE/WEINTRAUB(1981), S. 465 - 503*

TAYLOR(1987): *TAYLOR, Lance J.: Macro Policy in the Tropics: How Sensible People Stand. WD (15:12), Dezember 1987, S. 1407 - 1435*

THIRLWALL(1974): *THIRLWALL, Anthony P.: Inflation and the Saving Ratio across Countries. JDevSt (10:2), Januar 1974, S. 154 - 174*

THIRLWALL(1983): *THIRLWALL, Anthony P.: Growth and Development: With special reference to developing economies. 3. Aufl., London, 1983*

THOMPSON(1981): *THOMPSON, E. P.: The Making of the English Working Class. Harmondsworth, 1981 (1. Aufl. 1963; die deutsche Übersetzung erschien 1987 in Frankfurt am Main unter dem Titel „Die Entstehung der englischen Arbeiterklasse".)*

TIMMER(1988): *TIMMER, C. Peter: The Agricultural Transformation. In: HDevEc, Bd. 1, S. 275 - 331*

TISDELL(1995): *TISDELL, Clement A.: Asian Development and Environmental Dilemmas. CEP (13:1), Januar 1995, S. 38 - 49*

TOBIN(1965): *TOBIN, James: Money and Economic Growth. Econometrica (33:4), Oktober 1965, S. 671 - 684*

TOBIN(1968): *TOBIN, James: Notes on Optimal Monetary Growth. JPE (76), 1968, S. 833 - 859*

TODARO(1969): *TODARO, Michael P.: A Model of Labour Migration and Urban Unemployment in Less Developed Countries. AER (59:1), März 1969, S. 138 - 148*

TODARO(1994): *TODARO, Michael P.: Economic Development. 5. Aufl., New York et al., 1994*

TODARO/MARZSUKA(1987): *TODARO, Michael P.; MARZSUKO, Lydia: International Migration. In: EATWELL(1987), Bd. 2, S. 912 - 917*

TOLKSDORF(1994): *TOLKSDORF, Michael: Dynamischer Wettbewerb: Einführung in die Grundlagen der deutschen und internationalen Wettbewerbspolitik. Wiesbaden, 1994*

TONIOLO(1988): *TONIOLO, Gianni (Hg.): Central Banks' Independence in Historical Perspective. Berlin, 1988*

TURNER(1980): *TURNER, H. W.: African Independent Churches and Economic Development. WD (8), 1980, S. 523 - 533*

UDRY(1990): *UDRY, Christopher : Credit Markets in Northern Nigeria: Credit as Insurance in a Rural Economy. WBER (4:3), September 1990, S. 251 - 269*

UNCTAD(1994): *UNCTAD: Continued Work on the Elaboration of a Model Law or Laws on Restrictive Business Practices: Draft Commentaries to Possible Elements for Articles of a Model Law or Laws. TD/B/RBP 81/Rev.3, 2. August 1994, Genf*

UNCTAD(1995): *UNCTAD: Economic Competition and Restrictive Business Practices: The Development of Jamaican Competition Legislation (Report prepared by Cezley I. Sampson). UNCTAD/ITD/12, 1. Februar 1995*

UNCTAD(1995a): *UNCTAD: Report on the Intergovernmental Group of Experts on Restrictive Business Practices on its Fourteeth Session. TD/B 42 (1)/3; TD/B/RBP/106, 11. Mai 1995*

UNCTAD(1995b): *UNCTAD: Review of All Aspects of the Set of Multilaterally Agreed Equitable Principles and Rules for the Control of Restrictive Business Practices: Strengthening the Implementation of the Se.: The Role of Competition Policy in Economics Reforms in Developing and Other Countries. TD/RBP/CONF.4/2, 26. Mai 1995*

UNCTAD(1996): *UNCTAD: Consultations on Competition Law and Policy, Including the Model Law and Studies related to the Provisions of the Set of Principles and Rules. TD/B/COM,2/EM/2, 28. August 1996*

UNCTAD(1996a): *UNCTAD: Work Programme Including Technical Assistance, Advisory and Training Programmes on Competition Law and Policy. TD/B/COM.2/EM/3, 12. September, 1996*

UNCTAD(1996b): *UNCTAD: TD/B/RBP/INF. 37 vom 8. März 1996*

VAHLENS KOMPENDIUM(1990): *Vahlens Kompendium der Wirtschaftstheorie und Wirtschaftspolitik; Bd. 1. 4. Aufl., München, 1990*

VENIERIS/GUPTA(1986): *VENIERIS, Yiannis P.; GUPTA, Dipak K.: Income Distribution and Sociopolitical Instability as Determinants of Savings: A Cross-sectional Model. JPE (94:4), August 1986, S. 873 - 883*

VENIERIS/SPERLING(1994): *VENIERIS, Yiannis P.; SPERLING, Samuel M.: Saving and Sociopolitical Instability in Developed and Less-Developed Nations. JEcD (19:2), Dezember 1994, S. 209 - 252*

VICARELLI(1988): *VICARELLI, Fausto: Central Bank Autonomy: A Historical Perspective. In: TONIOLO(1988), S. 1 - 16*

VIVIAN(1995): *VIVIAN, Jessica: How Safe are 'Social Safety Nets'? Adjustment and Social Sector Restructuring in Developing Countries. EuJDevR (7:1), Juni 1995, S. 1 - 25*

WAGNER/KAISER(1995): *WAGNER, Norbert; KAISER, Martin: Ökonomie der Entwicklungsländer: Eine Einführung. 3. Aufl., Stuttgart, 1995*

WAN(1971): *WAN, Henry Y. jr.: Economic Growth. New York et al., 1971*

WANGEMANN(1994): *WANGEMANN, Hartwig: Wettbewerbsrechtliche Beratungsleistungen des Bundeskartellamts für mittel- und osteuropäische Länder und Nachfolgestaaten der UdSSR. WuW (44:5), 1994, S. 427 - 434*

WEB(diverse Jahrgänge): *Weltentwicklungsbericht (Engl. Originaltitel: World Development Report). Weltbank (Hg.), Washington, D.C.*

WEBER(1979): *WEBER, Max: Die protestantische Ethik und der Geist des Kapitalismus. In: WINKELMANN(1979), S. 27 - 277*

WEBER(1988): *WEBER, Max: Gesammelte Aufsätze zur Religionssoziologie I. 9. Aufl., Tübingen, 1988*

WEBER(1991): *WEBER, Manfred (Hg.): Europa auf dem Weg zur Währungsunion. Darmstadt, 1991*

WHITE(1992): *WHITE, Howard: The Macroeconomic Impact of Development Aid: A Critical Survey. JDevSt (28:2), Januar 1992, S. 163 - 240*

WHO(1978): *WHO: Primary Health Care. Genf, 1978*

WHO(1996): *WHO: World Health Report 1996: Fighting disease Fostering development. Genf, 1996*

WILBER/JAMESON(1980): *WILBER, C. K.; JAMESON, K. P.: Religious Values and Social Limits to Development. WD (8:7/8) Juli/August 1980, S. 467 - 480*

WILLIAMSON(1988): *WILLIAMSON, Jeffrey G.: Migration and Urbanization. In: HDevEc, Bd. 1, S. 425 - 465*

WINCKELMANN(1979): *WINCKELMANN, Johannes (Hg.): Max Weber: Eine Aufsatzsammlung: Die protestantische Ethik I. Gütersloh, 1979*

WOLL(1991): *WOLL, Artur: Die Unabhängigkeit der Europäischen Zentralbank: Dogma oder Notwendigkeit. In: WEBER(1991), S. 157 - 170*

WORLD BANK(1975): *WORLD BANK: Rural Electrification. Washington, D.C., 1975*

WORLD BANK(1986): *WORLD BANK: Poverty and Hunger: Issues and Options for Food Security in Developing Countries. (NE: Shlomo Reutlinger), Washington, D.C., 1986*

WORLD BANK(1990): *WORLD BANK: A review of Regulation of the Power Sectors in the Developing Countries. (The World Bank: Industry and Energy Development; working paper; 22), Washington, D.C., 1990*

WORLD BANK(1990a): *WORLD BANK: Regulation, Deregulation, or Reregulation: What is Needed in the LDCs Power Sector? (The World Bank: Industry and Energy Development; working paper; 30), Washington, D.C., 1990*

WORLD BANK(1993): *WORLD BANK: Energy Efficiency and Conservation in the Developing World: The World Bank's Role. (A World Bank Policy Paper), Washington, D.C., 1993*

WORLD BANK(1994): *WORLD BANK: World Data 1994: World Bank Indicators on CD-ROM. Washington, D.C., 1994*

WORLD ENERGY COUNCIL(1993): *WORLD ENERGY COUNCIL: Energy for Tomorrow's World: The Realities, the real Options and the Agenda for Achievement. London, 1993*

YABUUCHI(1996): *YABUUCHI, Shigemi: Urban Unemployment and Development Policy: The Introduction of an Unemployment Allowance. Economics & Politics (8:3), November 1996, S. 241-249*

Personen- und Sachverzeichnis

www.ingramcontent.com/pod-product-compliance
Lightning Source LLC
LaVergne TN
LVHW010653300926
849161LV00005B/1112
* 9 7 8 3 4 8 6 2 2 9 4 4 8 *